일제강점기 화폐제도와 금융

※ 일러두기
- 자료를 직접 인용할 경우 이해를 돕기 위해 일부 표현은 현대어로 수정하였음을 밝혀둔다.
- 일본은행권과 조선은행권은 등가로 교환되었지만 별도로 발행되고 있던 현상을 감안하여 화폐 단위를 일본은행권은 '엔', 조선은행권은 '원'으로 구분하여 사용하였다.
- 일제강점기는 조선인, 그 이외에는 한국인으로 통칭하였다.

일제침탈사연구총서

경제
21

일제강점기 화폐제도와 금융

동북아역사재단 일제침탈사 편찬위원회 기획
조명근 지음

동북아역사재단
NORTHEAST ASIAN HISTORY FOUNDATION

| 발간사 |

  일본이 한국을 침탈한 지 100년이 지나고 한국이 일본의 지배로부터 벗어난 지 70년이 넘었건만, 식민 지배에 대한 청산은 이루어지지 못하고 있다. 일본의 독도영유권 주장은 도를 넘어섰다. 일본은 일본군'위안부', 강제동원 등 인적 수탈의 강제성도 인정하지 않고 있다. 일본군'위안부'와 강제동원의 피해를 해결하는 방안을 놓고 한·일 간의 갈등은 최고조에 이르고 있다. 역사문제를 벗어나 무역분쟁, 안보위기 등 현실문제가 위기국면을 맞고 있다.

  한·일 간의 갈등은 식민 지배의 역사를 어떻게 볼 것인가 하는 역사인식에서 기인한다. 역사는 현재와 과거의 대화이며 이를 기반으로 미래로 나아갈 수 있다. 과거 침략의 역사를 미화하면서 평화로운 미래를 말하는 것은 불가능하다. 식민 지배와 전쟁발발의 책임을 인정하지 않고 반성하지 않으면 다시 군국주의가 부활할 수 있고 전쟁이 일어날 위험성도 배제할 수 없다. 미래지향적 한일관계를 형성하고 나아가 동아시아의 평화와 번영의 기틀을 조성하기 위해 일본은 식민 지배의 책임을 인정하고 그 청산을 위해 노력해야 할 것이다.

  식민 지배의 역사를 청산하기 위해서는 식민 지배는 어떻게 이루어졌는지 그 실상을 명확하게 규명하는 일이 긴요하다. 그동안 일본제국주의에 맞서 조국의 독립을 위해 헌신한 독립운동가들의 활동을 찾아내고 역사적으로 평가하는 일에는 상당한 성과를 거두었다. 반면 일제 식민침탈의 구체적인 실상을 규명하는 일에는 충분한 노력을 기울이지 못했다. 제국주의가 식민지를 침탈했다는 것은 너무나 당연한 사실로 여겨졌기 때문에, 굳이 식민 지배에서 비롯된 수탈과 억압, 인권유린을 낱낱이 확인할 필요가 없었는지도 모른다. 그러는 사이 일본은 식민 지배가 오히려 한국에 은혜를 베푼 것이라고 미화하고, 참혹한 인권유린을 부인하는 역사부정의 인식을 보이는 데까지 이르고 있다. 일제의 통치와 침탈, 그리고 그 피해를 종합적으로 조사하고 편찬할 필요성이 여기에 있다.

일제침탈사를 체계적으로 정리하는 일은 개인이 감당하기 어렵다. 이에 우리 재단은 한국학계의 힘을 모아 일제침탈사 편찬위원회를 꾸렸다. 편찬위원회가 중심이 되어 일제의 식민지 침탈사를 정치·경제·사회·문화 모든 방면에 걸쳐 체계적으로 집대성하기로 했다. 일제 식민침탈의 실체를 파악하기 위해 2020년부터 세 가지 방면으로 사업을 추진하고 있다. 하나는 일제침탈의 실상을 구체적이고 생생한 자료를 통해서 제공하는 일로서 〈일제침탈사 자료총서〉로 편찬한다. 다른 하나는 이들 자료들을 바탕으로 연구한 결과물을 〈일제침탈사 연구총서〉로 간행한다. 그리고 연구의 결과를 대중들이 이해하기 쉽게 〈일제침탈사 교양총서〉를 바로알기 시리즈로 간행한다. 자료총서 100권, 연구총서 50권,

교양총서 70권을 기본 목표로 삼아 진행하고 있다.

〈일제침탈사 연구총서〉는 일제침탈의 실태를 정치·경제·사회·문화 분야로 대별한 뒤 50여 개 세부 주제로 구성했다. 국내외 학계 전문가들이 현재까지 축적된 연구 성과를 반영하면서 풍부한 자료를 활용하여 집필했다. 연구자뿐만 아니라 교육 현장에서도 활용되고 일반 독자들도 이해할 수 있도록 집필하기 위해 노력했다. 연구총서 시리즈가 일제침탈의 역사적 실상을 규명하고 은폐된 역사적 사실을 기억하고 왜곡된 과거사에 대한 인식을 바로 잡음으로써 역사인식의 차이로 인한 논란과 갈등을 극복하는데 기여하는 디딤돌이 되기를 바란다.

2022년
동북아역사재단 이사장

| 편찬사 |

　1945년 한국이 일제 지배로부터 해방된 지 77년의 세월이 지났다. 그럼에도 불구하고 일본 사회 일각에서는 여전히 일제의 한국 지배를 합리화하고 미화하는 주장이 나오고 있으며, 최근에는 한국 사회 일각에서도 일제 지배를 왜곡하고 옹호하는 주장이 나오고 있다. 이는 한국과 일본 사회, 한일 관계와 동아시아 국제관계의 미래를 위해서도 결코 바람직하지 않은 일이다.
　이에 동북아역사재단은 일제의 한국 침략과 식민 지배에 대한 학계의 연구 성과를 총정리한 〈일제침탈사 연구총서〉를 발간하기로 하였다. 이에 따라 2019년 9월 학계의 전문가를 중심으로 편찬위원회를 구성하였으며, 편찬위원회는 학계의 연구 성과를 토대로 정치·경제·사회·문화 부문에서 일제의 침탈이 어떻게 이루어졌는지 정리하여 연구총서 50권을 발간하기로 하였다.
　주지하듯이 1905년 일제는 러일전쟁에서 승리한 뒤, 한국에 군대를 주둔시키면서 한국의 외교권을 빼앗고 통감부를 두어 내정에 간섭하였다. 1910년 일제는 군사력으로 한국 정부를 강압하여 마침내 한국을 강제 병합하였다. 이후 35년간 한국은 일제의 식민 통치를 받았다.
　일제는 한국의 영토와 주권을 침탈하였을 뿐만 아니라, 군사력과 경찰력으로 한국을 지배하면서, 정치·경제·사회·문화의 모든 부문에서 한국인의 권리와 자유, 기회와 이익을 박탈하거나 제한하였다. 정치적으로는 군사력과 경찰력, 각종 악법을 동원하여 독립운동을 탄압하고, 한국인의 정치활동을 억압하고 참정권을 박탈하였으며, 집회와 결사의 자유를 억압하였다. 경제적으로는 일본자본이 경제의 주도권을 장악하고, 일본인 위주의 경제정책을 수행했으며, 식량과 공업원료, 지하자원 등을 헐값으로 빼앗아 갔고, 농민과 노동자 등 대다수 한국인의 경제생활을 어렵게 하였다. 사회적으로는 한국인들을 차별적으로 대우하고, 한국인의 교육의 기회를 제한하고, 한국인으로서의 정체성을 박탈하여 결국은 일본의 2등 국민으로 만들고자 하였다. 문화적으로는 표현과 창작의 자유, 종교와 사상의 자유를 억압하고, 한글 대신 일본어를 주로 가르치고, 언론과 대중문화를 통제하였다. 중일전쟁, 아시아태평양전쟁을 도발한 뒤에는 인적·물적 자원을 전쟁에 강제동원하고, 많은 이들을 전장에 징집하여 생명까지 희생시켰다.

〈일제침탈사 연구총서〉는 침탈, 억압, 차별, 동화, 수탈, 통제, 동원 등의 단어로 요약되는 일제의 침략과 식민 지배의 실상과 그 기제를 명확히 밝히고자 하였다. 이를 통해 일제의 강제 병합을 정당화하거나 식민 지배를 미화하는 논리들을 비판 극복하고, 더 나아가 일제 식민 지배의 특성이 무엇이었는지, 식민 통치의 부정적 유산이 해방 이후에 어떤 영향을 미쳤는지를 밝히고자 하였다.

편찬위원회는 연구총서와 함께 침탈사와 관련된 중요한 주제들에 관하여 각종 법령과 신문·잡지 기사 등 자료들을 정리하여 〈일제침탈사 자료총서〉도 발간하기로 하였다. 아울러 일반인과 학생들이 보다 쉽게 읽을 수 있는 〈일제침탈사 교양총서〉를 바로알기 시리즈로 발간하기로 하였다.

일제의 한국 침략과 식민 지배의 역사는 광복 후 서둘러 정리해냈어야 했지만, 학계의 연구가 미흡하여 엄두를 내기 어려웠다. 이제 학계의 연구가 어느 정도 축적되어 광복 80주년을 맞기 전에 이와 같은 작업을 할 수 있게 된 것을 다행으로 생각한다. 한일 양국 국민이 과거사에 대한 올바른 역사인식을 갖고 성찰을 통해 미래를 향해 함께 나아갈 수 있기를 기대하면서 삼가 이 책들을 펴낸다.

2022년
동북아역사재단 일제침탈사 편찬위원회

차례

발간사 4
편찬사 7

서론 13

제1부 식민지 화폐제도의 구축과 금융정책

제1장 식민지 화폐제도의 구축과 특질
1. 조선은행권 발행제도의 구조와 특질   30
2. 1941년 조선은행권 발행제도의 개정: 최고발행액제한제도의 실시   50

제2장 금융정책
1. 특수금융기관의 설립   70
2. 일반은행 정책   114

제2부 개별 금융기관

제1장 조선은행
1. 1910년대 만주 진출에 따른 영업의 확장   136
2. 1920년대 만주 금융정책의 실패와 정리은행으로 전락   141
3. 1930년대 이후 만주 철수 및 조선은행 개조론의 전개   155
4. 전시기 인플레이션의 조선 파급과 조선은행의 역할   165

제2장	**조선식산은행**	
	1. 농업 중심의 산업금융(1918~1936)	186
	2. 1937년 이후 전시기 광공업금융기관으로 전환	202

제3장	**금융조합**	
	1. 자금조달	206
	2. 자금운용	214
	3. 조선금융조합연합회와 식산계	229

제4장	**동양척식주식회사**	
	1. 동양척식주식회사의 자금 구조와 주요 사업	238
	2. 전시기 지주회사로 성격 강화	249

제5장	**일반은행**	
	1. 일반은행 설립과 동향	260
	2. 개별 은행 사례	273

제6장	**기타 금융기관 및 금리**	
	1. 조선저축은행 및 신탁회사	302
	2. 고리대 금융기관	315
	3. 식민지 조선의 금리정책 및 금리 추이	326
	4. 조선인의 금융기관 이용 실태 및 부채 상황	338

제7장	전시기 자금동원과 전시공채 소화 실태
	1. 금융통제의 강화와 강제저축운동의 전개　　346
	2. 전시공채의 발행 실태　　354
	3. 전시공채 소화를 통한 자금동원의 실태　　370

결론　　383

부록 395
참고문헌 433
찾아보기 442

서론

1. 문제 제기

　자본주의 발전에 있어 근대적 화폐제도의 수립과 중앙은행의 설립을 비롯한 금융제도의 정비는 필수불가결한 요소이다. 근대 자본주의는 대규모의 자본동원이 필수적이었고, 이를 담당한 주체가 은행이었다. 산업화의 진전에 따라 은행을 비롯한 기타 금융기관은 그 수가 증가하였고, 역할에 따라 그 종류도 더욱 다양해졌다.

　개항 이후 조선 정부도 근대적 화폐제도 수립을 몇 차례에 걸쳐 추진하였다. 그러나 본위화제도는 시행되지 못했고, 대한제국이 설립한 중앙은행인 특립제일은행(1900)과 중앙은행(1903)은 그 기능을 제대로 발휘하지 못한 채 소멸되고 말았다. 1905년 화폐정리사업의 결과 일본의 민간은행에 불과한 제일은행이 은행권을 발행하고 국고금을 취급하는 등 중앙은행 기능을 수행함으로써 대한제국의 화폐주권은 침탈당하고 말았다. 통감부기 들어서 농공은행(1906)과 지방금융조합(1907)이 설립되었고, 한성은행과 대한천일은행을 비롯한 상업은행도 운영되고 있었으나 그 역할은 매우 미미한 수준이었다.

　강제병합 후 일제는 1910년대 내내 식민지 조선의 금융제도를 정비했는데, 1918년 들어서 그 기본 구조가 완성되었다. 은행권 발행 및 국고금 취급 등 중앙은행의 기능을 수행하는 조선은행, 농공업을 중심으로 한 산업금융을 담당하는 조선식산은행, 지방 중소지주 및 도시 상공업자를 대상으로 한 금융조합 등 특정 기능을 수행하는 특수금융기관이 설립되었다. 또한「은행령」제정 이후 일반은행 설립도 진전되어 1920년 현재 20개의 일반은행이 영업을 하고 있었다.

식민지 조선의 금융제도는 형식적으로는 일본 제도를 도입하여 특수금융기관과 일반은행의 분업이라는 형식을 취하였다. 특수금융기관은 특정한 목적을 위해 특별법에 의해서 설립된 은행으로 각각 독자의 법률 또는 조례에 의해 설립되었다. 각 특별법에서는 해당 은행만의 고유한 업무를 특정하고, 그에 상응하는 특권을 부여하였다. 즉 발권은행인 일본은행·조선은행·대만은행에는 은행권 발행의 특권을 부여하였고, 국고금도 취급하도록 하였다. 장기자금공급기관인 일본권업은행이나 농공은행, 홋카이도척식은행(北海道拓殖銀行), 일본흥업은행, 조선식산은행에는 자기자본을 초과하여 채권을 발행할 수 있는 특권을 부여하였다. 요코하마정금은행(橫濱正金銀行)은 무역금융 담당기관으로서 해외에서 은행권 발행 특권을 부여받기도 하였다. 또한 특수금융기관은 설립 시에 국가가 자본금의 일부를 인수하거나, 정부 소유 주식에 대한 잠정적인 배당 중지, 민간 배당에 대한 정부 보증 등 상당한 보호를 받았다. 이와 같이 국가의 강력한 지원과 보호하에서 사실상 국가기관화된 특수금융기관은 동시에 국가의 강력한 통제를 받았는데, 임원의 임명에서부터 영업 내용에 이르기까지 정부의 강력한 감독을 받았다. 특수금융기관의 설립 목적은 후진 자본주의 국가인 일본이 민간자본이 성숙되지 않은 여건하에서 국가가 직접 개입하여 자본주의 발전을 도모하고자 한 것에 있었다. 요컨대 이 특수금융기관은 일본 정부의 국책을 수행해야 하는 국책금융기관을 제도화한 것이었다.

반면 일반은행은 별도의 법령을 적용받았다. 일본과 식민지 조선의 가장 큰 차이점은 특수금융기관에 일반은행의 업무를 겸영하도록 한 점의 유무에 있었다. 원래 특수금융기관은 일반은행이 수행하기 어려운 농업·공업·무역과 같은 분야에 자금을 원활히 조달하기 위해 설립된 것이었다. 일본에서는 1900년을 전후로 여러 특수금융기관들이 설립되었는데, 이는 후발국으로서 자본주의를 조속히 발달시켜야 하나, 민간자본이 이를 수행하기에는 취약하다는 현실에서 나온 조치였다. 일본의 경우는 특수금융기관과 일반은행 간의 분업이 이루어졌지만, 식민지 조선에서는 특수금융기관이 일반은행의 업무를 겸업하는 현상이 일어났다. 식민지의 경우 일반은행이 발달하지 않았기 때문에 특수금융기관이 이를 겸영할 수밖에 없다는 이유를 들어 일본과는 다른 기준을 적용하였다. 그러나 민간의 예금에만 의존해야 하는 일반은행은 은행권 발행 및 채권 발행이라는 특권을 가진 특수금융기관과의 경쟁에서 불리할 수밖에 없었다. 그 결과 특수금융기관은 비대화되고, 일반은행은 정체되는 결과를 낳았다. 일반은행은 전체 금융기관별 예금 및 대출 구성에 있어 특수금융기관에 비해 열세를 면치 못했다.[1]

이와 같이 일제시기 조선의 금융은 특수금융기관 중심으로 운영되었고, 그 핵심에는 조선식산은행과 금융조합이 있었다. 양 기관은 모두 조선총독부의 강력한 통제를 받고 있었는데, 여기서 일제강점기 식민지 금융정책의 특징을 찾을 수 있다. 즉 조선총독부는 산하에 특수금융기관을 두고 정책금융을 실시하고 있었던 것이다. 그렇다면 왜 이렇게 특수금융기관 중심의 금융정책을 추진했을까? 그 이유로 후발 제국주의 국가로서 일본의 한계, 즉 자본 부족의 문제를 들 수 있다. 영국을 비롯한 서구 제국주의는 자본가들이 중심이 되어 해외 경제 침략을 주도했다면 일본은 이를 국가가 대신하고 있었다. 아직 자본주의가 성숙하지 않은 일본

---

[1] 윤석범·홍성찬·우대형·김동욱, 1996, 『한국근대금융사연구』, 세경사, 314~318쪽; 정병욱, 2004, 『한국근대금융연구』, 역사비평사, 79~90쪽.

으로서는 해외에 투자할 자본이 절대적으로 부족했으며 이는 식민지 개발이라는 문제로 귀결되었다. 영국의 제국주의 경제정책을 자유주의에 기반했다고 하는 것은 압도적인 자본력을 기반으로 한 것이었다. 그러나 일본은 자국의 경제 발전이 시급한 형편이었기 때문에 해외에서 경쟁력을 가질 수 없었다. 따라서 조선을 식민지화한 이후에도 식민지 개발에 필요한 자금을 조달하는 데 어려움을 겪었다. 조선 내 자본 부족은 결국 재정자금의 부족으로 귀결되었고, 조선총독부는 정책 수행에 필요한 자금을 확보하는 데 어려움을 겪을 수밖에 없었다. 조선총독부는 직접 자금을 동원할 수 있는 특수금융기관을 통해서 정책자금을 집행할 수 있는 여력을 확보하는 데 목적을 두었고, 이는 조선식산은행을 중심으로 한 식민지 개발은행의 설립으로 이어지게 되었다.

일제는 제1차 세계대전을 계기로 무역수지 흑자국으로 전환되고 경제가 크게 성장하였다. 이를 기반으로 일본 내에 집적된 유휴자금이 일본금융시장을 통해 조선 내로 도입되었다. 대표적으로 1920년대 산미증식계획의 시행에 있어 조선식산은행 및 동양척식주식회사의 역할을 들 수 있다. 이와 같이 특수금융기관 중심의 금융정책하에서 일반은행은 부실화만 피하면 되었다. 조선총독부는 강제적인 은행 합병정책을 통해 지역별로 대은행만을 남겨둠으로써 일반은행은 최소한도로 유지될 수 있도록 하였다. 1930년대 들어서 일반은행의 급격한 위축은 반대로 당시 정책자금의 필요성이 증대된 것과 밀접한 관련을 가지는 것이었다.

이와 같이 일제강점기 금융은 정책금융의 성격을 강하게 띠고 있었다. 조선총독부는 한정된 자금을 어디에 쓸 것인가를 두고서 그 정책 효과를 가장 잘 드러낼 수 있는 방식을 선택하였다. 가령 금융조합의 경우 예금을 취급하도록 허용하고, 이렇게 민간으로부터 조달한 자금을 사회정책성 분야, 가령 농가 부채정리 및 자작농지설정사업 등에 투입하였다. 조선총독부는 대공황 이후 식민지 조선 경제의 파탄을 수습하기 위해 기존 지주 중심의 정책을 전환하였는데, 이를 위한 자금 집행은 일반은행을 통해서는 불가능한 것이었다. 이러한 금융정책의 관점에서 볼 때 조선총독부는 시장경제를 중심으로 한 경제 성장이 아니라 통치의 안정에 최우선을 두고 있었음을 확인할 수 있다. 금융이 경제 발전의 핵심 수단임을 감안할 때 이런 정책은 결국 민간자금공급에는 제약이 있을 수밖에 없었다. 일제강점기 조선인 일반은행은 지역 내 조선인 자본가와 밀접한 관련을 맺으면서 사업을 지원하고 있었다. 그런데 일반은행이 위축됨에 따라 조선인 자본가 역시 그 성장에 한계가 있을 수밖에 없게 된 것이다. 이와 같이 경제 성장에 필요한 자금공급을 총독부가 주도한 것은 1960년대 이후 경제개발 시 금융 지원을 정부가 주도한 것과 유사하다고 할 수 있다.

그런데 여기서 한 가지 유의할 점은 조선총독부가 정책금융을 실시했다 하더라도 일본 본국의 강력한 통제하에 있었다는 사실이다. 핵심은 자금을 도입할 수 있는 원천이 일본이었다는 점이었다. 우선 발권은행인 조선은행은 일본 단자시장(短資市場)의 콜거래[2]를 통해서 정화준비를 보충하였고, 보증준비 발행한도 역시 일본 제국의회에서 결정하였다. 즉 조선은행 발권력의 확장을 통한 자금공급의 증대는 철저하게 일본 본국에서 결정되는 구조였다. 가장 큰 자금공급처인 조선식산은행 역시 발행한 채권 대부분이 일본금융시장에서 소화되고 있었다. 전시기(戰時期) 들

---

[2] 단자시장은 금융기관 간에 일시적인 자금 과부족을 조절하는 초단기 시장을 말하는데, 여기서 이루어지는 거래를 콜거래라고 한다.

어 조선 내 소화분이 증대되었지만, 이는 특수한 사례였다. 즉 식민지 조선의 금융은 일본 본국의 엄격한 통제하에서 운영되고 있었던 것이다.

2. 기존 연구성과 검토

일제강점기 화폐제도사 연구의 경우, 조선은행권 발행제도의 메커니즘을 분석하여 그 식민지성을 드러내는 데 집중되어 있다. 일제시기 조선은행권 발행제도의 핵심은 정화준비의 대부분을 금이 아닌 일본은행권이 차지한 점에 있었다. 이러한 조선은행 발권제도의 특질이 당시 식민지 조선의 경제와 어떤 상관관계를 가지는지, 이로 인해 야기되는 문제점은 무엇인지 규명하였다.[3] 다른 한편으로 전시기 인플레이션의 원인을 분석한 일련의 연구들을 통해 조선은행권 발행제도의 전환과 그 발행 실태가 검토되었다.[4] 중일전쟁을 기점으로 이전에는 조선은행권 발행

---

[3] 배영목, 1987, 「일제하 식민지화폐제도의 형성과 전개」, 『경제사학』 11; 오두환, 1991a, 「식민지시대 한국의 화폐제도」, 『한국근대화폐사』, 한국연구원; 오두환, 1992, 「조선은행의 발권과 산업금융」, 『국사관논총』 36; 오두환, 1998, 「식민지시대 초기의 조선의 통화와 금융」, 『경상논집』 12-2.

[4] 羽鳥敬彦, 1982, 「戰時下(一九三七-四五年)朝鮮における通貨とインフレーション」, 姜在彦·飯沼二浪 編, 『植民地期朝鮮の社會と抵抗』, 未來社; 김보영, 1991, 「일제하 전시국채와 조선경제」, 한국근현대사연구회 1930년대 연구반, 『일제말 조선사회와 민족해방운동』, 일송정; 오두환, 1991b, 「전시하 조선의 통화증발에 대하여」, 『연구논문집』 5; 오두환, 1993, 「전시공업화와 금융」, 안병직·中村 哲 공편저, 『근대조선공업화의 연구』, 일조각; 김동욱, 1995, 「일제말기 전시통제체제의 화폐경제적 성격」, 『연세경제연구』 Ⅱ-1; 平井廣一, 1995, 「舊植民地のインフレーション」, 長岡新吉·西川博史 編著, 『日本經濟と東アジア-戰時と戰後の經濟史-』, ミネルヴァ書房; 安富 步,

이 어떻게 제약되었는지에 집중되었다면, 이후에는 반대로 어떻게 제약에서 벗어나 남발될 수 있었는가에 집중되었다.

다음으로 금융사 연구는 개설서와 금융기관별 연구로 대별할 수 있다. 일제강점기 전체 시기를 대상으로 금융정책과 각 은행별 금융활동을 개설적으로 연구한 단행본들이 있다.[5] 특히 윤석범·홍성찬·우대형·김동욱과 배영목의 연구가 대표적인데 전자는 금융기관별로, 후자는 시기별로 운영과 그 특징을 분석하였다.

금융기관별 연구의 경우, 조선은행은 일제 대외금융정책사의 일환으로서 연구되었는데, 일제 엔(円)블록이 식민지 및 점령지에서 어떻게 형성되고 확장되었는지 규명되었다.[6] 또한 조선은행이 단순한 국책의 수동적 집행자가 아니라 능동적인 주체이며 적극적으로 영리를 추구한 존재라는 것을 입증한 연구도 있다.[7] 조선식산은행의 경우 전신인 농공은행의 설립부터 조선식산은행의 구체적인 운영 실태를 밝힌 연구들과 조선총독부의 지주 중심 식민지 농업정책에서의 역할 등을 규명한 연구가

1997, 「滿洲中央銀行と朝鮮銀行-日中戰爭·アジア太平洋戰爭期を中心に-」, 『人文學報』79, 京都大學人文科學研究所; 조명근, 2004, 「1937~45년 일제의 전비조달과 조선은행권 발행제도 전환」, 『한국사연구』127.

[5] 고승제, 1970, 『한국금융사연구』, 일조각; 이석륜, 1988, 『한국의 일반금융 1910~1945』, 법문사; 윤석범·홍성찬·우대형·김동욱, 1996, 『한국근대금융사연구』, 세경사; 배영목, 2002, 『한국금융사(1876~1959)』, 개신.

[6] 柴田善雅, 1977, 「日本の對『滿州』通貨金融政策の形成とその機能の實態」, 『社會經濟史學』43-2; 金子文夫, 1979, 「第1次大戰期における植民地銀行體系の再編成-朝鮮銀行の『滿洲』進出を中心に」, 『土地制度史學』82; 波形昭一, 1985, 『日本植民地金融政策史の研究』, 早稻田大出版部; 朝鮮銀行史研究會 編, 1987, 『朝鮮銀行史』, 東洋經濟新報社; 島崎久彌, 1989, 『円の侵略史』, 日本經濟評論社; 오두환, 1998, 「만주에서의 조선은행의 역할」, 『경제사학』25.

[7] 조명근, 2019, 『일제하 조선은행 연구-중앙은행 제도의 식민지적 변용-』, 아연출판부.

진행되었다.[8] 금융조합 연구의 경우, 한말 지방금융조합의 설립과 활동, 금융조합의 재편과 촌락·도시금융조합의 운영, 1930년대 농촌진흥운동의 전개와 사회 정책성 자금공급, 전시기 강제저축을 통한 자금흡수기관으로서의 역할 등 조선총독부의 정책과 밀접하게 조응한 식민지 금융기구로서의 활동이 검토되었다. 그리고 이사를 중심으로 한 금융조합의 운영진과 조합원 구성 등 관치운영체제의 실태를 밝힌 연구와 그 민족적·계층적 성격을 규명한 연구도 있다.[9] 또한 상위기관인 조선금융조합연합회의 운영과 역할, 하부기관으로서의 식산계에 관한 연구도 이루어졌다.[10] 동양척식주식회사의 경우, 초기에는 이민과 농장경영 등 식민지

---

[8] 堀和生, 1983, 「植民地産業金融と經濟構造 - 朝鮮殖産銀行の分析を通じて-」, 『朝鮮史研究會論文集』 20; 권대웅, 1984, 「1920년대 금융자본의 농업지배에 관한 연구 - 조선식산은행을 중심으로-」, 『민족문화논총』 5; 채석현, 1988, 「조선식산은행에 대한 연구 - 1918년~1937년의 경영실태분석을 중심으로」, 숙명여대 석사학위논문; 배영목, 1992, 「조선식산은행과 농업」, 『국사관논총』 36; 정병욱, 2004, 『한국근대금융연구』, 역사비평사; 오진석, 2004, 「1906~1918년 평안농공은행의 설립과 경영변동」, 『대동문화연구』 48.

[9] 秋定嘉和, 1968, 「朝鮮金融組合の機能と構造 - 1930~40年代にかけて」, 『朝鮮史研究會論文集』 5; 金森襄作, 1971, 「일제하 조선금융조합과 그 농촌경제에 미친 영향」, 『사총』 15·16; 정용욱, 1987, 「1907~1918년 '지방금융조합' 활동의 전개」, 『한국사론』 16; 이동언, 1992, 「일제하 '조선금융조합'의 설립과 성격: 1907~1918년의 지방금융조합을 중심으로」, 『한국독립운동사연구』 6; 이경란, 2002a, 『일제하 금융조합 연구』, 혜안; 문영주, 2003, 「1938~45년 '국민저축조성운동'의 선개와 금융조합 예금의 성격」, 『한국사학보』 14; 문영주, 2005a, 「일제하 도시금융조합의 운영체제와 금융활동(1918-1945)」, 고려대 박사학위논문; 문영주, 2005b, 「1930년대 도시금융조합의 예금흡수기관으로의 전환과 농촌진흥운동자금의 공급」, 『사총』 60; 문영주, 2006, 「일제시기 도시금융조합의 관치운영체제 형성과정 - 1929년《금융조합령》개정을 중심으로-」, 『한국사연구』 135; 최재성, 2006, 『식민지 조선의 사회 경제와 금융조합』, 경인문화사; 문영주, 2008, 「조선총독부의 서구 협동조합 모방과 식민지적 변용: 금융조합 법령을 중심으로」, 『한국사학보』 32.

[10] 이경란, 2002b, 「1930년대 전반기 금융조합의 농촌조직 확대와 식산계 설립」, 『동

조선의 지주회사로서의 활동에 연구가 집중되었다. 최근 들어 동양척식주식회사의 금융활동에 관한 연구가 축적되고 있는데, 연구는 주로 전시기 활동에 집중되어 있으며 이 연구를 통해서 동양척식주식회사 금융부의 운영 실태를 확인할 수 있다.[11]

일반은행 연구는 조선총독부의 정책과 합병 과정을 다룬 연구와 개별 은행 사례로 나눌 수 있다. 전자의 경우「은행령」을 비롯한 정책이 일반은행 설립과 성장에 어떤 역할을 했는지, 그리고 조선총독부의 금융정책이 일반은행 운영에 어떤 영향을 끼쳤는지 등을 해명하고 있다.[12] 후자의 경우 조선인 일반은행 중 한성은행,[13] 조선상업은행(대한천일은행),[14]

『방학지』 115; 문영주, 2009,「일제시기 조선금융조합연합회의 운영주체와 '금융조합주의'」,『한국사연구』 145; 이경란, 2019,「일제 말기 식산계와 식민지파시즘」,『동방학지』 186.

[11] 김호범, 1997,「동양척식주식회사의 금융활동에 관한 연구」,『경제학논집』 6-1; 河合和男·金早雪·羽鳥敬彦·松永達, 2000,『國策會社·東拓の研究』, 不二出版; 黑瀨郁二, 2003,『東洋拓殖會社-日本帝國主義とアジア太平洋』, 日本經濟評論社; 배석만, 2014,「전시체제기 동양척식주식회사의 자금동원 구조와 투자동향 분석」,『지역과 역사』 34; 조명근, 2020,「전시기 동양척식주식회사의 자금 조달과 운용 실태」,『아세아연구』 63-1.

[12] 堀和生, 1983,「朝鮮における普通銀行の成立と展開」,『社會經濟史學』 49-1; 정태헌, 2000,「식민지화 전후 보통은행의 경영추이와 이원적 감독체제」,『역사문제연구』 5; 정태헌, 2001,「1910년대 본점은행의 신설 급증과 3대은행의 영업·자본 집중」,『동방학지』 112; 박현, 2006,「1920년대 후반 금융제도준비조사위원회의 설립과 활동:「금융조합령」,「은행령」 개정논의를 중심으로」,『동방학지』 136; 정태헌, 2010b,「조선총독부의 경상합동은행 경영권 장악 과정과 일본인은행으로의 흡수」,『한국사학보』 40.

[13] 정태헌, 2010a,「한성은행의 경영권, 대주주 구성 추이와 일본인은행화 과정」,『한국사연구』 148; 김명수, 2012,「1920년대 한성은행의 정리와 조선인 CEO 한상룡의 몰락」,『역사문제연구』 27.

[14] 이승렬, 2000,「일제강점 초기(1906~1919) 대한천일(조선상업)은행과 경인지역 상

한일은행[15]을 비롯하여 지방의 대표적 은행인 호서은행, 호남은행, 동래은행, 경남은행 등의 경영 실태를 분석한 연구가 있다.[16] 특히 조선인은행의 경우 설립 및 운영 주체인 조선인 자본가와 지역경제가 어떤 상관관계를 가지고 있는지가 함께 검토되고 있다. 그 외에 조선에 본점을 둔 일본인은행을 대상으로 한 연구도 진행되었다.[17]

3. 이 책의 구성

이 책은 식민지기 화폐제도 및 금융정책과 금융기관별 활동으로 구성되어 있다. 제1부에서는 정책사적 측면에서 접근하여 제1장에서 식민지적 화폐제도의 특질을 규명한다. 조선은행권 발행제도의 기본 구조 및 발권 메커니즘을 분석함으로써 화폐제도의 식민지성을 밝히는 데 목적

공인」,『역사문제연구』5; 최상오, 2006, 「일제하 조선의 일반은행에 관한 연구: 조선상업은행의 사례를 중심으로」,『한일경상논집』35; 이승렬, 2007,『제국과 상인』, 역사비평사; 김윤희, 2012,『근대 동아시아와 한국 자본주의』, 고대 민족문화연구원.

15 정병욱, 1999, 「1910년대 한일은행과 서울의 상인」,『서울학연구』12; 박현, 2004, 「한말·일제하 한일은행의 설립과 경영」,『동방학지』128.

16 홍성찬, 1999, 「한말·일제하 전남 지역 한국인의 은행 설립과 경영-광주농공은행·호남은행 사례를 중심으로-」,『성곡논총』30-2; 김동철, 2001, 「동래은행의 설립과 운영」,『지역과 역사』9; 차철욱, 2001, 「구포[경남]은행의 설립과 경영」,『지역과 역사』9; 허수열, 2005, 「호서은행과 일제하 조선인 금융업」,『지방사와 지방문화』8-1.

17 홍성찬, 1996, 「일제하 평양지역 일본인의 은행설립과 경영: 삼화·평양·대동은행의 사례를 중심으로」,『연세경제연구』3-2; 홍성찬, 1997, 「한말·일제초 재경 일본인의 은행설립과 경영-경성기업·경성은행의 사례를 중심으로」,『한국사연구』97; 홍성찬, 1999, 「일제하 재경 일본인의 조선실업은행 설립과 경영」,『연세경제연구』6-2.

이 있다. 또한 전시기 인플레이션이 단순히 전쟁이라는 상황에서 기인한 것이 아니라 일제가 구축한 화폐제도의 귀결점이었다는 것도 확인할 것이다. 제2장에서는 식민지 조선의 금융정책을 특수금융기관과 일반은행으로 구분하여 살펴볼 것이다. 일제의 대외금융정책에 특화된 조선은행과 동양척식주식회사, 조선총독부의 조선 내 정책금융에 집중된 조선식산은행과 금융조합을 통해 그 정책사적 함의를 파악할 것이다. 그리고 식민지 조선과 일본 본국에서의 일반은행 정책의 차이점을 통해 조선에서 일반은행이 성장할 수 없었던 제도적 조건을 확인할 것이다. 조선총독부는 일반은행 간 합병을 강제했는데, 그 과정을 검토함으로써 합병이 단순히 경제 논리에 따른 것이 아니라 특수금융기관을 중심으로 한 식민지 금융정책의 결과물이었음을 확인할 수 있을 것이다.

제2부에서는 일제강점기 개별 금융기관의 활동을 살펴볼 것인데, 단순히 시기별로 정리한 것이 아니라 개별 기관별로 그 특징에 맞게 본문을 구성했음을 밝혀둔다. 제1부에서 검토한 금융정책이 각 기관별로 어떻게 적용되었으며 그것이 식민지 조선 경제에 어떤 영향을 미쳤는지를 밝히기 위해서는 각 은행별 활동의 핵심 사항을 중심으로 서술하는 것이 더 효과적이기 때문이다. 조선은행의 경우, 일제의 대외침략에 앞장선 결과 식민지 조선에 그 피해를 전가하고 있었다는 점, 조선식산은행은 조선총독부의 정책금융을 어떻게 실현했는지를 살필 것이다. 그리고 금융조합은 단순한 금융기관에 그치는 것이 아니라 사회적 갈등을 최소화하려고 한 일제의 의도가 실현되는 기관이었음을 밝힐 것이다. 이런 검토를 통해 궁극적으로는 일제강점기 금융의 식민지성을 보다 명확히 확인할 수 있을 것으로 기대한다. 일반은행 개별 사례의 경우 조선인은행만을 대상으로 하였는데 한성은행과 조선상업은행, 그리고 한일은행

의 경우, 조선인은행으로서의 성격이 유지된 시기까지를 그 대상으로 삼았다. 특히 일반은행은 지역적 특징을 잘 보여줄 수 있는 사례를 선택하였다. 지역의 대은행인 호서은행·호남은행, 그리고 소은행인 동래은행·경남은행의 사례를 통해 지역 경제와 일반은행이 어떻게 조응하고 있었는지도 살펴보았다. 그 외 저축은행과 신탁회사, 그리고 서민을 상대로 한 고리대금융기관 등을 살펴볼 것이고, 금리정책 및 추이를 정리할 것이다. 마지막으로 전시기 자금동원의 실태를 전시공채 소화를 통해 살펴볼 것인데, 경제적 외피를 가장한 기만성과 강제성이 어떻게 관철되고 있었는지를 확인할 수 있을 것이다.

 이 책은 정책에 초점을 두고 있기 때문에 해당 정책의 목적 및 의도가 어디에 있으며 그 시행의 결과물은 무엇인가, 그리고 이 정책이 당대 조선인의 삶에 어떤 영향을 미쳤는지에 중점을 두고 서술하였다. 기획 취지에 맞게 정책에 내재된 수탈성을 밝히는 데 주력하였음을 밝혀둔다.

 마지막으로 이 책은 필자의 독창적인 연구가 아니라 일제강점기 화폐제도 및 금융사와 관련된 기존 연구성과를 기반으로 서술한 개설서이다. 해당 분야의 대표 연구뿐만 아니라 최근 연구성과까지 최대한 본문에 반영하고자 하였다. 그리고 집필 과정에서 일부 항목은 필자의 기존 연구를 바탕으로 작성한 부분도 있는데, 해당 내용은 아래와 같다.

제1부 제1장 식민지 화폐제도의 구축과 특질

 조명근, 2019, 「제2부 조선은행의 발권제도」, 『일제하 조선은행 연구 - 중앙은행 제도의 식민지적 변용 -』, 아연출판부, 122~212쪽.

제2부 제1장 조선은행

조명근, 2019, 「제3부 조선은행의 국책 수행과 그 귀결」, 『일제하 조선은행 연구 - 중앙은행 제도의 식민지적 변용 -』, 아연출판부, 214~298쪽.

제2부 제7장 전시기 자금동원과 전시공채 소화 실태

조명근, 2009, 「일제 말(1937~45) 조선 내 민간인을 대상으로 한 전시공채(戰時公債)의 발행 실태」, 『대동문화연구』 65.

조명근, 2012, 「일제 말(1937~45) 조선에서의 전시공채 소화 실태와 성격」, 『한국사학보』 47.

제1부
식민지 화폐제도의
구축과 금융정책

제1장
식민지 화폐제도의
구축과 특질

1. 조선은행권 발행제도의 구조와 특질

1) 대한제국기 은행권 발행제도 수립 시도

일반적으로 화폐는 상품화폐에서 금속화폐를 거쳐 지폐로 변천하는 과정을 통해 오늘날에 이르고 있다.[1] 상품화폐는 쌀이나 포목과 같이 상품 자체에 그 사용가치가 내재된 것으로서 우리의 경우 조선시대까지 지배적인 화폐였다. 금속화폐는 금(金)이나 은(銀) 혹은 동(銅)과 같이 특정 금속을 대상으로 그 중량을 단위로 삼아 가치를 측정하여 교환의 매개 수단으로 삼았다. 금속화폐의 경우 정부가 중량과 단위를 규격화하여 주조하였는데, 이 과정에서 금속의 순도나 중량을 줄이는 방식으로 주조 이익을 취하는 경우가 빈번하였다. 즉 악화가 양화를 구축한다는 이른바 그레샴의 법칙(Gresham's law)을 비롯하여 여러 문제점이 발생하게 되었다. 상품화폐경제의 진전에 따라 화폐 수요가 증가하게 되자 새로이 지폐, 즉 은행권이 등장하게 되었다.

은행권이 본격적으로 유통되기 시작한 곳은 영국이었다. 17세기 영국에서는 금 세공업자(goldsmith)가 고객의 금이나 은을 보관해주었는데, 이때 세공업자는 고객이 금 인출을 요구하면 예탁된 금을 지급하겠다고 하는 예탁증서를 발급하였다. 이 예탁증서가 금을 대신하여 사용됨으로써 일종의 지급결제 수단으로서 기능하였고, 이것이 은행권으로 발전하

---

[1] 이 변천은 단계적으로 진행되는 것이 아니라 상호 병존의 과정을 거친 후 특정 화폐가 지배적으로 되는 것이 일반적이었다.

였다. 은행권이란 예탁증서를 소지한 자가 지급을 요구할 때 즉시 증서에 명기된 금액을 지불하기로 약속하여 발행하는 일종의 약속어음이라고 볼 수 있다. 즉 금 세공업자가 발행한 예탁증서가 유통되면서 이것이 화폐와 같이 기능하였고, 은행권으로 진화하였던 것이다.

은행권을 발행하는 은행, 즉 발권은행은 특정 금속, 특히 금과 은을 기반으로 은행권을 발행하였는데, 이를 본위화폐제도라고 한다. 가령 금본위제도라고 하면 지폐의 액면 가치는 금(본위화폐)에 사용된 소재의 가치와 등가로 결정되었다. 현재는 오직 중앙은행만이 은행권을 발행하지만 19세기까지 민간은행에서도 은행권을 발행하였다. 발권은행은 원칙적으로 발행된 은행권과 동액에 해당하는 금이나 은을 보유해야만 했다. 즉 예금자가 태환을 청구할 때에는 언제라도 금(은)을 지급할 수 있어야만 했다. 그러나 시중에서 은행권 유통이 활발해지면서 예금자들이 동시에 예금을 전액 인출할 가능성이 거의 없어졌기 때문에 은행이 보유한 금(은) 이상의 은행권을 발행하는 것이 가능해졌고, 은행권 유통량은 증가할 수 있었다.

그 결과 발권은행의 경우, 발행한 은행권에 대해 전액 금(은)준비를 구비할 필요는 없게 되었다. 다만 발권은행은 은행권 소지자의 태환 요구에 대비하여 일정량의 본위화폐를 준비해야 했는데, 이를 정화준비라고 한다. 가령 금본위제의 경우 금이 정화준비가 된다. 발권은행은 정화준비 발행을 원칙으로 하고 정화준비를 초과하여 일정 한도까지 은행권을 발행할 수 있는 보증준비 발행제도를 도입하였다. 시초는 영국으로, 중앙은행인 잉글랜드은행은 1844년의 은행법(필조례)을 통해 정화준비를 초과하여 1,400만 파운드까지는 보증준비로 발행할 수 있도록 하였다. 그런데 정화준비와 고정된 보증준비 한도액을 기반으로 한 발권제도는 국내 경제 사정에 탄력적으로 대응할 수 있는 통화의 신축성이 크게 결여되었기 때문에 경제 공황 당시에는 그 운용에 지장을 초래하였다. 실제로 영국에서는 1847년, 1857년, 1866년에 공황이 발생하자 조례를 일시 정지시키고 규정된 한도 이상의 보증발행을 인정하였다. 이런 사례를 바탕으로 이후 세계 주요 각국의 발권제도는 정화준비와 보증준비 이외에 일시적으로 은행권을 발행할 필요가 있을 경우에는 제한외발행을 인정하여 탄력적인 운영을 가능하도록 하였다. 단 제한외발행의 경우는 인가권자의 허가를 받아야만 하고 일정한 세금을 납부하는 등의 조치를 마련하여 남발될 위험을 방지하고자 하였다.

개항 이후 상품화폐경제의 진전과 외국화폐의 유통 등 조선의 경제에 큰 변화가 초래되자, 조정에서는 근대적인 본위화폐제도 수립을 여러 차례 시도하였다. 1891년의 「대조선국화폐조례(大朝鮮國貨幣條例)」(일명 신식화폐조례)와 1894년 갑오개혁 때 공포한 「신식화폐발행장정」은 모두 은본위제에 입각한 화폐제도였다. 대한제국은 1901년 금본위제를 채택한 「화폐조례」를 공포하여 전세계적으로 진행된 금본위제 이행에 동참하였다.[2] 그러나 본위화제도에 기반한 화폐 발행은 제대로 시행되지 못했고, 이를 수행할 중앙은행 설립은 지연되고 있었다. 이에 대한제국은 「태환금권조례」(칙령 제9호, 1903.3.24)를 반포하여 은행권 발행을 추진하였다.[3] 1901년의 「화폐조례」에는 은행권을 발행한다는 내용 없이 오로지 금본위 금속화폐만 규정되어 있었다는 점에서 「태환금권조례」는 국

---

2   금 0.75g을 금화 1환으로 하여 본위화로 하였고, 은화·백동화·적동화의 보조화를 발행하도록 하였다.
3   이때 중앙은행도 설립되었는데, 여기에 대해서는 이 책 제2부 제1장을 참조할 것.

내 최초의 은행권 발행제도라고 할 수 있다.

이 조례의 제2조에 따르면 대한제국이 채택한 발행제도는 금준비의 정화준비와 일정한 준비물건을 보증으로 한 보증준비 발행으로만 구성되어 있다.[4] 그런데 보증준비의 경우 한도가 없다는 점이 특징이다. 즉 대한제국은 정화준비를 초과하여 은행권을 발행할 경우 탁지부대신의 인가를 받아 은행권을 한도 없이 발행할 수 있으며 제한외발행세도 납부하지 않는다. 이런 발권제도는 은행권이 남발될 위험성이 매우 높다는 점에서 문제가 될 소지가 크다. 그런데 대한제국이 일반적인 발권제도와 다른 방식을 취한 이유는 정화준비의 부족과 보증준비 한도 설정의 난점에서 비롯된 것으로 볼 수 있다. 대한제국은 외국 차관을 도입하여 정화를 마련하고자 했으나 실패하여 그 준비가 여의치 못할 것으로 예상되었다. 그럼에도 근대적 화폐제도 수립을 더 이상 지연시킬 수 없다고 본 대한제국은 이를 강행하였는데, 당장 부족한 정화는 보증준비 발행으로 감당하려 한 것이었다. 그런데 시행 초기에는 시중의 은행권 수요가 어느 정도가 될지 추정하기 어렵기 때문에 일종의 유예기간을 둔 것이라고 볼 수 있다. 일본도 일본은행이 설립된 후 6년이 지난 이후에야 보증준비 한도액을 법령에 명문화할 수 있었던 점을 고려하면 지폐 발행의 경험이 전무한 대한제국 역시 일종의 시험 운영 기간이 필요했던 것으로 보인다. 당시 대한제국은 성화준비의 경우 외국 차관 도입을 통해

---

4   제2조 중앙은행은 태환금권 발행액에 대하여 동액의 금화 및 금괴를 저장해두고 그 교환의 준비를 한다.
    중앙은행은 전항 이외에 시장의 상황에 따라 유통화폐를 증가시킬 필요가 있는 경우에는 탁지부대신의 허가를 받아 정부가 발행한 공채증서, 탁지부증권, 기타 확실한 증권 및 상업어음을 보증으로 하여 태환금권을 발행할 수 있다.

보충하는 한편 한도를 제한하지 않은 보증준비의 방식으로 은행권을 공급하려 하였다. 충실한 준비를 기약하기 어려운 정화준비만을 기다린다면 은행권 발행은 차질을 빚을 수밖에 없기 때문에 탁지부대신의 허가를 요건으로 하여 경제 상황을 고려하여 발행량을 조절하려 한 것으로 보인다.

    물론 대한제국의 발권제도는 은행권이 남발될 위험성이 매우 큰 것이었다. 그럼에도 불구하고 대한제국이 이러한 제도를 채택한 이유는 아무런 준비도 갖추지 못한 일본 제일은행권이 한국에서 불법적으로 유통되고 있었기 때문에 더 이상 자주적인 은행권 발행제도 수립과 시행을 늦출 수 없다는 절박한 사정에서 연유한 것이었다. 정화준비가 완비되지 못했다는 것을 이유로 은행권 발행을 계속해서 미룰 경우에는 일본의 화폐주권 탈취를 막을 수 없다는 당시의 시급한 형편을 고려하지 않으면 안 될 것이다. 당장은 화폐주권을 수호하기 위해 은행권을 발행하는데, 그 발행 상황을 지켜보면서 추후에 한도액을 설정하는 등의 제도를 정비하려 한 것이라고 이해해야 할 것이다. 일본 역시 몇 번의 시행착오 끝에 근대적 화폐제도를 수립할 수 있었던 점을 감안하면 대한제국 역시 일종의 정책 시행의 유예기간이 필요했다고 볼 여지가 크다고 생각된다.[5]

---

5   이상 대한제국이 입안한 은행권 발행제도의 내용과 그 함의에 관해서는 조명근, 2021, 「대한제국기 중앙은행 제도의 도입과 변용」, 『동방학지』 196, 306~311쪽을 참조하였다.

2) 조선은행권 발행제도의 기본 구조

일제강점기 조선은행권 발행제도는 1941년을 기점으로 구분된다. 우선 1909년에 설립된 한국은행(1911년 조선은행으로 개칭)에서는 정화준비＋보증준비＋제한외발행의 형식으로 은행권을 발행하였다. 조선은행권은 정화로 금화, 지금은(地金銀), 일본은행권을 준비해야 하는데, 정화준비는 일본은행권이 대부분을 차지하고 있었다(〈그림 1-2〉). 보증준비의 경우, 국채증권 및 기타 확실한 증권 그리고 상업어음을 준비물건으로 구비하도록 했다. 보증준비의 발행한도액은 「조선은행법」에 명문화되어 있었다. 따라서 이 한도액을 증액하기 위해서는 법령을 개정해야 하는데, 「조선은행법」의 경우 일본의 법률로 제정되었기 때문에 제국의회의 심의를 거쳐야만 했다. 제한외발행은 위의 정화준비와 보증준비 한도를 초과하여 은행권을 발행해야 할 때 인가권자의 허가를 받아 발행하는 제도이다. 조선은행의 경우 1924년 이전에는 조선총독, 이후에는 대장대신이 허가 주체였는데, 제한외발행을 할 경우에는 발행세를 납부해야 했다.

조선은행권 발행제도는 최소 3분의 1 이상의 정화준비를 유지해야 한다는 점에서 비례준비제도이면서, 제한외발행을 허용했다는 점에서는 신축제한제의 성격이 가미된 말권제도이다.[6] 조선은행의 제도를 일

---

6 비례준비제: 은행권 총발행고에 대해 일정한 비율 이상의 정화를 준비하도록 한 것으로 조선은행권은 1/3 이상의 정화준비를 구비해야 했다.
  신축제한제: 은행권 발행에 있어 정화준비 발행과 보증준비 발행 이외에 제한외발행을 허용한 제도로서 상황에 따른 탄력적인 은행권 발행을 목적으로 한 것이다.

<표 1-1> 조선은행권 발행제도 변천과정

구분	날짜	준거 법규	내용
비례준비제 + 신축제한제	1911.3.29	조선은행법 (법률 제48호)	정화준비: 금화 지금은 또는 일본은행 태환권 보증준비: 국채 증권 기타 확실한 증권 혹은 상업어음, 보증발행한도액 3천만 원 제한외발행: 조선총독의 인가, 발행세 연 5% 정화준비율: 1/3
	1918.4.1	조선은행법 (법률 제28호)	보증발행한도액 5천만 원으로 인상
	1924.7.22	조선은행법 (법률 제21호)	감독권과 제한외발행 인가권자가 조선총독에서 대장대신으로 변경
	1935.3.23	조선은행법 (법률 제1호)	제한외발행세 연 3%로 변경
	1937.8.11	조선은행법 (법률 제63호)	보증발행한도액 1억 원으로 인상
	1939.4.1	조선은행법 (법률 제59호)	보증발행한도액 1억 6천만 원으로 인상
최고발행액 제한제도 + 비례준비제 + 신축제한제	1941.4.1	조선은행법 및 대만은행법의 임시특례에 관한 법률	정화·보증 구별 폐지 대장대신이 발행한도 지정 제한외발행 존속 보증물건 1/3 준비율
비례준비제 폐지	1943.5.5	대장성 통첩 (제1079호)	1/3 보증물건 준비율 폐기

출처: 조명근, 2019, 『일제하 조선은행 연구 - 중앙은행 제도의 식민지적 변용 -』, 아연출판부, 125쪽, <표 2-1>.

본은행 및 대만은행과 비교해보면, 기본적인 구조는 정화준비 + 보증준비 + 제한외발행이라는 점에서는 동일하다. 그러나 정화준비 내용에 있어 각 은행마다 차이가 있는데, 일본은행은 금화 및 금지금이며 대만은행은 금은화 및 지금은으로 되어 있다. 즉 조선은행만이 정화준비에 일본은행권, 즉 태환지폐를 포함하고 있다는 점에서 가장 큰 차이가 있다. 반면 대만은행은 일본은행권이 보증준비물건으로 규정되어 있었다.[7] 보증준비의 경우 일본은행은 정부에서 발행한 공채증서, 대장성증권, 기타 확실한 증권 또는 상업어음을 준비물건으로 두었고, 대만은행은 정부 발행의 지폐, 증권, 태환은행권, 기타 확실한 증권, 상업어음으로 큰 차이는 없다.

조선은행권 발행제도의 특징은 정화준비에서 금이 아닌 일본은행권이 대부분을 차지한 점이다. 이와 같이 일본은행권 중심의 정화준비에 기반한 식민지 화폐제도의 본질은 조선과 일본 간의 상품 및 자본거래의 편리성을 위해 조선은행권과 일본은행권이 1:1 등가교환장치를 유지하는 데 있다. 이 점 때문에 조선은행의 정화준비에 의한 발행은 일본은행권 조달 여부에 따라 좌우되었다. 식민지기 조선의 국제수지는 몇 개년을 제외하면 전체적으로 적자를 기록했기 때문에 무역과 관련해서는 정화가 유출되는 구조였다. 따라서 무역수지 이외의 방식으로 일본은행권을 조달하지 않는다면 조선은행권 발행은 제약을 받게 되었다. 일제 대외금융정책의 관점에서 조선은행의 정화준비는 독자적인 발권 기능을 부여한 것이라기보다는 일본과 조선 더 나아가 만주 및 중국에서 엔(円)과의 등가 결제기구를 유지하기 위한 장치로 작용하고 있었다. 또한 조선 내 통화는 엔자금의 유입출에 상응하여 증감하고 있었는데, 이는 조선의 경제 사정이 아닌 일본에서의 자금 유입출에 따라 통화조절이 좌우되는 것이었다. 일제시기 조선은행권 발행에서 정화준비는 1920년대 후반부터 1940년까지는 보증준비보다 더 높은 비중을 차지하였는데, 1935년의 경우 최대 78%의 정화준비율을 보이고 있었다(〈그림 1-1〉).

한편 보증준비 발행의 경우, 조선은행으로서는 무이자로 대출할 수

---

7   대만은행 정화준비에 일본은행권이 추가된 것은 1937년부터이다.

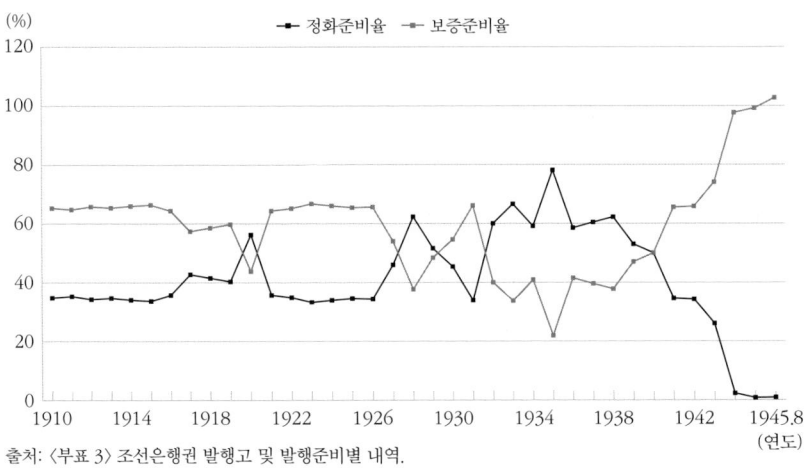

〈그림 1-1〉 조선은행권 정화준비율 및 보증준비율

출처: 〈부표 3〉 조선은행권 발행고 및 발행준비별 내역.

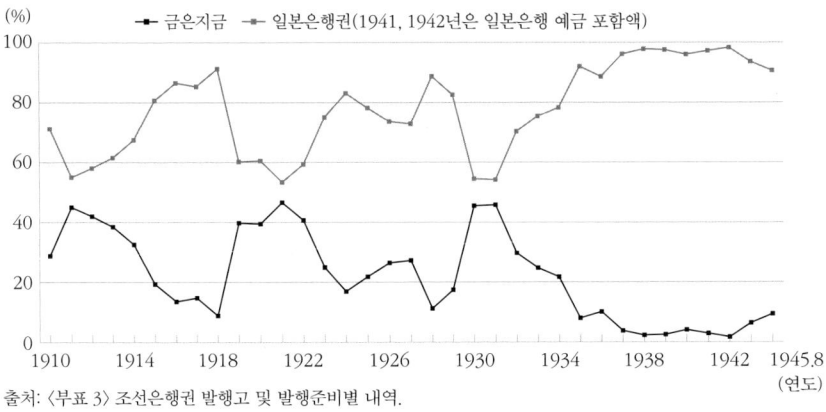

〈그림 1-2〉 조선은행권 정화준비 구성비

출처: 〈부표 3〉 조선은행권 발행고 및 발행준비별 내역.

있다는 점에서 가장 유리한 방식이었다. 그러나 보증준비 한도를 인상하여 통화공급이 증가하게 되면, 이는 구매력의 증대로 이어지고, 그 결과 (수)이입은 초과를 기록하여 무역 역조가 심화될 것이고, 이는 재차 조

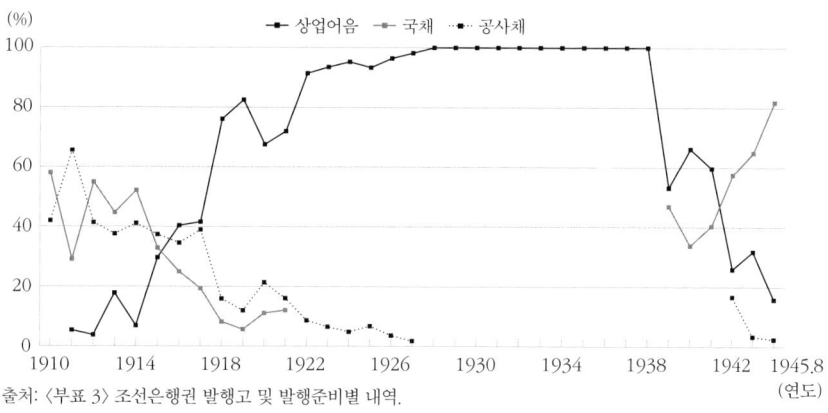

〈그림 1-3〉 조선은행권 보증준비 구성비

출처: 〈부표 3〉 조선은행권 발행고 및 발행준비별 내역.

선은행이 보유한 정화준비를 감소시키는 결과를 낳게 된다. 즉 식민지 조선의 화폐제도는 조선 경제의 구조적 한계와 결합되어 은행권 발행은 제약되었고, 이는 식민지 개발을 위한 자금공급에도 장애 요인이 되었다. 만약 조선은행이 일본에 비해 높은 조선의 금리를 인하할 경우 통화량과 대출이 증가하게 된다. 이는 이입 증대를 가져옴으로써 정화인 일본은행권의 유출로 이어지기 때문에 사실상 조선은행은 저금리로 시중에 자금을 공급하는 것은 어렵게 된다.[8]

3) 조선은행권 발행제도의 특질

조선은행은 어떻게 은행권 발행을 조절하고 있었는가? 우선 보증준

---

8 이상은 배영목, 1987, 「일제하 식민지 화폐제도의 형성과 전개」, 『경제사학』 11, 142~170쪽; 오두환, 1991a, 『한국근대화폐사』, 한국연구원, 310~327쪽을 참조하였다.

비 발행은 그 한도가 고정되어 있었고 또 한도를 확장하기 위해서는 일본 제국의회의 동의가 필요했기 때문에 이 방식에는 커다란 제약이 있었다. 따라서 조선은행은 주로 정화준비와 제한외발행을 통해 은행권 발행을 조절하게 된다. 그런데 정화준비와 제한외발행은 일본의 금융시장, 특히 단자시장의 콜금리와 매우 밀접하게 연계되어 있었다. 예를 들어 1920년대의 상황을 가정해보면, 당시 보증준비 발행한도액은 5천만 원으로 책정되어 있었다. 제한외발행한도를 2천만 원으로 인가받았다고 하면(제한외발행세 5%) 조선은행은 1/3 정화준비에 해당하는 3,500만 원으로 1억 500만 원까지 발행할 수 있다. 그런데 만약 제한외발행한도가 500만 원으로 책정되어 있다면 동일한 1억 500만 원의 은행권을 발행하기 위해서는 정화준비로 5천만 원이 필요하게 된다. 이 경우 조선은행은 차액 1,500만 원에 대한 제한외발행세와 일본 단자시장의 콜금리를 비교하여 은행권 발행 비용을 절감하고자 했다.[9] 또 제한외발행한도는 대장대신(1924년 이전은 조선총독)의 인가사항으로 조선은행이 요구하는 금액과 기간을 그대로 승인해주지는 않는다. 즉 조선은행의 입장에서 은행권을 탄력적으로 발행할 수 있는 손쉬운 방식은 콜머니를 활용한 정화준비율의 제고임을 알 수 있다.

여기서 정화준비율이 어떤 의미를 갖는지 검토해보자. 일반적으로 정화준비율이 높으면 은행권의 발행준비 상태가 양호하다고 판단하지

---

[9] 동일한 조건(보증준비 발행한도액 5천만 원, 제한외발행세 5%, 1918.4.1~1935.3.22)이 적용되는 실제 사례를 살펴보자. 조선은행은 1935년 2월 은행권 발행이 급증하게 되자 기존에 제한외발행으로 대처하던 것에서 탈피해 도쿄의 단자시장에서 콜머니로 정화준비를 충당하는 것으로 변경하였다. 이는 당시 도쿄 콜금리가 대체로 연 2.6% 수준인 데 반해 제한외발행세율은 연 5%로 콜금리가 낮았기 때문이다(「조선은행법 개정 저금리와의 관련성」, 『매일신보』, 1935.2.9).

만 현실에서는 그렇지 않은 경우도 있다. 가령 조선은행권 발행고가 9천만 원일 때 보증준비 한도액은 5천만 원이고 제한외발행한도를 1천만 원으로 인가를 받았다면 정화준비는 3천만 원이 필요하다. 그런데 보증준비와 제한외발행한도는 위와 동일한데 은행권 발행액이 1억 원이 된다면, 정화준비로는 4천만 원이 필요하다. 이 경우 정화준비율은 33%에서 40%로 상승하는 것을 알 수 있다. 그런데 이 부족분을 콜머니로 조달해서 채울 경우, 이자를 지불해야 하기 때문에 정화준비율의 제고는 조선은행에 오히려 손해가 될 수 있다. 이와 같은 상황에서는 정화준비율이 높다고 해서 반드시 준비가 양호하다고 볼 수만은 없다.

위와 같은 자금조달 방식으로 인해 조선은행에서 중요한 역할을 수행하는 곳이 바로 도쿄지점이었다.[10] 도쿄지점의 중요 업무는 엔자금의 조달과 운용에 있었다. 이 업무는 발행준비와 직결되기 때문에 대개 자금조달의 관점에서 이해하기 쉽다. 그러나 도쿄지점을 비롯한 조선은행 일본 내 지점들은 매우 적극적으로 대출을 실시하였고, 그 금액도 조선을 능가할 정도로 많았다. 다음 〈그림 1-4〉를 보면, 1910년대 후반부터 중일전쟁이 일어나기 전까지는 일본 지점의 대출이 대체로 조선보다 높은 편이었고, 몇 개년을 제외하면 만주보다도 대출금액이 높았던 것을 확인할 수 있다.[11]

---

10 조선은행 이사·부총재 출신인 호시노 기요지(星野喜代治)에 따르면 도쿄지점에는 부총재와 이사 1인이 상주하면서 은행 전체의 자금 융통을 총괄하고 있었다고 한다. 조선은행권 발행준비 조작도 역시 모두 도쿄지점에서 담당하였다고 한다(星野喜代治, 1967, 『回想錄』, 日本不動産銀行十年史編纂室, 81쪽).

11 1920년대 중후반 조선지점 대출이 이례적으로 높은 것은 정리대의 이월 등 일시적인 자금 조정에 따른 결과이다. 가령 1928년 하반기에 다액의 정리대를 본부 감정으로 옮겼는데, 조선 내 대출분으로 잡힌 약 1억 7,600만 원 중 차관분 6천만 원, 조선

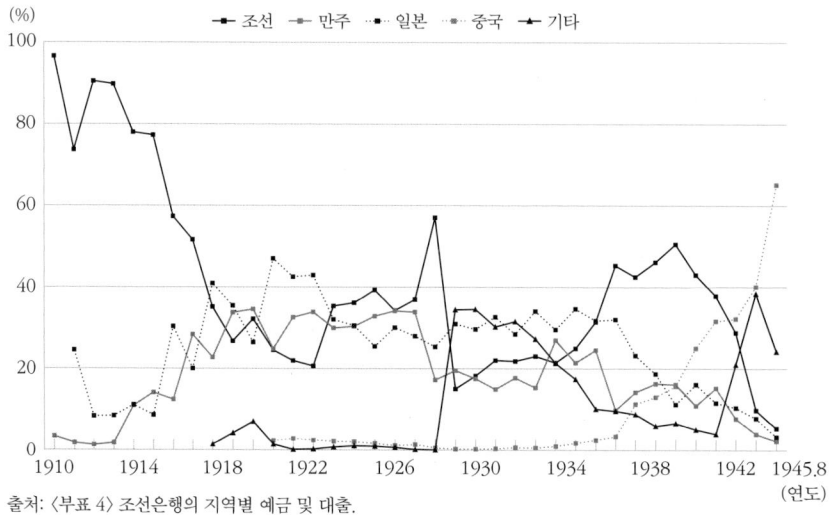

<그림 1-4> 조선은행 대출의 지역별 비율

출처: <부표 4> 조선은행의 지역별 예금 및 대출.

    또한 <표 1-2>를 보면 조선은행의 일본지점은 예대율이 상당히 높은 것을 알 수 있는데, 예금을 크게 상회하는 대출을 실시하고 있었던 것이다. 그런데 1/3 정화준비율을 감안하면 일본은행권 1은 조선은행권 3에 해당하는 가치를 가진다고 볼 수 있다.[12] 따라서 조선은행 일본지점은 당연히 예금을 장려하고, 대출을 제한해야 하는 것이 일반적인 태도

    외 정리대 7,600만 원을 제외하면 조선 내 대출은 겨우 4천만 원에 지나지 않는다(朝鮮銀行史硏究會 編, 1987, 『朝鮮銀行史』, 東洋經濟新報社, 313쪽). 즉 4천만 원을 적용하면 조선 내 비율은 57%에서 23%대로 크게 떨어지는 것을 알 수 있다.

[12] 1943년 조선은행 본점에서 일본지점에 하달한 다음의 자금운용 지침에서도 이 의미를 확인할 수 있다. "당행으로서는 일본 지역의 자금 충실을 기하기 위해 한층 더 노력할 필요가 있는데, 일본 내 자금 1은, 조선의 3에 해당하는 의미를 갖고 있기 때문에, 예금흡수에 더욱더 더 노력해주기를 바란다"(朝鮮銀行史硏究會 編, 1987, 위의 책, 685~686쪽).

〈표 1-2〉 조선은행 일본지점의 예금, 대출 내역

(단위: 천 엔)

연도	예금	대출	예대율	연도	예금	대출	예대율
1910	48	1,779	37.06	1928	7,170	78,063	10.89
1911	602	835	1.39	1929	4,988	82,563	16.55
1912	127	1,297	10.21	1930	8,142	78,822	9.68
1913	1,402	2,613	1.86	1931	10,124	96,980	9.58
1914	480	2,019	4.21	1932	12,734	96,998	7.62
1915	722	8,970	12.42	1933	26,907	120,841	4.49
1916	6,638	8,653	1.30	1934	21,388	124,012	5.80
1917	54,690	38,777	0.71	1935	24,083	146,359	6.08
1918	110,508	69,120	0.63	1936	33,964	158,102	4.65
1919	82,920	85,349	1.03	1937	45,620	146,625	3.21
1920	69,930	93,330	1.33	1938	75,282	128,796	1.71
1921	69,681	105,949	1.52	1939	115,331	146,872	1.27
1922	76,021	93,640	1.23	1940	111,036	113,982	1.03
1923	25,866	122,699	4.74	1941	124,633	195,137	1.57
1924	14,977	121,008	8.08	1942	167,560	171,463	1.02
1925	7,565	87,915	11.62	1943.9	171,813	234,935	1.37
1926	6,070	103,209	17.00	1944.9	277,191	603,106	2.18
1927	5,772	85,310	14.78	1945.3	328,423	685,837	2.09

출처: 〈부표 4〉 조선은행의 지역별 예금 및 대출.
비고: 대출에서 별도대출금은 중국차관 관련 자금이므로 제외하였다.

라 할 수 있다.

그런데 왜 조선은행은 일본에서 적극적으로 대출을 추진하였을까? 이는 조선은행의 엔자금운용과 관련이 깊다. 한 가지 유의할 점은 조선은행은 자행이 보유하고 있는 일본은행권을 정화준비에 모두 계상할 필요가 없다는 것이다. 조선은행이 정화준비로서 보유한 일본은행권의 경우 사실상 무이자로 묶여 있는 것이기 때문에 정화준비율만 충족된다면 나머지 자금은 적절하게 운용하여 수익을 올리는 편이 조선은행에는 더 유리하다. 만약 일본의 단자시장 콜금리와 조선은행 대출이율에 차이가 있다면 양자의 차액을 목표로 자금을 운용할 수도 있다. 즉 일본에서 조선은행은 일반은행이라는 점을 감안해야 한다. 따라서 조선은행으로서는 자행이 보유한 엔자금을 최대한 활용하여 수익을 올리는 것이 바람직하다. 더구나 조선은행이 일본지점에 수취한 예금은 이자를 지불해야 하기 때문에 무턱대고 증가시킬 수만은 없는 일이다. 요컨대 일본에서 지급해야 할 예금이자와 조선에서 수취할 대출이자의 차액을 가지고 수익을 보전할 수 있을 때 가능한 일이었다.[13] 이와 같이 조선은행의 경우 은행권 발행에 있어 여러 선택지가 있었고, 이를 운용하는 곳이 도쿄지점이었던 것이다.

조선은행은 발권은행이면서도 일반은행을 겸영하고 있었기 때문에 일반적인 중앙은행과 달리 은행권 발행은 수익 증가와 연결되고 있었다. 은행권 발행이 많을수록 이윤이 증대하는 조선은행에 있어 가장 유리한 발행 방식은 보증준비 발행이었다. 보증준비 발행은 무이자로 대출할 수 있는 자금이라는 점에서 조선은행으로서는 수익상 가장 바람직한 방

---

[13] 그렇다면 조선은행은 일본지점에서 보유한 엔자금을 어떻게 운용하고 있었는가? 단편적이나 남아 있는 자료에 따르면 1930년 이후 일본 도쿄지점은 여유 엔자금을 콜시장에서 운용하고 있었는데, 1932년 6월 말 기준으로 1,190만 엔에 달하고 있었다(朝鮮銀行史硏究會 編, 1987, 앞의 책, 423쪽). 조선은행의 엔자금이 가장 풍부했던 시기는 전시기 중국연합준비은행과 체결한 '예금협정'을 비롯하여 중국 점령지 전비조달을 담당하던 때였다. 조선은행 도쿄지점을 통해 진행된 중국 화북으로의 임시군사비의 국고송금과 거액의 보통송금으로 인해 환이 대폭적인 수입초과로 되었기 때문에 엔자금조달 및 수익 증대에 크게 기여하였다. 조선은행은 여유 엔자금으로 국채를 매입하고 대출이나 콜론 등으로 운용함으로써 큰 이익을 남길 수 있었다(朝鮮銀行史硏究會 編, 1987, 앞의 책, 588~589쪽). 전시기 이전에 일본 단자시장에서 자금을 빌리는 입장이었던 조선은행이 중일전쟁 이후부터는 자금을 빌려주는 입장으로 전환되었다.

식이었다. 그러나 보증준비 한도는 「조선은행법」에 그 액수가 고정되어 있었고, 이를 개정할 수 있는 권한은 일본 제국의회에 있었다. 조선은행 설립 당시인 1911년 3천만 원으로 정해진 보증준비 한도액은 1918년 5천만 원, 1937년과 1939년에 각각 1억 원과 1억 6천만 원으로 확장되었다. 특히 5천만 원에서 1억 원으로 확대되기까지는 20년에 가까운 시간이 걸렸다. 그렇다면 어떤 이유로 언제 보증준비 한도는 확장되었는가?

조선은행은 1911년 설립 이후 총 4번에 걸쳐 보증준비 한도를 확장하였다. 우선 1911년의 경우 조선총독부 재정자금을 위한 확장이었다. 이번 확장의 특징은 보증준비 여유분이 약 700만 원[14]이나 남아 있음에도 불구하고 1천만 원을 증액한 것에 있다. 일반적으로 보증준비 한도의 확장은 기존 준비로는 은행권 발행을 감당할 수 없을 때 취하는 사후적 조치라는 점에서 보면 이례석이라 할 수 있다. 이번 확장은 강제병합 초기의 상황을 감안할 필요가 있다. 당시 조선은행은 화폐정리자금과 정부 대상금 원조 등 식민지 조선 재정에 대한 기여도가 매우 컸다. 즉 조선총독부 재정이 조선은행의 발권력에 의존하고 있던 현실을 감안하여 발행한도를 증대시킬 필요가 있었던 것이다.

두 번째인 1918년의 한도 확장은 조선은행의 만주 진출에 따른 결과였다. 제40회 제국의회(1917.12~1918.3)에 「조선은행법」 개정안이 상정되었는데, 그 내용은 보승준비 발행한도를 기존 3천만 원에서 5천만 원으로 확장하는 것과 부총재 신설, 그리고 신탁을 영업 과목에 추가한 것이다. 일제의 만주 금융정책 전환의 결과 조선은행권이 1917년 6월부터

---

14   1910년 말 조선은행권 발행고 2,016만 원 중에서 정화준비는 702만 원, 보증준비는 1,314만 원이다. 당시 보증준비 한도액은 2천만 원으로 그 여유분은 약 700만 원이 된다.

〈표 1-3〉 조선은행권 보증준비 발행한도 확장 추이

(단위: 천 원)

법령 및 실시 시기	보증준비 발행한도
한국은행조례(법률 제22호, 1909.7.26 공포·시행)	20,000
조선은행법(법률 제48호, 1911.3.29 공포·시행)	30,000
조선은행법(법률 제28호, 1918.4.1 공포·시행)	50,000
조선은행법(법률 제63호, 1937.8.11 공포·9.1 시행)	100,000
조선은행권 및 대만은행권의 보증발행한도의 임시확장에 관한 법률(법률 제59호, 1939.4.1 공포·5.1 시행)	160,000

출처: 조명근, 2019, 앞의 책, 132쪽, 〈표 2-4〉.

만주에서 강제통용력을 인정받았고, 조선은행은 1918년 1월부터 관동주 및 만철부속지에서 국고금 취급은행이 되었다. 조선은행이 만주와 중국 지역에 수십 개에 달하는 지점을 설치하여 그 영업을 확장하고 있으며 종전의 요코하마정금은행(橫濱正金銀行)을 대신하여 조선은행권을 발행하게 된 현실을 감안하면 기존 발권력만으로는 부족하다는 것이 한도 확장의 배경이 되었다.

마지막으로 1937년과 1939년은 모두 중일전쟁과 관련되어 한도가 확장된 사례이다. 중일전쟁이 발발하자 잠정적 조치이지만 군용통화로 조선은행권이 지정되었다. 따라서 조선은행권의 수요가 증가될 것으로 예상되었기 때문에 중일전쟁으로 인해 특별의회로 개최된 제71회 제국의회(1937.7.25~8.7)에서 개정안이 상정되었다. 1920~1930년대에 통화량 증발로 인해 제한외발행이 빈번하게 일어났음에도 불구하고 한도 확장에는 전혀 진척이 없었는데, 중일전쟁을 계기로 한도는 5천만 원에서 1억 원으로 한 번에 두 배 확장되었다. 그러나 전시라는 상황 속에서 1937년의 한도 확장의 효과는 오래 지속되지 않아 연말부터 다시 제한외발행이 계속해서 발생하고 있었다. 전쟁은 필연적으로 통화량 증가를 동반할 수밖에 없기 때문에 일본 정부도 대책을 강구해야 했다. 다시 제74회 제국의회(1938.12~1939.3)에서 조선은행 보증준비 한도는 1억 6천만 원으로 확장되었다. 1939년의 한도 확장은 일제의 전비조달과의 관련 속에서 이해해야 한다. 다음에 살펴보겠지만 조선은행은 중국 화북 지역에 전비를 조달하는 과정에서 거대한 엔자금을 확보할 수 있었다. 당시 조선은행이 보유한 일본은행권을 단지 예금에 묶어두는 것이 아니라 국채 인수에 활용함으로써 전비조달에 충당하고자 한 것이었다. 국채는 조선은행 보증준비물건이었기 때문에 한도 확장을 통해 그 소화를 촉진시키려 했던 것이다. 그 결과 조선은행이 확보한 엔자금은 국채로 전환되었고, 이 국채를 준비로 한 보증준비 한도를 확장시켜 은행권을 발행하는 체제로 이행하고 있었던 것이다. 이는 1941년 조선은행권 발행제도 전환으로 귀결되었다.

그런데 조선은행의 보증준비 한도 확장은 항상 수익 향상으로 이해되고 있었다. 당시 제국의회의 심의 과정에서 의원들은 은행권 발행 특권을 가진 조선은행이 한도 확장을 통해 수익을 올릴 수 있는 점을 지적하고 있었다.[15] 언론에서도 보증준비 한도를 확장하면 조선은행은 제한외발행을 하지 않아도 되기 때문에 "이득은 막대히 증가"[16]될 것이라고 예상한다든지 인상된 한도액은 "무이자 자금"이기 때문에 조선은행이 "큰 이익"을 누릴 수 있다고 전망하고 있었다.[17]

---

15 조명근, 2019, 『일제하 조선은행 연구-중앙은행 제도의 식민지적 변용-』, 아연출판부, 139~142쪽.
16 「개정법 실시 후의 조선은행」, 『매일신보』, 1918.4.11.
17 「선은준비 확장은 일은권 팽창방지와 국채투자 여력발생」, 『매일신보』, 1939.2.17.

이상과 같은 조선은행의 보증준비 한도 확장은 일반적으로 이해되는 것과 같이 통화량 추이와는 그다지 관련성이 크지 않았다. 보통 이 한도의 확장은 기존 발행제도하에서 은행권 발행이 여의치 않을 경우에 그 한도를 늘려서 해결하는 것이라고 이해되기 쉽다. 그러나 조선은행의 보증준비 한도 확장은 이런 일반론에서 벗어나 있었다. 이를 조선은행의 제한외발행 실태를 통해 확인해볼 수 있는데, 창립 이래 제한외발행은 1917년 12월이 되어서야 출현하였다. 그런데 1918년 한도 확장이 이루어진 후 그해 연말에 제한외발행이 다시 출현하여 1920년까지 20개월 동안 제한외발행이 지속되고 있었다. 사실상 1918년 한도 확장의 효과가 거의 없었다고 해도 무방할 정도였다. 1920년대의 경우 1921년 10월~1927년 7월까지 8개월을 제외하고는 제한외발행이 상시적으로 일어나고 있었다. 그럼에도 불구하고 보증준비 한도 확장은 이루어지지 않았다. 1930년대 들어서는 1934년 12월~1937년 8월까지 제한외발행이 꾸준하게 발생하고 있었다.[18] 이와 같이 제한외발행이 빈번히 일어나자 한도 확장이 필요하다는 목소리가 높았으나 1935년 4월 제한외발행 세율만 5%에서 4%로 인하되었다.[19] 즉 한도를 확장하는 대신에 발행세율을 인하하는 것으로 대체하고 있었다.

　　여기서 한도 확장이 반드시 제한외발행의 추이, 즉 통화 수요만을 반

18　조명근, 2019, 앞의 책, 148쪽, 〈표 2-5〉.
19　제한외발행세율 변화 추이

날짜	1917.11.30	1918.10.12	1919.11.27	1926.12.20	1927.12.1	1935.4.11	1936.5.1
세율(%)	5	6	7	6	5	4	3

출처: 朝鮮銀行史硏究會 編, 1987, 앞의 책, 848~849쪽, 1011~1027쪽, 〈연표〉.

영하는 것은 아니라는 점을 확인할 수 있다. 그렇다면 언제 보증준비 한도가 확장되는가? 그것은 조선은행이 일제의 국책을 수행할 때이다. 앞에서 보았듯이 강제병합 초기 재정자금의 필요, 만주로의 업무 확대, 중일전쟁 이후 전비조달 기관으로 지정되는 것을 계기로 한도가 확장되고 있었다. 즉 조선은행으로서는 국책을 수행한다는 명분으로 해외에 적극적으로 진출할 때, 이를 기회로 확장이 가능하게 된다. 단순히 제한외발행이 많이 발생하는 경제적 상황만으로는 한도 확장은 불가능하다. 만약 그렇다면 1918년에서 1937년 사이에 무수히 제한외발행이 발생했음에도 불구하고 한도가 확장되지 않은 이유를 설명할 수 없다. 보증준비 한도액이 법률에 명시되었다는 것 자체가 정치적 고려가 없이는 확장이 가능하지 않음을 확인해주는 것이다. 조선은행의 입장에서는 비용을 지불하지 않고서 자금을 조달할 수 있기 때문에 보증준비 발행한도 확장이 가장 유리한 발행 방식이다. 그러나 이 확장은 조선은행이 국책 수행의 담당자가 되었을 때 가능한 것임을 확인할 수 있다.

그렇다면 조선은행이 은행권 발행을 통해서 얻는 수익은 전체에서 어느 정도일까? 1940년대를 대상으로 추산한 통계가 있는데, 다음 〈표 1-4〉와 같다. 여기서 발행이익은 보증준비 발행의 운용이익에서 제한외발행세와 발행경비를 제외한 것이다. 조선은행의 총수익 중에서 은행권 발행으로 인한 이익이 최대 58%를 차지하는 등 발권을 통해 획득할 수 있는 이익이 상당한 것을 알 수 있다. 즉 조선은행의 수익 면에서 보면 은행권 발행이 대단히 많은 기여를 하고 있었다.[20]

---

20 이상 조선은행권 발행제도의 특질에 대해서는 조명근, 2019, 앞의 책, 127~153쪽을 참조하였다.

〈표 1-4〉 조선은행 이익 중 발권이익이 차지하는 비중

(단위: 천 원, %)

연도	발행이익	당기이익	발행이익/당기이익
1940	5,676	23,116	25
1941	10,232	28,028	37
1942	15,217	31,868	48
1943	25,683	50,960	50
1944	40,496	70,140	58

출처: 조명근, 2019, 앞의 책, 153쪽, 〈표 2-6〉.

2. 1941년 조선은행권 발행제도의 개정: 최고발행액제한제도의 실시

1) 최고발행액제한제도로의 전환

국제통화제도는 20세기 전반기에 금본위제에서 관리통화제로 이행하고 있었다. 금본위제도는 금 일정량을 자국의 화폐가치로 표시하고 이를 가격표준으로 확정하여 제도적으로 보장, 즉 태환하는 화폐제도이다. 금본위제가 채택되고 있을 때 각 국가가 발행한 화폐는 순금 일정량과 동일시되었으며, 국가 간 결제는 금으로 이루어지고 있었다. 1880년경부터 운영되던 국제금본위제는 1914년에 발발한 제1차 세계대전으로 인해 일시 정지되었다. 자국의 화폐를 금에 고정시킨 통화제도하에서는 전시경제에 요구되는 탄력적인 화폐 공급이 불가능했기 때문이다. 전후 일부 국가는 금본위제에 복귀하기도 하였으나 전쟁 이전의 국제금본위제는 복구되지 못하였다. 결국 1929년 세계대공황의 발생으로 각 국가

는 자국의 경기회복을 최우선 과제로 삼았고, 따라서 대외균형을 우선 과제로 삼는 금본위제를 대신하여 정부의 재량적인 화폐·재정정책을 중요시하는 관리통화제도가 시행되었다.

일본은 1917년에 금본위제를 정지한 후 1930년 1월 11일 금수출 금지를 해제함에 따라 국제금본위제에 복귀하였다. 그러나 1931년 12월 13일로 금수출을 다시 금지함으로써 금본위제도에서 이탈하였다. 일본에서 관리통화제가 본격적으로 시행된 것은 1932년 일본은행권의 보증준비 한도 확장부터였다. 1899년에 1억 2천만 엔으로 설정된 채 거의 30년 동안 고정되어 있던 일본은행의 보증준비 발행한도를 일거에 8배 이상 확장시켜 10억 엔으로 개정하였다. 이 조치는 관리통화제도의 본격적인 시작을 알리는 것이었다.

중일전쟁 이후 일본은 일본은행권의 보증준비 발행한도를 확장하고 제한외발행세율을 인하하는 조치를 통해 통화를 팽창시켰다.[21] 그러나 보증준비 발행한도를 확장하기 위해서는 법률의 개정을 거쳐야만 하는데, 이런 절차는 전쟁의 확대에 따라 급증하는 통화 수요에 탄력적으로 대처하기 어렵게 만들었다. 이는 적자재정을 보전하는 데 있어 중요한 수단인 일본은행 인수의 국채 발행을 어렵게 만들어 전비조달에 장애가 되었다. 한편 조선은행도 1937년 9월 5천만 원에서 1억 원, 1939년 4월 다시 1억 6천만 원으로 두 차례에 걸쳐 보증준비 발행한도를 확장했음에도 불구하고, 제한외발행을 통한 통화증발이 계속되고 있어 발행한도의 확장이 요구되고 있었다. 그런데 보증준비 발행한도를 빈번히 확장할

---

21 일본은행권 보증준비 발행한도는 1932년 1억 2천만 엔에서 1938년에 17억 엔으로, 1939년에 22억 엔으로 확장되었다.

경우 통화증발에 대한 민간의 우려가 커지게 된다. 또한 제국의회의 동의를 거쳐야 하는 절차적인 문제는 전시하 탄력적인 통화공급을 방해하는 요인으로 작용하였다.

한편 일본은 중일전쟁 이후 중국 점령지마다 발권은행을 설립하고 현지에서 은행권을 발행하였다. 이 현지통화는 모두 엔과 연결된 엔계 통화권으로 기존의 조선은행권과 대만은행권을 포함하면 이른바 대동아공영권의 거대한 통화연쇄고리를 이루고 있었다.[22] 식민지에 직접 일본은행권을 유통시키지 않는 일제의 전통적인 통화정책은 중국 점령지에서도 그대로 관철되었다. 일제의 점령지 통화정책은 엔계(円係)통화권을 통해 파생되었다. 가령 중국 화북지역의 경우, 조선은행권을 매개로 현지통화인 중국연합준비은행권을 발행하였는데, 그 방식이 바로 '예금협정'이라는 것이었다. 예금협정이란 일제가 중국 점령지 전비조달을 위해 고안한 특수한 방식의 금융조작으로 그 작동 방식은 다음과 같다. 조선은행 북경지점과 중국연합준비은행은 각각 상대방 은행에 예금계좌를 개설한다. 일본군이 군사비 지출을 위해 중국연합준비은행권이 필요하게 되면 우선 일본 회계인 임시군사비특별회계에서 해당 자금을 일본은행을 통해 조선은행 도쿄지점에 납입한다. 조선은행 도쿄지점은 이 자금을 북경지점에 송금하는데, 북경지점은 조선은행에 개설된 중국연합

---

22 중국 점령 지역 주요 엔계통화권을 정리하면 다음과 같다.

은행권	설립일	발행권 소재	가치
만주중앙은행권	1932.7.1	만주국 정부	엔 등가
몽강은행권	1937.12.1	몽고연합자치정부	엔 등가
중국연합준비은행권	1938.3.10	화북정무위원회	엔 등가
중앙저비은행권	1941.1.6	국민정부	100원 대 18엔

출처: 조명근, 2019, 앞의 책, 162쪽, 각주 60.

<표 1-5> 중국 점령지에서 일제의 전비조달 방식

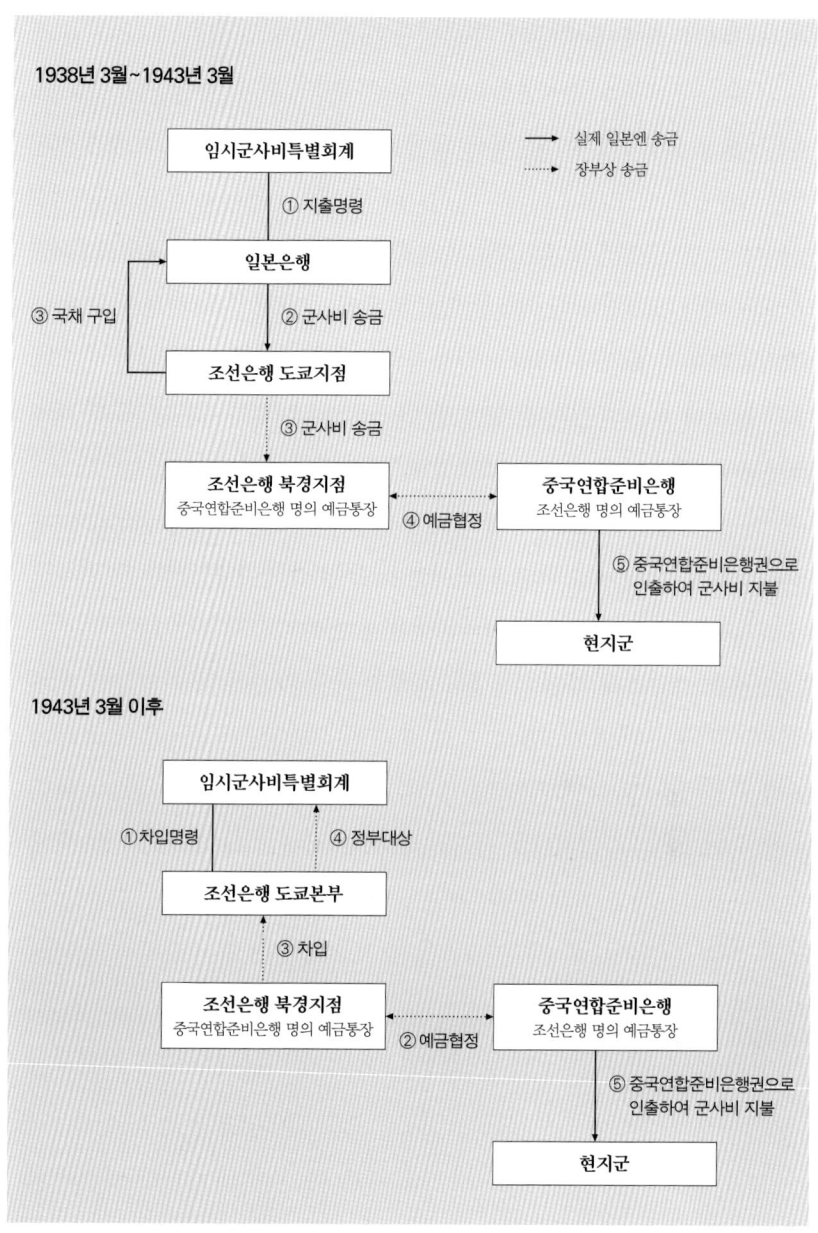

출처: 조명근, 2019, 앞의 책, 212쪽, <부표 2-3>.

준비은행의 일본엔 예금감정에 기입한다. 이후 조선은행이 이 사실을 중국연합준비은행에 통지하면, 중국연합준비은행도 동일한 금액을 자행에 개설된 조선은행 중국연합준비은행권 예금계좌에 기입한다. 그러면 조선은행은 중국연합준비은행에 개설한 자행의 예금계좌에서 중국연합준비은행권을 인출하여 현지군에 지급한다(〈표 1-5〉 참조). 그러나 이 과정에서 실제로 현금이 송금되는 것이 아니다. 일본에서 송금했다고 하는 군사비는 조선은행과 중국연합준비은행의 예금계좌에 같은 금액이 기입될 뿐이기 때문에 사실상 장부상의 '가공예금'에 불과하다. 예금협정의 방식에 따르면 조선은행은 중국연합준비은행에 개설된 자행의 예금계좌에서 예금(중국연합준비은행권)을 마음대로 인출할 수 있다. 그러나 중국연합준비은행은 조선은행에 개설된 자행 소유의 예금계좌에서 자금을 인출하는 것이 금지되어 있었기 때문에 중국연합준비은행은 자신이 발행하는 은행권에 대해서는 아무런 통제력도 갖지 못하였다.[23]

전비의 대부분을 일본은행권을 증발하여 조달할 수밖에 없었던 일제가 중국 점령지에 엔자금을 실제로 공급하지 않으면서 전비를 공급하기 위해 만들어낸 방식이 바로 예금협정이었다. 이와 같은 메커니즘이 작동되면서 임시군사비특별회계 항목에서 중국 화북의 군사비로 지불된 엔자금은 조선은행을 통해 일본은행으로 다시 환류되고 있었다. 일본은 이러한 금융조작을 통해 일본은행권 증발 억제를 기도하는 동시에 일본엔의 명목상 송금을 통해 현지통화의 가치를 유지시키려 하였다.

한편 조선은행의 입장에서 예금협정은 군사비로 송금되는 엔자금이

---

23 多田井喜生, 2002, 『朝鮮銀行』, 東京PHP硏究所, 197~198쪽. 이후 1940년 남경의 국민정부 발권은행인 중앙저비은행이 설립되자 요코하마정금은행과 동일한 방식의 예금협정이 체결되었다.

축적됨에도 불구하고 직접적으로 조선은행권을 증발시키지 않는다는 점에서 조선은행이 크게 발전할 수 있는 기반이 되었다. 조선은행은 예금협정 과정에서 획득한 엔자금으로 국채를 매입함으로써 전비조달과 일본은행권 감소를 도모하였는데, 이 국채는 발권으로 직결되지는 않지만, 향후 보증준비로 이월될 수 있는 가능성을 만들었다는 점에서 중요한 의미를 가지게 된다. 조선은행보유 국채가 모두 보증준비로 이월되어 발권준비가 되지는 않는다. 1943년 이전에는 보유 국채 중 약 20% 정도가 실제 조선은행권 발행에 계상되고 있을 뿐이다.[24] 그 결과 예금협정으로 조선은행에 축적된 국채는 언제든지 보증준비로 이월될 수 있으며 따라서 보증준비 한도의 확장만으로 은행권은 얼마든지 증발될 수 있게 되었다. 이를 제도화한 것이 1941년도의 개정이다.

일본은 1941년 3월 「태환은행권조례의 임시특례에 관한 법률」(법률 제14호, 1941.3.1) 및 「조선은행법 및 대만은행법의 임시특례에 관한 법률」(법률 제15호, 1941.3.3)을 함께 제정, 공포하였다. 새로 제정된 임시특례법에서는 대장대신이 은행권 발행한도를 일방적으로 정하는 최고발행액제한제도를 도입한 점에서 기존 발권제도와 가장 큰 차이점을 보이고 있다.[25] 개정 이전의 발권제도에서는 정화준비 증감과 의회에서 정해놓은 보증준비 한도 내에서 은행권을 발행하고, 만약 부족할 경우에는 제한외발행을 통해 발행하는 등 은행권 발행은 발권제도의 제약을 받고 있었다. 그러나 새롭게 시행하는 제도에 따르면 정화준비나 보증준비의 구별 없이 매년 은행권 발행량을 대장대신이 자의적으로 정하는 것으로 되어 있다. 따라서 정화준비 증감이라는 경제적 사정과 보증준비 한도

---

24   조명근, 2019, 앞의 책, 167쪽, 〈표 2-8〉.

설정이라는 의회의 제약기능이 모두 해제되고, 재정정책 담당자인 대장대신이 아무런 견제도 받지 않고 은행권 발행량을 정할 수 있게 되었다.

다만 조선은행권 및 대만은행권에는 예외를 두었는데 정화준비를 폐지하지 않은 것과 정화준비물건에 일본은행에 대한 예금을 별도로 추가한 점이다. 정화준비를 그대로 유지한 것은 조선은행권의 가치는 일본은행권에 대한 태환 여부에 달려 있기 때문에 일본은행처럼 정화준비를 당장 폐지하면 일본과 조선의 양 지역 간 통화제도가 위협을 받을 수 있기 때문이었다. 그러나 정화준비에 새롭게 일본은행에 대한 예금을 추가함으로써 실제 의미는 이전과는 상당히 달라졌다. 이후 일본은행에 대한 예금이 정화준비의 대부분을 차지하게 되었다.[26] 그 결과 조선과 대만에 퇴장되고 있는 일본은행권이 일본에 환수되었고, 이로 인해 절약되는 일본은행권은 약 '3억 엔'으로 추산되고 있었다.

---

25 일본은행권, 조선은행권, 대만은행권 발권준비 변화

은행권	개정 이전	개정 이후
일본은행권	정화준비: 금은화, 지금은	금은화, 지금은, 정부발행 공채증서, 대장성증권, 확실한 증권, 상업어음
	보증준비: 정부발행 공채증서, 대장성증권, 확실한 증권, 상업어음	
조선은행권	정화준비: 금화, 지금은, 일본은행권	정화준비: 금화, 지금은, 일본은행권, 일본은행 예금
	보증준비: 국채, 증권, 기타 확실한 증권, 상업어음	보증준비: 국채, 증권, 기타 확실한 증권, 상업어음
대만은행권	정화준비: 금은화, 지금은, 일본은행권	정화준비: 금화, 지금은, 일본은행권, 일본은행 예금
	보증준비: 정부발행 지폐, 증권, 기타 확실한 증권, 상업어음	보증준비: 국채, 증권, 기타 확실한 증권, 상업어음

출처: 조명근, 2019, 앞의 책, 190쪽, 각주 104.

26 정화준비에서 일본은행권이 차지하는 비율은 1942년에 96% → 14.4%로 급감한 반면에 일본은행에 대한 예금이 82.8%로 대신하고 있다(朝鮮銀行史研究會 編, 1987, 앞의 책, 847쪽).

1941년의 발권제도 개정은, 엔의 1차 파생화폐인 조선은행권을 매개로 하여 엔을 절약하는 동시에 2차 파생화폐인 중국연합준비은행권을 증발시켜 중국 점령지에 전비조달을 가능하게 한 제도적 측면에 주목해야 한다. 종전과 같이 1/3 정화준비율을 유지함으로써 일본엔과 완전히 단절한 것은 아니지만, 이를 일본은행 예금으로 전환시킴에 따라 실제 엔자금은 조선은행이 보유하는 것이 아니라 일본은행으로 환류됨으로써 일본은행권을 보전하게 되었다. 당시 일본은행권 증발을 최대한 억제해야만 했던 일본으로서는 조선은행의 정화인 일본은행 예금을 기존의 발권 틀 속에 포함시키는 동시에 조선은행에는 형식적인 정화준비를 유지하도록 하였던 것이다.

요컨대 조선은행은 거대한 엔자금을 확보하게 되었으나, 이 엔자금은 철저하게 일제의 전비조달을 위해 활용되는 제도로 되었다. 조신은행이 보유하고 있던 일본은행권이 일본은행으로 환류되거나 혹은 조선은행의 엔자금으로 국채를 소화하거나 양자의 결과는 모두 일본의 인플레이션을 억제하는 조치가 되었으나, 조선은행은 이를 통해 조선은행권이 증발될 수 있는 제도적 장치를 갖추게 된 것이다. 일제는 예금협정이라는 제도를 고안해냄으로써, 점령지에 소요되는 현지 군사비는 형식적인 송금으로 위장하고, 실제로는 점령지 현지통화를 증발시켜 조달하였다. 그리고 이 과정에서 발생한 엔자금을 조선은행의 전시국채 소화라는 경로를 통해 일본 정부에 다시 환류시켜 일제의 전비로 조달하였다.

대장성은 1941년 4월 1일자로 조선은행권 최고발행한도액을 6억 3천만 원으로 결정하였다.[27] 그렇다면 이 6억 3천만 원이란 금액은 어떤 기준과 방식에 따라 결정된 것인가? 애초 대장성은 1940년 최고발행고인 593,981,000원을 기준으로 6억 원을 한도액으로 결정하였다.

그런데 이 소식을 들은 조선은행은 대장성에게 이 금액은 현실을 제대로 반영하지 못한 처사라고 하면서 7억 원이 한도가 되어야 한다고 제안하였다. 대장성이 전망한 1941년도 예상평균발행액 및 최고발행액은 546,906,000원과 763,350,000원인 데 반해 조선은행 측은 각각 613,250,000원, 760,295,000원으로 예측하였다. 양측은 산출 방법에 있어서는 전년 대비 증가율의 평균을 적용하여 1941년 예상발행고를 추산했다는 점에서 동일하지만 그 시작 연도를 대장성은 1935년, 조선은행은 1936년으로 달리하였다. 즉 조선은행은 은행권 발행이 현저히 증가되는 시점을 기준으로 삼아 더 높은 증가율을 적용한 것이다.

조선은행의 입장에서 최고발행한도는 최대한 높게 결정되어만 했다. 전쟁이 장기화되는 상황에서 한도액이 낮게 설정되면 초과발행고는 모두 제한외발행으로 해결해야 하는데, 발행세를 납부해야 하는 조선은행으로서는 큰 부담이 된다. 가령 조선은행 측에 따르면 한도액이 6억 원이 될 때, 제한외발행일수는 148일, 제한외발행세액이 약 86만 원에 달할 것으로 예상되었다. 이는 1941년에 조선은행이 올린 순이익이 약 420만 원임을 감안하면 20%에 이를 정도로 큰 비중을 차지하게 된다. 이에 조선은행은 대장성에 제한외발행의 부담을 강조한 문건을 제출하였고, 대장성은 이를 일부 수용하여 최종 6억 3천만 원으로 결정한 것이다.

그런데 여기서 일반적인 통념과는 상반되는 것을 발견할 수 있을 것이다. 즉 통화 증발의 압력을 가하는 주체는 재정당국이며, 중앙은행은 이것을 방어해야 한다는 통념이다. 역사적으로 통화제도가 금본위제

---

27 일본은행권의 경우 47억 엔, 대만은행권의 경우 2억 4천만 원으로 결정되었다.

에서 관리통화제도로 이행하면서 중앙은행제도도 이에 맞추어 변화되었다. 은행권 발행이 보유한 금의 양에 따라 결정되었던 금본위제하에서는 누가 은행권 발행기능을 가지느냐는 큰 문제가 되지 않았고, 중앙은행의 사명은 무엇보다 통화의 대외가치(즉 금태환성)를 유지하는 데 있었다. 그러나 관리통화제도하에서는 더 이상 태환이 되지 않는 불환지폐를 발행하는데, 이를 뒷받침한 것은 다름 아닌 국가권력의 강제통용력이었다. 따라서 관리통화제도에서는 은행권 발행의 제어장치가 풀리게 됨에 따라 통화관리가 필수적으로 되고, 정부 당국의 자의적인 통화 남발의 제어, 즉 인플레이션 방지가 통화관리의 핵심이 된다. 이와 같은 통화제도의 변화는 중앙은행의 정부로부터의 독립이라는 과제가 제기되는 계기가 되었다.[28] 그런데 1941년 결정 과정에서 대장성은 발행한도액을 최대한 억제하려고 하였고, 조선은행은 반대로 이를 확대하고자 하였다. 이와 같이 양측의 전도된 태도는 영리 추구에 매몰된 조선은행의 본질을 명확히 보여주고 있었다.

최고발행액 한도는 기존 은행권 발행 추이를 반영하여 산정되었는데, 전쟁이라는 특수 상황 속에서 이 한도를 정하는 것 자체가 무리라고 할 수 있다. 만약 한도액이 높게 산정되면 시중에 인플레이션 심리가 조장될 우려가 크기 때문에, 이를 최소한의 선에서 억제할 필요가 있었다. 이 점에서 보면 발행한도라는 것은 사실상 최고한도가 아니리 최저발행선, 억제선으로 보는 것이 더 타당할 것이다. 평상시 최고발행한도는 말 그대로 '최대한'의 발행한도이지만 전시하에서는 '최소한'이라는 의미를

---

28 조명근, 2007, 「해방 후 한국중앙은행제도 개편 논의 - 조선은행안과 재무부안을 중심으로-」, 『한국사학보』 28, 214~215쪽.

강하게 가진 것이었다. 이런 점에서 제한외발행이 중요해진다. 만약 예상된 통화량을 그대로 한도액으로 인정할 경우, 이는 정부 당국이 통화 증발을 조장하는 것처럼 보일 우려가 크기 때문에 제한외발행을 활용하여 이 한도를 되도록 최대한 낮추려고 했던 것이다.

대장성이 1942년도 조선은행권 최고발행한도를 7억 5천만 원으로 결정한 후, 1943년부터는 한도액을 갱신하지 않아 위 금액으로 고정되었다. 이처럼 발행한도가 고정되면 초과발행분은 제한외발행으로 감당해야 하기 때문에 조선은행의 부담은 커질 수밖에 없다. 이에 무이자로 묶여 있던 조선은행의 일본은행 예금을 국채로 전환시켜 여기에서 발생하는 수익으로 발행세를 보전하도록 하였다.[29]

1942년 일본은 「일본은행법」을 제정하였다. 이 법령 중 통화제도와 관련된 부분의 경우, 1년 전 임시특례법에서 규정한 조항, 즉 대장대신이 발행한도를 결정하는 것과 정화·보증준비를 폐지한 것을 그대로 계승하여, '임시'라는 꼬리표를 떼게 되었다. 이 조치는 1930년대 이후 실질적으로 관리통화제도로 이행하고 있던 일본은행권 발행제도를 법적인 형태로 완성한 것에 불과하였다.[30] 그러나 조선은행 및 대만은행은

---

29 이상 최고발행한도액 산정 과정은 조명근, 2019, 앞의 책, 173~184쪽을 참조하였다.

30 일본은행 정화준비율은 1920년대 후반 60%대를 유지하였는데, 금본위제에서 이탈한 1930년대 들어서는 30%대로 대폭 하락하였다. 30년 만에 보증준비 발행한도를 대거 확대한 1932년부터는 아예 20% 선에 머물러 있었다. 1937년에 일시적으로 30% 선을 넘겼는데, 이는 금준비평가법으로 인해 금준비가 인상되었기 때문이다. 1938년부터는 정화준비율은 10%대로 떨어져 발행준비로서는 거의 의미를 갖지 못하게 되었다. 금본위제에 입각한 「태환은행권조례」 체제에서는 일본은행권의 신용은 정화준비에 의해 유지되고 있었던 점을 감안하면 그 실질은 달라진 채 명목적인 법체계만이 남아 있었던 것을 알 수 있다.

「일본은행법」 제정과 무관하게 1941년의 '임시특례법'의 체제를 그대로 유지하고 있었다.

　1941년도 임시특례법의 도입에 따라 조선은행은 이전에 비해 탄력적으로 발권력을 확대할 수 있었다. 기존 발권제도에서는 정화준비의 대부분이 일본은행권이었기 때문에 일본은행권 조달 여하에 따라 발권력이 제약될 수밖에 없었다. 그런데 앞에서 살펴보았듯이 식민지 조선은 일본과의 무역에서 적자를 면치 못했기 때문에 조선은행은 정화준비에 있어 큰 곤란을 겪었고, 이로 인해 조선은행의 발권력 또한 제약될 수밖에 없었다. 그리고 당시 통화정책의 대전제가 조선은행권과 일본은행권의 등가관계 유지라는 점을 감안하면 식민지 조선에서 재량적인 금융정책을 시행할 여지는 매우 제약될 수밖에 없었다.[31] 그런데 조선은행은 중일전쟁 이후 일본의 전비조달 과정에서 은행권 발행과 직접 관련이 없는 거액의 일본엔 자금을 획득할 수 있었다. 조선은행은 이렇게 확보한 일본엔으로 일본국채를 인수하였는데, 이 국채를 보증준비로 이월하여 통화를 조절하고 있었다. 그런데 기존 발권제도에서는 보증준비 한도가 여전히 제약을 받고 있었기 때문에 조선은행의 발권력은 제한적일 수밖에 없었다. 1941년 임시특례법의 시행은 보증준비를 매년 확장하는 것이므로 조선은행의 발권력은 그만큼 확대될 수 있었다.

　1941년에 발권제도가 개정됨에 따라 일본은행권의 유출입에 의해 조절되던 기존의 식민지 조선의 통화제도는 유지될 수 없게 되었다. 본래 조선과 일본은 동일한 관세지역이고, 등가교환이 유지되는 통화제도가 존재하여 물가도 상호균형을 이루는 것을 원칙으로 하고 있었다. 그

31　오두환, 2001, 「통화금융제도의 발전」, 『한국경제성장사』, 서울대학교출판부, 273쪽.

러나 전시기에 들어 수출입에 대한 통제가 실시되면서 조선과 일본에서는 별도의 기구를 통해 각각 물자통제가 진행됨에 따라 물가의 상호균형이 깨지게 되었다.[32] 즉 조선과 일본은 종전과는 다른 통화 발행장치를 가지게 됨에 따라 식민지 통화제도의 기본 전제인 등가교환원칙은 더 이상 지켜질 수 없게 되었다.

한편 1942년 「일본은행법」에서는 제한외발행세가 폐지되었다. 정부가 직접 통화를 관리하여 적절한 통화량을 공급하기 때문에 제한외발행세를 통한 통화조절 방식은 더 이상 필요하지 않다는 것이었다.[33] 그러나 일본은행과 달리 조선은행에서는 제한외발행세를 그대로 유지하였다. 일본은 통화관리의 주체인 국가가 그 조절을 담당하게 되었으나, 식민지 조선은 관리의 주체 없이 제한외발행세라는 기존 수단만으로 통화를 조절할 수밖에 없었던 것이다. 관리통화제가 전면적으로 시행되는 시점에서, 기존 식민지 조선의 통화제도는 전면적으로 재검토되어야만 했다. 일본 당국도 그 필요성을 인정하고 있었으나 조선은 임시특례법의 체제가 종전(終戰)까지 그대로 유지되었다. 일본은 「일본은행법」 제정을 통해 법적으로 관리통화제를 시행한 데 반해, 조선은 '임시'라는 꼬리표를 단 채 해방을 맞이하게 되었던 것이다.

---

32 오두환, 1993, 「전시공업화와 금융」, 안병직·中村 哲 공편저, 『근대조선공업화의 연구』, 일조각, 197쪽.

33 吉野俊彦, 1962, 『日本銀行制度改革史』, 東京大學出版會, 424~425쪽.

2) 조선은행권 발행준비제도의 형해화

일제는 중국 점령지에 필요로 하는 군수품은 현지에서 조달하는 것을 원칙으로 하고, 각 지역별로 설립된 발권은행이 발행한 화폐를 차입하여 구매하였다. 그러나 당시 중국경제는 국민당 정권의 법폐(法幣)가 장악하고 있었기 때문에, 제한된 지역만을 점령하고 있었던 일본군의 현지통화가 자체구매력을 가지기는 매우 어려운 상태였다. 이렇게 자체 구매력이 결여된 엔계통화로 현지에서 물자를 조달하고자 하니 더욱더 통화를 남발할 수밖에 없었다. 그 결과 중국에서의 인플레이션은 극심해질 수밖에 없었던 것이다.[34]

다음 〈표 1-6〉은 중국의 경우 화북지역만을 대상으로 엔계통화권의 발행고 및 물가 추이를 비교한 것이다. 당시 통화증발 상황 및 인플레이션 수준은 화북에서 제일 높고, 다음으로 만주, 조선, 일본의 순서임을 알 수 있다. 이는 당시 엔계통화권으로 연결되어 있던 지역에서 인플레이션이 화북 → 만주 → 조선 → 일본으로 파급되고 있음을 잘 보여주고 있다. 특히 1943년을 기점으로 은행권 증발 및 인플레이션이 격화되고 있음을 확인할 수 있다.

이렇게 등가로 연계된 지역에서 통화가치가 심각히 차이가 나는 경우, 이를 해결하는 방법은 환(換)시세를 변동하는 것이다. 등가교환을 유

---

[34] 중국 점령지에서의 물가상승으로 인해 원래 엔원(円元)등가로서 출발한 일본엔과 중국연합준비은행권의 가치는 시간이 지날수록 그 괴리의 폭이 커졌다. 중국연합준비은행권 100원에 대한 실질 일본엔 시세를 화북과 일본의 금괴 시가로 산출하면, 1941년 말 41엔, 1942년 말 37.1엔, 1943년 말 11.3엔, 1944년 말 1엔으로 대폭 하락하였다(朝鮮銀行史硏究會 編, 1987, 앞의 책, 679쪽).

〈표 1-6〉 전시기 엔계통화권 발행고 추이 및 물가 추이

연도 말	은행권 발행고지수				물가지수(1937년 6월=100)			
	중국연합 준비은행권	만주국폐	선은권	일은권	북경[1]	신경	경성	도쿄
1937	100[2]	100	100	100		100	104	101
1938	785	138	115	120		125	123	107
1939	2,213	203	159	160	261	159	151	131
1940	3,455	308	208	207	409	198	157	132
1941	4,658	410	265	259	518	208	164	145
1942	7,639	543	325	310	817	232	173	150
1943	18,175	979	525	445	1,382	254	193	164
1944[3]	76,541	1,911	1,122	770	4,622	336	216	185

출처: 조명근, 2019, 앞의 책, 199쪽, 〈표 2-14〉.
주: 1) 1936년 평균=100.
   2) 1938년 3월을 기준(1938년 3월에 중국연합준비은행이 개설).
   3) 물가지수에서 북경, 신경, 경성은 11월, 도쿄는 12월 수치.

지하기 어려운 상태에서 환시세를 무리하게 고정시킨다면 물자 및 자금의 유통과 결제가 혼란해질 것은 분명하기 때문이다. 이에 일본 재정 당국은 환 환산율 개정을 시도하였으나 일본 육군이 반대하여 실행되지는 못했다. 육군은 이런 조치가 일본의 중국에 대한 경제 원조의 후퇴로 받아들여지게 될 우려가 크다는 이유로 반대하였다.

위와 같이 환시세의 조절을 포기한다면, 일제가 선택할 수 있는 방법은 점령지·식민지와 일본의 단절뿐이었다. 당시 중국 점령지의 인플레이션은 공채 발행으로 조달하고 있었던 임시군사비특별회계의 현지 군사비를 물가상승분만큼 팽창시켰고, 그로 인해 임시군사비특별회계의 예산 역시 증대되었다. 중국 현지의 물가 급팽창이 일본의 전비조달에 미치는 악영향을 더 이상 방임할 수 없었던 일본 정부로서는 1943년 들어 중국 점령 지역의 전비와 임시군사비를 분리하여 점령지에서의 군

비 지출을 현지통화에 의한 차입으로 대체하였다. 즉 종전의 예금협정을 통해 일본엔이 군사비로 송금되는 것을 폐지한 것으로 화북지역의 경우 조선은행이 중국연합준비은행권을, 화중지역에서는 요코하마정금은행이 중앙저비은행권을, 남방점령지에 대해서는 남방개발금고(南方開發金庫)가 남방개발금고권을 각각 현지 정부에 대상(貸上)하는 방식이었다. 이 '군사비현지차입제도'의 시행으로 중국 점령지에서 발생한 극심한 인플레이션은 일본의 전비조달과 관련이 없게 되었고, 기존의 공채 증발로 조달된 점령지 전비는 현지통화의 차입금으로 대체되었다. 중국 점령지 군사비 조달을 현지에서 차입하는 것으로 전환시킨 이 조치로 인해 일본 국내 경제는 인플레이션의 여파를 회피할 수 있었다.

일제가 도입한 '작전비의 현지금융기관으로부터의 차입'이라는 대책은 막대한 군사비 지출로 인해 가속화되고 있었던 현지 인플레이션의 영향으로부터 일본만을 분리시키는 것이었다. 동시에 일본이 전쟁에 필요한 비용 부담을 현지에 전가시킨 결과 발생한 극심한 인플레이션으로 인한 현지 경제 파탄이 일본 본토에 영향을 미치지 않도록 사전에 차단시킨 조치이기도 하였다. 이러한 점에서 '군사비현지차입제도'는 소위 대동아공영권 내 각국을 단절시키는 출발점이었다. 그런데 오히려 중국 점령지에서의 필요물자의 현지조달은 일본의 국제수지 또는 물자수급의 어려움을 완화시켜주었다. 따라서 중국 점령지에서의 인플레이션은 일본 내 인플레이션 억제 및 저물가정책과는 내면적으로 불가분의 관계가 되었다.[35]

---

35 日本銀行調査局 編, 1943, 「戰時金融統制の展開」(日本銀行調査局編, 1970, 『日本金融史資料 27』, 大藏省印刷局), 459~460쪽.

1943년 3월부터 개시된 중국 점령지에서의 군사비현지차입제도 시행 결과, 조선은행은 기존 중국연합준비은행과의 예금협정을 통해 조달할 수 있었던 엔자금을 더이상 획득하기 어려워졌다. 종전에는 조선은행 도쿄지점에 납입된 임시군사비특별회계의 엔자금을 중국 점령지에서 중국연합준비은행권으로 인출하여 전비를 조달하였으나, 이번의 개정을 거치면서 일본 정부가 중국연합준비은행권을 필요한 만큼 조선은행에서 차입하여 전비를 조달하게 되었다. 즉 일본 정부가 필요한 액수의 중국연합준비은행권을 조선은행에 통보하면 조선은행은 중국연합준비은행과 상대방의 예금통장에 각각 동액을 기입하고, 조선은행은 중국연합준비은행 통장에서 해당 금액을 인출하여 일본 정부에 대상하는 방식을 취한 후 조선은행은 그 대상금증서를 담보로 보유하였다(〈표 1-5〉). 그 결과 조선은행은 예전과 같이 예금협정을 통한 거액의 엔자금을 획득할 수 없어졌고, 자행이 운용할 수 있는 엔자금은 상당히 축소될 수밖에 없었다. 조선은행은 예금협정을 통해 확보한 엔자금을 국채에 투자하고 나머지 보유 엔자금은 일본은행에 예입하여 정화준비로 운용해왔다. 그런데 이제 그 방식을 활용할 수 없게 됨으로써 기존 발권제도의 운용이 사실상 불가능하게 되었다.

  결국 조선은행권 발행제도는 일본은행권 중심의 정화준비를 포기하고, 국채 중심의 전액 보증준비로 전환되었다. 대장성은 세 차례의 통첩을 통해 조선은행이 정화준비로 보유하고 있던 일본은행 예금을 국채로 전환시켰다.[36] 당시 일제로서는 조선은행의 엔자금을 정화준비라는 명

---

36 제1차 통첩(1943.5.5)에서는 정화준비로 보유하고 있는 엔자금 중 8,500만 엔을 국채증권에 운용하도록 허가하였고, 제2차 통첩(1943.12.16)에서는 다시 3억 엔까지 인정하였다. 제3차 통첩(1944.4.1)에서는 아예 보유한도를 폐지시켜 모든 엔자금을

목으로 퇴장시키는 것보다는 국채 소화로 돌려 일본의 전비조달에 활용하는 것이 전쟁을 수행하는 데 훨씬 도움이 되었을 것이다. 이와 같이 정화준비로 규정되어 있던 일본은행 예금마저 일본국채 소화에 사용됨에 따라 조선은행권과 일본은행권과의 등가태환 유지는 불가능하게 되었고, 일본과 조선은 통화 면에서 완전히 분리되는 상황으로 되었다.

국채 소화로 전환해도 좋다고 허가하였다(韓國銀行發券部, 1954, 『通貨制度의 史的考察(下)』, 韓國銀行, 68~70쪽).

제2장
금융정책

1. 특수금융기관의 설립

1) 조선은행 및 동양척식주식회사: 일제의 대외 국책금융기관으로 제도화

(1) 대한제국기 중앙은행제도의 수립

1903년 대한제국은「중앙은행조례」(칙령 제8호, 1903.3.24)를 공포하여 중앙은행을 설립하였다. 대한제국의 중앙은행 설립은 1903년이 처음이 아니었다. 1900년에 특립제일은행을 설립하여 황실 직속의 중앙은행으로 삼으려 했으나, 제대로 운영되지는 못했다. 1903년에 대한제국은 다시 중앙은행 수립을 추진하면서 주식을 모집하고 중역도 임명하는 등 그 실행 준비를 해나갔다. 그러나 러일전쟁이 발발하고 재정고문으로 메가타 다네타로(目賀田種太郎)가 파견되는 등 대한제국을 둘러싼 대내외 환경의 변화로 이 또한 좌절되고 말았다. 다음에서는「중앙은행조례」를 통해 대한제국이 수립하고자 한 중앙은행의 내용과 그 성격을 살펴보겠다. 대한제국은 기본적으로 일본의 중앙은행제도를 도입했기 때문에 양자의 비교를 통해 그 실체를 확인할 수 있을 것이다.

대한제국중앙은행[1]은 자본금 300만 환(1주당 50환으로 총 6만 주)으로 설립되었는데, 민간인 자본만으로 구성되었다. 일본은행의 경우 1천만

---

[1] 1903년에 설립된 중앙은행은 별도의 명칭이 없는데, 여기서는 대한제국중앙은행으로 표기하겠다.

엔(1주당 200엔으로 총 5만 주)으로 일본 정부에서 자본금 절반을 인수한 것과 대비된 것을 알 수 있다. 즉 대한제국중앙은행은 순전히 민간은행으로 출범한 반면, 일본은행은 반관반민(半官半民)의 조직인 점에서 차이가 있었다.[2] 양행 모두 영업 기한은 30년으로 하고 연장이 가능했는데, 그 인가권은 정부에 있었다. 한 국가에서 은행권을 독점적으로 발행하고, 국고금을 취급하는 특권을 가진 중앙은행이 주식회사 조직이면서 여기에 민간인이 주주가 될 수 있다는 사실은 현재 시각에서는 이해가 되지 않을 수 있다. 그러나 유럽을 중심으로 설립된 중앙은행 대다수는 주식회사였으며, 일본은행의 모델인 벨기에국립은행은 정부 출자분이 아예 없는 순전한 민간은행이었다. 비록 주식회사이지만 중앙은행 경영에 주주가 참여하는 것을 봉쇄하여 그 운영을 정부 통제하에 두었다. 대신 주주에게는 고배당을 보장해주는 방식을 취하였다. 대한제국중앙은행은 주주 자격을 "대한국인"이라고 하여 자국민만으로 제한하였고, 주식의 매매와 양도도 자국민만 가능하도록 하였다. 그리고 반드시 탁지부대신의 허가를 받은 후에야 주주가 될 수 있었다. 일본은행도 대한제국중앙은행과 그 내용은 동일하나, 보다 더 세밀한 절차를 두어 엄격히 관리하고 있었다.

다음으로 양행의 인사와 감독권을 보면 차이점을 거의 찾을 수 없다. 총재 및 부총재를 고등관(칙임 혹은 주임)으로 규정하여 사실상 정부관리로 간주하였고, 이사는 주주총회 선거를 거친 후 정부(탁지부대신·대장대신)에서 임명하도록 하였다. 다만 대한제국중앙은행의 총재 및 부총재는

---

2   대한제국중앙은행은 1903년 10월부터 11월 사이에 2,724주를 모집하였는데, 이는 전체 주식 중에서 4.5%에 해당한다(윤석범·홍성찬·우대형·김동욱, 1996, 『한국근대금융사연구』, 세경사, 56쪽).

200주 이상을 소유한 자로 그 자격을 제한한 점, 그리고 이사와 감사의 정수가 각각 2명 및 5명 이하로 일본은행의 4명 및 3~5명인 점과 차이가 있다. 감독권도 양행 모두 정부(탁지부대신·대장대신)에서 행사하도록 규정하였다. 정관을 개정하고자 할 때에는 주주총회의 결의를 거친 후 탁지부대신(일본은행은 정부)의 인가를 받아야 하는 점도 동일하다. 정부가 은행 전반을 장악하여 대한제국중앙은행과 일본은행을 강력한 통제력하에 두고 있음을 알 수 있다.

다음으로 업무를 살펴보자. 우선 중앙은행의 핵심 업무 중 하나로 국고금 취급을 들 수 있는데, 일본은행은 이를 취급한다고만 규정되어 있었다. 반면 대한제국중앙은행의 경우 국고금 출납 이외에 해관세 및 기타 각종 세금의 수납 일체를 중앙은행에서 담당한다고 규정하였다. 법령에서 해관세를 특정한 것은 일본 제일은행에 빼앗긴 관세주권을 대한제국이 회수하겠다는 강력한 의지를 표명한 것이라고 할 수 있다. 이런 의도는 지점 설치에서도 확인되는데, 일본은행은 주요지에 둔다고만 되어 있는 반면 대한제국중앙은행의 경우 '각 부와 각 항구, 기타 지역'으로 하여 항구를 특정하였다. 이 역시 일본 제일은행이 장악한 해관세 취급 권한을 회복하겠다는 의지를 드러낸 것으로 보인다. 동시에 중앙은행을 모든 세금 수납의 주체로 명기함으로써 재정에 관해서도 대한제국의 독자성을 훼손받지 않겠다는 의지를 천명한 것이라고 볼 수 있다. 또한 신구 화폐 교환 비용은 대한제국중앙은행이 탁지부대신과 협의하여 정한다는 조항이 있다. 앞에서 보았듯이 대한제국은 중앙은행 설립과 동시에 「태환금권조례」를 공포하여 태환은행권을 발행할 예정이었다. 새롭게 은행권을 발행하게 되면 구화폐는 회수, 정리될 것임을 밝히고 있었던 것이다. 한편 대한제국중앙은행은 정부에 관련된 대출을 제외하고 민간인이나 일반회사를 대상으로 한 거래는 금지되어 있었다. 이 점은 일본은행제도와 동일한데, 다만 일본은행은 사전에 거래가 약정되어 있는 경우에는 대출(어음할인)이 가능하도록 하였다. 이 점은 일제강점기 조선은행이 은행권을 독점적으로 발행하면서도 민간인에게 예금을 받고 대출을 실시하는 등 상업금융을 겸영한 것과는 크게 대비됨을 알 수 있다.[3] 조선은행의 일반은행 업무 겸영은 식민지 조선 금융의 가장 큰 문제로 지적되고 있었다. 일반은행이 발권 특권을 가진 조선은행과 경쟁하는 것 자체가 불합리하다는 것으로, 이로 인해 조선은행의 일반은행 업무 겸영을 폐지해야 한다는 논의와 주장이 당국과 금융계 등 각계에서 제기되고 있었다.[4]

그런데 대한제국중앙은행의 경우 은행 운영과 관련한 규정은 없었다. 「정관」에서 다루려고 했을 것으로 보이나 현재 대한제국중앙은행의 「정관」이 없어 그 내용을 확인할 수는 없다. 다만 일본은행은 중역을 중심으로 중역집회, 감사집회, 은행총회, 할인위원회라는 여러 형태의 의사결정기구를 구비하고 있었고, 의결 사항 및 권한 등이 각 기구별로 정관에 상세히 기재되어 있었다.

이상과 같이 대한제국은 중앙은행 설립에 있어 일본의 제도를 모방하였다. 그러나 단순히 모방했다는 것을 들어 부정적으로 평가할 필요는 없다. 일본은행 역시 각국의 제도를 조사한 후 "이상적인 발권은행"이라

---

[3] 「조선은행 정관」 제21조에 따르면 환어음 및 상업어음의 할인, 평상시에 거래하는 각종의 회사 및 은행 또는 상인을 위한 어음금의 징수, 환 및 하환(荷換), 확실한 담보가 있는 대출 등을 취급할 수 있도록 규정함으로써 조선은행은 아무런 제한 없이 일반적인 상업금융을 영위할 수 있었다.

[4] 이에 대해서는 조명근, 2019, 앞의 책, 300~330쪽을 참조할 것.

고 평가한 벨기에국립은행을 모방하고 그대로 도입한 사실에 주목할 필요가 있다.[5] 각 국가는 선발자본주의 국가의 경험을 바탕으로 자국의 현실에 맞게 제도를 변용하였다. 이 지점을 통해 해당 국가가 목표로 한 정책 목표와 지향점을 확인할 수 있을 것이다.

대한제국이 중앙은행을 너무 늦게 설립했고, 정화준비 등 여러 요소가 미비했던 것은 분명한 사실이다. 특히 외국자본에 지나치게 의존하여 중앙은행을 설립하려고 했던 점은 큰 한계라고 볼 수 있다.[6] 그러나 당시 일제가 대한제국의 재정금융에 관한 자주권을 현저히 침해한 상태였기에 준비를 온전히 갖출 때까지 설립을 마냥 늦출 수만은 없었다. 대한제국으로서는 시급히 중앙은행을 설립하여 근대적 화폐금융제도를 수립하는 것이 무엇보다도 급선무인 과제였기 때문이다. 일제는 대한제국이 근대적인 중앙은행을 운영할 능력이 부족하고 관련 준비가 제대로 되지 않았다는 점을 들어 반대하였다. 그러나 새로운 제도를 도입할 경우에는 해당 국가의 현실에 맞게 변용할 시간, 즉 일종의 시행착오의 유예기간이 필요하다. 일본의 경우, 미국의 국립은행제도를 도입했다가 실패한 후 일본은행을 설립했고, 설립 이후 6년에 걸쳐 근대적 발권제도를 정비

---

5   일본은행은 벨기에국립은행을 두고서 각 국가의 중앙은행제도를 "발췌"하여 "완벽"을 기한 것이라고 높이 평가하였다. 일본은행은 스스로 일본은행의 「조례」와 「정관」은 벨기에국립은행의 제도를 그대로 계승하여 본질적으로 다를 것이 없다는 결론을 내리고 있었다(日本銀行百年史編纂委員會, 1982, 『日本銀行百年史 1』, 日本銀行, 174쪽, 187쪽).

6   대한제국은 중앙은행 설립에 필요한 자금을 외채를 통해 해결하려 했는데, 1899년 이래 이용익은 일본·프랑스·러시아·벨기에 등에서 차관을 도입하려 하였다. 특히 프랑스로부터의 차관 도입의 경우, 1902년 5월 계약을 체결하기에 이르렀으나 일본의 방해로 인해 실패로 돌아가고 말았다(이상은 나애자, 1984, 「이용익의 화폐개혁론과 일본제일은행권」, 『한국사연구』 45, 70~74쪽을 참조할 것).

해나간 것을 감안할 필요가 있다. 결과론적으로는 대한제국의 무능력과 역량 부족 등으로 볼 수 있겠지만 외부로부터 새로운 제도을 도입할 때 지불해야 하는 비용이라고 할 수도 있다. 일본은 후발성의 이익을 최대한 활용하여 자신의 처지에 맞게 변용시켰으나, 대한제국이 이를 따르려 할 때는 후진성을 강조하면서 이를 막으려고 하였다. 이것이 일제의 침략 의도에서 나온 것임은 말할 필요도 없을 것이다.[7]

(2) 일제의 국책금융기관으로 조선은행 설립

일제는 강제병합 이후 통감부시기인 1909년에 제정되어 대한제국, 즉 한국이라는 명칭을 사용하고 있던 「한국은행조례」(법률 제22호, 1909.7.26)를 대신하여 「조선은행법」(법률 제48호, 1911.3.29)을 새로이 제정하였다. 「조선은행법」은 「한국은행조례」의 내용을 그대로 계승했는데, 변경된 부분은 조선은행으로의 은행명 변경, 은행권 보증준비 발행한도의 확장(2천만 원→3천만 원)에 불과하였다. 법령과 정관에 규정한 조선은행의 조직과 운영의 주요 내용은 다음과 같다. 첫째, 존립 기한 50년의 주식회사 조직으로 자본금은 1천만 원, 1주당 100원으로 정부가 30%인 3만 주를 인수하였다. 존립 기간은 주주총회의 의결에 따라 정부의 인가를 받으면 연장할 수 있었다. 주주는 '제국신민'으로 규정하여 일본인도 참여할 수 있었으며 주주의 절대 다수는 일본인이 차지하고 있었다.[8] 둘

---

[7] 이상 대한제국중앙은행에 대해서는 조명근, 2021, 앞의 글, 300~306쪽, 316~317쪽을 참조하였다.

[8] 한국은행 창립 당시 한국인 주주는 217인으로 전체의 2.1%, 보유 주식은 2,046주로 전체의 2.9%에 불과하였다(朝鮮銀行史硏究會 編, 1987, 앞의 책, 92쪽).

째, 중역은 총재(1인), 부총재(1인), 이사(3인 이상), 감사(2인 이상)로 구성되었다. 단 부총재는 1918년에 추가되었다. 총재·부총재는 임기 5년으로 일본 정부에서 임명하였다. 이사는 임기 3년으로 100주 이상을 소유한 자 중에서 주주총회에서 2배수를 선거한 후 조선총독이 임명하는 것으로 되어 있었다(1924년 이후에는 대장대신이 임명). 감사는 임기 3년으로 50주 이상 소유한 자 중에서 주주총회에서 선출하였다. 셋째, 조선은행은 국고금을 취급하고 독점적인 은행권 발행 특권을 가지는 중앙은행으로 설립되었다. 그러나 앞에서 보았듯이 민간인을 대상으로 예금과 대출업무를 수행하는 데 있어 전혀 제한이 없었다. 즉 일반은행과 마찬가지로 영리를 추구할 수 있도록 규정되었다.

조선은행은 일본의 중앙은행인 일본은행의 제도와 큰 차이를 보이고 있었다. 우선, 조선은행과 달리 일본은행은 상업은행 업무를 취급하지 않는 순전한 중앙은행으로 제도화되었다. 일본은행은 정부가 발행하였거나 특별한 경우("미리 거래를 약정한")에 한해서만 대출업무를 할 수 있도록 규정되었고 부동산이나 유가증권 담보대부는 아예 금지업무로 규정하고 있었다. 또 어음할인의 요건을 정관에서 엄격하게 규정하였는데, 이는 조선은행에서는 전혀 찾아볼 수 없는 조항이다. 상업은행의 업무를 경영한다는 것은 영리 추구가 당연히 전제되는 것이기 때문에 조선은행은 수익에 올리는 데 누구보다 열성적이었다. 둘째, 주주 자격 취득에 있어서 일본은행은 조선은행에 비해 매우 엄격히 통제하고 있었다. 우선 주주의 자격 요건을 일본은행의 경우 일본인만으로 한정하여 제국신민으로 규정한 조선은행과는 달랐을 뿐만 아니라 일본은행의 주주가 되려는 자는 대장대신의 허가를 받아야만 했다. 주식의 취득 및 양도에 있어서도 조선은행은 신고 절차로 마무리되는 반면, 일본은행은 대장대신의 허가를 받도록 하였다. 1주당 가격도 일본은행은 200엔으로 조선은행보다 2배 높았다. 셋째, 은행의 의사결정기구에 있어 양행은 중역회에서 은행 제반의 중요 업무를 의결하도록 되어 있었다. 그런데 일본은행은 중역집회를 비롯하여 감사집회, 은행총회, 할인위원회 등 다양한 의사결정기구를 구비하고 있었다는 점이 주목된다. 조선은행과 달리 일본은행은 대단히 정교하게 분화된 의사결정 경로를 가지고 있었음을 알 수 있다. 그 외의 차이점으로 일본은행은 존립 기간이 30년인 점, 총재 및 부총재를 모두 고등관으로 규정하고 총재는 칙임관, 부총재는 주임관으로 명기하여 사실상 중앙은행의 정·부총재를 관직으로 간주한 것 등을 조선은행과의 차이로 들 수 있다.[9]

그런데 「조선은행법」 제정 과정에서 조선총독부와 일본 대장성은 감독권을 두고서 대립하고 있었다. 기존의 「한국은행조례」는 한국 법률로 제정된 것이었는데, 병합 이후 감독 주체로 명문화된 '정부'가 누구인지를 두고서 의견이 달랐던 것이다. 조선총독부는 '정부'를 모두 조선총독으로 고칠 것을 주장한 반면, 대장성은 여기서의 '정부'는 일본 정부라고 정반대의 의견을 제시하였다. 대장성은 조선은행의 은행권 발행과 국고금 취급은 일본은행이나 일본 재정과 연동되어 있으며 또 영업 범위가 조선에만 국한된 것이 아니기 때문에 이를 조선총독이 모두 통제할 수 없다고 주장하였다. 또 대만은행도 대장성이 감독권을 가지고 있다는 점을 근거로 들었다.

반면 조선총독부는 조선의 정무는 모두 조선총독에게 위임하는 것

---

9 자세한 내용은 조명근, 2011, 「일제의 국책금융기관 조선은행 연구」, 고려대 박사학위논문, 50~61쪽을 참조할 것.

이 조선 통치의 근본 방침이기 때문에 조선은행 감독권 또한 조선총독이 행사해야 한다고 주장하였다.[10] 결국 조선총독부의 주장이 관철된 정부 원안이 제27회 제국의회에 상정되었다. 「조선은행법」은 일본 법률로 제정되기에 일본 제국의회의 논의 과정을 거쳐야 했다. 그런데 의원들은 조선총독부의 이해가 일방적으로 반영된 정부안에 대해 반발하였고, 결국 몇 개의 항이 수정되어 공포되었다. 우선 '정부는 조선은행의 업무를 감독한다'라고 규정함으로써 일본 정부가 감독권의 주체임을 분명히 하였다. 또한 일본 정부는 조선은행의 자본금 및 영업 기한 등 기본적인 존립 근거에 대한 인가권을 획득하였다. 그럼에도 불구하고 법안에는 조선총독이 조선은행에 대해 상당한 정도의 감독과 통제를 할 수 있도록 규정되어 있기 때문에 조선총독과 일본 정부가 이원적인 감독체제를 형성했다고 생각될 수 있다. 그러나 법안과는 별도로 대장성과 조선총독부 간에 「조선은행 감독에 관한 타협안」이 작성되었다. 이 타협안에 따르면 조선총독이 행사할 수 있는 권한 중 중대한 사항은 사전에 대장성과 협의하도록 규정했기 때문에 조선총독의 감독권은 사실상 매우 제한적인 것이었다.[11]

　조선총독에게 조선은행 감독권의 일부를 부여한 것은 일본 특수금융

10　조선총독부의 위임입법체제에 관해서는 조명근, 2019, 앞의 책, 41~48쪽을 참조할 것.

11　타협안에 따르면 조선총독은 정관 변경, 은행권 발행에 관련된 각종 사무, 제한외발행세율, 정부대상금, 일본 내 지점 설치, 이사 인사권의 경우 먼저 대장성과 사전에 협의를 거쳐야만 한다. 특히 정관 변경 및 이사 임명권의 경우 조선총독부는 사후 보고로 할 것을 요구하였으나 수용되지 못하고 대장성의 주장대로 관철되었다(조명근, 2019, 위의 책, 52~55쪽).

기관 일반론에서 벗어난 예외적인 것이었다. 이는 조선총독부가 주장한 조선통치의 특수성에서 비롯된 것이었다. 조선총독은 제령(制令)과 같이 독자적으로 법률을 제정, 공포하는 것을 통해 일본 정부나 제국의회로부터 독립된 권한을 행사하였다. 조선총독이 조선은행 감독권의 일부를 가지는 것은 권한의 행사 그 자체가 중요한 것이 아니라 총독정치의 독자성이 훼손되는 것을 막기 위한 조치의 일환이라고 보는 것이 더 타당할 것이다. 요컨대 조선총독의 조선은행 감독권은 제령권의 옹호라는 정치역학관계에서 비롯된 일시적인 조치에 불과한 것이었다.

이와 같이 제한적인 조선총독의 감독권은 1924년에 대장성으로 완전히 이관되었다. 감독권 이관 논의는 조선은행이 보유한 불량채권의 심각성이 알려진 1922년 이후에 본격화되었다. 당시 조선은행 경영부실의 원천지는 조선이 아닌 일본과 만주였고 이는 조선총독부의 통제 범위 밖의 지역이었다. 더구나 조선은행 불량채권 정리를 위한 구제금융은 결국 일본 정부에서 실시할 수밖에 없는데, 대장성은 구제금융 실시에 앞서 감독권 이관이 선결되어야 한다고 주장하였다. 결국 1924년에 「조선은행법」 개정(법률 제21호, 1924.7.22)으로 인해 조선은행 감독권 일체가 대장대신에게 이관되었다. 제7장(정부의 감독과 보조)에서 모든 권리 주체는 대장대신으로 변경됨으로써 조선총독의 권한은 거의 사라지고, 「조선은행법」 안에서 조선총독은 조선은행과 아떠한 관련도 없는 존재가 되었다.

조선은행 감독권과 마찬가지로 중역 인사도 일본 대장성에서 전권을 행사하고 있었다. 〈표 2-1〉을 통해 중역 인사 규정을 보면 총재 및 부총재는 일본 정부에서 임명하였고, 이사의 경우 1924년 이전에는 조선총독이 임명권을 가지고 있었으나 미리 대장대신과 협의해야만 했다. 조

〈표 2-1〉 조선은행 중역진 구성

구분	총재	부총재	이사	감사
정원	1인	1인	3인 이상	2인 이상
임면권	일본 정부	일본 정부	주주총회 선거(2배수) →조선총독 임명 [→대장대신(1924)]	주주총회 선거
임기	5년	5년	3년	2년
겸업금지	조선총독 [→대장대신(1924)] 인가사항	좌동	좌동	좌동
보수	주주총회(정관)	좌동	좌동	좌동

출처: 조명근, 2019, 앞의 책, 65쪽, 〈표 1-2〉.
비고: 부총재는 1918년에 추가.

선총독은 이를 사후 보고로 하기를 원했으나 사전 협의로 귀결되었다는 점을 고려하면 조선총독의 인사권은 처음부터 매우 제한적이었음을 알 수 있다. 임기는 총재 및 부총재는 5년으로 재선임이 가능하였고, 이사는 3년, 감사는 2년이었다. 그런데 조선은행과 달리 일본은행 및 대만은행은 처음부터 모든 중역의 임명권을 정부가 행사하였다.[12] 인사권 역시 감독권과 동일한 것을 알 수 있다.

조선은행 중역 인사를 통해 그 통제 주체를 확인해보자. 우선 조선은행에서 중역을 역임한 인물은 총재가 8명, 부총재 7명, 이사 23명 등으로 총 38명인데 이 중 직급이 중복된 경우를 제외하면 34명이다.[13] 이 중 외부에서 바로 중역으로 임명된 인물, 즉 낙하산 인사는 총 18명으로

---

12 「일본은행조례」 제18·19조; 「대만은행법」 제13조 1·2항.

13 조명근, 2019, 앞의 책, 91~94쪽, 〈부표 1-2〉 및 〈부표 1-3〉. 중복되는 인물은 최종 직급에만 적용시켰다.

53%에 이른다. 총재는 총 8명 중 6명(75%)이 낙하산으로 경제관료 출신이 4명(대장성 2명, 농상무성 1명, 체신성 1명)으로 압도적이고, 특수금융기관 출신이 2명(일본은행 1명, 요코하마정금은행 1명)이다. 또한 다른 특수금융기관 수장을 거친 뒤 조선은행 총재로 취임한 경우가 3건인데, 홋카이도척식은행 두취 출신이 2명, 만주중앙은행 출신이 1명이다. 부총재는 7명 중 6명(86%)이 낙하산으로, 대장성 출신이 3명, 일본은행 출신이 2명, 조선총독부 출신이 1명이다. 이사는 중복 인물을 제외한 20명 중 6명(30%)이 낙하산으로 대장성 출신이 2명, 농상무성 출신이 1명, 일본은행 출신이 1명, 미쓰이은행(三井銀行) 출신이 1명, 조선총독부 출신이 1명이다. 낙하산 인사 중 경제관료와 특수금융기관 출신이 약 83%를 차지하고 있다.

다음으로 조선은행 내부 출신 중역을 살펴보자. 이는 두 가지로 분류가 가능한데 행원 출신이 11명, 행원 출신은 아니지만 조선은행(제일은행)에서 주요 이력을 쌓은 후 승진한 경우가 5명으로 이들은 모두 내부 출신으로 분류하였다. 중역진에서 조선은행 출신은 모두 16명으로 47%를 차지하고 있다. 직급별로 보면 총재의 경우 2명(25%), 부총재는 1명(14%), 이사 14명(70%)을 배출하였다. 조선은행 행원 출신 중 이사로 승진한 경우는 대체로 도쿄(오사카)나 대련지점장 출신이 많고, 본점 출신이라 하더라도 대부분은 일본지섬이나 만주지짐에서 경력을 쌓은 인물들이었다. 이는 조선은행의 핵심 영업 지역이 어디인가를 잘 보여주고 있다. 즉 행내 출신으로 중역으로 승진하기 위해서는 조선 밖에서의 경력이 훨씬 더 중요한 영향을 미쳤음을 확인할 수 있다.

이러한 조선은행의 중역 인사 구성은 조선총독부 감독하의 조선식산은행과는 큰 대조를 이룬다. 외부 영입 인사의 경우 조선은행은 대장성을 중심으로 한 일본 경제관료 및 특수금융기관 출신이 압도적인 반면 조선식산은행은 조선총독부 관료 출신이 70%로 가장 높은 비율을 차지하고 있다. 특히 두취 2명 모두가 조선총독부의 경제관료(이재과장·재무국장) 출신이다. 그리고 대장성 출신 2명은 모두 대장성 예금부(예금부장·운용과장) 출신이다. 이는 조선식산은행이 대장성 예금부 자금을 도입하는 것과 깊은 관련이 있다. 나머지 은행 내부 출신은 대부분 농공은행이나 조선식산은행 창립 직후에 입행한 자들이다. 이상과 같이 조선은행과 조선식산은행은 외부 영입에 있어서 그 주류가 각각 대장성과 조선총독부 출신이라는 분명한 차이를 보이고 있다. 조선은행과 조선식산은행은 조직의 핵심인 인사를 통해서 서로 매우 다른, 이질적인 기관인 것을 확인할 수 있을 것이다. 이것은 물론 양행의 감독기관의 차이에서 비롯된 것이다. 이와 같이 조선총독부는 조선은행에 대해서는 통제력을 발휘할 수 없었고, 이 자리를 대신한 것이 바로 조선식산은행이었다. 조선은행 중역 인사에 대한 특징은 무엇보다도 일본 정부, 특히 대장성이 절대적인 영향력을 행사했다는 데 있었다.[14] 조선은행에 독점적인 발권력이 주어진 이상, 조선은행은 일본 제국의 견지에서 운영되어야만 하는 기관이었다. 감독권과 인사권을 통해 조선은행은 일본 정부의 일원적인 지휘·통제하에 운영되고 있었음을 확인할 수 있다.

조선은행의 가장 큰 특징은 상업금융을 통해 영리를 추구하는 존재라는 점을 들 수 있다. 조선은행은 주식회사 조직으로 70%에 달하는 민간주주에게 영업 실적을 토대로 1년에 두 차례씩 배당을 해야 했고, 수

---

14 조선은행 이사 자리는 "이전부터 대장성의 중요 포스트"라는 것이 통설이었다(「선은 이사 후임전형」, 『부산일보』, 1938.7.13).

익을 내기 위해 다른 은행들과 경쟁해야 했다. 더구나 조선은행은 조선뿐만 아니라 만주나 중국지역에까지 진출하여 은행권을 유통시키고, 지점을 개설하여 일반은행의 업무를 수행하였다. 영업소 기준으로 조선의 비중은 22%에 불과했다.[15] 동시에 조선은행은 은행권 발행을 통해 영리를 추구하는 기관이었다. 조선은행이 은행권 발행 방식 중 가장 선호한 것은 보증준비 발행이었다. 조선은행은 계속해서 정화부족에 시달렸는데, 부족한 정화는 일본 단자시장에서 콜을 빌려 보충해야 했다. 아니면 제한외발행을 해야 했는데 이러한 방식은 모두 상당한 비용을 지불해야만 했다. 반면에 보증준비 발행은 무이자 자원으로서 이를 통한 자금운용은 온전히 조선은행의 수익으로 귀결되었기 때문에 가장 선호되는 발행 방식이었다. 당시 조선은행의 보증준비 한도 인상은 항상 수익 향상과 직결되는 것으로 이해되고 있었다.[16]

일제의 입장에서 필요한 것은 식민지 조선을 위한 '중앙은행'이 아니라 본국의 대외 금융정책에 필요로 하는 다양한 기능을 수행할 수 있는 국책금융기관이었다. 조선은행은 국책에 능동적으로 참여하는 주체였고, 이를 스스로 개척해나가는 존재였다. 왜냐하면 조선은행은 국책을 통해서만 보증준비 발행한도의 증가를 통한 발권력의 확장이 가능했고, 발권력의 확장은 수익의 증대로 이어졌기 때문이다. 따라서 국책 수행은

---

15 조선은행 지역별 영업소

지역	중국(관내)	만주	조선	일본	시베리아	기타	합계
지점 수	40	26	24	9	8	2	109
비율(%)	37	24	22	8	7	2	100

출처: 조명근, 2019, 앞의 책, 26쪽, 각주 19.
비고: 지점 수는 파출소, 출장소까지 모두 포함한 것이다. 기타는 뉴욕 및 런던이다.

16 보다 자세한 내용은 이 책의 제1부 제1장을 참조할 것.

조선은행에 이윤을 보장해주는 가장 강력하고 든든한 기반이었다.

(3) 동양척식주식회사의 설립

　동양척식주식회사는 1908년 농업경영과 이민사업 등 식민지경영을 목적으로 설립되었다. 일본 내각총리대신 출신인 가쓰라 다로(桂太郎)가 주도하는 동양협회[17]에서는 '동양척식주식회사 설립에 관한 보고'를 1907년 12월 일본 정부에 제출하였다. 일본 대장성에서는 동양협회의 제출안을 기초로 「동양척식회사법(안)」을 작성하여 각의에 올렸다. 대장성안에 따르면 동양척식주식회사는 일본 법률에 의거한 일본 자본으로 설립하는 것으로 되어 있었는데, 당시 한국 통감이던 이토 히로부미(伊藤博文)가 일부 수정안을 제시하였다. 그 내용은 ① 회사 임원에는 13도 유력가를 망라하고 중역 이하에는 한·일 양 국민을 같이 임용할 것 ② 자본은 물론 사업도 모두 한·일 협동의 성질을 가질 것 ③ 사업의 감독은 통감 지도하에 있는 한국 정부가 담당하도록 할 것 등이다. 이는 외견상 동양척식주식회사가 한·일 양국의 회사인 것처럼 만들어 한국인 상층 집단을 포섭하려는 의도에서 나온 것이었다. 최종적으로 이토의 수정안이 반영되어 동양척식주식회사는 한국과 일본 양국의 공동출자에 의한

17　동양협회는 1898년에 설립된 대만협회의 후신으로 일제의 대만 지배에 적극적으로 협력하기 위해 조직된 단체이다. 대만협회는 1907년에 동양협회로 그 이름을 개칭하였으며, 회장은 가쓰라 다로였다. 가쓰라는 대만총독을 역임한 적이 있으며 세 번이나 총리대신을 역임하였다. 동양협회는 만주와 한국을 시찰한 후 한국과 일본 양국 간 경제 발전을 도모할 수 있는 기관의 필요성을 들어 동양척식주식회사 설립을 일본 정부에 제안하였다. 이상 동양척식주식회사 설립에 관해서는 김석준, 1986, 「동양척식주식회사의 사업 전개 과정」, 『한국근대 농촌사회와 일본제국주의』, 문학과 지성사, 83~94쪽을 참조하였다.

반관반민의 국책회사로 설립되었다.

1908년 8월 27일 「동양척식주식회사법」(일본 법률 제63호, 대한제국 법률 제22호)이 공포되었다. 설립위원으로 한·일 양국에서 116명이 임명되었는데, 일본인 위원은 83명으로 주로 고위관리나 통감부 출신이었다. 한국의 경우 금융계 인사 및 귀족 7명, 지방의 각도 지주 2명씩 26명 등 총 33명이 임명되었다. 그러나 동양척식주식회사 설립은 일본인들이 주도하였고, 한국 측 인사의 참여는 형식적인 것에 그쳤다. 1908년 12월 28일 일본 도쿄에서 동양척식주식회사 창립 총회가 개최되었고, 1909년 1월 29일 경성 본점에서 업무를 개시하였다.

동양척식주식회사 설립 당시 자본금은 1천만 원으로 1주당 50원씩 총 20만 주로 하였다. 한국 정부가 300만 원(6만 주)을 토지로 현물 출자하고, 나머지 14만 주는 한국과 일본에서 공모하였다. 일본 왕실과 왕족(6천 주), 조선 왕실(1,700주)이 우선 인수하고 나머지는 일본 및 한국의 일반인에게 공모(13만 2,300주)하였다. 일반공모주 분포는 오사카 47.6%, 교토 11.1%, 도쿄 8.4% 등 일본이 압도적이었고, 한국에서 응모한 비율은 1.9%에 불과했다. 설립 당시 동양척식주식회사의 주요 업무는 ① 농사경영, ② 토지의 매매 및 임차, ③ 토지의 경영 및 관리, ④ 건축물의 축조, 매매 및 임차, ⑤ 이주민의 모집 및 분배, ⑥ 이주민 및 한국 농업자에 대한 물품의 공급 및 생산 또는 분배, ⑦ 척식에 필요한 자금공급, ⑧ 부대사업으로서의 수산업 기타 척식을 위해 필요한 사업의 경영으로 규정되어 있었다.[18]

동양척식주식회사는 국책회사로 설립되었는데, 국책회사란 국가적

---

18 東洋拓殖株式會社, 1939, 『東洋拓殖株式會社三十年誌』, 77~78쪽.

사업경영을 수행하기 위해 정부의 조례, 법률 등으로 설립된 특수회사이다. 국책회사는 법령에 명기된 특정한 사업만을 경영하며 정부의 통제와 감독을 받는다. 동시에 정부 출자나 지원금 등의 특혜를 누리는데, 동양척식주식회사의 경우 주주총회 결의 없이 정부의 승인만으로 사채(社債)를 발행할 수 있었다. 당시 상법에는 납입자본금을 초과하는 사채 발행은 금지되었으나 동양척식주식회사의 경우, 납입자본금의 10배까지(1938년 이후 15배) 발행할 수 있었다.

1908년 동양척식주식회사가 창립될 당시 가장 중요한 사업 목표는 일본인의 조선 이민이었다. 당시 일제는 일본인이 조선에서 경영할 수 있는 가장 유망한 사업을 농업으로 보고, 일본인 소작농을 한국에 대량으로 이주시킴으로써 일본 내의 인구, 식량, 사회문제를 해결하고자 하였다. 또한 조선으로의 이민 방출을 통해 일본 내 계급 모순 완화를 도모함과 동시에 식민 지배체제를 보다 견고하게 구축하려 한 것이었다. 이를 위해 동양척식주식회사는 1911년부터 1927년까지 17회에 걸쳐 이민을 추진했다. 동양척식주식회사는 1년에 3만 명에서 5만 명가량의 이민을 이송하고 8년간 24만 명에서 40만 명에 달하는 일본인 농민을 보내 최종적으로는 조선인 인구의 4분의 1인 300만 명을 이주시키겠다는 계획을 세웠다. 그러나 초기부터 이민사업은 그 실적이 매우 부진했는데, 이주민을 수용할 토지의 부족, 조선인 농민의 저항, 그리고 일본 농민이 그다지 조선 이민에 적극적이지 않았던 것에 그 이유가 있다. 동양척식주식회사 이민사업의 실적은 약 4천 호, 약 1만 명에 그쳐 대실패로 끝났다.[19]

---

19 문춘미, 2013, 「20세기 초 한국의 일본농업이민연구: 동양척식회사를 중심으로」,

(4) '선만일체화'에 따른 만주 진출

① 만주 금융기관을 둘러싼 일본 정치권의 대립

1914년 제1차 세계대전이 일어난 후 일본의 대(對)중국정책은 큰 전환을 맞이하게 되었다. 1914년 8월 일본은 독일에 선전포고하면서 참전하였고, 1915년 5월 25일 중국과 「일화(日華)신조약」을 체결하였다. 이 조약을 통해 일본은 관동주 조차지 이외 남만주 일대에서 토지상조권(商租權)과 상업·공업·농업의 영업상 자유를 획득함으로써 남만주 경제 진출의 토대를 마련하였다.[20] 특히 토지상조권은 일본인의 장기적이고 안정적인 토지 보유를 가능하게 하는 것이었기 때문에 비로소 토지를 담보로 하는 대부가 가능하게 되었다. 이를 배경으로 만주에 특수금융기관을 설립해야 한다는 의견이 일본 정치권에서 대두되었다.

조선은행과 동양척식주식회사의 만주 진출 과정은 일본 정치계의 역학 구도에서 파악할 필요가 있다.[21] 당시 일본의 오쿠마 시게노부(大隈重信) 내각은 만주에 금융기관 신설을 추진하고 있었다. 1915년 7월 대장성에서는 '일지(日支)금융기관조사회'를 설치하여 중국 내 일본계 금융기관의 창설을 조사하였고, 「만주은행법안」, 「일지(日支)은행법안」을 마련하였다. 오쿠마 내각은 이 두 법안을 1916년 1월 각의 결정을 거친

『한림일본학』 23, 102~106쪽.

20 토지상조권이란 30년에 걸쳐 장기간 보장되는 것으로 조차권을 포함한다는 점에서 소유권을 대신하는 것으로 간주되었다.

21 이하 조선은행과 동양척식주식회사의 만주 진출에 대해서는 北岡伸一, 1978, 『日本陸軍と大陸政策, 1906-1918年』, 東京大學出版會, 235~275쪽; 朝鮮銀行史研究會, 1987, 앞의 책, 148~155쪽을 참조하였다.

후, 제37제국의회에 상정하였다. 법안의 내용을 보면 만주은행의 경우 채권 발행 특권을 가진 장기개발자금을 공급하는 금융기관이며, 일지은행은 중국에 대한 차관 제공을 목적으로 한 것이었다.[22] 양 은행은 주식을 중국인과 일본인에게서 공모하고, 정부는 주식에 대한 배당 지급 및 발행된 채권에 대한 원리금을 보장해줌으로써 민간자금의 중국에 대한 투자를 지원한다는 계획을 세우고 있었다. 그런데 중의원 심의 도중에 「만주은행법안」에 일람불어음을 발행할 수 있는 권한을 부여해야 한다는 결의가 덧붙여져 통과되었기 때문에, 만주은행은 은행권 발행과 채권 발행 권한을 동시에 가진 만주중앙은행으로 설립될 가능성이 커졌다.

그러나 조선총독인 데라우치 마사타케(寺內正毅)는 오쿠마 내각에서 입안한 만주 금융기관 신설에 강력히 반대하였다. 일본 군부의 태두인 야마가타 아리토모(山縣有朋)의 후계자였던 데라우치는 이른바 '선만일체화(鮮滿一體化)'를 강하게 주장하였다. 오쿠마 내각이 기본적으로 만주의 독자적인 경제 발전을 중시했다면, 데라우치는 조선을 중심으로 한 만주의 경제 발전, 즉 선만일체화를 지향하였다. 그는 만주에 별도의 은행을 신설할 것이 아니라 조선은행과 동양척식주식회사를 만주에 진출시켜야 한다고 주장하였다. 데라우치는 만주은행·일지은행 법안이 의회에서 심의되고 있는 도중에 「동양척식회사법」 개정안을 각의에 제출하여 오쿠마 내각의 계획을 저지하고자 하였다. 개정안은 동양척식주식회사의 영업 지역을 만주로 확대하고, 금융부 기능을 확충하여 장기사업 자금을 공급하는 것을 주요 내용으로 하였다. 이 동양척식주식회사 개정

---

22 만주은행은 자본금 1천만 엔으로 봉천에 본점을 두며, 납입자본금액의 10배를 한도로 채권을 발행할 수 있도록 하였다.

법안은 만주은행법과 기능 면에서는 사실상 동일한 것이었기 때문에 양 세력의 대립은 심화되었다.

당시 정부여당인 입헌동지회는 동양척식주식회사 개정법안을 반대했는데, 조선에서 실적이 매우 부진하여 척식사업에 무능함을 드러낸 동양척식주식회사를 만주에까지 진출시킨다는 것은 타당하지 않다고 비난하였다. 특히 상대당인 입헌정우회가 남만주철도주식회사와 동양척식주식회사 인사에 관여하고 있었기 때문에, 입헌동지회가 장악한 내각에서 특수금융기관을 설립하여 영향력 행사를 기대한 것도 작용하고 있었다. 반면 데라우치는 러시아에 대한 군사력 대비의 일환으로 조선인의 만주 이민을 계획하였는데, 그 적임자가 동양척식주식회사라는 것이었다. 데라우치는 러시아의 위협을 전제로 조선과 만주의 연속성을 강화하고자 한 인물이었다. 그러나「동양척식주식회사법」개정안이 중의원에서 심의되고 있던 무렵, 만주은행법안은 이미 여당이 다수를 점하고 있던 중의원을 통과하고, 귀족원 심의에 부쳐졌다. 반면에 동양척식주식회사법 개정안은 입헌동지회의 묵살로 중의원 심의가 중단된 상태였다.

오쿠마 내각이 민간자본을 동원하여 신설 은행을 설립함으로써 만주 금융 문제를 해결하려 했던 것에 대항하여 데라우치는 장기자금공급 문제는 동양척식주식회사, 화폐제도 문제에 대해서는 조선은행을 내세웠다. 데라우치의 이런 태도는 조선 내 금융기관의 만주로의 연장을 뜻하는 것으로서, 선만금융일체화정책이라고 할 수 있을 것이다. 즉 만주독자의 이익보다는 조선과 만주와의 연속성 강화를 우선하여 추구한 데라우치의 기본 노선에 정확히 부합한다고 볼 수 있다. 이에 데라우치는 귀족원에서 만주은행법안을 부결시키기 위한 공작에 들어갔다. 당시 귀족원은 데라우치의 의견에 동조하는 세력이 다수였고, 정부가 제출한 양

법안은 2월 27일 8 대 5로 부결되었다. 이로써 양 세력이 제출한 법안은 모두 폐기되고 말았다.

오쿠마 내각에 이어 1916년 10월 데라우치 내각이 성립되었다. 조선총독에서 내각 총리대신에 취임한 데라우치는 대장대신으로 조선은행 총재인 쇼다 가즈에(勝田主計)를 임명하였다. 총재 재임시에 쇼다는 조선은행의 만주 진출을 강력하게 주장한 인물이었다. 데라우치 내각은 1917년 제38의회에 동양척식주식회사 개정법률안을 상정했는데, 원안 그대로 가결되었다(법률 제23호, 1917.7.21). 오쿠마 내각에서 동양척식주식회사의 만주 진출을 반대하였던 입헌동지회(당시에는 헌정회)는 선거 패배로 소수파로 전락한 상태였다. 한편 내각에서 1917년 6월 '만주에서의 특수금융기관 기능의 통일에 관한 건'을 결정함으로써 조선은행의 만주중앙은행화 방침은 공인되었다. 동양척식주식회사와 달리 조선은행 건의 경우, 데라우치 내각은 의회의 협찬을 거치지 않은 채 행정조치로서 만주 진출을 실행하였다. 즉 조선은행의 만주 진출을 조선에서 획책하던 주체들이 일본 내각을 장악하고 의회를 배제한 채 결정한 것이다.

여기서 조선은행과 동양척식주식회사 만주 진출의 주역인 데라우치 마사타케 - 쇼다 가즈에 - 니시하라 가메조(西原龜三)에 주목할 필요가 있다. 이 3인은 이른바 "조선조(朝鮮組)"[23]라고 불리었는데, 데라우치는 초대 조선총독으로서 대장성 차관 출신인 쇼다를 조선은행 총재로 영입한 인물이다. 쇼다를 데라우치에게 적극적으로 추천한 자가 니시하라인

---

23 데라우치 내각은 조선은행과 동양척식주식회사를 중심으로 만주 금융기구를 재편하였기 때문에 당시 데라우치 내각을 '조선조' 내각이라 불렀다(安富 步, 1997, 『滿洲國』の金融』, 創文社, 6쪽).

데 이 세 사람은 일본 사회에 큰 물의를 일으킨 이른바 니시하라 차관[24]의 주역이기도 하다. 니시하라 차관이 일본의 적극적인 중국 진출을 보여주는 상징적인 사례라는 점을 감안하면, 조선은행의 만주 진출 또한 일본 정부의 무모한 대륙침략정책의 일환으로서 추진되었다는 것을 알 수 있을 것이다.[25] 전직 대장성 차관 출신인 쇼다가 조선은행 총재에 취임한 이유는 바로 조선은행의 만주 진출을 위해서였다. 설립 이후 조선은행 내부에서 요구하고 있던 만주 진출 계획은 조선총독 데라우치 - 조선은행 총재 쇼다가 일본 내각의 총리대신과 대장대신으로 옮겨간 직후 실현되었다. 데라우치 내각은 성립 한 달 만인 1916년 11월 17일 각의 결정을 통해 조선은행의 만주 진출을 저지하고 있던 오쿠마 내각의 만주은행 설립안을 폐기시키고 조선은행 및 동양척식회사의 만주 진출을 본격적으로 추진할 수 있게 되었다.

② 조선에서 벗어나고자 한 조선은행

조선은행과 동양척식주식회사의 만주 진출은 단순히 일본 정치권의

---

24   니시하라 차관은 데라우치 내각이 1917~1918년 중국 북경정부와 계약을 맺은 8건이 총액 1억 4,500만 엔의 차관을 말한다. 데라우치 내각은 중국 북경의 단기서(段祺瑞) 정권에게 차관을 제공하여 무력 통일을 원조함으로써 일본이 숭국에서 지도적인 지위를 확립하는 것을 목적으로 하였다. 공여한 차관 총액은 2억 4천만 엔으로, 그 가운데 니시하라가 대장대신 쇼다와 결탁하여 제공한 부분을 니시하라 차관이라고 한다.

25   니시하라 차관 중 제대로 상환받은 것은 500만 엔에 불과하고 나머지 1억 4천만 엔의 원리금 모두를 돌려받지 못했다는 것을 보면 데라우치 내각의 중국 정책이 얼마나 무모하게 추진된 것이었는지를 알 수 있다. 1917년 조선은행권 발행액은 약 6,700만 원, 1918년은 약 1억 1,500만 원임을 감안하면 당시 1억 4,500만 엔이 상당한 거액이라는 것을 알 수 있을 것이다.

문제만은 아니었다. 만주 금융기관 문제에 대해서는 관련 세력이 다양한 방안을 검토하고 있었고, 여러 금융기관이 연관되어 있었다. 조선은행은 여러 선택지 중 하나에 불과했다. 여기서 조선은행은 단순히 정책의 수동적 집행자가 아니라 능동적 주체로서 자기의 역할을 부각시키고 있었다.

조선은행은 일찍부터 자행의 만주 진출의 당위성을 주장하고 있었다. 1912년에 작성된 '조선은행의 과거와 장래'라는 문서에서 조선은행의 임무는 크게 조선과 해외로 구분해야 한다고 하였다. 조선의 경우 재정과 산업개발에 자금을 공급해야 하고, 해외의 경우는 대륙침략이라는 국책에 순응하여 만주지역에서 일본인 경제의 원조자 역할을 해야 한다는 것이다. 이러한 임무를 수행하기 위해서는 무엇보다 조선은행의 자금조달 능력을 강화할 필요가 있음을 강조하였다. 그러나 당시 조선은 일본과의 무역에서 항상 수이입초과 상태로, 만성적으로 정화가 유출되는 구조였다. 조선에서 정화(일본은행권)가 일본으로 빠져나간다는 것은, 그만큼 은행권의 발행준비를 감소시키게 되어 조선은행권 발행 여력이 줄어들게 되는 것을 의미한다. 이런 문제를 해결하기 위해서는 조선은행이 수출초과 지역인 만주에 지점을 열어 정화를 보충해야 한다고 제안하였다. 당시 만주는 일본과 무역에서 수출초과 상태였기 때문에 만주에서 일본은행권을 조선은행권으로 매입할 수 있다는 것이다. 즉 조선에서 빠져나간 일본은행권을 되찾을 수 있다는 점에서 만주는 조선은행이 조선에서 가지는 구조적 한계를 극복할 수 있는 지역으로 환영받게 된 것이다.

그런데 조선은행의 만주 진출에 큰 걸림돌이 있었는데, 바로 요코하마정금은행이다. 일본은 러일전쟁 이후 만주 경영을 위한 금융기관으로서 요코하마정금은행을 이용할 것을 결정하고, 1906년 6월 청국 및 관동주에서 은으로 교환되는 은행권[소위 정금초표(正金鈔票)]을 발행하였다. 요코하마정금은행이 발행한 은권(銀券)에 강제통용력을 부여하여 관동주 및 청국의 일본 측 본위화로서 공인되었다. 그런데 당시 세계적으로 은가격이 폭락하자 일본은 대만주 통화정책을 은본위제에서 금은복본위제로 변경하였고, 요코하마정금은행이 1909년 12월에 금권(金券)도 함께 발행하게 되었다.[26]

따라서 조선은행이 만주에 진출하기 위해서는 일제의 대만주 금융정책이 전환되어야만 했는데, 조선은행은 '선만일체화'를 내세워 정당화시키려 했다. 조선은행권이 남만주 경제계에서 유통되는 것은 곧 일본 경제 세력의 남만주 정복을 의미하는 것, 즉 조선이 만주를 경제적으로 병합한 것으로 볼 수 있다고 강조하였다. 조선은행이 '조선은행권 유통=만주 정복'이라는 담론으로 만주 진출을 정당화하려 했음을 잘 보여준다. 일본 육군의 대륙정책에 발맞춰 이해관계를 추구하는 조선은행의 만주 진출은 정치성을 띨 수밖에 없었다. 이와 같은 조선은행권의 군사적 속성은 1918년 시베리아내전, 1937년 중일전쟁 등 일제의 침략전쟁에서 빛을 발하게 되었다. 일본 군부에게 조선은행권은 사실상 군표와 같은 역할을 수행하는 존재였다. 이처럼 조선은행의 탈(脫)조선 - 입(入)만주의 구상은 기본적으로 군사적 속성이 내재된 것으로 조선은행은 일본 제국주의의 침략 과정에서 자행의 성장을 모색하고 있었던 것이다.

1915년 오쿠마 내각에서 만주은행법안을 준비하고 있을 무렵 조선

26　柴田善雅, 1999, 『占領地通貨金融政策の展開』, 日本經濟評論社, 16~19쪽.

은행은 '만주금융기관의 정비에 관한 의견'을 조선총독에게 제출했는데, 이 문건에서는 만주를 일본 경제권으로 포섭하기 위해서는 양 지역 화폐제도의 통일이 최우선과제라고 강조하였다. 향후 조선과 만주를 하나로 합쳐 동일한 경제지대로 해야 하는데, 이를 실현하기 위해서 양 지역의 통화를 조선은행권으로 통일시켜야 한다는 것이다. 즉 선만일체화를 실천하기 위해서는 조선은행을 "만선공통의 중앙은행으로 하는 것이 필수적인 요건"이라고 역설하였다. 이와 같이 조선은행은 일본 군부가 추진한 선만일체화라는 정책, 조선과 만주의 지리적 접근성, 식민지 조선에서의 화폐제도 정리 경험 등을 토대로 자행이 만주의 '중앙은행'으로 최적의 기관임을 주장하였다. 동시에 요코하마정금은행에 대해서는 그 중심이 본국에 있으며 외국환의 조절이 핵심 업무이기 때문에 식민지 금융에 적합하지 않다고 하면서 요코하마정금은행 대신 조선은행이 이를 수행해야 한다고 주장하였다. 이상과 같이 조선은행은 일본 육군 군벌의 대륙침략정책에 능동적으로 편승하여 만주 진출의 기회를 노리고 있었던 것이다.[27]

한편 동양척식주식회사 역시 조선은행과 마찬가지로 내부에서 만주 진출의 필요성이 제기되고 있었다. 동양척식주식회사는 설립 이후 역점을 기울여 추진한 이민사업에서 기대했던 성과를 거두지 못하게 되자 새로운 영역으로의 진출을 모색하고 있었다. 특히 제1차 세계대전기의 전쟁 특수 경기와 「일화신조약」의 체결로 인해 만주에서 일본의 경제활동이 용이해지자, 동양척식주식회사의 영업 범위를 확장시켜야 한다는

---

27 이상 조선은행 내부의 의견에 대해서는 조명근, 2019, 앞의 책, 216~225쪽을 참조하였다.

논의가 적극적으로 대두되었다. 동양척식주식회사 구상의 핵심은 금융업과 식산식민(殖産殖民)의 업무를 분리하여 별도의 법인에서 경영하게 한다는 것에 있었다. 이는 이민사업 침체에서 명확히 드러난 동양척식주식회사의 결함을 금융업무와 이민사업·토지업무의 분리, 별도 법인화를 통해 극복하고자 한 것이었다. 양 법인은 긴밀한 관계를 맺으면서 금융과 이민·농업개발의 양 측면에서 조선뿐만이 아닌 만주로의 진출을 적극적으로 꾀하는 '선만일체화'의 실현을 목표로 한 것이었다.[28]

1917년에 개정된 「동양척식주식회사법」 제1조에서는 영업 지역을 '조선 및 외국'으로 확대하였고, 그 목적도 '척식사업경영'에서 '척식자금의 공급 기타 척식사업의 경영'으로 변경하였다. 개정의 결과 동양척식주식회사는 만주를 비롯하여 해외 지역으로 진출할 수 있게 되었고, 본점도 경성에서 도쿄로 이전하였다. 동양척식주식회사는 만주 진출의 포석으로 봉천, 대련에 지점을 개설하였다. 대출 대상도 종전에는 '이주민 또는 한국 농업자, 공공단체'로 제한하였으나 개정으로 인해 '특별한 법령에 의해 조직된 산업에 관한 조합' 및 '기타 일반 척식사업을 경영함을 목적으로 하는 회사' 그리고 '법령에 의해 설정된 재단 기타 확실한 물건을 담보'로 확장되었다. 동시에 담보물의 종류와 상환 기간도 다양해지고 확대되었다. 또한 개정법에서는 정기예금도 취급할 수 있게 하였으며, '척식사업의 영위를 목적으로 하는 회사의 주식과 채권의 응모 또는 인수'도 가능하게 고쳤다. 이 개정으로 인해 동양척식주식회사는 장기대출을 담당하는 척식금융기관으로 그 성격을 전환하였다. 이후 동양

---

28 대표적인 것으로 동양척식주식회사의 금융담당 이사가 작성한 「東拓經營策卑見」을 들 수 있다. 이하 동양척식주식회사 내부의 의견에 대해서는 黒瀨郁二, 2003, 『東洋拓殖會社-日本帝國主義とアジア太平洋』, 日本經濟評論社, 89~93쪽을 참조할 것.

척식주식회사는 영업 지역을 만주, 중국, 필리핀 및 남양군도 등지까지 확대하였다.

조선은행도 1917년 요코하마정금은행을 대신하여 관동주 및 만철 부속지에서 국고금취급을 수행하게 되었고, 조선은행권은 강제통용력을 부여받아 '법화(法貨)'가 되었다.[29] 영업 범위도 만주, 러시아령 시베리아, 산동성으로 확대되었다. 그 결과 만주(중국 포함)의 지점이 1917년에 4개, 1918년에는 9개로 급격히 증가하고 있었다. 1919년 현재 조선의 영업소(지점, 출장소, 파출소 포함)는 조선이 11개, 일본이 4개인 데 반해 만주·중국은 22개로 조선의 2배 이상이었다.[30] 한편 조선은행에 있어 만주 진출은 수익을 향상시킬 수 있는 절호의 기회였다. 상업금융을 겸영하고 있었던 조선은행 입장에서 발권력의 확장은 대출 여력의 증대와 직결되기 때문이었다. 조선은행이 본격적으로 만주에 진출한 1910년대 후반 이후 대출은 가파르게 증가하였고, 그에 따른 수익도 크게 늘어나고 있었다. 이와 같이 일제 군부의 '선만일체화' 정책에 따라 발권은행으로서의 조선은행과 장기개발은행으로서의 동양척식주식회사라는 체제가 형성되었다. 특히 조선은행은 1910년대부터 군부의 대륙침략의 충실한 기관으로 제도화되었다. 일반적으로 중일전쟁 이후 조선은행이 군부의 침략 정책에 앞장선 것으로 이해되지만, 이미 이른 시기부터 자발적으로 부응하였음을 확인할 수 있었다.

---

29 칙령 제217호 조선은행이 발행하는 은행권은 관동주 및 남만주철도부속지에서 공사일체의 거래에 무제한으로 통용하는 것으로 한다.
    부칙 본령은 1917년 12월 1일부터 이를 시행한다.
30 이 책 139쪽, 각주 4.

2) 조선식산은행 및 금융조합: 조선 내 정책금융기관으로 제도화

(1) 식민지 산업금융기관의 설립

① 농공은행의 설립과 한계

통감부는 화폐·재정정리사업 이후 지방의 금융 경색을 해소하고 지방 농공업을 개발한다는 명목으로 1906년 농공은행을 설립하였다. 화폐·재정정리사업 이후의 지방의 금융상황을 보면, 외획(外劃)[31]의 폐지로 인해 당시 교통시설이 미비하고 금융시설이 거의 없는 지방에서는 자금 경색이 매우 심각한 상태였다. 이러한 지방 금융의 경색은 조세의 원활한 납부뿐만 아니라 지방생산물이 중앙으로 유입되는 것조차 어렵게 하였다. 당시 개항지에는 그나마 일본인 일반은행의 지점이 있었지만 내륙에는 서울을 제외하면 은행이 전무한 상태였다. 따라서 지방의 금융 경색을 해소할 방안은 국고금 재전용의 길을 열거나 아니면 국고금을 이용하는 새로운 금융기관을 설립하는 것밖에 없었다고 할 수 있다. 이

---

31 외획이란 군수가 징수한 세금을 국고에 납부하기 전에 그 세금을 제3자에게 인도하라고 내린 명령을 말한다. 외획은 중앙정부가 특정 상인에게 국고금 수송을 위탁하고 상인이 이 자금으로 지방의 물자를 구입, 서울 등지로 운반 판매한 후 그 대금을 국고금으로 납부하는 제도이다. 외획을 통해 정부는 국고금 수송비를 절약할 수 있었고, 상인은 국고금을 상업자본으로 활용하여 이익을 거둘 수 있었다. 1894년 조세금납화정책이 발표된 이후 외획은 금융 및 재정관행으로 정착해 있었다. 일제는 1905년 금고제도를 실시하여 향후 정부에 상납할 조세는 일본 제일은행 한국지점에 납부하도록 하였다. 기존 국고금을 상업자본으로 활용하고 있었던 상인들로서는 화폐정리사업으로 인해 발생한 유동성 부족까지 겹쳐 공황이 더욱 심화되는 결과를 낳았다(윤석범 외, 1996, 앞의 책, 85~86쪽).

에 대한 대책으로 통감부가 공동창고회사와 어음조합[32]을 설립하였지만, 이후에도 각 지방의 자금난은 수습되지 않았다.[33]

통감부는 지방 금융의 경색을 타개하고 지방 농공업을 개발한다는 명분으로 1906년 3월 「농공은행조례」를 제정하고, 한성농공은행을 필두로 대구·평양·전주·광주·진주·경성(鏡城)·충주·해주·공주농공은행을 설립하였다. 설립 당시 농공은행 주주는 한국인만으로 한정했기 때문에 지역의 대표적인 지주나 자산가들이 참여하였고, 중역도 모두 한국인으로 구성되었다. 그러나 농공은행은 통감부의 강력한 통제하에 있었고, 은행 경영은 일본인 지배인이 전권을 행사하였기 때문에 한국인 중역은 경영에서 배제되었다. 외형상 한국인은행이었지만 실제로는 일본인에 의해 경영되고 있었던 것이다. 1907년부터 농공은행 간 합병이 진행되어 한호농공은행·평안농공은행·경상농공은행·전주농공은행·광주농공은행·함경농공은행의 6행 체제로 축소되었다.[34]

1914년 5월 조선총독부는 「농공은행령」을 제정하였다. 이 법령에서는 일반 농공업자에 대한 자금 대부 범위를 확대하였고, 이를 위해 동양척식주식회사 – 농공은행 – 금융조합의 계통화를 제도화하였다. 기존 「농

---

32   공동창고회사는 외획 폐지에 대응하여 설립한 것으로서 상인들의 물품을 보관하고 그 보관품을 담보로 자금을 융통하는 기관이었다. 공동창고회사의 설립 목적은 유동성 부족으로 인해 파산 위기에 몰린 상인을 구제하는 데 있었다. 한편 일제는 어음 발행과 유통을 규제하기 위한 법령[「약속수형조례(約束手形條例)」와 「수형조합조례(手形組合條例)」]을 1905년 9월 공포하였다. 이 법령에 따라 구화폐나 엽전으로 어음을 결제하는 것이 금지되었기 때문에 한국 상인은 어음 사용을 위해서는 일제가 강제한 일본화폐유통권에 편입되어야만 했다. 약속어음 발행은 어음조합의 조합원에게만 허가하였다(윤석범 외, 1996, 앞의 책, 105~111쪽).

33   배영목, 2002, 『한국금융사(1876~1959)』, 개신, 41쪽.

34   정병욱, 2004, 『한국근대금융연구』, 역사비평사, 56~68쪽.

공은행조례」와의 차이점을 보면, 첫째, 기존의 장기저리 대부 이외의 영업 내용을 추가하여 대출업무를 확장하였다. 둘째, 동양척식주식회사와의 관계에서 종래 동양척식주식회사의 농공채권 인수뿐만 아니라 농공은행이 동양척식주식회사의 업무를 대리할 수 있도록 하였다. 동시에 농공은행은 금융조합에 대해 자금을 공급할 것을 규정하였다. 또한 함께 제정된 「지방금융조합령」을 통해서 금융조합이 농공은행으로부터 자금을 대부받아 농공은행 지점이 없는 곳에서 대리업무를 할 수 있게 하였다. 셋째, 농공채권의 신용도를 높이고 발행을 원활히 하기 위해 발행한도액을 납입자본금의 5배 이내로 제한하였던 종래의 규정 외에 연부상환 대부금의 현재고를 초과할 수 없다는 조항도 추가하였다. 마지막으로 일본인도 주주로 참가할 수 있도록 하였다. 그러나 농공은행은 1914년 불경기로 인해 경영이 악화되었고, 그중 한호농공은행과 평안농공은행은 파산 위기에 내몰려 조선은행의 구제자금으로 겨우 회생할 수 있었다. 또한 제1차 세계대전이 일어나자 동양척식주식회사의 외채 발행이 여의치 않게 되어 농공은행의 자금조달도 어려움을 겪게 되었고, 그 결과 금융조합에 대한 자금공급도 차질을 빚게 되었다.[35]

② 조선 내 산업금융 전담기관으로 조선식산은행의 설립

1917년 조선은행과 동양척식주식회사는 조선총독부의 '선만금융일체화'라는 기조하에 만주로 사업 영역을 확장하였다. 조선총독부는 양 기관의 만주 진출에 따라 발생할 조선 내 금융의 공백을 보완하는 동시에 식민지 산업금융을 확대하기 위해 6개의 농공은행을 합병하여 새로

---

35 윤석범 외, 1996, 앞의 책, 166~167쪽.

운 산업금융기관 설립을 추진하였다. 제1차 세계대전으로 축적된 일본 내 과잉자본을 식민지 조선으로 동원한다는 것을 전제로 하여 기존 농공은행의 기능을 확대하여 조선 내 산업금융만을 전담하는 특수금융기관, 즉 조선식산은행을 설립하기로 한 것이다.

조선총독부는 1917년 말부터 설립 준비에 들어가 1918년 6월 「조선식산은행령」을 공포하였다. 농공은행과 조선식산은행의 차이점은 다음과 같다. 첫째, 자본금의 규모가 대폭 확장되었다. 농공은행의 자본금은 6행을 모두 합쳐서 260만 원이었는데, 조선식산은행은 1천만 원으로 4배나 확대되었다. 주주 자격도 농공은행은 영업 구역 내 1년 이상 거주라는 제한을 두었으나, 조선식산은행은 이 제한을 철폐하고 조선인을 포함하여 일본인도 주주가 될 수 있게 하였다. 둘째, 자금조달력이 크게 강화되었다. 농공은행은 채권의 발행한도가 납입자본금의 5배 이내였던 것에 반해 조선식산은행은 이를 10배로 확장하였다. 또한 기존 동양척식주식회사 이외에 일본권업은행과 대리점을 체결하여 일본에서 조선식산은행의 채권을 인수할 수 있도록 하였다. 셋째, 업무 영역이 대폭 확장되었다. 종래 부동산을 담보로 하는 대부는 농공업자금에 한정하였지만, 농공업 이외의 산업에도 부동산 담보대부를 인정하였다. 또한 유가증권 대부도 종래 한국에서 농공업을 경영하는 주식회사의 유가증권으로 제한하였던 것을 확장하여 국채, 채권 또는 조선총독이 인정하는 유가증권에 대한 대부도 가능하게 하였다. 그 외 공공단체의 채권, 한국에서 척식사업을 목적으로 하는 회사채의 응모 또는 인수와 신탁업무도 할 수 있게 하였으며, 연부상환의 기한도 20년에서 30년으로 늘렸다. 설립 이듬해인 1919년에는 저축업무도 인가하였다. 이로써 조선식산은행은 은행권 발행을 제외한 모든 금융업무를 수행하게 되어 일본에서 일본권업은행, 일본흥업은행, 농공은행, 일반은행, 저축은행, 신탁회사 등이 분담하고 있는 업무를 모두 취급할 수 있게 되었다. 넷째, 조선총독부의 보호와 감독이 강화되었다. 운영 주체를 지배인에서 중역 경영으로 바꾸고 두취는 조선총독이 임명하며 이사는 주주 중에서 총독이 임명하도록 하였다. 또한 주주의 이익 보호를 위해 5년간 7% 배당에 미달할 때는 차액을 정부가 지급하며 정부보유 주식에 대해서는 15년간 배당을 면제시켰다.

다음으로 자본금 구성을 보면 조선식산은행의 공칭자본금은 1천만 원이고, 1주당 50원으로 총주식수는 20만 주였다. 그중의 37.9%인 7만 5,775주가 조선에서 소화되었고, 62.1%인 12만 4,225주는 일본에서 인수하였다. 그런데 조선총독을 포함하여 (구)농공은행 주주에게 할당될 주식이 6만 3,579주이므로 공모주는 13만 6,493주였다. 따라서 공모주식 중 91%가 일본에서 소화되었다고 볼 수 있다. 일반공모는 배당보증과 일제의 후원에 힘입어 295 대 1이란 높은 경쟁률로 성공리에 마쳤다. 이와 같이 신설된 조선식산은행은 조선에서 농공은행의 자본을 흡수하는 것과 더불어 일본에서 주식공모를 통해 자본을 추가로 더 모집함으로써 자본금을 증액할 수 있었던 것이다.

이상과 같이 조선식산은행은 조선총독부 산하 금융기관으로 자본금이 1천만 원에 이르고 납입자본의 10배에 상당하는 회사채도 발행할 수 있는 대형은행으로 출범하였다. 조선식산은행은 제1차 세계대전을 계기로 급성장하고 있었던 일본 자본시장에 진출하여 자금동원을 쉽게 할 수 있었기 때문에 그 규모를 대폭 확장할 수 있었다. 한편 조선총독은 조선식산은행의 최대주주가 되는 동시에 조선식산은행의 두취와 부두취의 임면권을 갖고 주주총회에서 추천된 2배수의 이사, 감사 중 선택 임명할 권한까지 갖고 있었다. 조선식산은행은 조선총독부 산하의 최대 특수금융기관으로 출범했던 것이다. 이 점은 조선은행이 일본 정부의 강력한 통제하에 있었던 것과 대비된다고 볼 수 있다.

조선총독부는 조선식산은행이 지배 당국의 각종 정책을 뒷받침할 수 있도록 법제상으로 여러 특권을 부여하였다. 조선총독부는 조선식산은행에 일반은행 업무를 취급하게 하면서도, 채권 발행의 특권을 부여하였다. 또한 조선총독 소유의 주식에 대해서는 배당을 면제하고, 정부보조금까지 지급하여 설립 후 5년간 연 7%의 배당을 보증하기로 하였다. 그리고 조선총독부는 조선식산은행의 최대주주로서 채권 인수를 도왔는데, 특히 대출의 여건상 저리자금이 필요한 경우에는 일본 대장성 예금부의 저리자금을 이용할 수 있도록 하였다. 동시에 조선총독부는 조선식산은행의 감독권도 확실하게 장악하였다. 우선 조선식산은행의 업무를 포괄적으로 감독하였고, 조선식산은행이 채권 발행 및 배당을 할 때에는 조선총독의 인가를 받도록 하였으며 지점 설치, 정관 변경, 그리고 다른 금융기관의 업무대리를 할 경우에도 조선총독의 허가를 받도록 하였다. 조선식산은행은 경영의 세부사항까지도 조선총독의 명령을 받아 업무를 수행해야만 했던 정책금융기관으로서 출발한 것이다.[36]

---

36 이상은 윤석범 외, 1996, 앞의 책, 168~171쪽; 배영목, 2002, 앞의 책, 87~90쪽을 참조하였다. 조선식산은행의 중역은 조선총독부 관료 출신이 70%에 이를 정도였다 (조명근, 2019, 앞의 책, 86쪽).

(2) 금융조합: 식민지 정책자금기구로의 제도화

① 금융조합의 설립 및 변천

㉠ 1907년 농공은행의 보조기관으로 지방금융조합 설립

지방금융조합은 농공은행 설립 직후부터 그 창설이 계획되고 있었다. 농공은행의 경우 내륙 주요 도시에 설립되어 농촌 지역까지는 그 지점망이 미치지 못하는 한계를 갖고 있었기 때문에 농공은행의 보조기관으로서의 금융조합 설립 의견이 제기되었다. 이는 1906년 「농공은행조례」가 발포된 다음 달에 메가타 다네타로가 통감 이토 히로부미에게 지방금융조합 설립을 건의한 것에서도 알 수 있다. 당시 일제는 지방금융조합 설립 목적을 농민에게 저리자금을 공급하여 금융의 편의를 제공하고 농사의 개량 발달을 도모하는 데 있다고 밝혔다. 그러나 당시 지방금융조합에 부과된 더 중요한 임무는 농촌 일선에서 식민정책을 선전하는 기관으로서의 역할이었다. 이토 히로부미는 지방금융조합이 지방 말단의 지배조직으로서 담당해야 할 역할을 강조하였다. 따라서 지방금융조합에 참가한 자는 해당 지역의 유력자 집단, 즉 여론주도계층으로 이루어져 있었다. 요컨대 농공은행 설립을 통해 도시 중심의 자산가 계층을 포섭하고 지방금융조합을 통해서는 지방 농민, 특히 시방의 여론을 주도하는 유력자를 포섭하겠다는 것이 일제의 구상이었다. 지방금융조합은 1907년도부터 전국적으로 설립되기 시작하여 1908년 말 그 수가 50개소에 이르렀다.[37]

---

37 윤석범 외, 1996, 앞의 책, 187~190쪽; 배영목, 2002, 앞의 책, 44~45쪽; 최재성,

금융조합 법령은 총 네 차례에 걸쳐 개정했는데, 1907년 「지방금융조합규칙」(칙령 제33호, 1907.5.30) 제정→1914년 「지방금융조합령」(제령 제22호, 1914.5.22) 제정→1918년 「금융조합령」(제령 제13호, 1918.6.27) 제정→1929년 「금융조합령」(제령 제4호, 1929.4.27) 개정이다.[38] 첫 번째 「지방금융조합규칙」에 따르면 조합원은 농업을 경영하는 자 및 한국인으로 그 자격이 제한되었으며, 매년 2원 이하의 조합비를 납부해야 했다. 지방금융조합의 주요 업무는 농업용 자금 대부, 창고 보관, 농사개량 관련 대부 및 위탁 판매였으며, 운영자금은 정부 보조금 및 기채(起債), 조합비의 징수 등으로 조달하도록 하였다. 조합의 임원진은 조합장(선출)과 평의원, 이사로 구성되는데 한국인도 참여하고 있었다. 그러나 실제 업무는 탁지부에서 파견한 일본인 이사가 담당하였고, 감독권은 탁지부대신이 행사하였다.

한편 당시 대한제국도 자체적으로 금융조합 설립 구상안을 별도로 마련하였는데, 그 내용과 목적이 일제와 달랐던 점에 주목할 필요가 있다. 우선 대한제국은 금융조합원의 주대상을 소작인층으로 설정하고 있었다. 금융조합 설립의 주목적이 농민 구제에 있다는 점을 고려하면 조합원은 경제적으로 취약한 소농, 그중에서도 소작인을 위주로 할 필요가 있다는 것이다. 따라서 실제로 농사를 짓지 않는 지주는 가입을 피할 것을 권고하였다. 이와 같이 조합원의 주대상을 소작인층으로 제한한 것은 금융조합이 단순히 농업금융기관에만 그치는 것이 아니라 농민 구제기

      2006,『식민지 조선의 사회 경제와 금융조합』, 경인문화사, 24~30쪽.

38   이하 법령의 변화 내용은 문영주, 2008, 「조선총독부의 서구 협동조합 모방과 식민지적 변용: 금융조합 법령을 중심으로」, 『한국사학보』 32, 314~318쪽을 참조할 것.

관의 성격도 함께 가지고 있었음을 의미하였다. 소작인은 담보로 제공할 토지가 없기 때문에 대부 방식은 신용대부를 중심으로 설계되었다. 기존의 농촌 신용대부 방식은 담보가 없는 농민들이 돈을 빌리는 데 편리한 측면도 있었지만, 그 대가로 높은 이자를 요구했기 때문에 농촌 지역에서는 고리대로 인한 폐해가 심화되고 있었다. 그러나 신설될 금융조합에서 저금리로 신용대부를 실시한다면 이전부터 큰 문제였던 고리대적 금융구조를 해소하는 데 커다란 영향력을 미칠 수 있을 것으로 기대되었다.

그러나 이러한 대한제국의 구상은 실현되지 못했다. 지방금융조합의 실제 운영 과정에서 소작인은 배제되었고, 대부 방식도 담보대부가 중심을 이루었다. 설립 직후인 1907년 12월 탁지부차관은 각 지방금융조합 이사에게 조합원을 모집할 때 신용조사를 할 필요가 있다는 지시를 여러 번 내렸다. 즉 가입자를 조합의 자금한도에 맞춰 받아들여야 한다는 것으로 사실상 신용도가 낮은 소작인층의 가입을 억제하려는 것이었다. 기존 가입자라도 신용조사 결과 자산이 없거나 조합비 2원을 납입하지 못하는 경우에는 탈퇴해야만 했다. 또한 탁지부는 조합 설립 당시 조합원의 신용을 확실하게 조사하지 않은 채 신용대부를 실시했던 사실을 지적하면서 가능한 한 신용대부를 피하라고 지시하였다. 이와 같은 탁지부의 지시에 대해 각 지방금융조합 평의회는 담보내부를 원칙으로 하고 자금, 토지 상황, 인원을 참작해서 자금을 운영하기로 결의하였다. 이로써 초창기 일부 지방금융조합에서 신용대부가 행해졌을 뿐, 이후에 설립된 조합에서는 처음부터 담보대부를 주로 하게 되었다. 그 결과 부동산의 소유 여부가 가장 중요한 대부 기준이 되었고, 소작인을 비롯한 빈농들은 배제될 수밖에 없었던 것이다. 즉 대한제국이 소작농을 주대상으로 한 신용대부기구로서의 금융조합을 설립하려 했다면, 일제는 소작인을 배제한 채 담보대부 중심으로 운영하려 한 것을 알 수 있다.[39]

ⓒ 일반은행으로 재편된 금융조합

지방금융조합은 1914년 5월 「지방금융조합령」 제정으로 그 성격이 크게 변화하였다. 제도 개정의 핵심은 조합원 및 비조합원의 예금을 수취할 수 있도록 한 점에 있다. 즉 지방금융조합이 은행의 수신업무를 할 수 있도록 허용한 것으로 지방금융조합의 자체 자금조달력을 향상하기 위해 취해진 조치였다. 동시에 지방금융조합에서 농공은행 매개대부업무 및 대리업무를 수행할 수 있도록 함으로써 농공은행과 자금상 연계체계를 갖추었다. 또한 조합원에게 조합비가 아니라 출자금(1구당 10원) 납부를 의무사항으로 두어 유한책임을 지는 조합원으로 구성된 협동조합으로서의 조직과 운영체계를 갖추게 되었다. 그리고 일본인의 조합원 가입을 허용하였고, 조합원은 납입출자금에 따라 연 7% 이내의 배당금을 받을 수 있었다. 조합원 1인당 대출금한도도 50원에서 100원으로 인상되었다.

1914년 「지방금융조합령」 제정 결과, 지방금융조합은 일반인의 예금을 수취하고 농공은행으로부터 차입을 할 수 있게 됨으로써 자체 자금조달력이 강화되었다. 특히 지방금융조합의 업무에 비조합원 예금을 포함시킨 이번 조치는 단순히 비조합원의 금융활동을 원조한다는 차원을 넘어 금융조합 자체의 성격을 변화시켜갔다. 원래 지방금융조합은 대부를 통해 조합원의 금융활동을 지원하는 것을 주목적으로 하였는데, 예

---

39 이상은 이경란, 2002a, 『일제하 금융조합 연구』, 혜안, 57~62쪽을 참조하였다.

금 수취가 중심 업무가 되면서 조합원이 아닌 비조합원의 이익에 더욱 치중하게 되었다. 그 결과 지방금융조합은 조합원을 중심으로 한 협동조합적 기능보다는 일반 금융기관적 성격이 강화되었다. 사실상 은행과 다름없이 된 것이다.[40]

그러나 「지방금융조합령」은 제정된 지 4년 만에 폐지되고, 조선총독부는 1918년 6월 새로이 「금융조합령」을 공포하였다. 주요 내용을 보면 첫째, 종래 '지방금융조합'이란 명칭에서 '지방'을 삭제하였고, 시가지를 영업 구역으로 하는 도시금융조합을 별도로 창설하였다. 이 도시금융조합은 상공업자를 주대상으로 하였는데, 특히 일반은행의 주된 업무인 어음할인과 당좌대월업무도 허용하였다. 더구나 도시금융조합의 영업 지역은 대부분 일반은행과 중첩되었기 때문에 도시 지역에서 양자 간의 경쟁이 새로운 문제로 대두되었다. 그런데 서민금융기구의 확충이라는 명분으로 설립된 도시금융조합은 종래의 촌락금융조합과는 다른 점이 있었다. 우선 행정기구가 중심이 되어 설립되는 촌락금융조합과 달리 도시금융조합은 지방 독지가가 자유로이 설립하도록 하여 상대적으로 자율성이 강했다. 이는 촌락금융조합이 관선이사제를 택했던 데 비해서 도시금융조합은 민선이사제로 운영되었던 점에서도 그러했다. 다음으로 도시금융조합에서는 일반은행의 주된 업무인 어음할인과 당좌대월 업무도 허용하였다. 이는 도시금융조합이 설립된 것과 동시에 결성된 각도 금융조합연합회가 금융조합 간에 발생하는 자금의 과부족을 조정하는 역할을 주업무로 했던 것과 관련이 있었다.[41]

---

40 이경란, 2002a, 앞의 책, 168쪽.
41 이경란, 2002a, 위의 책, 169~170쪽.

둘째, 조합원은 종래 농업 종사자로 한정했는데, 이번 개정으로 직업을 불문하고 구역 내 거주자는 모두 조합원이 될 수 있게 하였다. 이에 따라 농업으로 국한되어 있던 대부 용도의 제한도 철폐하였다. 조합원이 '한국인 농업자'(1907)→'농업자'(1914)→'구역 내 거주자'(1918)로 바뀌면서 조합원 범주의 제한이 사라졌다. 이 기준에 따라 도시 지역의 중소 상공업자를 대상으로 한 도시금융조합의 설립을 인정한 것이었다.

마지막으로 도(道)를 단위로 하여 지역 내 개별 금융조합의 지도감독기관으로 각 도에 금융조합연합회를 신설하기로 하였다. 이 각도금융조합연합회를 설립한 목적은 단위 금융조합의 고립적인 자금운용 문제를 해결하기 위해 그 범위를 도 단위로 확대시켜 금융조합의 금융활동을 활성화하려는 데 있었다. 각도금융조합연합회 설립 이전 단위 금융조합은 자금조절 문제를 농공은행과의 거래를 통해 해결해야 했기 때문에, 자금과잉 조합이 자금부족 조합에게 자금을 융통하는 것이 불가능하였다. 이번의 각도금융조합연합회의 설립으로 금융조합은 도 단위에서 업무 지도와 자금조절의 독자성을 확보할 수 있게 되었다. 한편 각도금융조합연합회의 설립으로 식민지 조선의 특수금융기구는 체계적으로 정비되었다. 각도금융조합연합회가 조선식산은행에 여유금을 예치하고, 부족한 자금은 대출받게 되면서 조선식산은행이 금융조합의 자금조절 기능을 수행하게 되었던 것이다.[42] 일제는 특수금융기관 상호 간에 자금지원을 가능하도록 하여 정책금융기관으로서의 기능을 강화하고자 했다. 그 대표적인 사례가 조선식산은행의 금융조합 지원으로 이는 농공

---

42 문영주, 2001, 「1920년대 금융조합 중앙기관 설립 논의와 1933년 조선금융조합연합회의 설립」, 『사림』 16, 7~10쪽.

은행 시기부터 작동하고 있었다. 조선식산은행은 1918년 신설된 각도 금융조합연합회의 대출과 예금을 취급함으로써 이 각도금융조합연합회를 매개로 금융조합의 상부 금융기관이 되었다.[43] 각도금융조합연합회는 비록 독자성을 갖추지는 못했으나 조선식산은행과 금융조합, 각 금융조합 간의 금융 중개기능을 담당하는 기구로 활동하게 되었다. 이상과 같이 금융조합은 1910년대 두 차례의 제도 개정을 통해 단계적으로 일반은행화의 길을 밟아나갔다.

마지막으로 1929년에 「금융조합령」(제령 제4호)은 큰 폭으로 개정되었는데, 이 개정의 목적은 무엇보다 금융조합의 금융 기능을 강화시켜 정책금융기관으로서의 역할을 확대하는 데 있었다. 개정 법령에서는 도시금융조합의 비조합원 예금한도를 철폐하였고, 비조합원의 예금 총액 3분의 1을 지불준비금으로 보관하도록 강제하였다. 또한 도시금융조합에는 기존의 민선이사 대신 관선이사가 파견되었다. 관선이사 파견은 사실상 조합운영진의 독자적인 운영권을 박탈한 조치였다. 이 개정으로 조선총독부는 각도금융조합연합회를 통해 도시금융조합의 예금을 정책적으로 사용하려고 하였다. 비조합원 예금한도를 폐지하고, 그 예금 중 3분의 1이나 지불준비금으로 규정한 것은 예금자보호라는 측면도 있지만 동시에 여유자금의 정책적 운용 범위를 확대하기 위한 조치였다. 당시 민선이사로 구성된 조합운영진들은 대출금한도 확대를 통해 도시금융조합의 여유자금 운용의 폭을 넓히고자 했으나, 조선총독부는 관선이사를 통해 이를 정책적으로 관리하겠다는 목적을 가지고 있었다. 1929년 「금융조합령」 개정으로 확립된 관치운영체제하에서 도시금융

---

43   배영목, 2002, 앞의 책, 132쪽.

조합의 운영진은 경영권을 상실하고 자금운영의 대상자로 전락하였다.[44] 또한 개정을 거치면서 조선총독부는 농사개량, 위탁 판매 등 금융조합의 겸업 업무를 완전히 폐지하여 금융기관으로서의 성격을 더욱 강화하였다. 이 개정으로 가장 큰 피해를 입게 되는 일반은행은 거세게 반대하였으나 조선총독부가 이를 묵살했다는 점에서 일제가 금융조합의 예금흡수에 쏟은 지원의 강도를 알 수 있다. 또한 금융조합이 조선저축은행, 무진회사, 신탁회사의 예금을 취급할 수 있게 됨으로써 자금조달력은 더욱 제고되었다.[45]

1914년부터 이어진 일련의 금융조합 법령 개정을 통해 조선총독부는 금융조합을 본격적인 금융기관으로 육성하겠다는 정책 의도를 확실히 보여주었다. 그리고 금융조합이 금융기관으로서 활동하기 위해서는 자금조달력을 제고시켜야 하는데, 이를 위한 법적·제도적 지원을 아끼지 않겠다는 점도 분명히 하였다. 도시금융조합의 신설, 조선저축은행·무진회사·신탁회사로부터의 예금 수취 허용, 특히 일반은행의 커다란 반발에도 불구하고 취해진 비조합원 예금한도의 철폐는 금융조합의 자금조달력을 강화하기 위한 일련의 조치였다.[46]

금융조합은 식민지 정책금융기관으로 기능하면서 조직과 운영에서 다음과 같은 특징을 보여주었다. 첫째, 업무는 예금과 대출, 어음할인 등

---

44 문영주, 2005b, 「1930년대 도시금융조합의 예금흡수기관으로의 전환과 농촌진흥운동자금의 공급」, 『사총』 60, 178~181쪽; 문영주, 2006, 「일제시기 도시금융조합의 관치운영체제 형성과정 -1929년《금융조합령》개정을 중심으로-」, 『한국사연구』 135, 274쪽.

45 윤석범 외, 1996, 앞의 책, 193~195쪽.

46 윤석범 외, 1996, 위의 책, 194쪽.

과 같은 금융에 집중되었다. 농업 관련 재료의 구입, 분배, 대여, 생산물의 창고 보관 및 위탁 판매 등의 겸영업무는 조선총독의 인가사항으로 제한되었다. 둘째, 조직은 협동조합 형태를 갖추어서 조합원 출자제도, 조합원총회와 1인1표주의, 임원의 총회 선임제도가 실시되었다. 셋째, 운영에 있어서는 관치성(官治性)이 강화되었다. 조합의 일상 업무를 처리하는 이사는 조선총독이 임명하였고, 조선총독부의 운영자금 보조 및 조선총독의 업무 감독이 실행되었다.[47]

② 조선총독부 정책금융기관으로 조선금융조합연합회 설립

일제는 금융조합의 자금과 연락을 담당하는 중앙기관으로 1933년 8월 조선금융조합연합회를 설립하였다. 조선금융조합연합회는 그 설립 목적을 회원의 대부분을 차지하는 금융조합에 대한 자금공급과 업무 시도, 회원 공동의 이익증진이라고 명시하였다. 조선금융조합연합회의 업무는 회원을 대상으로 한 예금·자금 대부·어음할인·환업무가 중심이었다.

우선 조선금융조합연합회는 예금 및 채권 발행을 통해 자금을 조달하였다. 조선금융조합연합회는 금융조합의 출자금 및 예금, 저축은행·신탁회사 또는 공동단체 기타 영리를 목적으로 하지 않는 법인으로부터의 예금을 수취할 수 있었다. 또한 조선금융채권을 발행할 수 있게 되었는데, 그 한도는 납입출자금의 15배 이내로 정해졌다. 조선금융조합연합회는 채권 발행의 특권을 가지게 됨에 따라 이전과는 질적으로 다른 자금조달 수단을 가질 수 있게 되었다. 조선금융채권은 조선식산은행채권

---

47 문영주, 2008, 앞의 글, 318쪽.

과 마찬가지로 일본 자본이 조선으로 투자되도록 유도하는 수단이었다. 그 외에 조선금융조합연합회는 조선식산은행으로부터의 차입금, 대장성 예금부의 저리자금 도입을 통해서도 자금을 조달할 수 있었다. 이렇게 조달된 자금은 주로 금융조합에 대한 대출과 여유금으로 운용되었다. 여기서 여유금의 운용 대상은 첫째, 조선총독이 지정한 은행에 대한 예금 또는 우편저금, 둘째, 국채증권, 지방채증권 또는 조선총독이 인가한 유가증권의 매입, 셋째, 공동단체 기타 영리를 목적으로 하지 않는 법인의 일시 차입에 대한 대출로 규정되었다.

이상과 같은 특권에 상응하여 조선금융조합연합회는 조선총독의 강력한 통제를 받았다. 조선금융조합연합회 회장 및 이사는 조선총독이 임명하였고, 조선총독은 조선금융조합연합회에 대해 감독상 필요한 명령을 내릴 수 있었다. 또한 조선총독은 조선금융조합연합회 총회의 결의가 법령이나 정관에 위배되거나 공익을 해친다고 판단할 경우에는 이를 취소할 수 있었고, 회장 및 이사의 해임, 감사의 개선을 명령할 수 있었다. 조선총독은 조선금융조합연합회에 감리관을 파견하여 업무를 감시하도록 하였다.

독자적인 자금조달과 공급 및 능력을 갖춘 중앙기관으로서의 조선금융조합연합회가 설립됨에 따라 금융조합은 조선 전 지역을 대상으로 자금을 독자적으로 운용할 수 있는 금융기관으로 발전하였다. 종래 도 단위에 한정되었던 금융조합의 자금조절은 전국 단위로 확대되었고, 도시 금융조합의 예금 초과분은 조선금융조합연합회를 통해 농촌의 촌락금융조합에 공급될 수 있었다. 조선금융조합연합회는 1907년 금융조합 설립 이래 26년, 1918년 각도금융조합연합회가 설립된 지 15년 만에 업무 지도와 자금조절 기능을 갖춘 독자적인 금융조합의 중앙기관으로 설립된 것이었다. 조선금융조합연합회의 설립은 금융조합 내부의 요구와 농촌진흥운동에 필요한 정책자금을 금융조합을 통해 조달하려는 조선총독부의 의도가 결합된 결과물이었다. 따라서 조선총독부는 조선금융조합연합회에 대한 감독권, 회장 및 이사 임면권, 업무 감시권 등 강력한 통제기반을 마련했던 것이다. 이를 바탕으로 '조선총독부 재무국-조선금융조합연합회-단위 금융조합-조합원'으로 이어지는 수직적 정책 라인이 형성되었다. 재무국이 정책의 기본 방향을 설정하면 조선금융조합연합회가 구체적 실행 방법을 확정하고 단위 금융조합은 농민을 대상으로 현장에서 정책을 집행하였다.[48] 조선금융조합연합회는 통제농정에서 필요로 하는 소농에 대한 자금운영을 담당하는 기구로서 설립되었다(제2부 제3장 3절 참조). 농촌진흥운동의 수행기관이자 자금조달처가 됨에 따라 조선금융조합연합회가 전체 금융체계에서 차지하는 지위도 변했다. 조선식산은행을 통해서 자금을 공급받던 때와 달리 조선금융조합연합회는 조선금융채권을 발행하여 독자적인 자금원을 확보할 수 있었고, 이는 일본금융시장과 국가자본에 더욱 밀착하는 계기가 되었다. 전국 주요 지역에 설립된 금융조합을 통해 자작농지설정자금, 부채정리자금과 같은 농촌진흥운동의 정책자금을 공급하였고, 1937년 중일전쟁 이후에는 전시금융통제의 일익을 담당하게 되었다.[49]

---

48 이상 조선금융조합연합회에 대해서는 이경란, 2002a, 앞의 책, 126~132쪽; 문영주, 2009, 「일제시기 조선금융조합연합회의 운영주체와 '금융조합주의'」, 『한국사연구』 145, 221~226쪽을 참조하였다.
49 이경란, 2002a, 위의 책, 174쪽.

2. 일반은행 정책

1) 「은행령」 제정과 개정

통감부기 일반은행[50]에는 민족별로 서로 다른 법령이 적용되었다. 한국인은 「은행조례」(칙령 제12호, 1906.3)의 적용을 받았는데, 여기에서는 "점포를 공개하여 증권의 할인, 또는 환업무, 또는 제예금 및 대부를 영위하는 것은 명칭과 상관없이 은행"이라고 규정하고, 정부가 통제하도록 하였다. 반면 일본인은 「한국에서의 은행업에 관한 건」(통감부령 제20호, 1907.3)을 따라야 했는데, 이 법령에서는 은행권 발행을 제외한 어음 할인과 예금 등의 상업은행 업무는 어떠한 회사든 할 수 있게 되어 있었다. 즉 일본인은 굳이 은행을 설립하지 않더라도 은행 유사 금융회사, 가령 대금(貸金)회사를 운영할 수 있도록 법적으로 허용해주었다. 반면, 한국인에 대해서는 은행 외에 대출과 어음보증을 해주는 금융회사에도 「은행조례」를 적용하여 한국인의 금융업 진출을 법적으로 제약하고 있었다. 이렇게 이원화된 일반은행 관련 법령은 상대적으로 한국인의 금융업 진출을 제약한 반면, 일본인은 그 진출 범위를 넓히는 방향으로 작동하고 있었다.[51]

---

50 일제강점기에 일반은행은 보통은행이라고도 하였는데, 본점이 조선에 있는 경우 본점은행으로, 일본에 있는 경우에는 지점은행으로 구분하였다. 본점은행은 당시에는 지장(地場)은행이라고 불렸다. 이 책에서 일반은행이라 함은 본점은행만을 대상으로 한 것임을 밝혀둔다.

51 배영목, 2002, 앞의 책, 34~35쪽; 정태헌, 2000b, 「식민지화 전후 보통은행의 경영 추이와 이원적 감독체제」, 『역사문제연구』 5, 18~21쪽.

강제병합 후 조선총독부는 1912년 10월, 민족별로 이원화되어 있던 은행 관련 법령을 「은행령」(제령 제5호)으로 통일하였다. 이 「은행령」에 따라 은행업의 업무는 예금, 대출, 증권할인, 환 등으로 규정되었으며 조선총독의 허가를 받아야 가능해졌다.[52] 이로 인해 기존의 대금회사는 상업금융업무를 할 수 없게 되었기 때문에 은행 설립이 촉진되었다. 「은행령」은 주주에 대한 이익금 지불을 우선적으로 보장함으로써 유산층의 은행업 투자를 유인하였다. 또한 종래 민족별로 구분하여 적용된 법령이 폐지됨으로써 조선인과 일본인이 합자하여 은행을 설립할 수 있도록 하였다. 한편 조선총독부는 내규를 통해 공칭자본금 30만 원 이상인 경우에만 신설을 허가했는데, 조선총독부는 기본적으로 일정 수준 이상으로 자본 규모를 제한하면서 각 지역의 민간자본을 광범위하게 동원하는 것을 정책 목표로 삼고 있었던 것이다.[53]

일반은행 정책은 1928년 「은행령」 개정(제령 제6호, 1928.12.24)을 계기로 크게 변화되었다. 먼저 일본은 1927년 3월 「은행법」을 개정하여 은행업은 100만 원 이상의 주식회사로 한정하였다. 예금자보호를 위해 1/10 지불준비제도가 채택되고 은행감독도 강화되었다. 또한 은행업과 타 사업의 겸영을 금지하며, 은행 임원의 겸직을 허가제로 규정하였다. 일본 「은행법」 개정의 기본 취지는 중소은행 난립을 시정하고 예금자보호와 은행 건실화를 꾀한다는 데 있었다. 조선에서도 기존의 「은행령」을

---

52 1조 점포를 공개하여 영업으로서 증권의 할인, 환사업, 또는 예금 및 대부를 하는 자를 은행이라 한다.
2조 은행업은 조선총독의 면허를 받지 아니하면 경영할 수 없다.
53 정태헌, 2001, 「1910년대 본점은행의 신설 급증과 3대은행의 영업·자본 집중」, 『동방학지』 112, 167~169쪽.

1928년 12월에 개정하여 1929년 1월 1일부터 시행하기로 하였다. 개정의 주요 내용을 보면 첫째, 은행 설립 요건을 자본금 200만 원 이상의 주식회사로 한정하였다. 기존 은행의 경우 최저 자본금을 100만 원으로 하고 5년간의 유예기간을 두었다. 둘째, 매기 이익금의 10분의 1을 법정준비금으로, 예금 총액의 10분의 1을 지급준비금으로 반드시 보유하도록 하였다. 지급준비금에는 현금, 지금은(地金銀), 외국통화, 우편대체예금, 국채, 기타 조선총독이 인가한 유가증권 등으로 하였다. 지급준비율을 지키지 못할 경우 신규 대부, 어음할인, 이익배당금 지급을 정지하기로 하였다. 셋째, 은행업과 타 사업의 겸영 및 은행 임원의 타 사업체 겸직을 조선총독부 인가사항으로 규정하여 엄격히 규제하였다.

「은행령」 개정의 결과 조선은 일본보다 자본금이 두 배나 높게 설정됨에 따라 일반은행 신설은 더욱 어려워졌고, 기존 은행 중에서 자본금이 100만 원 미만인 동래은행, 선남은행, 밀양은행은 5년 내에 증자하거나 타 은행과 합병하여 증자하지 않는 한 존속할 수 없게 되었다. 조선총독부는 은행의 예금인출 사태를 방지하기 위해 최소자본금과 지불준비 제도를 도입하는 것을 주축으로 하여 「은행령」을 개정하였다. 한편 은행의 업무 결정과 은행 간의 합병은 조선총독부의 허가사항으로 하여 합병시 직접 개입할 수 있도록 함으로써 조선총독부가 일반은행의 합병을 직접 추진할 수 있는 법적 근거도 마련해두었다. 「은행령」 개정에 이어 1929년 4월부터 「(개정)금융조합령」도 시행되었다. 이 개정에 대해 일반은행 업계는 도시금융조합의 조합원 예금을 전폐하거나 아예 이들 조합을 일반은행으로 전환시킬 것, 촌락금융조합의 예금업무 취급을 제한할 것 등을 요구하였다. 그러나 조선총독부는 일반은행 측의 의견은 완전히 묵살하고, 오히려 도시금융조합의 비조합원 예금 제한을 철폐시키는 등 「금융조합령」을 일반은행에 불리하게 개정하였다. 일반은행 측의 요구와는 정반대로 금융조합의 일반은행화가 강화된 것이다. 그리고 이 개정을 통해 조선총독부가 금융조합의 이사를 모두 임명하여 금융조합을 직접 지배하게 되었다. 당시의 언론 보도에 의하면 금융조합을 주(主)로 하고 일반은행을 종(從)으로 하는 금융제도 개편의 기본 방침이 먼저 결정되었고 이러한 취지에 따라 「은행령」과 「금융조합령」이 개정된 것이었다. 즉 개편의 기본 방향은 금융조합의 확장과 일반은행의 정리였다고 할 수 있다.

한편 1929년 1월부터 실시된 「저축은행령」도 종래 일반은행이 취급하던 저축예금을 조선저축은행으로 이관시키는 등 일반은행에 불리하기는 마찬가지였다. 조선총독부는 조선은행·조선식산은행·조선저축은행·금융조합의 특수금융기관 위주로 1930년대 금융정책을 전개할 것을 분명히 한 것임을 알 수 있다. 대공황에 의한 은행 경영 악화와 「은행령」, 「금융조합령」 개정으로 대표되는 일제의 금융정책 아래에서 이 시기 일반은행은 부단히 합병·정리되었다. 1930년에 13행이었던 은행 수는 1937년 7행으로 줄었으나, 영업점은 1930년 76개에서 1937년 102개로 증가하였다. 1행당 지점 수는 같은 기간에 5.8개에서 14.6개로 늘었다. 1행당 자본금은 약 203만 원에서 345만 원으로, 1행당 예금은 490만 원에서 1,613만 원으로, 1행당 대출금은 667만 원에서 2,090만 원으로 증가하였다. 일반은행이 소수 대은행으로 부단히 집중된 것이다.[54]

---

54 이상은 윤석범 외, 1996, 앞의 책, 248~250쪽; 배영목, 2002, 앞의 책, 187~188쪽.

2) 일반은행 합병정책의 전개

(1) 「은행령」 개정 이전의 은행 합병

제1차 세계대전의 영향으로 조성된 호경기는 1920년 전후(戰後) 반동공황으로 인해 오래 지속되지 못했다. 1910년대 후반 호경기를 기회로 신설·확장된 일반은행 역시 어려움에 처했는데, 특히 당시 일반은행은 식민지 조선 금융의 구조적 문제로 인해 매우 불리한 입장에 있었다. 일제는 조선의 금융체제를 특수금융기관 중심으로 재편했기 때문에 각종 특혜를 부여하였다. 특수금융기관은 은행권 발행이나 사채 발행 등 특권을 기반으로 일반은행 업무를 겸영했기 때문에 일반은행으로서는 매우 버거운 경쟁이 될 수밖에 없었다. 일반은행은 금융조합과는 예금경쟁을, 조선식산은행과는 치열한 대출경쟁을 벌이고 있었다.

1911년 4행에 불과했던 일반은행은 1920년 21행으로 증가함에 따라 은행 간 경쟁이 심화되었다. 1920년대는 반동공황, 1923년 관동대지진의 발생, 1927년의 금융공황 등 불경기가 연속되고 있었기 때문에 일반은행으로서는 악화된 경영 환경 속에서 치열한 경쟁을 할 수밖에 없었다. 또한 특수금융기관과도 경쟁을 해야 했는데, 다음 〈그림 2-1〉~〈그림 2-4〉를 통해 그 실태를 확인할 수 있다. 예금 점유율의 경우 일반은행은 1910년대 중반부터는 30%대로 저하되었는데, 1910년대 후반 호황을 배경으로 일시적으로 40% 이상을 차지했다. 그러나 그 점유율은 1920년부터 30%에 머물렀으며 1935년 이후에는 아예 20%로 주저앉아버렸다. 예금으로 자금을 조달해야 하는 일반은행으로서는 자금동원에 큰 한계에 봉착할 수밖에 없었던 것이다. 대출의 경우 본점은행만을

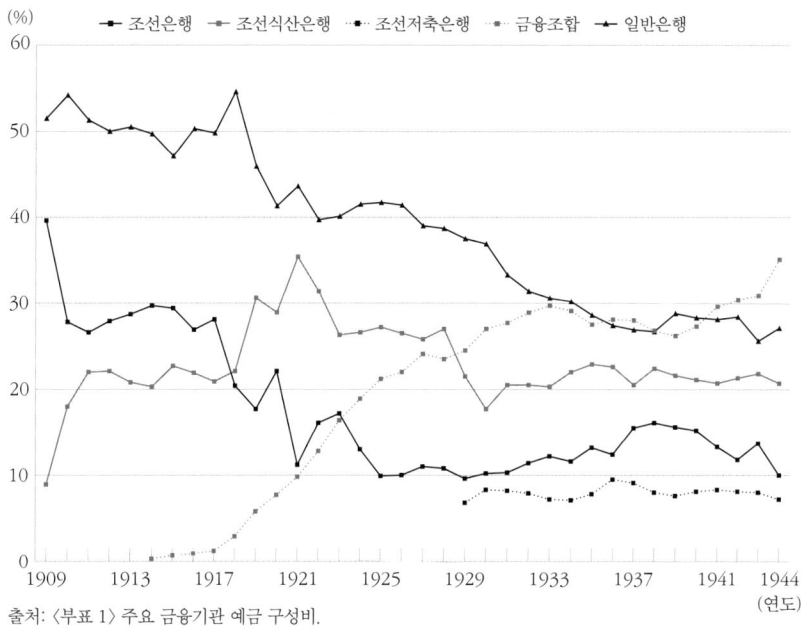

〈그림 2-1〉 주요 금융기관별 예금 점유율

출처: 〈부표 1〉 주요 금융기관 예금 구성비.

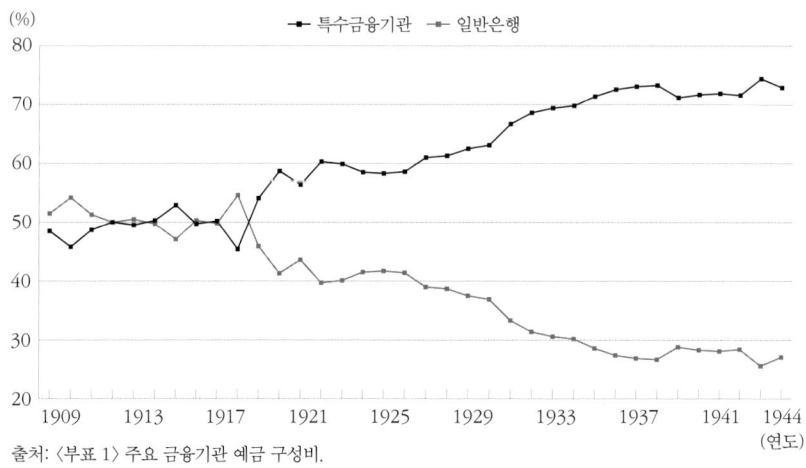

〈그림 2-2〉 특수금융기관과 일반은행의 예금 점유율 비교

출처: 〈부표 1〉 주요 금융기관 예금 구성비.

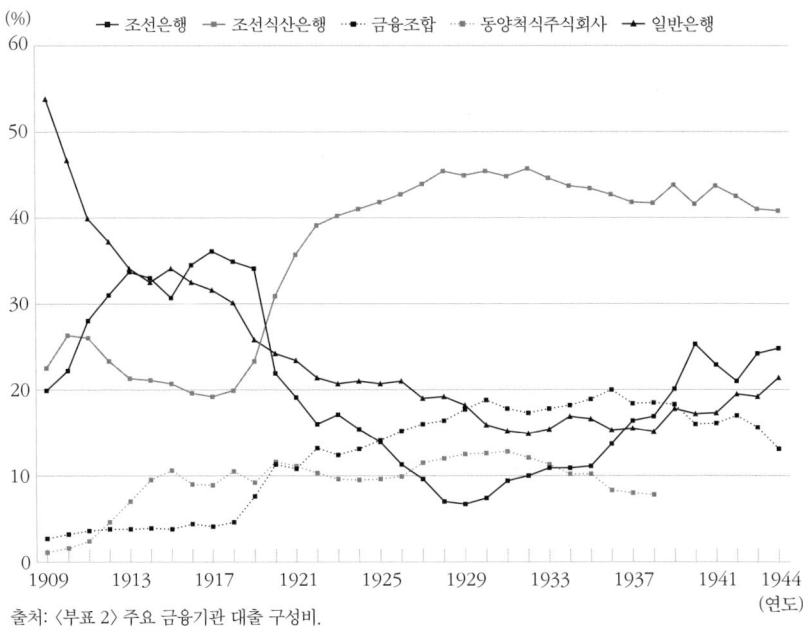

〈그림 2-3〉 주요 금융기관별 대출 점유율

출처: 〈부표 2〉 주요 금융기관 대출 구성비.

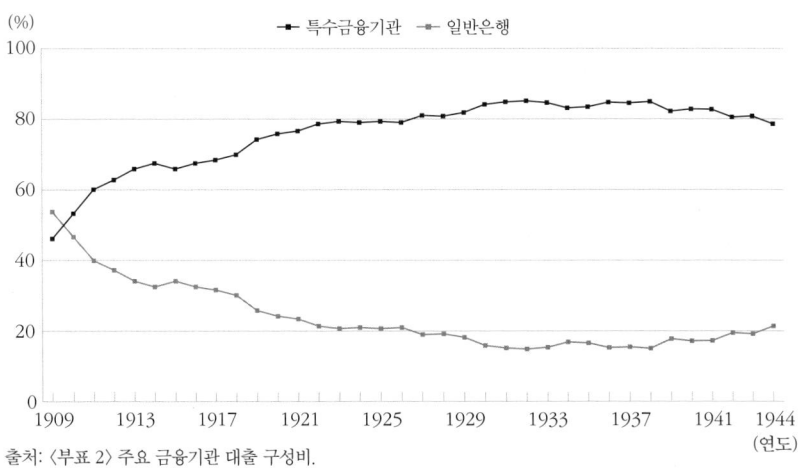

〈그림 2-4〉 특수금융기관과 일반은행의 대출 점유율 비교

출처: 〈부표 2〉 주요 금융기관 대출 구성비.

대상으로 보면 1919년 이후 이미 20% 선에 그쳤고, 1927년 이후부터는 10% 선에 머무르는 등 조선 금융에서 그 비중이 매우 미미함을 확인할 수 있다. 즉 예금은 금융조합에, 대출은 조선식산은행에 잠식당하면서 일반은행의 경영 실적은 악화되고 있었다.[55]

일반은행 경영 악화에 대한 조선총독부의 대책은 일반은행 간의 합병 추진이었다. 이 시기 은행 합병은 다음과 같이 유형별로 분류해볼 수 있다. 우선 조선상업은행을 중심으로 한 흡수합병이 주를 이루었다. 다음으로 지방은행 간 합병을 거친 후 경성의 대은행(조선상업은행)에 합병된 사례를 들 수 있다. 마지막으로 조선인은행 간에 합병한 사례는 단 한 건에 불과하였는데 대부분은 일본인은행이 그 대상이었다. 구체적인 사례를 통해 은행 합병의 실태를 살펴보자.

조선상업은행은 원산상업은행(1923.6)·조선실업은행(1924.8)·대동은행(1925.9)·삼남은행(1928.6)을 흡수합병함으로써 1920년대 은행 합병의 중심적인 위치에 있었다. 우선 1919년 3월에 설립된 원산상업은행은 같은 원산의 칠성은행(1919.11)을 합병하여 그 규모를 키웠으나 전후 반동공황 이후 경영이 상당히 악화되어 차입금이 약 18만 원에 달해 자기자본(납입자본금 12만 5,000원)을 완전히 잠식한 상태였다. 이에 조선총독부가 적극 개입하여 합병이 성사되었다. 반면 조선실업은행의 경우 경성상공회의소 일본인들이 세운 은행으로 당국이 아닌 양행 내부에서 합병의 필요성이 강력히 제기된 사례이다. 양행의 자본금은 거의 비슷하였으나 영업점포 수, 예금, 대출에서 조선상업은행이 조선실업은행을 압도하고 있었다. 조선실업은행 역시 전후 불경기로 인해 영업이 부진하였

---

55 윤석범 외, 1996, 앞의 책, 223~225쪽.

고, 불량대출 문제가 불거지고 있는 상태였다. 특히 조선실업은행은 경성에 영업 기반을 두었고, 주주·임원·고객이 거의 일본인으로 조선상업은행과 그 색채가 비슷하다는 점에서, 경성의 일본인 고객을 두고서 경쟁할 필요는 없었다. 경성상공회의소가 중재에 나서고 조선총독부의 지원하에 합병은 순조롭게 진행되었다. 조선실업은행 주식은 조선상업은행 주식과 대등교환하며, 두취와 전무는 조선은행이 추천하고, 나머지 중역 후보는 두 은행이 3명씩 추천하기로 하였다. 조선은행은 합병 후 연리 8%로 200만 원을 융통하고 배당도 제한함으로써 고정대출을 신속히 정리한다는 원칙도 제시하였다. 회수가 불가능한 대출금은 조선은행과 협의하여 두 은행의 적립금으로 정리하기로 하였다. 조선상업은행은 조선실업은행의 직원을 인수하되 합병 이전에 행원을 정리하여 경영 부담을 최대한 줄이도록 하였다. 경성에 본점을 둔 두 개의 대은행이 합동하여 자본금 712만 5,000원의 거대 은행이 탄생한 것이다. 이 과정에서 조선은행은 특별융자를 빌미로 두취와 전무를 선임하는 등 조선총독부를 비롯한 관계당국은 합병에 적극적으로 개입하였다. 다음으로 대동은행은 원래 평안남도 진남포에 기반을 둔 삼화은행(1916.10 설립)과 평양의 평양은행(1920.4 설립)이 합병하여 신설된 은행이다. 두 은행은 진남포와 평양으로 연결된 하나의 상권에서 경쟁하였기 때문에 전후 공황 속에서 그 경영이 악화될 수밖에 없었다. 따라서 경쟁을 배제하고 경영을 합리화하기 위해 평양은행이 삼화은행을 흡수합병하는 형태로 1921년 10월 대동은행을 신설하였다. 그러나 경제계 불황의 여파로 인해 대동은행의 실적 역시 개선되지 못했고, 은행수뇌부 교체 등 쇄신을 시도하였으나 성과를 내지 못한 채 1925년 조선상업은행에 합병되었다. 대동은행 주식은 조선상업은행 주식과 5 대 2의 비율로 교환되어 기존 대동은행 주주는 주식의 5분의 3을 감축당하게 되었다. 조선상업은행은 대동은행 직원만을 인수하고 중역은 1명도 고용하지 않았으며, 퇴직위로금조차 지급하지 않았다. 이상의 원산상업은행과 대동은행은 모두 일차적으로 지방적 합동을 거친 후 조선상업은행에 합병된 사례이다.

그런데 삼남은행과의 합병은 1920년대 합병에서는 매우 이례적인 사례이다. 우선 조선인은행을 합병하였다는 점, 그리고 조선상업은행의 강력한 요청으로 진행되었다는 점에서 그러하다. 삼남은행은 전주에 본점을 두고 박기순 집안을 중심으로 운영되면서 건실한 경영 성과를 올리고 있었다. 당시 조선상업은행은 호남지역에 군산지점만 두었는데, 전라북도 곡창지대와의 거래를 확대하기 위해 전주와 이리에 본·지점을 둔 삼남은행과의 합동을 타진하였다. 양행의 합병 논의는 1927년부터 진행되었는데, 당시 삼남은행 두취인 박영철은 특수금융기관의 팽창과 일반은행의 대은행화 추세 속에서 향후 경영에 어려움을 겪을 우려가 있다는 이유로 합병에 찬성하였다. 1928년 6월 양행 합병 결과 조선상업은행은 군산, 전주, 이리, 신태인에 지점을 설치하여 전라북도지역에서 영업을 확장할 수 있게 되었다. 박영철은 상무이사로 영입되어 호남지역 업무를 담당하기로 하였다. 두 은행 합병은 조선인은행이 일본인은행화된 조선상업은행과 자의적으로 합병한 유일한 사례이다.

마지막으로 조선인은행 간의 합병 사례가 한 건 있다. 1928년 경남은행과 대구은행이 합병하여 경상합동은행이 설립되었는데 전자는 부산을, 후자는 대구를 무대로 활동하던 조선인 지방은행이었다. 경남은행은 원래 1912년 구포은행으로 창립되었는데, 1915년에 행명을 변경하고 1918년 주일은행을 합병하였다. 경남은행은 대일(對日) 무역의 본거지인 부산을 근거지로 삼았기 때문에 일본 경기에 크게 영향을 받을 수밖에 없었고, 1920년대 반동공황으로 인해 큰 타격을 입었다. 이에 영업소와 임원을 감축하고 배당률을 축소하는 등 자구책을 마련했으나 상황은 호전되지 못하고 있었다. 대구은행은 1912년 대구의 자산가인 정재학 등이 중심이 되어 설립한 은행으로 역시 1920년대 들어 경영이 악화되었다. 1922년 하반기에는 조선은행으로부터 차입금을 받는 조건으로 조선은행이 보낸 일본인을 지배인으로 받아들이면서 정리를 시행했으나 여전히 경영이 부진하였다. 한편 경남은행은 부산의 일본인은행인 부산상업은행과, 대구은행은 대구의 조선인은행인 경일은행 및 일본인은행인 경상공립은행과 경쟁하고 있었기 때문에 내부에서도 합병의 필요성이 제기되었다. 이에 양행은 1927년경부터 논의를 시작했는데, 이 과정에서 조선총독부가 합병을 강력히 요구하여 성사시켰다.[56] 그 결과 양행은 1928년 8월 경상합동은행으로 재출범하게 되었다.[57]

(2) 「은행령」 개정 이후의 은행 합병

1928년 「은행령」 개정은 일반은행에 더욱 불리한 경영 환경을 조성하였다. 은행 설립 요건이 강화됨으로써 신설은 어려워졌고, 기존 은행

---

56 조선총독부는 합병 과정에서 양행 주주의 소유권과 경영권을 부정하면서 은행 합병을 강요하였다. 이후 경상합동은행이 설립되자 대주주를 배제한 채 중역을 지정하고 일본인 중역을 선임하기 위해 내분을 조종하였다. 이는 조선인은행 합병 과정에서 겪은 경로를 생생하게 보여준다(정태헌, 2010b, 「조선총독부의 경상합동은행 경영권 장악 과정과 일본인은행으로의 흡수」, 『한국사학보』 40, 216쪽).
57 이상의 은행 합병에 대해서는 윤석범 외, 1996, 앞의 책, 229~244쪽; 배영목, 2002, 앞의 책, 192~197쪽.

중 자본금 100만 원 미만인 3개 은행(동래은행·밀양은행·선남은행)은 5년 내에 증자하거나 타 은행과 합병하지 않을 경우 존립할 수 없게 되었다. 그러나 무엇보다 「금융조합령」 개정과 「저축은행령」의 제정이 일반은행에 큰 타격을 주었다. 일반은행은 금융조합 예금 제한 혹은 철폐를 요구했으나, 개정 결과 오히려 도시금융조합의 비조합원 예금제한이 철폐되었고, 일반은행의 저축예금을 조선저축은행으로 이관하여 경영이 더욱 불리하게 되었다. 여기에 대공황의 여파를 받아 일반은행의 실적은 더욱 위축될 수밖에 없었다. 일반은행 예금 총액은 1929년 약 1억 1,700만 원에서 1931년에는 약 1억 600만 원으로 감소한 반면, 금융조합은 약 7,700만 원에서 약 8,900만 원으로 증가하였다(〈부표 1〉). 1931년 금융조합과 저축은행 예금의 합계는 약 1억 1,500만 원에 달해 일반은행을 능가하게 되었다. 일반은행의 예금 점유율은 계속 감소하는 반면 금융조합은 증가하고 있었다. 이런 경향은 대출에 있어서도 마찬가지로 일반은행은 조선식산은행에 영업 기반을 잠식당하고 있었다. 「은행령」 개정 이후 조선총독부의 합병 정책의 기본 방향은 자본의 집중을 통한 대자본 은행 육성에 있었고 이에 따라 지방의 조선인 소자본 은행과 경성의 일본인 대자본 은행과의 합병을 요구하고 있었다.

은행 합병의 구체적 사례를 살펴보자. 우선 지방 소은행의 합병에 의한 지방 대은행화를 도모한 것으로 대구상공은행의 신설을 들 수 있다. 조선총독부는 대구지역의 소은행을 합병하여 1928년에 합병으로 탄생한 경상합동은행과 경쟁하게 한다는 계획을 세웠다. 우선 1930년 9월 경일은행은 조선총독부의 주선 아래 경상공립은행을 매수합병하였다. 경일은행은 경북의 대지주 장길상 등 대구지역 조선인 자산가들이 1920년에 설립한 은행이었고, 경상공립은행 역시 1920년에 대구에 설립된 일본인은행이었다. 경일은행은 합병 조건으로 조선은행에서 자금을 차입하고, 일본인 중역을 채용하였다. 그러나 경상공립은행을 합병한 후 경일은행의 경영은 더욱 악화되었고, 경일은행 대주주인 장길상 일가는 대구의 자산가인 오구라 다케노스케(小倉武之助)에게 주식을 매각해 버렸다. 이후 경일은행의 소유권과 경영권은 일본인에게 넘어갔는데, 오구라는 대구의 또 다른 은행인 선남은행의 최대주주이자 두취이기도 하였다. 대구의 일본인들 중 양행의 주식을 소유한 자도 많았기에 경일은행과 선남은행의 합병은 빠르게 진척되어 1933년 12월 대구상공은행으로 설립되었다.

다음으로 '상업'이라는 명칭을 단 은행들이 조선상업은행으로 합병한 형태가 있다. 1918년 10월 함경남도 함흥에서 설립된 북선상업은행은 1932년 말까지도 조선인 경영진과 주주를 그대로 유지하고 있었다.[58] 북선상업은행은 경영 실적도 양호하였는데, 1926년 하반기의 일시적인 예금 감소를 제외하고는 큰 문제가 없었고 매년 8% 정도의 배당률을 유지할 정도로 탄탄한 기반을 갖추고 있었다. 북선상업은행은 「은행령」 개정으로 증자가 필요해지자 북선상업사를 합병하여 자본금을 100만 원으로 늘리는 등 합병의 대상이 될 이유가 없는 상태였다. 그러나 1933년 1월의 주주총회에서 이사와 감사에 일본인 1인이 각각 선임됨으로써 은

---

58 북선상업은행은 김승환을 비롯한 32인의 발기로 설립되었는데, 참여 인사들은 함경남도 지방의 지주 및 상인이었다. 북선상업은행 설립은 (구)함경농공은행과 함흥상업회의소 출신들이 주도했다고 한다. 최대주주이자 초대은행장에 올랐던 김승환은 함흥 출신으로 해산물 도매업을 통해 부를 축적하였다. 그는 아들이 소유한 주식까지 포함하면 설립 당시 30%의 주식을 소유하고 있었다(조기준, 1973, 『한국기업가사』, 박영사, 170~179쪽).

행 내부에 분란이 발생하였다. 종래 일본인 중역이 전혀 없었던 은행이었는데, 이로 인해 중역진은 두 파로 나뉘어 심각하게 대립하였다. 조선총독부는 이를 빌미로 은행감독권을 발동하였고, 은행 중역이 총사직한 가운데 조선상업은행과의 합병이 추진되었다. 은행의 자력 해결을 주장한 주주들의 요구는 수용되지 않은 채 합병은 조선총독부 재무국장과 조선은행 총재에게 위임되었고, 1933년 6월 북선상업은행은 대등합병의 형태로 사라지게 되었다. 마지막으로 남은 일본인계 부산상업은행도 1935년 6월 조선상업은행이 매수합병함으로써 '상업'계 은행은 하나로 통합되었다.

합병의 또다른 축은 조선인 대은행 간의 합동으로 1931년 동일은행의 탄생을 들 수 있다. 동일은행은 대표적인 조선인은행인 한일은행(납입자본금 162만 5,000원)과 호서은행(납입자본금 115만 원)이 합병하여 설립된 은행이었다. 1920년대 불황 속에서도 양행은 견실하게 운영되고 있었는데, 1930년 대등합병하여 공칭자본금 400만 원(납입자본금 277만 5,000원)의 대은행인 동일은행을 설립하고, 1931년 1월부터 영업을 시작하였다. 동일은행의 중역으로는 두취 민대식(한일), 전무 성낙헌(호서), 이사 윤호병(한일)·오건영(호서)·김성권(호서), 감사역 이승우(한일)·백남복(한일)이 선임되었다. 그러나 동일은행은 대공황의 여파로 인해 영업 실적이 부진하였고, 한일은행 출신과 호서은행 출신 중역 간의 갈등까지 더해져 상황은 악화되었다. 동일은행은 불량대출이 증가하고 고정화되자 조선은행으로부터 차입을 확대했는데 이를 빌미로 조선은행은 동일은행 경영에 개입하기 시작하였다. 조선총독부는 이를 계기로 감독 강화를 천명하면서 1934년 일본인을 동일은행 상무이사로 선임하였다. 그러나 영업은 호전되지 못한 채 1937년 조선인 중역이 해임되고 그 자리에 일본인들이 대신함으로써 일본인에게 경영권을 넘기게 되었다.

전시기 들어 조선총독부는 금융통제의 일환으로 일반은행 합병을 강력히 추진하였다. 그 결과 일반은행은 7행(1937년 말)→6행(1940)→2행(1943)으로 크게 감소하였다. 이 시기 합병의 주체는 한성은행으로, 그 시작은 해동은행 합병이었다. 1920년 경성에서 조선인은행으로 출발한 해동은행은 설립 초기에 불황으로 인한 영업 부진과 내부 갈등을 겪었다. 그러나 1920년대 중반 실적이 차차 호전되었고 1927년에는 동아일보·경성방직의 김성수의 동생 김연수가 경영권을 장악하였다. 이후 해동은행은 대공황기에도 예금을 흡수하며 견실한 자금조달 구조를 유지하면서 안정된 영업 성적을 올리고 있었다. 1937년 6월까지 해동은행에는 일본인 중역이나 주주가 단 한 명도 없을 정도로 대표적인 조선인은행이었다. 그러나 전시하 은행 합병정책이 전개되면서 해동은행은 1938년 1월 한성은행에 매수되어 영업을 종료하게 되었다. 이어서 한성은행은 1941년 9월에 경상합동은행을 합병하였다. 경상합동은행은 영남지역의 유일한 조선인은행으로 주주 및 거래 고객의 대부분도 조선인이었다. 조선총독부는 최후의 조선인은행인 호남은행까지 1942년 5월 동일은행에 합병시켰다. 호남은행의 경우 창립 이래 모든 중역과 직원이 조선인이었고, 주주 및 고객도 대부분 조선인이었다. 매우 탄탄한 재무 구조를 가지고 있던 호남은행도 조선총독부의 강요로 결국 해산할 수밖에 없었던 것이다. 1943년 10월 동일은행과 한성은행이 합병되어 조흥은행이 창립됨으로써 조선인은행의 합동은 완료되었다. 한편 최종적으로 조선상업은행은 1941년 9월 대구상공은행을 매수합병함으로써 일본인은행은 조선상업은행으로 통합되었다.

그 결과 1943년 조선에는 조흥은행과 조선상업은행 두 개의 일반은행만 남게 되었다. 조선총독부는 일반은행 통합과 함께 지점의 강제 교환과 재배치도 추진하여 도별로 지점을 강제 통폐합하였다. 이로 인해 조흥은행과 조선상업은행의 지점 분포를 살펴보면 지역적으로 편차가 존재했음을 알 수 있는데, 조흥은행은 남한지역에만 지점이 집중되어 있었던 반면 조선상업은행 지점은 북한 전역과 경남지방에 편재되어 있었다.[59]

이상 조선총독부가 시행한 일반은행 합병정책은 다음의 특징을 가진다. 첫째, 민족별로 구분되어 합병이 진행되었다. 조흥은행에 통합된 9개의 은행은 설립 초기 조선인은행으로 출범했던 은행들이었다. 반면 조선상업은행으로 통합된 11개 은행 중 8개 은행은 모두 일본인은행이었다.[60] 조선상업은행의 합병이 1920년대부터 시작되었던 반면 조흥은행 계열 합병은 1930년대부터 본격적으로 추진되어 시기적으로 차이를 보이고 있다. 둘째, 1920년 이후 은행 합병 과정에서 퇴출된 은행은 하나도 없었다. 이는 설립 당시 일반은행이 지역별로 독자적 영업권을 확보했기 때문이라고 할 수 있다. 1920년대 합병이 불황에 대응하여 은행 간에 자발적으로 이루어진 측면이 강하다면 1930년대에는 경영상의 이유보다는 개정 「은행령」의 최소 자본금 규정 등 조선총독부의 정책이 합

---

59 조흥은행은 경성 10개, 경기도 9개, 강원도 2개, 충북 2개, 충남 9개, 경북 11개, 경남 2개, 전북 1개, 전남 9개, 함남 3개, 평남 2개, 황해 5개의 지점 분포를 보이고 있었다. 조선상업은행의 경우 경성 8개, 경기도 3개, 충북 1개, 전북 3개, 경상 22개(대구 2, 경남 20), 평안·황해 12개, 함경 15개의 분포를 보였다(최상오, 2006, 「일제하 조선의 일반은행에 관한 연구: 조선상업은행의 사례를 중심으로」, 『한일경상논집』 35, 184쪽).

60 나머지 조선인은행은 북선상업은행, 삼남은행, 경일은행이다.

〈표 2-2〉 조흥은행에 합병된 일반은행

한성은행(1897, 서울)				
해동은행(1920, 경성)	→	한성은행에 합병(1938)		조흥은행 신설 (1943)
구포은행(1912, 구포) →경남은행(1915, 개칭)	→	경상합동은행 신설 (1928)	→	한성은행에 합병 (1941)
대구은행(1913, 대구)				
한일은행(1906, 서울)	→	동일은행 신설 (1931)		
호서은행(1913, 예산)				
호남은행(1920, 광주)			→	동일은행에 합병 (1942)
동래은행 (1918, 부산 동래)	→	호남은행에 합병 (1933)		

출처: 윤석범 외, 1996, 앞의 책, 231~233쪽.
비고: (　)은 설립연도 및 본점소재지이다.

〈표 2-3〉 조선상업은행에 합병된 일반은행

대한천일은행(1899, 서울) → 조선상업은행(1911, 개칭)						
원산상업은행*(1919, 원산)				조선상업은행에 합병(1923)		
칠성은행*(1912, 원산)	→	원산상업은행에 합병(1919)	→			
경성은행*(1913, 경성) →조선실업은행*(1920, 경성)	→	조선상업은행에 합병(1924)				
삼화은행*(1916, 진남포)	→	대동은행 신설 (1921, 평양)		조선상업은행에 합병(1925)		
평양은행*(1920, 평양)						
삼남은행(1920, 전주)	→	조선상업은행에 합병(1928)				
북선상업은행(1918, 함흥)	→	조선상업은행에 합병(1933)				
부산상업은행*(1913, 부산)	→	조선상업은행에 합병(1935)				
경일은행(1920, 대구)						
경상공립은행*(1920, 대구)	→	경일은행에 합병 (1929)	→	대구상공은행 신설(1933)	→	조선상업은행에 합병(1941)
선남상업은행*(1912, 대구)	→	선남은행* (1913, 개칭)				

출처: 윤석범 외, 1996, 앞의 책, 231~233쪽.
비고: (　)은 설립연도 및 본점소재지이다.
　　　*은 일본인은행.

병의 중요한 원인이 되었다. 조선총독부는 소수의 일반은행 중심의 전국적 금융체제로 개편하려 했으며 이는 시간이 지날수록 강화되었다.

일반은행 합병은 다음과 같은 결과를 낳았다. 첫째, 일반은행 자본의 민족적 성격이 바뀌어 전반적으로 일본인은행으로 변모되었다. 조선인은행 중에서 합병 과정에서 민족적 특성을 유지하려 했던 경우는 경상합동은행(경남은행+대구은행)과 동일은행(한일은행+호서은행) 정도였다. 둘째, 일반은행 간의 합병은 자본금뿐만 아니라 예금 및 대출 등의 집중을 동반하면서 그 규모를 확대시켰다. 셋째, 일반은행의 지점망이 확대됨에 따라 지역 은행에서 벗어나 전국 은행화가 되었다.[61]

---

61 이상은 윤석범 외, 1996, 앞의 책, 250~259쪽; 배영목, 2002, 앞의 책, 198~201쪽.

제2부
개별 금융기관

제1장
조선은행

1. 1910년대 만주 진출에 따른 영업의 확장

조선은행은 설립 이후 1910년대 전반기까지 조선총독부 재정 원조에 주력하였다. 조선은행은 정부대상(貸上) 방식으로 화폐정리자금을 지원하고 조선사업공채를 인수하였다. 또한 도장사금공채(導掌賜金公債), 임시은사공채(臨時恩賜公債)를 매입하는 방식으로 조선총독부 재정을 원조하였다. 그리고 일종의 지방재정이라 할 수 있는 일본인 거류민단이 중심이 된 공공단체에 대한 대출의 형태로도 조선총독부 재정을 원조하고 있었다. 이러한 조선은행의 정부대상금은 1909년 설립 당시 전체 대출액 가운데 40%를 차지하였는데, 강제병합 때 그 일부가 일본국고금으로 상각되어 1911년 상반기 11.5%로 저하되었다. 1912년 상반기에는 조선사업공채 인수로 인해 다시 40%까지 상승하였다가 일부를 상환하자 1913년 말 전체 대출액의 20%의 비중을 차지하게 되었다.[1] 그러나 조선은행은 1913년 이후 조선사업공채를 인수하지 않았으며 1915년 이후 조선총독부에 대한 재정 원조는 더 이상 진행되지 않은 채 1918년 조선식산은행이 설립되자 조선총독부 재정에 대한 자금지원은 사실상 면하게 되었다.[2] 요컨대 조선은행의 조선총독부 재정에 대한 원조는 초기에만 집중적으로 실시되었음을 알 수 있다. 조선은행 대출금 중 조선총독부에 대한 정부대상금의 높은 비중은 식민지 초기라는 특수한 사정에서 비롯된 것이었다.

---

1   朝鮮銀行史硏究會 編, 1987, 앞의 책, 101~106쪽.
2   朝鮮銀行史硏究會 編, 1987, 위의 책, 191쪽, 318쪽.

한편 조선은행은 1913년 만주지역에 3개 지점(7월 15일 봉천, 8월 20일 대련, 9월 5일 장춘)을 설치하고 만주에서의 조선은행권 유통을 허가받음으로써 만주 진출의 토대를 마련하였다. 그런데 1914년 제1차 세계대전이 발발하자 일제의 대만주 금융정책은 큰 전환을 맞이하였고, 그에 맞춰 조선은행은 만주지역에서 적극적인 금융활동을 전개하게 된다. 제1차 세계대전은 전쟁 경기를 발흥시켜 일본 경제계는 큰 호황을 누리게 되었다. 전쟁 이전에 일본 경제의 가장 큰 문제점 중 하나는 국제수지의 악화에 따른 정화 유출이었다. 일본 경제의 성장에 따라 국내 시장이 확대되었는데, 이는 동시에 수입의 증가로 이어져 무역수지 적자 폭이 확대되고 있었다. 또한 외채(外債) 이자 증가 등이 더해져 국제수지는 큰 폭의 적자를 되풀이하고 있는 실정이었다. 당시 일본 경제는 연간 수출액의 2배 이상에 달하는 대외채무를 지고 있을 정도로 위기에 처해 있었다. 그런데 제1차 세계대전이 일어나자 일본의 수출은 크게 증가하였다. 우선 연합국을 대상으로 군수품 및 식료품의 수출이 증대되었고, 전쟁으로 인해 유럽 국가들의 아시아 지역 수출이 감소하게 되자, 이 기회를 이용하여 일본은 수출을 증가시킬 수 있었다. 그리고 미국에서의 일본 생사 수입이 증가하는 등 일본은 제1차 세계대전으로 인한 호경기를 누리게 되었다. 그 결과 일본 내 정화 보유고도 3억 7,600만 엔(1913년 말)에서 21억 7,800만 엔(1920년 말)으로 6배 가까이 증가하였고, 1918년 말에는 2억 8,700만 엔의 대외채권을 기록함으로써 채무국에서 채권국으로 전환되었다. 이처럼 제1차 세계대전을 계기로 일본의 국제수지 위기가 일거에 해소된 것과 동시에 해운업을 비롯하여 화학공업, 철강업, 기계공업, 섬유업 등 각종 제조업이 호황을 맞이하여 기업의 신설 및 확장 또한 빠르게 증가하였다.[3]

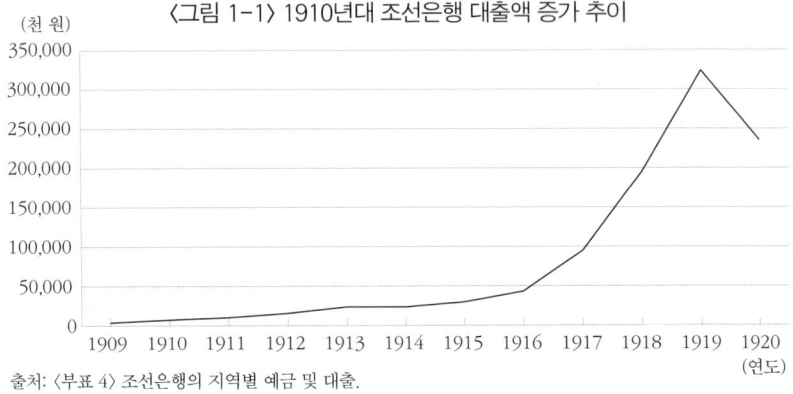
출처: 〈부표 4〉 조선은행의 지역별 예금 및 대출.

　일본의 전쟁 특수는 만주에도 크게 영향을 미쳤다. 러시아 세력의 후퇴를 기회로 일본 상품의 판매지가 북만주까지 확대되었고, 중동철도의 부진으로 인해 남만주철도주식회사의 대두(大豆) 수송은 활황을 맞이하였다. 그 결과 만주지역 일본인 사회는 호황을 누렸고, 곧 과열된 경기로 부동산 투자붐까지 일어나게 되었다. 이와 같은 전시 호황은 조선은행 대출 실적을 통해서도 확인이 되는데, 위 〈그림 1-1〉은 1910년대 조선은행 대출액 증가 추이를 정리한 것이다. 설립 이래 완만하게 증가하고 있던 대출액이 1916년을 기점으로 예년과는 다르게 급증하고 있음을 알 수 있다. 1917년 대출액은 전년에 비해 2배 이상 증대하였고, 이런 증가세는 1919년까지 계속 이어지고 있었다. 대출액이 정점에 달한 1919년(3억 2,359만 원)을 조선은행이 영업을 개시한 1909년(375만 6,000원)의 실적과 비교해보면 10년간 약 86배나 증가하였음을 알 수 있다.

3　三和良一, 1993, 『槪說 日本經濟史-近現代』, 東京大學出版會, 84~91쪽. 1914년 말 대비 1919년 말의 기업의 신설·확장 자금의 증가율(배)을 보면 해운 10배, 광업 17배, 화학 17배, 조선 112배, 금속 34배, 방적 153배, 직포 67배로 기업(은행 포함) 전체로 보면 16배의 증가를 보이고 있다. 이 중 신설이 23배, 확장이 10배 이상 증

1916년 이후 조선은행 대출의 급격한 증가를 이끈 것은 만주 및 일본지점이었다. 아래 〈표 1-1〉을 보면 만주 및 일본지점이 전체 증가율을 상회하는 경우가 많았고, 조선은 1919년에만 전체 대출액 증가율보다 높은 것을 알 수 있다. 그 결과 대출의 지역별 점유율도 변화했는데, 1916년까지는 조선이 수위를 차지했으나 1917년 이후 일본 및 만주에 그 자리를 넘겨주게 되었다. 전년 대비 증가율을 보아도 조선은 최고 2배(1919)이나 만주 3.3배(1916), 일본 4.5배(1917)로 조선을 제외한 지역에서 급속히 증가하는 양상을 보이고 있었다. 대출이 급격히 증가하기 시작한 1916년 이후 증가율이나 점유율 등에서 일본과 만주가 조선을 능가하고 있다. 이는 조선은행 대출 증대를 견인한 지역이 어디인지를 시사한다. 또한 영업소 증설 역시 만주지역이 선도하고 있었다. 1909년 14개소로 출발하였던 조선은행 지점은 1919년 최대 41개소로 확대되어 10년 만에 약 3배나 증가하였다. 만주지역 영업소 증설이 이 확장을 주도하였고 전체 영업소의 절반가량을 차지하고 있을 정도였다. 반면에 조선 내 영업소는 오히려 11개점(1918년 기준)으로 축소되는 양상을 보이고 있다.[4]

가하였다(安藤良雄, 1979, 『近代日本經濟史要覽』, 東京大學出版會, 101쪽).

4 1910년대 조선은행 지역별 영업소 추이

(단위: 개소)

구분	1909	1910	1913	1914	1915	1916	1917	1918	1919	1920
조선				13					11	
일본			1		2		3		4	
만주	1		4	5	6	9	13	20		18
중국								2		
러시아									4	3
합계	14	15	19	20	21	25	29	40	41	38

출처: 조명근, 2019, 앞의 책, 302~303쪽, 각주 3.
비고: 영업소는 지점, 출장소, 파출소, 임시파출소를 모두 합한 것이다.

〈표 1-1〉 1910년대 조선은행의 지역별 대출 내역

(단위: %, 배)

연도	전체 대출에서 차지하는 비율			전년 대비 증가율			
	조선	만주	일본	전체	조선	만주	일본
1909	96.6	3.4					
1910	73.7	1.8	24.5	1.94	1.48	1.06	
1911	90.5	1.3	8.3	1.39	1.71	0.95	0.47
1912	89.8	1.8	8.4	1.53	1.52	2.18	1.55
1913	78.0	10.9	11.1	1.52	1.32	9.21	2.01
1914	77.3	14.1	8.6	1.00	0.99	1.30	0.77
1915	57.3	12.4	30.3	1.26	0.94	1.11	4.44
1916	51.6	28.3	20.0	1.46	1.31	3.32	0.96
1917	35.1	22.7	40.9	2.20	1.49	1.76	4.48
1918	26.7	33.7	35.4	2.06	1.57	3.06	1.78
1919	32.1	34.5	26.4	1.66	1.99	1.70	1.23
1920	24.5 (20.8)	24.8	47.0	1.24	1.17	1.06	1.47

출처: 〈부표 4〉 조선은행의 지역별 예금 및 대출.
비고: 조선분의 ( )는 별도대출금을 제외했을 경우의 비율. 별도대출금은 대중국차관 등 조선 내 대출과는 관련이 없는 것이다.

 이상과 같이 조선은행은 제1차 세계대전으로 인해 조성된 호경기를 계기로 만주 및 일본에서 대출을 적극적으로 확대하였다. 특히 1920년 하반기 결산에서는 약 360만 원의 수익을 올려 창업 이래 최대 순이익을 기록할 수 있었다. 이 수익금은 1940년까지 깨지지 않을 정도로, 조선은행은 이 시기 최고 호황을 구가하고 있었던 것이다.[5] 그러나 이 호황은 그리 오래가지 못했고, 오히려 조선은행이 막대한 손실을 입게 된 원인이 되었다.

---

5 朝鮮銀行史硏究會 編, 1987, 앞의 책, 860~883쪽.

2. 1920년대 만주 금융정책의 실패와 정리은행으로 전락

1) 만주 금융정책의 실패

제1차 세계대전이 끝나자 전시특수에 기인한 일본 경제 호황은 막을 내리고 1920년 반동공황이 발생하였다. 만주에서 급격히 대출을 확대하였던 조선은행도 거래 기업체의 경영 악화로 인해 막대한 불량채권이 발생하였다. 다음 〈표 1-2〉는 1924년 말 현재 일본 대장성에서 조사한 조선은행의 고정대출액과 결손예상 내역표이다.

〈표 1-2〉 조선은행의 지역별 불량채권 내역표(1924년 12월 말)

(단위: 천 원, %)

지역	총대출액(A)	고정대출액(B)	결손예상액(C)	B/A	C/A	C/B
일본	175,303(38.8)	131,047(55.5)	79,559(59.0)	74.8	45.4	60.7
조선	81,021(17.9)	14,589(6.2)	6,336(4.7)	18.0	7.8	43.4
만주	125,368(27.7)	84,618(35.8)	46,266(34.3)	67.5	36.9	54.7
기타	70,332(15.5)	5,786(2.5)	2,702(2.0)	8.2	3.8	46.7
소계	452,123(100)	236,040(100)	134,864(100)	52.2	29.8	58.7

출처: 조명근, 2019, 앞의 책, 304쪽, 〈표 4-2〉.
비고: 기타에는 대중국 차관이 포함되어 있다.

이 조사에 따르면 원리금 상환이 연체되고 있는 조선은행의 불량채권은 전체 대출의 52.2%에 달했다. 특히 전체 대출 중에서 약 30%는 아예 회수가 불가능할 것으로 예상되고 있었다. 1924년 말 현재 고정대출 중에서 약 60%를 결손으로 처리해야만 했던 것이다. 지역별 실태를 보면, 일본과 만주의 지점에 불량채권이 집중되어 있는데, 총대출 가운데 고정대출이 차지하는 비중은 일본에서 74.8%, 만주에서 67.5%에 이르고 있다. 반면 조선은 18%로 일본 및 만주에 비해서는 양호한 상태이다. 회수가 불가능하다고 여겨지는 채권도 일본 45.4%, 만주 36.9%인 데 반해 조선은 7.8%로 예상되고 있었다. 이와 같이 일본이나 만주지역의 경우 대출 중 약 40~50%는 회수될 가망이 전혀 없을 정도로 대단히 심각한 상태였다. 조선은행은 발권은행을 겸하고 있기 때문에, 일반 대출의 경우 자금의 고정화를 피하기 위해 단기 상업자금만을 대상으로 삼아야 했다. 따라서 조선은행도 처음에는 단기의 무역·상업금융을 중심으로 운용했으나, 1918년 이후 장기의 사업·투자자금 융자에 편승하였고,[6] 그 결과 대부분의 대출이 고정화되었다.

그런데 조선은행이 막대한 불량채권을 안게 된 원인은 단순히 반동공황 때문만이 아니라 근본적으로는 일제의 대(對)만주 금융정책 실패에서 기인한 것이었다. 조선은행이 보유한 불량채권 문제를 본격적으로 문제 삼은 이들은 만주의 대련지역 주주들이었다. 그들은 1922년 2월 16일 일본 도쿄에서 열린 주주총회에서 조선은행이 막대한 액수의 고정대출을 안고 있다며 미노베 슌키치(美濃部俊吉) 총재를 추궁하였다. 이 문제를 대련지역 주주들이 제기한 배경에는 대련중요물산거래소(이하 '대련거래소') 금건화(金建化)[7] 실시를 둘러싼 갈등이 내재되어 있었다.

일본 내에서는 만주를 비롯한 중국지역 화폐제도 통일 문제를 두고

---

6   1924년 말 기준으로 전 대출의 40% 이상으로 확대되었다(朝鮮銀行史研究會 編, 1987, 앞의 책, 262쪽).

7   금건화(金建化)는 금본위제에 기반한 화폐로 진행되는 거래를, 은건화(銀建化)는 은본위제에 입각한 화폐 거래를 말한다.

'금건파' 대 '은건파'가 지속적으로 대립하였다. 전자는 조선은행이, 후자는 요코하마정금은행이 대표적인 기관이었는데 1917년 조선은행권이 만주에서 법화로 지정됨으로써 금본위제 채택으로 일단락되었다. 그러나 중국은 강고한 은본위제의 국가로, 세계 주요국들이 금본위제로 이행할 당시에도 여전히 은본위제를 고수하고 있을 정도로 그 뿌리가 매우 깊었다. 따라서 만주의 상거래 중에서 중국인이 관련된 것은 대부분 은을 주요 통화로 하고 있었다. 이 점에서 보면 요코하마정금은행이 발행하는 은권(銀券)은 여전히 만주에서 유효한 존재였다. 1917년 데라우치 마사타케가 이끄는 내각에 의해 만주에서 배척당한 요코하마정금은행은 그동안 쌓아온 실적과 신용을 바탕으로 그들이 가진 유일한 특권인 은권을 옹호하고 있었다. 그 결과 금권 강화를 추구하고 있었던 조선은행과 대립하게 되었는데, 양측이 크게 충돌한 사건이 1921~1922년 대련거래소의 금건화 문제였다. 일제는 1913년에 만주 특산물 수출 중심지인 대련에 대련거래소를 설립하였는데, 여기서의 거래는 은본위제에 기반한 화폐로 진행되고 있었다. 일제는 처음부터 일본화폐와 동일한 금건으로 거래를 하려고 했으나 중국 측 상인이 만주 특산물 거래를 장악하고 있었기 때문에 성사되지 못했던 것이다. 이런 상황 속에서 요코하마정금은행이 발행하는 은권은 안정적으로 가치를 유지하고 있었기 때문에 만주 특산대두 수출에 있어서는 일종의 기순봉화의 위치에 있을 정도였다.[8]

---

8   1917년 12월에 조선은행권은 관동주 및 만철부속지에서 법화(法貨)가 되었으나 요코하마정금은행의 은권 역시 그대로 존속하고 있었다. 요코하마정금은행의 은권은 관동도독부의 거래소나 대련해관의 세금 수납에도 그대로 이용되고 있었다(柴田善雅, 1999, 『占領地通貨金融政策の展開』, 日本經濟評論社, 26쪽); 金子文夫, 1991, 『近代

그런데 위와 같은 현실은 만주화폐제도를 금본위제로 통일하려고 했던 일본 군부 및 조선은행의 계획과 어긋나는 것이었다. 이에 조선은행은 만주의 거래소는 모두 금본위제로 할 것임을 천명하고, 1921년 10월부터 대련거래소 금건화 방침을 강행하였다. 그러나 만주 특산물 거래를 장악한 중국 측 상인이 이 조치에 반발하여 거래를 정지시켰기 때문에 대련거래소 기능이 마비되었다. 이로 인해 만주 특산물 거래가 부진하게 되자 대련지역 상공업자는 시민대회를 개최하는 등 조선은행을 비난하면서 은건화 복귀를 청원하였다. 결국 1923년 12월 금과 은을 모두를 병용하는 것으로 후퇴함으로써 대련거래소 금화는 완전한 실패로 끝나고 말았다. 조선은행이 추진한 대련거래소 금건화를 두고 일본 측 인사들 사이에서도 실패할 것이라고 예상하는 견해가 상당수에 달했으나, 조선은행은 이를 무시하고 강행하였다.[9] 조선은행은 대련거래소 금건화를 강행하면서 자행을 지원할 세력을 지원, 육성하였고, 여기에 협력하는 자들에게는 거액의 자금을 대출하는 등 무리수를 두었다.[10] 특히 신용도가 높지 않은 기업들을 대상으로 무리하게 대출을 실시하였는데, 이때

　　日本における對滿州投資の硏究』, 近藤出版社, 294쪽.

9　대련거래소 금건화를 강력하게 추진한 인물은 조선은행 이사(대련 주재)였던 오타 사부로(太田三郞)였는데, 당시 오타와 함께 근무했던 행원에 따르면 그에게 만주의 금본위제 실시는 신앙에 가까운 것이었다고 한다. 오타는 "만주는 금으로 정복"해야 한다는 절대적인 신념 아래 금건화를 강력하게 밀어붙였다고 한다. 당시 봉천 총영사로 있던 아카쓰카 쇼스케(赤塚正助)는 만주의 실정을 무시한 채 진행된 금건화에 시종일관 반대하였다고 한다. 그는 조선은행의 오타 이사를 그리스 신화에 나오는 미다스에 비유하면서 모든 것을 금색으로 보려고 하기 때문에 문제가 된다고 비웃었다고 한다(조명근, 2019, 앞의 책, 73~74쪽, 249~250쪽).

10　은건파의 중심 인물인 대련상업회의소 회장 아이오이 요시타로(相生由太郞)의 재선을 막으려 했다든가 『요동신보』, 『만주일일신문』 등 2대 유력지를 매수하여 조선은행에 유리한 여론을 조성하려 했다고 한다(北岡伸一, 1978, 앞의 책, 258쪽).

의 융자 중 상당수가 고정화되어 조선은행에 큰 부담을 주었다.[11] 대련거래소 금건화 강행의 실패는 전후 반동공황으로 인해 부진하였던 조선은행의 영업 실적을 한층 악화시킨 주요 원인이 되었다. 대련지역의 주주들이 조선은행 불량채권의 실태를 폭로하고 이에 대한 책임 문제를 거론한 이유가 바로 여기에 있다. 조선은행이 금건화를 무리하게 추진함으로써 자신들이 엄청난 피해를 입었을 뿐만 아니라, 전후 공황으로 인해 영업이 부진에 빠진 시기에 다분히 정략적인 의도로 부실 기업들에게 대출을 실시하여 은행의 자산 내용을 더욱 악화시켰다고 비난한 것이었다.

조선은행이 주도한 일제의 대만주 금융정책은 은본위제가 강고하던 중국에서 성공하기가 어려운 방안이었다. 조선은행의 만주 진출은 원래 정화 유출이라는 은행 내부의 구조적 문제에서 추진된 것이었다. 1910년대 조선은행은 일본으로부터의 수이입초과에 따른 정화 유출이 지속적으로 발생하고 있었다. 이 문제를 근본적으로 해결하기 위해서는 미곡의 생산량을 증가시켜 일본으로 이출을 증대시키는 방안이 제시되었으나 이 방법은 실현되기까지 많은 시간이 소요되었다. 그 대안으로 고안된 것이 만주로의 진출이었다. 당시 만주는 일본과의 무역에서 수출초과 상태에 있었기 때문에 만주에서 조선은행권으로 일본은행권을 매

11　다음 글은 금건화를 반대하던 대련상공회의소가 일본은행의 조회에 보낸 답변이다 (1923년 2월 28일자). "일단 금건이 실행되자 조선은행은 금건 실시로 인해 발생한 재계 불황의 사실을 은폐한 채 주식과 부동산에 자금을 융통하였다. 또 특산물의 주요 거래처가 은건파임을 감안하여, 3, 4류의 일본과 중국 상인에게 자금을 빌려주어 금건 거래가 왕성한 것처럼 포장하고 (중략) 금건으로 거래를 하는 유방(油房)공장의 신설을 원조 (중략) 작년 말 조선은행의 정리가 급해지자 (중략) 오로지 상인을 대상으로 급격히 회수를 행하는 등, 만주 경제계는 건치(建値)문제로 인해 여러 차례 교란되었다"(朝鮮銀行史硏究會 編, 1987, 앞의 책, 326쪽).

입하면 정화를 보충할 수 있다는 것이다. 그런데 조선은행권의 만주 유통은 오히려 정화준비를 위협하는 결과를 가져왔는데, 바로 중국 상인이 행한 재정거래(arbitrage)[12] 때문이었다. 당시 무역수지를 보면 만주는 일본에 대해 무역흑자, 일본은 상해에 흑자, 상해는 만주에 흑자였다. 만주에서는 대두 특산물을 구입하기 위한 은화폐의 수요가 많았고, 상해에서는 수입환을 결제하기 위한 일본 엔화의 수요가 많았다. 그러므로 엔화에 대한 중국 위안화의 환율이 대련과 상해에서 서로 달랐다. 중국 상인들은 이 차이를 활용하여 이익을 얻기 위해 재정거래를 하였다. 거래는 크게 두 가지 방식으로 진행되었는데, 첫째는 만주 상인들이 대련에서 조선은행권을 구입한 후 도쿄에 송금하여 일본은행권으로 바꾸고, 그것을 상해로 송금하여 보다 많은 위안화를 얻는 것이다. 둘째는 수입환을 결제해야 하는 상해 상인이 그것을 직접 지불하지 않는 방법이다. 먼저 위안화를 대련에 송금하여 상해에서 보다 많은 조선은행권으로 바꾸고, 그것을 도쿄에 송금하여 수입환을 결제하는 것이다. 결과적으로 이 재정거래는 조선은행권의 도쿄 송금[만주에서 조선은행권 구입(교환)→도쿄에 송금하여 조선은행권을 일본은행권으로 교환→조선은행의 정화준비 유출]이 되어 만주에서의 유통고를 감소시킴으로써 조선은행의 정화준비를 위협하게 되었다.[13]

재정거래로 인해 궁지에 몰린 조선은행은 은권 발행을 대장성에 요

---

12 하나의 상품에 대한 가격이 시장 간에 서로 다를 경우 가격이 싼 시장에서 상품을 매입하여 비싼 시장에서 매각함으로써 매매차익을 얻는 거래를 말한다. 당시 중국에서 이루어진 재정거래는 일종의 환재정거래(exchange arbitrage)인데, 동일 통화의 환시세에 차이가 발생하는 경우 시세가 낮은 시장에서 매입하여 높은 시장에서 매각하는 방식이다.

13 오두환, 1998, 「만주에서의 조선은행의 역할」, 『경제사학』 25, 99쪽.

구하고 나섰다. 조선은행은 1924년 4월 18일 대장대신 쇼다 가즈에에게 총재 명의의 신청서를 제출하여 만주에서 요코하마정금은행의 은권 발행을 정지시키고, 그 대신 자행이 은본위제 통화를 발행할 수 있게 해달라고 요청하였다. 그런데 이 요청은 조선은행이 계속 주장해왔던 금권으로 만주를 통일하겠다는 기본 원칙과는 완전히 배치되는 것이다. 이렇게까지 무리한 주장을 하게 된 이유는 조선은행권 통용이 주로 조차지 및 만철부속지에 국한되어 만주에서의 유통액이 매우 적은데, 현재와 같은 상태가 지속된다면 만주 금권화는 불가능하다고 판단하였기 때문이었다.[14] 그러나 만약 조선은행마저 은권을 발행하게 되면 금권의 유통은 더 축소될 것이 뻔하다는 점을 고려하면 사실상 만주 금본위제 통일을 포기한 것이라고 볼 수 있다. 이는 당시 조선은행이 만주에서 얼마나 고전하고 있었는지를 반증하고 있는 것이다.[15]

2) 조선은행 정리 과정

1922년 8월 조선은행은 정기주주총회에서 불량채권 정리안을 발표하였다. 그러나 이 계획안은 무책임하고 실현 가능성이 희박한 것이었다. 우선 조선은행은 자행이 보유한 불량채권을 1천만 원으로 추산했는데 당시 자체 조사 내역이 없어 위 금액이 어떻게 산출되었는지는 확

14　朝鮮銀行史硏究會 編, 1987, 앞의 책, 336~337쪽.
15　경성제국대학 교수를 역임했던 스즈키 다케오(鈴木武雄)에 따르면 1920년대 후반 하얼빈의 중국인이 경영하던 음식점에서 조선은행권을 지불하려 하자, 금권(金券)은 필요 없다고 거절당했다고 한다. 당시 만주에서는 조선은행권보다 요코하마정금은행이 발행한 초표가 인기가 더 높았다고 한다(鈴木武雄, 1963, 『円』, 岩波書店, 162쪽).

인할 수 없다. 그런데 시중에서는 회수 불가능한 대출금이 8,200만 원이라는 소문이 있었고, 1년 뒤인 1923년 6월 대장성이 추산한 바에 따르면 그 액수가 약 9,600만 원에 달하고 있었다.[16] 시기적으로 차이는 있지만 1922년 8월 시점에서도 결손액이 상당액에 이르렀다는 것을 짐작할 수 있다는 점에서 조선은행이 발표한 불량채권이 얼마나 터무니없는 액수인가를 알 수 있다. 조선은행은 어쨌든 앞으로 경기가 호전될 것이라는 근거도 희박한 낙관적인 전망으로 현 사태를 모면하고자 하였다.

당시 조선은행이 실제 정리 의지가 있었는지조차 의심되는데, 이러한 의문은 은행 부실을 책임져야 할 당사자들이 그 자리를 그대로 유지한 채 정리를 주도했다는 점에서 확인된다. 1916년 11월 총재에 취임한 이래 만주 진출 전 과정에 책임이 있는 미노베 슌키치 총재는 시중의 교체 여론과 달리 1924년 2월까지 현직을 유지하였다. 그리고 만주 현지에 주재하면서 대련거래소 금건화를 주도하여 조선은행에 큰 피해를 입힌 오타 사부로(太田三郎) 이사의 경우 당연히 문책성 인사가 단행될 것으로 예상되었다. 1922년 6월 주주총회를 앞두고 가타야마 시게오(片山繁雄) 이사[17]는 철저한 정리를 주장하여 미노베 총재 측과 대립하면서 문제를 자체정리안으로 미봉하려던 은행 수뇌부와의 갈등을 빚었다. 결국 1922년 6월 가타야마는 오타와 함께 사직서를 제출하였다. 그러나 조선은행 부실화의 주역으로 비난을 받던 오타의 사직서는 반려된 반면, 가타야마의 사직은 수리되었다. 직접 책임을 져야 할 오타는 살아남은 반

16　大藏省 銀行局, 1925.7.11, 「第三 整理ノ經過」, 『朝鮮銀行ノ整理二關スル件』(『昭和財政史資料』 第1號 第99冊 1).

17　가타야마는 당시 조선은행 중역 중 유일하게 민간은행인 미쓰이은행(三井銀行) 출신이었다.

면, 그렇지 않은 가타야마가 물러나는 어이없는 상황이 연출된 것이다.[18] 이 인사 조치가 당시 조선은행 자체 정리안의 속성을 그대로 보여준다고 할 수 있다. 이들의 안일하고 무책임한 행위의 이면에는 자신들의 책임을 은폐하려는 의도가 명백하게 있었던 것이다.

조선은행의 기대와는 달리 만주에서는 일본계 금융기관이 파산하고 1923년 9월 관동대지진이 발생하는 등 경기는 더욱 악화되었고, 은행의 자산은 더욱 불량하게 되었다. 경기가 호전될 것이라는 것을 전제로 입안했던 자체 정리안은 더 이상 쓸모가 없게 된 것이다. 어쩔 수 없이 조선은행은 독자적인 정리계획을 포기하고, 일본 정부에 자금지원을 요청하였다. 이에 일본 정부는 조선총독이 가지고 있던 조선은행 감독권의 대장성 이관을 전제 조건으로 1924년 상반기에 6,500만 엔을 지원해주었다. 이와 동시에 5월부터 조선은행 도쿄지점에 총재석을 실치하여 총재와 부총재는 도쿄에 상주하게 하고, 도쿄·경성·대련지점에 각각의 정리부를 신설하여 고정대출정리를 담당하도록 하였다. 또 3명의 이사를 도쿄·경성·대련지점에 배정하여 도쿄에서는 일본 및 만주를 제외한 해외 지점, 경성에서는 조선 내 지점, 대련에서는 만주지점의 감독을 담당하도록 하였다.[19]

그러나 1924년의 자금지원도 효과를 거두지 못해, 1년 만인 1925년에 대장성은 다시 새로운 정리안을 입안하였다. 일본 정부는 조선은행

---

18 당시 언론에서도 조선은행 인사 조치를 비판하는 기사를 다수 게재하고 있었다(「선은 편산번웅, 태전 양(兩)이사 퇴직」, 『동아일보』, 1922.7.2; 「선은 중역 비난, 불량대출 문제로 총회 후 사직호(乎)」, 『동아일보』, 1922.7.6; 「선은정리 그후, 해외신용 실추, 이관문제 여하」, 『동아일보』, 1922.7.17). 오타 이사는 1922년 12월 28일 사망할 때까지 중역직을 그대로 유지하고 있었다(朝鮮銀行史硏究會 編, 1987, 앞의 책, 1015쪽).
19 朝鮮銀行史硏究會 編, 1987, 앞의 책, 250~251쪽.

정리를 단행하기에 앞서 1925년 7월 총재 및 부총재 등 은행수뇌부를 경질하고, 요코하마정금은행 출신의 스즈키 시마요시(鈴木嶋吉)를 신임 총재에 취임시켰다. 만주 진출 등 일제의 대외 금융정책을 둘러싸고 대립해온 양 은행의 역사를 고려하면, 요코하마정금은행 출신을 총재로 맞이하게 된 것은 조선은행으로서는 충격적이고 굴욕적인 사건이었다. 이 인사 조치는 조선은행에 대한 일본 정부의 불신을 드러냄과 동시에 외부인사를 내세워 철저한 정리를 단행하고자 한 사전 포석의 성격이 강하다고 할 수 있다.[20]

1925년 조선은행 정리의 핵심은 감자(減資)와 무배당이었다. 1925년 8월 주주총회에서 50% 감자가 결정되었다(공칭자본금 8천만 원→4천만 원/납입자본금 5천만 원→2,500만 원). 뿐만 아니라 창립 이래 처음으로 무배당을 실시하였고, 적립금 약 1,070만 원을 소각하여 모두 결손액 상각에 사용하였다. 동시에 대장성은 조선은행에 지원한 자금이율을 기존 5%에서 2%로 인하하고, 상환 기한도 1940년까지 연장하여 그 부담을 경감시켜주었다. 또 일본은행에서는 추가로 정리자금 500만 엔(연 2%)을 지원해주었다.[21]

---

20 1925년의 정리가 단행된 후의 조선은행 중역진 구성을 보면, 자행 출신들은 거의 배제되었다. 총재 및 부총재는 조선은행과의 관계가 희박하거나 조선에서의 경험이 전혀 없는 인물들이었다. 이사도 외부인사가 압도적인 비율을 차지했는데, 순조로운 정리를 위해 관계기관에서 파견된 인물들이 다수를 점하였다. 일본 정부가 인사를 통해 조선은행에 은행 부실의 책임을 직접 묻겠다는 점을 분명하게 보여주고 있었던 것이다. 이상 이 시기 조선은행 중역 인사에 대해서는 조명근, 2019, 앞의 책, 75~78쪽을 참조할 것.
21 朝鮮銀行史硏究會 編, 1987, 앞의 책, 266쪽.

1925년 정리안의 경우 그 주체가 일본 정부라는 점에서 1924년의 정리와 동일하지만 그 내용은 현격한 차이를 보이고 있다. 1924년 정리의 경우 조선은행에 어떠한 책임도 묻지 않은 채 자금을 원조했던 것에 반해, 1925년에는 자본금을 절반으로 줄이고 무배당을 단행하여 조선은행에 그 책임을 강하게 요구하고 있었던 것이다. 1925년의 철저한 정리로 인해 조선은행 주식은 반토막이 되었고, 그동안 고수해왔던 배당률 6%는 무너진 채 무배당을 실시했다. 또한 창립 이래 최대 경쟁자였던 요코하마정금은행 출신을 총재로 맞이하는 치욕까지 감수해야만 했다.[22]

그러나 1925년의 정리안 실행에도 불구하고 장기적인 불황으로 인해 거래처의 실적은 호전되지 못하여 불량채권의 회수는 좀처럼 진척되지 않고 있었다. 이에 1927년에 발생한 금융공황을 수습하는 과정에서 다시 일본은행으로부터 두 차례에 걸쳐 자금원조를 받았다. 이로써 조선은행은 기존에 대장성 예금부로부터 5천만 엔, 일본은행에서 2천만 엔을 정리 명목으로 받은 것 이외에 일본은행보상법특별융통으로 5,800만 엔의 지원을 받아 총 1억 2,800만 엔의 구제자금을 받는 것으로 일단락

---

[22] 한편 1925년의 정리안을 실시하기 전에 대장성은 1925년 3월경 '조선은행법 폐지 법률안'을 준비하고 있었다. 이 안에 의하면 1911년에 제정한 「조선은행법」을 폐지하고 조선은행권은 5년의 유예기간을 두고서 일본은행권과 교환하도록 되어 있다. 상호도 '동아은행(東亞銀行)'으로 고치고 본점을 도쿄에 두는 등 순연한 일반은행으로 개조한다는 것이다. 이 안은 은행권 발행을 박탈하는 것에 대한 보상이 전혀 없다는 점에서 보면 조선은행으로서는 매우 가혹한 방식이었다. 위와 같은 조선은행의 일반은행으로의 개조는 철저한 정리 실시로 인해 실현되지는 않았지만, 이를 통해 당시 대장성 내에서도 여러 해결 방법을 모색하고 있었음을 확인할 수 있다. 위 폐지안에 비교해볼 때 1925년의 정리는 오히려 조선은행에 훨씬 유리한 방식이었다고도 볼 수 있다. 이 내용에 대해서는 조명근, 2019, 앞의 책, 335~338쪽을 참조할 것.

되었다.[23] 엄밀하게 구분하면 1924~1925년의 경우는 순전히 정리를 위한 자금지원이고, 1927~1928년은 금융공황을 수습한다는 형식을 띠고 있었다. 그러나 사실상 모두 조선은행 정리를 위해 사용되었기 때문에 동일한 성격이라고 보아도 무방하다.

조선은행 측은 1920년대 정리 원인을 경기불황의 탓으로 돌리고 있었으나 일본 대장성의 진단은 달랐다.[24] 대장성에 따르면 제1차 세계대전으로 인한 호황을 기회로 삼아 조선은행은 상당한 성과를 올렸으나 호경기에 편승하여 방만한 대출을 실시하였고, 제대로 된 준비도 없이 외국환업무 등의 신규 분야에 진출하는 등 많은 문제가 있었다고 지적하였다. 조선은행은 전시 특수경기로 인한 거품경제 덕분에 일시적으로 많은 수익을 올릴 수 있었는데, 향후 경제 변동에 대비하여 수익의 일부를 적립해야 했음에도 불구하고 안일하게 사업 확장에만 주력하였다는 것이다. 1917년 10월 장춘지점장에 취임한 쓰쓰미 에이치(堤 永市)에 따

---

23 조선은행 정리자금지원 내역

연월	명칭	금액(천 엔)	이율(만기일)	지원 기관
1924.4~6	조선은행 업무 개선 및 체대(滯貸)정리자금	50,000	5→2%(1940.6)	대장성 예금부
1924.7	조선은행 업무 개선 및 체대 정리자금(1차)	15,000	5→2%(1940.6)	일본은행
1925.8	조선은행 업무 개선 및 체대 정리자금(2차)	5,000	5→2%(1940.6)	
1927.5	일본은행특별융통 및 손실보상법(1차)	18,000	5.84→3→1.25%(1937.5)	
1928.5	일본은행특별융통 및 손실보상법(2차)	40,000	1.25%(1937.5)	
합계		128,000		

출처: 조명근, 2019, 앞의 책, 267쪽, 각주 131.

24 大藏省 銀行局, 1925.7.11, 「第一 營業ノ槪況」, 『朝鮮銀行ノ整理二關スル件』(『昭和財政史資料』第1號 第99冊 1).

르면 당시에는 "상인은 누구라도 물건을 사기만 하면 이익이 남았기 때문에 기뻐서 어찌할 바를 모를 정도로 경기가 좋았다"고 한다. 따라서 그는 "회수하는 데 어려움이 없다"고 판단하여 적극적으로 대출해주었고 "특히 대두를 담보로 한 대출은 요구가 있으면 즉시 본점에 신청하였다"고 한다.[25]

물론 부실의 책임을 전부 조선은행에만 돌릴 수는 없을 것이다. 전후 반동공황, 1923년 관동대지진이라는 예측할 수 없었던 변수도 감안해야 할 것이다. 그러나 이는 실적 부진을 가속화시킨 요소이지, 정리의 근본적인 원인이라고 볼 수는 없다. 아래의 『동아일보』 사설은 이 점을 정확히 꼬집고 있었다.

(조선은행 대출이) 회수불능 혹은 고정대부가 된 원인으로 논지하면 재계(財界)공황에 인한 것이고 그 외에 부정한 관계가 있어 그러한 것은 아니라 변명하는 모양이나, 그러나 동행이 과연 하등 정실에 구속되는 바 없이 조선 중앙은행인 체면과 책임을 잘 고찰하여 유루(遺漏)가 없기를 기하였는가 하면 이에 대하여는 누구를 막론하고 바로 긍정을 주기는 어려울지니 대련 금건(金建) 문제에 대하여 동행이 너무 돌진에 지나친 것은 일반이 이미 인정하는 바이며 만주 방면에 업무 확장을 빙자하여 신중한 주의와 용심을 결한 것은 세산이 공인하는 사실이라. 이 점에 대하여 특히 그 후자에 대하여 오인은 불만이

---

[25] 堤 永市, 1956, 「鮮銀の思い出」, 『朝鮮銀行回顧錄: 前篇「一般思出の記」明治大正の卷 第二集』, 22쪽. 당시 조선은행 본점에서는 각 지점에서 대출이 쇄도하여 자금조달에 어려움을 겪고 있어 승인을 주저하고 있었다고 한다. 이에 쓰쓰미 에이치는 본인이 직접 본점에 가서 대두 담보대출은 아무런 문제가 없다고 설득했다고 한다.

적지 아니하나니 대개 조선은행은 만주의 발전을 그 본질로 할 것인가 이에 대한 심절한 각오가 있어야 할 것이니 만일 조선은행이 일(一) 영리기관으로 보통은행과 별반 성질상 차이가 없다 하면 오인은 이점에 대하여 심히 문책코자 하지 아니할 것이라.[26]

위 사설은 조선은행의 불량채권 문제가 세간에 알려졌던 1922년 2월에 게재된 것으로, 그 원인을 정확히 파악하고 있었다. 즉 조선은행이 만주에 진출한 이후 영업을 확대하기 위해 신용이 낮았던 기업들을 대상으로 대출을 실시하였고, 경기침체가 심화되고 있는 시점에서 대련거래소 금건화를 실시하면서 여러 무리수를 두었던 사실은 이미 언론을 통해서도 확인되고 있었다.[27] 또한 위 사설에서는 자금운용의 주된 지역이 조선이 아닌 만주라는 점에서 심히 유감을 표시하고 있으며, 조선은

---

[26] 「사설: 선은의 방만대출, 중앙은행의 신용여하」, 『동아일보』, 1922.2.28.

[27] 1920년 3월 봉천지점장으로 자리를 옮긴 쓰쓰미 에이치는 당시 반동공황 때의 상황을 다음과 같이 묘사하고 있다. "이 시기는 전쟁 경기도 천정을 치고 급격한 반동이 일어났다. 물가의 하락은 그칠 줄로 모르고 상인이 수중에 지닌 물건은 매매가 전혀 되지 않았다. 상품 가격은 매입 시세보다 훨씬 떨어지고, 판매 대금은 입금이 되지 않아 원래 자본력이 취약한 상태에서 오직 호경기만 믿고서 뛰어들었던 재만주 일본인 상인은 갑자기 추락하기 시작하였다. 1920년 초에는 실질자산으로 100만 엔이 신용조서에 기재되고 있던 것이 1921년 말에는 부채초과 100만 엔으로 기재되기에 이르렀다(거래선의 신용조서를 잘 살펴보면, 이 양 시점에서의 각 상인의 신용상태는 불가사의하게도 이전 시점의 실질자산액이 이후 시점의 부채초과액과 일치하고 있다는 점에서 놀라운 것이었다). 대출 연체가 날이 갈수록 많아지고 있었다"(堤 永市, 1956, 앞의 책, 24쪽). 이러한 상황 속에서 대련거래소의 금건화를 밀어붙였으니, 그 무모함을 충분히 짐작하고도 남을 일이다. 이를 진두지휘했던 오타 사부로 이사는 러일전쟁에서 일본인이 피로 획득한 만주를 일본의 경제권과 동일하게 만드는 것은 의무라고 주장하였다고 한다(堤 永市, 1956, 앞의 책, 30쪽). 이런 오타의 주장에는 경제적 논리가 반영될 여지가 아예 없었다고 해도 과언이 아니다.

행이 마치 일반은행과 다를 바 없이 활동한 것에 대해서도 비난을 가하고 있었다. 더구나 동일한 일제의 특수금융기관으로서 만주에서 같이 활동하고 있던 요코하마정금은행은 이러한 불황의 여파에서 비교적 자유로웠던 사실도 조선은행이 가진 문제점을 잘 보여준다. 대장성이 지적한 대로 조선은행은 상업금융을 통해 얻을 수 있는 수익만을 염두에 두고 영업 확대에만 골몰한 채 앞날을 전혀 대비하지 않았고, '선만일체화'라는 현실에 부합되지 않는 정책을 무리하게 관철시키기 위해서 전개한 사업으로 인해 막대한 손실을 입게 된 것이었다.

3. 1930년대 이후 만주 철수 및 조선은행 개조론의 전개

1) 만주중앙은행 수립에 따른 만주 철수

1931년 일제가 만주를 침략하자 조선은행은 일본 관동군의 군사활동에 적극적으로 협력하여 만주에 소재한 중국계 은행의 접수와 감독, 국고업무 및 지불어음 발행을 담당하였다. 점포가 없는 지역의 경우, 조선은행에서 파견된 행원이 군대를 같이 따라다니며 관련 사무를 처리하는 등 관동군에 적극적으로 협력하였다. 조선은행은 관동군과의 업무 협조를 위해 봉천 등 만주 주요 도시에 임시특무기관을 설치하였고, 조선은행 이사인 이로베 미쓰키(色部貢)가 관동군 촉탁 자격으로 봉천성 재정고문에 취임하는 등 조선은행은 일제의 만주 침략에 발맞춰 적극적인 활동을 전개하였다. 그런데 한 가지 유의할 점은 만주 점령지 금융을 조선은행이 독점적으로 장악한 것은 아니라는 것이다. 가령 봉천성에서 조선은행은 은행권 발행과 출납 및 예금을 담당하였고 요코하마정금은행이 환과 대출을 담당하는 등 업무를 분담하였다.[28] 조선은행은 자행의 희망과 달리 만주 금융이라는 국책을 독점하지는 못했던 것이다.

　　1917년 이후 만주에서 일본 군부의 후원으로 금융업무를 전개하였던 조선은행은 자행이 만주국 중앙은행이 되어야 한다고 주장하였다. 따라서 만주국은 즉시 금본위제를 채택하고 조선은행을 중앙은행으로 삼을 것을 강력하게 요구하였다. 만약 만주에 새로운 중앙은행이 설립된다면 조선은행이 더 이상 만주에서 활동할 명분이 사라지기 때문이다. 조선은행 측은 일본과 조선, 그리고 만주를 연결하는 하나의 경제권을 실현하기 위해 동일한 화폐제도를 시행해야만 한다고 주장하였다. 반면 남만주철도주식회사와 관동군 통치부는 만주가 은본위제에 기반한 점을 환기하면서 은본위제를 주장하고 있었다. 당시 만주국이 보유하고 있던 은준비금을 발행준비로 충당하면 별도로 비용을 들이지 않더라도 은본위제를 운영할 수 있다는 것이었다. 금본위제는 당장 도입하기가 현실적으로 어렵기 때문에 궁극적인 목표로 삼아 후일을 기약하자고 주장하였다. 특히 관동군 수뇌부가 은본위제 채택을 강하게 지지하고 있었다. 결국 조선은행의 만주 중앙은행화는 무산되었고, 조선은행권은 만주국에서의 금본위계 통화로서 유통을 인정받은 채 종래와 같이 영업을 지속하게 되었다. 그러나 이는 어디까지나 잠정적인 조치에 불과한 것으로 만주국이 금본위제로 이행하면 만주국에서의 조선은행권 유통은 당연

28　朝鮮銀行史研究會 編, 1987, 앞의 책, 408~412쪽.

히 정지될 것이기 때문이다.[29]

1932년 3월 1일 만주국이 수립되고, 같은 달 15일 중앙은행창립준비회의가 개최되어 만주중앙은행 설립이 진행되었다. 6월에 「화폐법」과 「만주중앙은행법」 등이 공포되고, 1932년 7월 1일자로 만주중앙은행이 설립되었다.[30] 「화폐법」(1932.6)에 따르면 만주중앙은행이 발행하는 은행권은 "순은(純銀) 중량 23.91g으로서 가격의 단위로 하고 이를 원(圓)이라" 한다고 규정함으로써 은본위제로 출발하였다.[31] 또한 만주중앙은행은 발권준비로 지폐 발행고의 30% 이상에 해당하는 은괴 및 금괴, 확실한 외국통화 혹은 외국은행에 대한 금은 예금을 보유할 것을 규정하였다. 그러나 법령에 태환에 관한 규정을 두고 있지 않았다는 점에서 만주중앙은행권은 사실상 불환지폐였다. 즉 만주중앙은행이 발행하는 지폐는 엄밀히 말하자면 은행권이 아니라 국가지폐가 된다. 그 결과 당시 만주중앙은행권은 만주국이 발행하는 지폐, 즉 만주국폐라 불렸다. 만주중앙은행은 독립국의 형식을 갖추려는 만주국과 보조를 맞추면서 중앙은행으로서의 자격과 지위를 확립하는 데 주력하였다. 이 과정에서 '외국 통화'인 조선은행권은 당연히 축출될 수밖에 없는 운명이었다.[32]

그런데 조선은행의 만주 철수를 앞당긴 것은 대외 경제의 변화에서 비롯되었다. 1935년 9월 미국이 은매상정책을 실시하자 은가격이 급등

29　朝鮮銀行史硏究會 編, 1987, 앞의 책, 464쪽, 421쪽.
30　安富 步, 1997, 『「滿洲國」の金融』, 創文社, 41쪽.
31　만주국이 화폐의 가격 단위를 순은 23.91g으로 한 까닭은 중국과 만주 각 지역에서 유통되고 있던 각종 현대양(現代洋, 円銀)의 평균 순은 중량과 동일하게 하기 위해서였다(朝鮮銀行史硏究會 編, 1987, 앞의 책, 464쪽).
32　安富 步, 1997, 앞의 책, 84~85쪽.

하였고, 중국에서 은의 유출이 격심해져 더 이상 중국은 은본위제를 고수하는 것이 불가능해졌다. 중국은 화폐제도를 개혁하여 은본위제를 포기하였는데, 이는 은본위제인 만주국에도 파급되었다. 만주국폐는 상해쪽 환을 링크시켜 그 가치를 유지해왔으나 중국 환시세의 등귀로 인해 국폐도 폭등하게 되었다. 이에 만주국폐는 일본엔과 등가로 연계하는 것으로 변경하였고, 제도적으로 국폐는 금권과 등가관계가 되었다. 이 조치에 따라 1935년 12월 만주에서 조선은행권 회수가 결정되었다. 또한 일본계 은행인 정륭은행과 만주은행이 해산하고 양행을 계승하는 방식으로 만주흥업은행이 창설되어 1937년 1월 1일에 개업하였다. 그리고 조선은행은 1936년 12월 만주에 소재한 20개 지점을 신설되는 만주흥업은행에 이양하게 되었다. 만주흥업은행은 광공업의 자금공급을 담당하는 것으로 되어 이후 만주국 중공업의 자금공급의 루트로 되었다. 설립 이래 만주 진출을 적극적으로 추진한 끝에 1917년 만주에서 법화로 인정받고 '중앙은행'으로서 역할을 해온 조선은행은 만주국이 수립되자 물러날 수밖에 없었던 것이다.[33]

2) 조선은행 개조를 둘러싼 동상이몽

만주중앙은행의 설립 등 일제의 대외 금융정책 전환은 기존 조선은행에 대한 정책 변화를 모색하는 계기가 되었다. 일본 대장성, 조선총독

---

33 조선은행이 만주에서 철수한 것에 대해 "본거인 조선 내의 업무까지 의붓자식 취급하"면서 만주에 전력을 기울였던 것을 돌이켜보면 조선은행으로서는 금석지감(今昔之感)을 금할 수 없을 것이라고 당시 상황을 전하고 있었다(이건혁, 「금후의 조선은행②, 비관적 억측은 부당」, 『조선일보』, 1936.11.28). 이상 조선은행의 만주 철수에 관해서는 조명근, 2011, 앞의 글, 178~182쪽을 참조하였다.

부, 조선은행은 각각 서로 다른 방안을 제시하고 있었는데, 이 내용을 각 주체별로 살펴보겠다.

    1930년대 일본 정계에서는 조선은행 개조론이 대두되었는데, 그 주체는 다름 아닌 대장대신이었다. 1930년대 들어서 일본의 통화제도는 큰 전기를 맞이하는데, 1930년 1월 금본위제에 복귀한 일본은 1931년 12월 국제금본위제를 이탈하여 관리통화제도를 전면 도입하였던 것이다. 1932년 7월 1억 2천만 엔이던 일본은행권 보증준비 발행한도를 일거에 10억 엔으로 대거 확장하면서 사실상 관리통화제도로 이행한 것이었다.[34] 그 결과 일본은행은 정화준비에 구속되지 않은 채 탄력적으로 통화를 공급할 수 있게 되었고, 이는 식민지에서도 일본은행권이 유통될 수 있는 단서를 제공하였다. 즉 일본은행권이 "금의 구속"에서 벗어날 수 있게 됨에 따라 식민지에 별도의 발권은행을 설치했던 근본적인 이유가 사라지게 된 것이다.[35] 당시 일본 대장성 및 일본은행에서는 조선에서 일본은행권을 발행함으로써 조선은행의 발권 특권은 회수한다는 계획을 세우기도 했다.[36] 궁극적으로 조선은행권 폐지는 일본 정부가 일본과 식민지를 아우르는 금융통제력 강화를 도모한 것이라고 할 수 있다.[37] 동시에 조선은행과 같이 은행권 발행 특권을 향유하는 금융기관이 일반은행 업무를 겸영함에 따라 민간의 금융기관 발달을 저해하는 폐단이 발생

---

34   1920년대 후반 60%에 달했던 일본은행의 정화준비율은 1932년 이후 20%대로, 1938년 이후에는 10%대로 저하하였다(조명근, 2019, 앞의 책, 161쪽, 각주 57, 〈표〉).

35   「사설: 은행권의 통일문제」, 『동아일보』, 1932.7.4.

36   다카하시 고레키요(高橋是淸) 대장대신과 일본은행 총재 히지카타 히사요시(土方久徵) 간에는 합의가 진행되고 있었다고 한다(「일은(日銀) 태환권에 통일, 조은권(朝銀券)은 폐지호(乎), 은행권 통일이 득책이라는 일은과 대장성 의향」, 『조선일보』, 1932.7.4).

37   「사설: 조선은행권의 일은 통일설, 실현되면 영향은 막대」, 『조선일보』, 1935.2.27.

한다는 것도 개조론을 주장하는 중요 근거로 작용하였다.[38]

1935년 2월 일본 제국의회에서는 「조선은행법」의 제한외발행세율을 종전 5%에서 3%로 인하하는 개정이 진행되고 있었다. 그런데 2월 22일 다카하시 고레키요(高橋是淸) 대장대신은 답변을 하던 도중에 돌연 속기를 정지시킨 채 조선은행과 대만은행의 발행권을 회수하여 일본은행에 통일시키겠다는 방침을 발표하여 큰 파장을 불러 일으켰다.[39] 문제가 된 다카하시의 발언 내용은 다음과 같다.

> 이번의 개정[발행세 인하 - 필자]은 당장 필요에서 나온 것이고, 근본적으로는 조선은행과 대만은행 양행의 태환권 발행을 일본은행권에 통일시키고 싶다. 대만은행은 대만을 하나의 경제구역으로 삼아 일반은행처럼 경영했어야 했다고 믿는다. 조선은행 역시 마찬가지이다. 지금까지 종종 국가를 어지럽힌 주된 요인은 발행권이 있기 때문에 돈이 지나치게 자유롭게 된 점에 있다. 우리나라 전체 입장에서는 통화 발행권을 중앙은행에 통일시켜두지 않으면 금융이나 자본을 통제할 수 없게 된다. 양행에서 발행권을 몰수하는 방법으로는 이전 국립은행 발행권을 회수한 관례도 있기 때문에 양행을 위해 또 주주를 위해서도 어렵지 않을 방안이 나올 수 있다고 생각한다.[40]

---

38 「社說: 鮮銀存廢問題, 充分考覈せよ」, 『京城日報』, 1932.7.5.

39 다음 날 23일자 각 신문은 다카하시의 발언을 1면 머리기사로 취급하고 있었는데, 이 발언이 각 방면에 충격을 주었다고 전하고 있다(「사설: 조선은행권의 일은(日銀) 통일설, 실현되면 영향은 막대」, 『조선일보』, 1935.2.27).

40 朝鮮銀行史研究會 編, 1987, 앞의 책, 448쪽. 다카하시는 이날 발언에 앞서 2월 9일 중의원 예산분과회에서도 조선은행권과 대만은행권을 일괄하여 일본은행권에 통일시킬 필요가 있다고 주장하였다.

다카하시의 발언의 요지는 다음과 같다. 첫째, 양 은행은 발행권을 남용하여 국가에 피해를 입혀왔다. 둘째, 일본뿐 아니라 식민지까지 아우르는 통일적인 금융통제를 시행하기 위해 일본은행권을 단일 법화로 하여 조선과 대만에 유통시켜야 한다. 셋째, 발행권 몰수로 인해 발생될 수 있는 피해에 대해서는 19세기 말 일본 국립은행에 적용했던 방식과 같이 적절한 보상을 할 수 있으니 그다지 문제가 되지는 않을 것이다. 마지막으로 조선은행과 대만은행은 조선과 대만지역만을 대상으로 하는 순연한 일반은행으로 개조한다. 다카하시 대장대신의 조선은행권 폐지 주장에 대해서 당시 조선에서는 "이상론으로서는 이론(異論)은 없"지만 현실적인 관점에서 보면 식민지의 특수한 경제 사정을 고려하지 않을 수 없다고 하는 등 당장은 실현하는 것이 불가능할 것이라는 의견이 다수를 이루었다.[41]

그렇다면 실현될 가능성이 희박해 보이는 조선은행권 폐지를 주무대신인 대장대신이 직접 언급한 이유는 무엇일까? 다카하시는 대장대신을 일곱 번이나 역임했는데, 특히 1931년 12월 금본위제 이탈 이후부터 1936년 2월에 발발한 '2·26사건'으로 암살당할 때까지 3대에 걸친 내각에서 계속해서 대장대신으로 재임하면서 이른바 '다카하시 재정'을 주도한 인물이었다. 그는 일찍부터 조선은행권이 만주에서 유통되는 것을 반대했는데, 이는 군부와 긴밀하게 협조하고 있던 조선은행의 대외 활동을 깊이 우려하고 있었기 때문이었다. 항상 일본 군부의 중국 침략에 앞장서 온 조선은행권의 성격을 잘 알고 있는 그는 조선은행의 발권 특권

---

41 「선은권 통일의 실행은 시기상조, 외지의 특수사정 존중하라고, 금후 문제화 예상」, 『매일신보』, 1935.2.24.

을 회수하여 앞으로 군용통화로서 활용되는 것을 막으려 했던 것이다.[42] 즉 다카하시의 입장에서는 군부의 확전을 저지하기 위해 그 행동부대와 같은 역할을 수행하는 조선은행의 기능을 정지시킬 수 있는 방안을 강구할 필요가 있었던 것이다. 다카하시가 주장한 조선은행 개조론의 이면에는 조선은행권의 본질에 대한 깊은 염려가 있었던 것이다. 중일전쟁이 발발하자 일제 중국 침략의 첨병으로서 그 역할을 적극적으로 수행한 조선은행의 행보를 감안하면, 다카하시의 우려가 현실화되었던 것을 알 수 있을 것이다.[43]

한편 1930년대 중반 조선에서는 식민지 금융기구 개편 논의가 전개되었는데, 특히 조선은행의 만주 철수에 따른 조선 내 특수금융기관 사이의 업무 조정 문제가 핵심이었다. 조선총독부는 1936년 12월 금융제도 개편에 대한 의견서를 대장성에 제출했는데, 여기에는 특수금융기관 개선의 기본 방향이 제시되어 있었다.[44] 조선총독부의 구상에 따르면 조선은행 업무 중, 조선 내의 일반은행 업무는 폐지하여 조선은행을 실질적인 중앙은행으로 정립하겠다는 것이 기본 방침이었다. 이를 위한 전제 조건으로 조선은행 감독권을 기존의 대장대신에게서 조선총독으로 환원할 것을 요구하고 있었다. 반면 대장성은 조선은행을 식민지 조선의 중추금융기관으로 정립한다는 점에서는 조선총독부와 같은 입장이었지만 일반은행 업무 겸영은 그대로 유지하도록 하였다. 그리고 조선총독부

---

42 다카하시의 입장에 대해서는 朝鮮銀行史硏究會 編, 1987, 앞의 책, 453~456쪽을 참조할 것.

43 이상 조선은행 개조론에 대해서는 조명근, 2019, 앞의 책, 338~343쪽을 참조하였다.

44 「朝鮮金融制度改善要項」(1936.12), 『昭和財政史資料』 6-32.

가 제안한 감독권 이전은 전혀 고려하지 않고 있었다. 대장성은 오히려 조선식산은행의 특권을 대폭 축소시켜 조선은행에 종속시킴으로써 대장성의 식민지 조선에 대한 금융통제력을 강화하고자 하였다. 조선총독부가 조선식산은행의 기득권을 그대로 보장한 채 조선은행에 대한 통제권을 확보하려 한 것과 크게 대비되고 있었다.

그러나 개편의 당사자인 조선은행은 행정 당국의 의도와 달리 조선에서의 업무 조정이나 위상 강화에 전혀 관심이 없었다. 조선은행의 가장 시급한 사안은 만주라는 해외 시장을 상실한 것에 대한 보상이었고, 그 대체 지역으로서 중국 진출을 강력하게 요구하였다. 중국 진출이란 결국 일본 군부의 군사 작전의 실행이라는 점에서 사실상 조선은행은 중국 침략을 선동하고 있었던 것이다. 중국을 대상으로 한 기존에 비해 훨씬 확장된 일제의 대외금융정책을 수행하기 위해서는 조선은행과 대만은행, 조선식산은행을 합병하여 '동아은행(東亞銀行)'이라는 거대 해외은행을 설립해야 한다고 주장하였다.[45] 조선은행이 제시한 내용에 따르면 동아은행은 기존 3행의 기득권인 은행권 발행, 채권 발행의 특권을 그대로 유지함으로써 자금조달력을 크게 강화하였으며 이를 기반으로 중국에서의 사업 확장을 기도하고 있었다. 영업 또한 기존의 것을 그대로 계승하여 발권 및 국고금 취급, 단기 상업금융과 장기 개발금융까지 거의 모든 업무를 망라하였다.

그런데 동아은행 설립안은 조선은행을 제외한 나머지 두 은행이 이를 받아들일 어떠한 이유도 없을 뿐만 아니라 당국도 전혀 고려하지 않았기 때문에 실현 불가능한 것이었다. 그럼에도 조선은행이 이 안을 제

---

45 「東亞銀行(假稱)設立案綱要」(1936.6), 『昭和財政史資料』 6-32.

안한 이유는 이를 통해 얻을 수 있는 '정치적 효과'를 기대했기 때문이었다. 중국에서 일제의 대외금융정책의 사명을 충실하게 실천하기 위해서는 동아은행 정도의 거대한 해외은행이 필요하다는 것을 환기시키고, 그 대상기관으로 조선은행이 가장 적합하다는 것을 강조하려 했던 것이다. 즉 조선은행의 의도는 3행 합병에 의한 신은행 설립에 있는 것이 아니라 조선은행 자체를 거대한 해외은행으로 개편하는 데 있었던 것이다. 조선은행은 조선으로 복귀할 것이 아니라 중국으로 진출하는 것이 바람직하다고 주장하였는데, 만약 조선 내 업무에 집중한다면 은행 간 업무 조정을 둘러싼 갈등이 더욱 첨예해질 것이기 때문에 이 문제를 해결하기 위해서도 조선은행이 조선 밖으로 나가는 것이 더 낫다는 것이었다. 요컨대 행정당국은 조선은행의 만주 철수에 대한 보상으로서 조선을 제시했으나 조선은행은 오히려 중국이라는 훨씬 더 큰 시장을 요구하고 있었던 것을 확인할 수 있다.[46]

---

46 이상 조선총독부와 조선은행의 입장에 대해서는 조명근, 2020a, 「1930년대 중후반 식민지 조선 금융기구 개편론의 전개와 함의」, 『한국사연구』 190, 279~283쪽, 287~294쪽을 참조하였다.

4. 전시기 인플레이션의 조선 파급과 조선은행의 역할

1) 중일전쟁 이후 인플레이션에 따른 엔계통화권의 붕괴

1937년 7월 중일전쟁이 일어나자, 조선은행권은 중국 화북지역에서 유통되고 있던 상황을 감안하여 군용통화로 지정되었다.[47] 이는 잠정적인 조치로, 이미 개전 이전부터 화북지역에 발권은행을 설립할 구상이 준비되고 있었다.[48] 곧 일제는 중국 점령 지역에 발권은행을 창설하고 현지에서 은행권을 발행하여 필요한 전비를 조달하는 정책으로 전환하였다. 화북지역에서는 1938년 3월에 중국연합준비은행을 설립하고, 중국연합준비은행권을 발행하였다.

그런데 당시 중국의 경제는 장개석의 국민정부가 발행하는 법폐(法幣)가 강고한 지반을 가지고 있었다. 원래 중국은 전통적인 은본위제에 입각한 국가로서 일제는 일찍이 조선은행을 내세워 만주화폐제도를 금본위제로 통일하려는 시도를 수차례 하였으나 번번이 실패했을 정도로 견고한 기반을 갖고 있었다. 그런데 1935년 중국은 기존 은본위제를 포기하고, 관리통화정책으로 이행하면서 국민정부계 은행이 발행한 지폐만을 유일한 법폐로 인정하고, 모든 조세 납부와 공사 금액의 거래에는

---

47 朝鮮銀行史研究會 編, 1987, 앞의 책, 545쪽.
48 柴田善雅, 1999, 앞의 책, 273쪽.

법폐를 사용한다는「폐제개혁령(幣制改革令)」(1935.11.3)을 공포하였다.[49]

일제는 중국 점령지에 수립한 발권은행에서 발행한 엔계통화를 통해 법폐를 축출하고자 하였다. 그러나 전쟁 초기부터 일제는 통화전에서 법폐에게 밀리고 있었다. 전쟁 초기에 조선은행권을 군비로 사용할 때부터 가치는 이미 하락하기 시작하였는데,[50] 1938년 2월이 되자 법폐 100원당 120엔이라는 시세가 형성되었다.[51] 더구나 일본군이 점령한 지역 대부분은 소비지이거나 생산물의 집산지였지 생산지가 아니었다. 중국 화북지역의 주민들이 엔계통화 사용을 기피함에 따라 일본군은 이를 법폐로 교환하지 않으면 필요한 물자를 조달할 수 없는 실정이었다. 즉 일본군은 필요한 물자를 구매하기 위해서는 법폐를 사용할 수밖에 없었다. 법폐를 몰아낼 목적으로 발행된 엔계통화가 오히려 법폐에 기대어 유통

---

49 국민정부는 은화 유통을 금지시키는 대신 은화와 태환된 중국 내 현은(現銀)을 중앙에 집중하여 국유로 함과 동시에, 중앙은행·중국은행·교통은행 세 은행에서 발행하는 불환지폐만을 법폐로 인정하였다(1936년 1월 중국농민은행권이 추가). 중국이 기존의 은본위제를 이탈하여 관리통화제를 채택한 이유는 1935년 9월 미국에서 실시된 은매상정책 때문이었다. 미국의 은매상정책의 결과 은가격이 상승하여 중국에서 은 유출이 급증하자 은본위제 유지가 불가능해졌다. 국민정부는 영국에게 원조를 요청하였고, 이에 영국은 리스 로스(Leith Ross) 사절단을 중국에 파견하였다. 리스 로스에 따르면 중국은 은본위제를 포기하고 파운드와 연계된 관리통화제를 채택해야 한다는 것이었다. 이상은 김정현, 1998,「중일전쟁기 통화전 연구」, 연세대 박사학위 논문, 29~44쪽을 참조하였다.

50 1937년 9월에는 법폐 100원당 조선은행권 107원이라는 시세를 보이고 있었다. 이를 두고 조선은행 당국은 과도기적인 현상이라고 보면서 곧 법폐 가치가 하락할 것으로 예상하고 있었다(「평진지방 국폐고 조선은행측의 관측」,『동아일보』, 1937.9.15).

51 1938년 2월 5일「중국연합준비은행조례(中國聯合準備銀行條例)」가 공포되었는데, 북지나방면군 사령관인 데라우치 히사이치(寺內壽一) 대장은 중국 주둔 재무관으로 부임해온 오노 류타(大野龍太)에게 당시 교환시세를 지적하면서 이를 등가로 바로잡아야 한다고 주장하였다. 이에 오노는 데라우치의 요구가 무리한 것이라면서 난색을 표하고 있었다(朝鮮銀行史硏究會, 1987, 앞의 책, 539쪽).

되는 모순에 빠지게 된 것이다. 그 결과 법폐에 대한 수요가 더욱 증가하게 되고, 반대로 엔계통화의 가치는 하락하게 되었다. 엔계통화의 가치 하락이 법폐에 대한 신용을 강화시켜주고 있는 실정이었다.[52] 당시 조선은행 조사에 따르면 그 원인을 다음과 같이 밝히고 있다.

> 법폐는 종이를 가지고 윤전기에 의해서 만들어낸 지폐에 불과하지만 국민정부의 유일한 화폐라는 점에서 '지폐' 이상의 힘을 가지고 있다. (중략) 법폐가 '지폐' 이상이라는 것은 그것이 아직 의연히 구매력을 가지고 있기 때문이다. 그것은 법폐에 대한 민중 신뢰의 표시다.[53]

법폐는 엔계통화를 능가하는 구매력을 지녔기 때문에 강한 생명력을 가지는데, 이를 가능하게 한 것은 법폐에 대한 중국인들의 믿음이라는 것이다. 따라서 법폐는 단순히 국민정부가 종이로 발행한 지폐에 불과한 것이 아니라 "국민정부의 전쟁을 지탱할 수 있는 척도"이고 "국민정부의 생명선"이 된다. 이는 일본의 입장에서는 이 법폐를 몰아내지 않는 한 중국을 점령할 수 없다는 것을 의미한다.[54]

---

52 김정현, 1998, 앞의 글, 56~57쪽.
53 朝鮮銀行 調査課, 1939, 『法幣を繞る支那經濟の動向』, 1~2쪽.
54 엔계통화가 법폐보다 저평가되었던 이유 중 하나는 외환 태환성이 없었기 때문이었다. 중국연합준비은행권은 정화 태환이나 외환 매도에 관련된 규정이 없어서 외환에 대응할 수 없었다. 그 결과 중국연합준비은행권은 법폐를 통해 간접적으로 외환 업무를 할 수밖에 없었는데, 이는 중국연합준비은행권이 법폐를 필요로 하면서 한편으로는 법폐를 공격해야 하는 모순된 통화임을 의미하는 것이다. 따라서 중국연합준비은행권은 항상 "법폐의 하위에 서"게 될 수밖에 없었다고 한다(김정현, 1998, 앞의

중국 경제에 강고하게 뿌리 내린 법폐를 구축하기 위해서는 일본으로부터의 물자 공급이 강력하게 뒷받침되어야만 했다. 즉 엔계통화 가치 유지는 일본의 생산력 여하에 달려 있었던 것이다. 그런데 일제는 오히려 현지에서의 물자 조달이라는 정반대의 방식을 취하였다. 따라서 통화 자체의 구매력이 저하되는 것은 어쩔 수 없었다. 물자의 보증을 받지 못하고 있는 엔계통화의 가치를 유지하기 위한 유일한 방법은 유통량의 통제에 있었는데, 당시의 상황을 고려하면 전혀 실시될 수 없었다. 이와 같이 자체구매력이 결여된 엔계통화에 의한 현지물자 조달은 통화가치를 더욱 저하시켰고, 그 결과 갈수록 통화 증발에 의존할 수밖에 없는 악순환이 반복되고 있었다.[55]

엔계통화권의 경우 일본은행권과 등가(중앙저비은행권은 제외)로 하여 각 엔계통화와 연계되어 있었다.[56] 화북의 경우 대(對)화중과의 결제는 중국연합준비은행권과 중앙저비은행권의 직접결제 방식으로, 만주에서 대(對)화북의 경우 만주국폐와 연합준비은행권이 결제되는 형식으로 이루어지고 있었다.[57] 조선과 만주 또한 동일한 결제 방식이 작동되고 있었다. 즉 엔계통화는 중앙저비은행권 → 중국연합준비은행권 → 만주

글, 59쪽). 조선은행에 따르면 법폐의 물질적 기초는 외화 태환에 있다고 보았다. 법폐가 취약성을 갖고 있음에도 불구하고 현재까지 명맥을 유지한 이유는 법폐를 가지고 외국환을 매입할 수 있기 때문이라고 진단하였다(朝鮮銀行 調査課, 1939, 앞의 책, 2쪽).

55 日本銀行 調査局 特別調査室 編, 1948, 「滿洲事變以後の財政金融史」(日本銀行 調査局 編, 1970, 『日本金融史資料』 27), 160쪽.

56 이 책 52쪽, 각주 22.

57 日本銀行, 1944, 「大東亞各域間決濟方法一覽」(日本銀行 調査局 編, 1971, 『日本金融史資料』 30), 361~362쪽.

국폐→조선은행권으로 이어지는 거대한 연쇄고리를 형성하고 있었다. 그런데 인접한 지역 간에 이루어지는 직접결제 형식은 결국 고물가 지역에서 발생한 인플레이션이 저물가 지역으로 전파되는 통로가 되고 있었다.[58] 전쟁이 장기화되자, 중국 점령지에 따라 통화가치가 심각히 괴리되고 있었는데, 이를 해결할 수 있는 방법은 환시세의 변동뿐이나 군부 등의 반대로 인해 실행되지는 못했다.

일본이 환시세의 조절을 포기한 채 선택할 수 있는 방법은 점령지·식민지와 일본 본국 간의 단절뿐이었다. 일본은행이 전쟁 말기에 작성한 자료는 이를 잘 보여주고 있다.

> (문제의 핵심은) 첫째, 현재 외지에서 진행되고 있는 인플레이션의 영향을 일본의 인플레이션에 대해서 어떻게 단절하는가 (중략) 둘째, 일본과 외지를 통틀어서 이 인플레이션의 진행에 어떤 수단을 취할 것인가 (중략) 일본과 외지를 일체로 하여 인플레이션 대책을 고려하게 되면 결국 일본의 부담을 증가시킬 것이기 때문에, 이것을 부담해야 하는 일본의 실력을 확보하기 위해서는 외지 인플레이션과의 단절을 고려하지 않으면 안 된다.[59]

즉 일본을 살리기 위해서는 일본 본도와 식민지·점령지의 엔계통화

---

58 당시 통화증발 상황과 인플레이션의 수준을 보면 중국 화북이 제일 높고, 만주, 조선, 일본의 순서였다. 이는 당시 엔계통화권으로 연계된 지역에서의 인플레이션 파급이 화북→만주→조선→일본으로 이어지고 있음을 보여주고 있었다. 이 책 64쪽, 〈표 1-6〉을 참조할 것.

59 日本銀行, 1944, 「外地インフレと內地インフレとの關係如何」(日本銀行 調査局 編, 1971, 『日本金融史資料』 30), 360쪽.

간의 연계를 끊어야 한다는 것이다. 따라서 애초 일본은행권과 등가로 출발한 엔계통화권의 기본 원칙은 지켜질 수가 없었다. 만약 일본엔과 엔계통화의 등가교환을 자유롭게 허용하게 되면, 엔계통화의 증발이 연쇄적으로 일어나 일본 본토의 인플레이션을 격화시킬 것은 불 보듯 뻔했기 때문이다. 따라서 기존의 일본은행권을 중심으로 한 엔계통화권은 더 이상 작동될 수 없었던 것이다.

2) 만주국폐의 조선 유입을 둘러싼 상이한 인식과 대책

만주중앙은행이 발행한 만주국폐는 조선·만주 국경 지대에서 활발하게 유통되고 있었는데, 아무런 법적 근거가 없는 만주국폐가 어떻게 조선에서 통용될 수 있었는가? 그 이유는 첫째, 조선·만주 국경 지대를 중심으로 한 활발한 교류에서 기인한다. 육상으로 국경을 접하여 서로 왕래가 활발하게 이루어졌는데 이 과정에서 만주국폐가 유입될 여지가 크다는 것이다. 만주에서 조선으로 오는 사람들은 대체로 만주국폐를 소지하고 와서 거래에 사용하는데 이것이 유통의 단서가 되고 있었다. 즉 "압록강 철교를 결합한 선만일여(鮮滿一如)를 문자 그대로 실현하고 있는 2대 국경도시 안동, 신의주"의 경우 "만주국폐 1원은 똑같이 조선은행권 1원과 교환"되고 있었기 때문에 "상점, 시장, 노점 상인" 등을 중심으로 거래가 활발히 이루어지고 있었다. 그 결과 신의주부민의 "지갑 속에는 오히려 만주국폐가 많은 날이 있"을 정도였다고 한다.[60] 당시 신문에서

---

60 「만주화폐가 조선에 범람, 국경에는 유통이 일반화, 경성에까지 침입할 형세, 악폐의 조수로 경제계 영향지대」, 『동아일보』, 1939.8.4.

는 "만주국폐의 유통금지는 도저히 불가능한 것으로 보여진다"고 언급할 정도였다. 만주국폐가 조선에서 유통되는 현실의 이면에는 국경 지대에 거주하는 주민들의 편리함이 "암묵적으로" 차차 스며들었기 때문으로 만약 이를 금지하게 되면 생활의 불편만이 아니라 국경 지역 "경제계에 혼란을 초래하는 것"으로 이어질 우려가 크다고 할 정도였다.[61] 둘째, 만주에서 조선을 경유하여 일본에 가는 사람들이 사용하는 만주국폐도 상당하였다. 만주국폐를 조선은행권으로 교환하는 것이 당연하지만, 그렇게 하지 않은 채 조선에서 그대로 사용하던 것이 만주국폐 유통을 부채질하고 있었던 것이다.

그런데 만주국폐의 조선 유입에 대해 조선총독부와 조선은행 측은 서로 다른 견해를 보이고 있었다. 우선 조선총독부는 만주국폐의 유입 현상이 발생하던 초기부터 이 사안을 심각하게 보고 있었다. 1936년 말에 조선은행의 만주 철수가 확정되자, 조선총독부는 만주국폐를 두고 '외국 지폐'라고 규정하면서 당국에서 통제할 수 없는 화폐가 조선에서 유통되는 것은 불가능하다는 입장을 분명히 하였다. 이는 만주국이 '독립국'임을 내세워 조선은행권의 만주국 통용을 반대했던 논리와 별 차이가 없다. 특히 이런 현상이 체면상 좋지 못하다는 표현은 만주국폐 유통을 일종의 주권 침해로 받아들이는 듯한 느낌마저 준다.[62]

---

61 「貨幣の日滿一如に崇る鮮銀の後退, 黟しい滿洲國幣の進出を國境經濟界は如何に裁く」, 『京城日報』, 1936.11.25. 당시 조선상업은행 신의주지점 지배인의 말에 따르면 "이 유통 금지가 엄격하게 되면 안의(安義, 안동-신의주)의 사람들은 이것은 만주국폐, 이것은 일본지폐이기에 2개의 지갑이 필요하게 되고, 안동에 갈 때에는 이 지갑, 신의주에서는 이것이라는 모양으로 매우 불리불편(不利不便)"하게 될 것이기 때문에 "국경의 경제거래상에서도 원활을 결여하게" 될 것이라고 염려하고 있었다.

62 「선만화폐의 혼용, 본부당국은 불가시(不可視), 선은측과 견해가 상이」, 『매일신보』,

반면 조선은행 측은 만주국폐 조선 유입에 대해 "이대로 방치해도 아무런 상관이 없다는 견해를 가지고 있"었다. 1910년대 후반에 조선은행이 만주에 진출한 이후 법적으로 "조선은행권의 유통 범위는 관동주 및 만철부속지에 한정되었"으나 실제로는 "만주 일원에 걸쳐 상당히 광범위에 유통"되고 있었는데, 이에 대해 당시 중국 당국에서 어떤 대책도 세우지 않았던 사례를 들고 있다. 그런데 조선은행의 태도에는 중요한 전제 조건이 있다. 조선은행권과 만주국폐는 등가이기 때문에 문제가 발생하지 않는다는 것이다.[63] 만약 이 전제가 무너진다면 만주국폐의 조선 유입은 심각한 문제가 될 수 있는 것이다.

그런데 이미 조선에서는 등가관계가 깨진 만주국폐가 유입되는 현실을 "그대로 방임"해서는 안 된다는 경고가 나오고 있었다.[64] 가령 1939년 8월경 "조선 내에서 금 한 돈에 16원 50전가량 가는 것이 만주국 내에는 이미 30원을 넘기어 매매되는 현상"이 일어나고 있었다. 등가는커녕 50% 가까이나 평가절하된 만주국폐를 조선은행권과 등가로 유지하는 정책을 계속하게 되면 결국 "악화는 양화를 구축하는 이론"이 그대로 실현되어 "값싼 화폐가 조선 내에 덤핑하는 셈"이 될 것이고, 그로 인해 조선에 만주국폐가 범람하게 되어 "경제계에 일대 파동을 일으킬 것"이라고 걱정하는 목소리가 높았다.[65] 만주국폐의 조선 내 유통의 문제점은 여기에 있었던 것이다.

1936.12.5.

63 「조선 만주 양행권 국경지대에 혼용, 조선은행은 방치방침」, 『동아일보』, 1938.3.20.

64 「조선은행권과 환전, 신의주 나진 등 지점서」, 『동아일보』, 1939.8.4.

65 「만주화폐가 조선에 범람, 국경에는 유통이 일반화, 경성에까지 침입할 형세, 악폐의 조수로 경제계 영향지대」, 『동아일보』, 1939.8.4.

이 문제를 조선은행이 그냥 방관하는 가운데 조선총독부가 문제 해결을 위해 직접 만주국과 협의에 나섰다. 당시 언론에서는 현재의 실질 화폐가치를 기준으로 삼아 양국 간에 환전을 실시할 것이라는 소식을 전하고 있었다.[66] 즉 실질가치로 평가절하시킨 만주국폐를 조선은행권으로 교환한다는 것으로, 이렇게 되면 양 화폐의 등가교환원칙이 파괴되는 문제가 발생한다. 그런데 이 등가원칙의 파괴는 일본제국주의 전체 엔계통화권의 붕괴를 초래할 수 있기 때문에 조선총독부가 독자적으로 결정할 수 있는 문제가 아니었다. 따라서 대책 수립에 있어 기본 전제는 조선은행권과 만주국폐의 등가교환원칙을 고수하는 데 있었다. 조선총독부 이재과장은 1939년 10월경 만주로 출장을 떠나 만주국 당국 관계자 및 만주중앙은행과 협의하였는데, 그 내용은 다음과 같다.

1. 만주국 측에서는 만주중앙은행의 지점을 강을 경계로 하여 만주국 측에 다수 설치하여 교환을 하게 하고
2. 조선 측에서도 역시 조선은행을 비롯하여 각 은행 지점, 금융조합 등에서 교환을 실시하게 하고
3. 무제한 교환제를 실시하는 동시에 조선 내 유통을 철저히 금지하기로 하여 단속을 엄격하게 하기로 함.[67]

양측 합의의 핵심은 환전을 통해 상대국의 통화를 최대한 흡수하겠다는 데 있었다. 이를 위해 국경 지대에 금융기관을 설립하여 환전

---

66 「현재도 절충중, 이재과 岡村사무관 담」, 『동아일보』, 1939.8.4.
67 「조선침입의 만주화, 적극 저지책 성립, 조선은행과 금융조합 등에서 교환을 실행」, 『동아일보』, 1939.11.2.

에 편의를 제공함으로써 국경을 왕래하는 사람들이 손쉽게 화폐를 교환할 수 있도록 하겠다는 것이다. 이 후속대책으로 조선총독부는 1940년 1월부터 만주국폐의 조선에서의 유통을 금지한다는 방침을 발표하였다.[68] 조선총독부 재무국장이 발표한 담화에 따르면 국경 일부 지역에서는 조선은행권은 그 그림자조차 찾을 수 없을 정도로 만주국폐가 거리낌 없이 유통되었던 것이 현실이다. 그런데 조선총독부의 입장에서는 이런 현상을 그대로 방임할 경우 조선에서의 통화 및 금융통제력이 크게 침해당한다는 점에서 그냥 넘어갈 수 없는 사안이라는 것이다. 따라서 1939년 12월 1개월의 유예기간을 거친 후인 1940년 1월 1일부터는 조선에서의 만주국폐 유통을 전면 금지하겠다는 것이다. 이를 위한 구체적인 조치로 조선으로 유입되는 만주국폐는 교환금액의 2%를 수수료로 붙여 금융조합에서 교환하도록 하였다. 이 조치대로 시행된다면, 1940년 1월 이후부터는 만주에서 조선으로 물건을 구입하러 올 경우, 조선 측 상인이 만주국폐로 돈을 받을 수 없기 때문에 금융조합에서 만주국폐를 조선은행권으로 교환하여 구매해야 하는 것으로 되었다.[69] 이전에 관공서나 금융기관 등에서 유통을 금지시켰던 만주국폐는 1940년 1월을 기해 일반 거래에도 적용시켰다.

---

[68] 「만주국폐 선내 유통, 1월 1일부터 금지, 당분 무수수료 양체(兩替)」, 『매일신보』, 1939.11.25.

[69] 환전을 금융조합에서 취급한 이유는 국경 지대에 조선은행 영업소가 거의 없었기 때문이다. 당시 청진지점(1920.3 개설), 나진지점(1935.8), 신의주지점(1937.2), 함흥지점(1939.9), 웅기출장소(1933.8 개설, 1941.9 폐쇄)가 있었는데, 이들 지점만으로는 환전을 원활하게 실시할 수 없었다. 따라서 전국적으로 가장 많은 지점망을 보유하고 있던 금융조합이 이를 대행한 것이다(「국폐유통문제, 선은 중은 절충」, 『매일신보』, 1939.11.16).

그러나 이 조치는 전혀 효과를 거두지 못했다. 1940년 8월경 기사에 따르면 "(환전을 통한 국폐 흡수도) 일시적 현상에 불과하고" 국경 지역의 만주국폐 유통은 그대로 지속되어 신의주에서 정주에 이르는 일대 및 남양에서 북선 3항에 이르는 일대에서는 왕성하게 유통되고 있었다고 한다. 결국 만주국폐의 조선 내 유통을 막는 방법은 조선과 만주국 양자 간의 "화폐정책의 근본적 재건 이외에는 없다"고 하여 보다 근본적인 조치의 강구가 필요함을 확인했을 뿐이다.[70]

조선총독부의 이런 조치를 무력화시킨 것은 양 지역 간 물가 차이였다. 조선총독부 물가조정과장에 따르면 신의주에서 제일 문제가 되는 것은 만주돈[만주국폐-필자]이 신의주에 있는 상가로 범람하고 있는데 압록강을 사이에 둔 만주국의 안동은 물건값이 비싸기 때문에 물건이 전부 안동으로 흘러나감으로써 신의주에서는 물자가 부족한 형편이라고 하였다. 그런데 신의주는 물건값이 싸니까 안동에서는 신의주로만 물건을 사러 오게 되어 신의주뿐만 아니라 인근의 삭주, 강계까지 물자 부족을 겪고 있다고 밝히고 있다. 이러한 상황에서는 "만주 돈이 들어오는 것을 전혀 막을 수 없"을 뿐만 아니라 조선은행권과 환전을 할 때 2%의 수수료를 지불해야 하기 때문에 "그대로 유통이 되는 모양"이라고 그 실상을 전하고 있다.[71] 특히 신의주는 경제적으로 안동의 구매력에 대한 의존도가 높기 때문에 이를 막는다는 것이 어려운 실성이었다.[72]

조선총독부 대책이 실패로 끝나자, 조선은행 측은 만주국폐 유입이

---

70 「국경의 만주국폐 의연히 유통상태」, 『매일신보』, 1940.8.28.
71 「국경의 두통꺼리, 흘러오는 만주국폐, 시급한 대책이 필요」, 『매일신보』, 1941.7.16.
72 「국폐유입 저지, 선은 조사과장 담」, 『매일신보』, 1941.9.19.

사실 바람직하지 못한 현상이기는 하지만, 만약 전면 유통금지를 결정하게 되면 조선과 만주국 사이에는 상당히 복잡하고 미묘한 "마찰"이 일어날 우려가 크다고 하였다. 따라서 당분간은 동향을 가만히 지켜보는 것 이외에는 다른 방법은 없다고 하면서 여전히 방관하는 태도를 견지하고 있었다.[73]

전쟁이 장기화되면서 조선은행권의 증발과 이에 따른 인플레이션은 가속화되었다. 당시 조선은행이나 조선총독부 모두는 조선의 인플레이션을 일으키는 주된 요인을 '환'관계에서 비롯된 것으로 보면서 이를 자신들이 통제할 수 없는 문제로 판단하고 있었다. 여기서 만주국폐의 유입 문제가 조선은행권 발행고에 어떤 영향을 주었는지 좀 더 자세히 살펴보자.

〈표 1-3〉을 보면 관동주에서의 발행액을 제외한 조선 내 조선은행권 발행고 중에서 만주국폐 교환이 차지하는 비율이 최대 약 15%에 이르고 있음을 알 수 있다. 조선은행권 증발에 만주국폐가 미친 영향을 더 분명히 하기 위해서 발행초과액에 대한 비중을 보면, 최대 약 79%, 최소 40%에 이르고 있었다. 가장 심각했던 1942년의 경우 신규로 발행된 조선은행권 100원 가운데 약 80원은 만주국폐와 교환하기 위해서 발행된 것이다. 사실상 조선은행권 증발에 악영향을 끼쳤다고 할 정도로 대단히 심각한 상태임을 알 수 있다.

조선은행은 1944년에 들어서야 뒤늦게 만주국폐의 조선 유입 실태를 조사하였다.[74] 이 조사에 의하면 1943년 8월 1일부터 1944년 7월

---

73 「만은권 선내 유입, 선은에선 정관(靜觀) 방침」, 『매일신보』, 1940.9.5.
74 1944년 7월 18일~8월 11일까지 25간 본점 및 청진지점에서 파견된 행원 3명이

⟨표 1-3⟩ 만주국폐 교환이 조선은행권 발행에서 차지하는 비율

(단위: 천 원, %)

연도	만주국폐 교환고	조선은행권의 조선 내 발행고	전년 대비 증가액
1940	73,103	486,146(15.0)	111,932(65.3)
1941	69,346	621,069(11.2)	134,923(51.4)
1942	118,516	771,412(15.4)	150,343(78.8)
1943	191,565	1,255,991(15.3)	484,579(39.5)

출처: 조명근, 2019, 앞의 책, 293쪽, ⟨표 3-1⟩.

31일까지 1년간의 만주국폐 교환고는 약 2억 7,275만 원인데, 이 액수는 조선은행권 발행초과액 약 8억 5,855만 원의 32%에 이르는 것이었다. 그 유입 실태를 보면, 1944년의 경우 함경북도 회령과 상삼봉지방은 약 70%, 남양은 약 80%, 또 평안북도 국경 지대에서도 만주국폐가 대체로 70% 정도를 차지하고 있었다. 조선은행은 시간이 갈수록 만주국폐 유입이 증가하는 원인으로 다음 세 가지를 들었다. 첫째는 아편을 비롯한 밀수, 둘째는 물자 부족과 양 화폐가치 차이에서 기인하는 물자의 유출, 셋째는 송금이다. 당시 밀수출의 경우 아편이 3분의 2를 차지하였는데 그 기세가 여전하였고, 또 부녀자들을 중심으로 소량의 물자를 가지고 나가는 경우도 상당하였다고 한다. 한편 남양의 경우, 면화 공출 장려책의 일환으로 책임량의 공출을 끝낸 사람에게는 남은 면화에 대해서 자유롭게 처분할 수 있도록 허가했는데, 이 중 상낭량이 "만수로 흘러들어"간 것으로 파악되었다. 양 지역 간의 물가 차이를 노리고 조선에서는 가정용 소장품들이 상품으로서 만주로 유출되었던 것이다. 그 외에 만주

국경 지방 및 만주 주요 도시를 실지 방문하고 조사한 내용으로 보고서를 작성하였다(朝鮮銀行 調査部, 1944, 「鮮滿國境地帶의 國幣問題와 滿洲國內における 鮮銀券退藏事情」).

에서 일본에 대한 송금 제한을 우려하여 만주에 보유한 재산을 조선으로 이전하는 경우가 많았던 사실도 역시 영향을 미치고 있었다.[75]

당국자들에게 가장 큰 골칫거리는 밀수출이었다. 함경북도와 평안북도의 각 지역 경찰 관계자에 의하면 양 화폐의 교환보고서에 기재된 이름의 절반 이상이 가공인물이었다고 한다. 밀수출을 주로 하는 대상은 조선인 여성으로 그 비율은 함경북도 국경 지대에서 약 80%, 평안북도 지역에서 약 50% 이상이었다고 한다. 세관에서 검거한 실적을 보면 밀무역의 주된 물자는 아편과 섬유제품인데 액수로는 아편이 전체 밀수의 70%를 차지하였고, 나머지 대부분은 섬유제품이었는데, 건수로 보면 섬유제품이 약 80%에 달하였다.[76]

이상과 같이 상황이 심각해지자 1944년에 들어서 조선총독부는 종래 만주국폐의 흡수책을 버리고 유입저지책으로 돌아섰다. 1944년 2월 8일자로 조선총독부 재무국이 작성한 '만주국폐의 수출입 및 국폐의 단속에 관한 대책'에 따르면 만주국폐의 수입은 전부 허가를 받도록 하고 여행자가 휴대하는 것 이외에는 원칙적으로 허가하지 않도록 하였다. 원거리 여행자의 경우 200원까지, 근거리 여행자는 50원까지로 그 한도를 설정하였다.[77] 계속해서 조선총독부는 1944년 5월부터 국경 지대 금

---

75 해방 이후에도 조선에서 만주국폐가 조선은행권으로 교환되고 있었다. 패전 후 만주국 신경에서 철수하여 평안북도 선천(宣川)에 잠시 있었던 한 일본인의 회고에 따르면 우체국에서 만주국폐를 조선은행권으로 교환하였다고 한다. 당시 만주국폐는 조선은행권에 비해 절반 가치로 교환되었는데, 즉 만주국폐 100원은 조선은행권 50원으로 교환되었다고 한다. 당시 일본인 철수자들은 만주국폐를 모아 10일에 한 번씩 조선은행권과 교환하였다고 한다(후지와라 데이, 위귀정 역, 2003, 『흐르는 별은 살아 있다』, 청미래, 26쪽, 36쪽).

76 朝鮮銀行 調査部, 1944, 앞의 책, 59쪽.

77 만주에서 조선으로 들어오는 여행객의 경우, 화폐 교환액을 "선천, 강계, 백암, 고무

융조합에서 행하는 만주국폐 교환액에 한도를 설정하여 환전을 제한하였고, 환전상의 교환허가한도액도 종래보다 절반으로 축소하였다. 다음 대책으로 조선총독부는 「외국위체관리법실시규칙」 중 일부를 개정(부령 제251호, 1944.6.17)함에 따라 1944년 7월 1일부터는 조선 내 만주국폐 유통을 전면적으로 금지시켰다. 다만 국경에서 2리 이내에 거주하는 자에 한해서는 1회 20원, 1개월 합산 300원 이하의 사용을 인정하였다. 만주국폐의 조선 내 반입은 허가제로 하되 여행자는 200원까지는 허용할 것 등을 결정하였다. 1940년의 대책에 비교해 훨씬 엄격해진 사항은 종래 무제한으로 조선으로 반입할 수 있었던 만주국폐를 허가제로 변경한 점이다. 7월 1일 이후부터 관공서와 금융기관뿐만 아니라 시중에서도 만주국폐로 물품을 매매하는 것이 법적으로 금지되었다.[78] 이전의 조치가 법적 강제력이 수반되지 않은 것이었던 네 반해, 이번 조치는 법령으로 공포되었다는 점에서 실질적인 만주국폐의 조선 내 유통금지 조처라고 할 수 있을 것이다.

이상과 같이 조선에서는 1944년이 지나서야 만주국폐 유통이 법적으로 금지되었다. 1938년경부터 상당히 심각한 문제로 대두되고 있던 이 현상에 대한 실질적인 조치가 왜 이렇게나 늦게 취해졌는가? 표면적으로는 양국 국경 지대의 밀접한 경제적 관계를 생각해볼 수 있다. 즉 압록강 철교를 사이에 두고 긴밀한 경세 권역을 형성해온 신의수와 안농을 비롯한 조선과 만주의 국경 지대에서 만주국폐가 유통되는 것은 자

산 또는 아오지 이남의 여행자는 200원까지, 그 밖의 여행자는 50원까지"로 제한하였다(「국폐유입을 방지, 열차승객 교환액 제한」, 『매일신보』, 1944.5.13).
[78] 「만주국폐 수입제한강화, 위체관리규칙 개정, 7월 1일 시행」, 『매일신보』, 1944.6.18.

연스러운 현상이었다.

그러나 근본적인 이유는 조선은행권과 만주국폐 간의 등가교환원칙의 준수, 즉 엔계통화권을 유지하기 위해 무리한 환정책을 고수했기 때문이었다. 원래 엔계통화권의 정책 목표는 각각의 엔계통화가 일본엔과 등가로 연결되어 내국환과 같은 기능을 수행함으로써 이른바 '대동아공영권' 내의 국제수지를 일본의 국제수지와 일체화시키는 것에 있었다. 그러나 실제로는 태환 규정이 없는 관리통화인 엔계통화와 일본은행권의 등가교환을 자유롭게 허용하면, 대륙의 인플레이션이 일본까지 파급될 가능성이 매우 높았다. 따라서 일본으로의 송금을 엄격하게 제한함에 따라 엔계통화는 환으로서의 기능은 거의 갖지 못하게 되었다.[79] 즉 이미 등가관계가 무너진 만주국폐를 조선은행권과 등가로 묶어둘 수밖에 없었던 까닭은 소위 '대동아공영권'의 엔블록을 유지해야 한다는 정치적 고려 때문이었다. 이와 같은 사정으로 인해 만주국폐의 조선 내 유입은 심각한 상황을 초래하였던 것이었다.

엔계통화권의 연쇄적인 인플레이션의 파급으로 인해 당시 만주국에서도 중국연합준비은행권의 유입이 큰 문제가 되고 있었다.[80] 만주중앙은행은 당시의 실태를 다음과 같이 묘사하였다.

> 북중국지역 물가의 이례적인 앙등은 만주산 잡곡, 아편 등의 접경 지대의 밀수를 자극하고, 이로 인해 다량의 중국연합준비은행권이 만주국 내에 반입되어, 국경 지대에서의 통화 팽창을 초래하고 있다.

---

79 日本銀行 調査局 特別調査室 編, 1948, 앞의 글, 160쪽.
80 「만주국의 연은권 유통금지 실힐 터」, 『매일신보』, 1940.5.17.

다른 한편 만주국에 들어오는 노동자들에 의한 북중국으로의 송금, 화폐 소지 귀환, 기타 여행자에 의한 원계통화(圓系通貨)의 반입이 상당한 다액에 달해 중국연합준비은행권 팽창의 유인이 되고 있다. 그러므로 정부에서는 이와 같은 양국 통화의 교류가 통화정책은 물론 무역정책, 환 관리에 있어 매우 큰 장애를 초래할 뿐 아니라 경제상 여러 악영향을 미칠 두려움 때문에 (중략) 이들 외국통화의 만주국 내 유통을 억제하는 조치를 취하기에 이르렀다.[81]

북중국의 중국연합준비은행권이 만주로 유입되어 발생하는 폐해가 만주국폐의 조선 내 유입 양상과 거의 차이가 없음을 알 수 있다. 이는 중국 점령지에서 발생한 인플레이션이 어떻게 조선에까지 연쇄적으로 파급되고 있었는지를 명확히 보여주고 있다.

조선은행은 북중국에서 파급되는 인플레이션을 만주에서, 다시 만주의 인플레이션을 조선에서 방어할 때, "조선·만주 국경은 중대한 대동아의 통화 바리케이드"[82]라고 언급하였다. 즉 조선은 일본 본토를 보호하기 위한 방어선으로서 희생해야 했음을 조선은행 스스로도 인정하고 있었다. 조선은행권 증가율이 같은 시기 일본은행권과 대만은행권의 증가율보다 월등히 높은 것을 보면, 조선은행이 대륙 인플레이션의 방어선 역할을 했다는 것을 분명하게 알 수 있다.

다음 〈표 1-4〉를 통해 인플레이션이 가장 격심했던 1944년도 및 1945년도에서의 통화증발 추세를 비교해보면, 조선은행권이 일본은행

81　滿洲中央銀行, 1942, 『滿洲中央銀行十年史』, 180~181쪽.
82　朝鮮銀行 調査部, 1944, 앞의 책, 57쪽.

〈표 1-4〉 주요 엔계통화권의 전년 동월 대비 증가율 비교

(단위: 배)

연월		조선은행권(a)	일본은행권(b)	대만은행권(c)	a-b(%)	a-c(%)
1944년 (기준 연도: 1943년도)	1	1.7	1.49	1.48	21	22
	2	1.78	1.55	1.49	23	29
	3	1.88	1.61	1.57	26	30
	4	1.92	1.64	1.57	28	35
	5	2	1.67	1.58	33	42
	6	2.1	1.67	1.62	43	49
	7	2.15	1.73	1.67	42	48
	8	2.21	1.76	1.73	45	48
	9	2.27	1.79	1.85	48	42
	10	2.26	1.79	1.97	47	29
	11	2.21	1.8	1.97	41	24
	12	2.14	1.73	1.92	41	22
1945년 (기준 연도: 1944년도)	1	2.2	1.76	2.02	44	18
	2	2.24	1.75	2.15	48	9
	3	2.27	1.87	2.23	41	4
	4	2.34	1.94	2.33	40	1
	5	2.42	1.99	2.47	42	-5
	6	2.41	2.12	?	28	?
	7	2.45	2.25	2.32	20	13
평균		2.15	1.79	1.89	37	25

출처: 조명근, 2019, 앞의 책, 205쪽, 〈표 2-16〉.
비고: 내역을 알 수 없는 부분은 ?로 표시하였다.

권이나 대만은행권에 비해 훨씬 더 높은 증가율을 보이고 있었다. 즉 일본은행권과 비교해보면, 최고 48%p, 최저 20%p, 평균 37%p의 증가율을 보이고 있으며, 대만은행권에 비해 최고 49%p, 평균 25%p 정도의 높은 증가율을 보이고 있었다.

　조선은행권 증발이 조선은행이나 조선총독부가 제어할 수 없었던 환 관계에서 초래되었고, 그 대부분을 만주국폐 유입이 차지하고 있었다는

사실을 고려하면, 식민지 조선은 일본을 보호하기 위해 인플레이션을 감수했다고 볼 수밖에 없다. 이는 일본이 점령지·식민지와 본토와의 분리를 통해 점령지·식민지에서 파급되는 인플레이션 영향을 최대한 단절시키고자 했던 조치와는 매우 대조적인 것을 확인할 수 있을 것이다.

제2장
조선식산은행

1. 농업 중심의 산업금융(1918~1936)

1) 농공은행 자금조달 및 운용의 한계

조선식산은행을 검토하기에 앞서 농공은행 시기 자금조달과 운용 실태를 살펴보자. 농공은행은 자본금, 예금, 채권 발행 등을 통해 조성한 내부 자금을 토대로 자립적인 운용을 기본 목표로 삼았다. 그러나 농공은행은 설립 직후부터 자금조달에 어려움을 겪어 처음부터 제기능을 발휘할 수 없었다. 우선 주주 모집이 제대로 되지 않아 결국 주식의 60%를 정부가 인수해야 했으며, 예금흡수도 미미한 상태였다. 특히 장기대부의 원천이 되는 정기예금의 비중은 20%에도 미치지 못했다. 또한 농공채권 발행이 허용되었지만 기채시장이 발달하지 않은 조선에서 신설 은행인 농공은행의 채권을 소화한다는 것은 거의 불가능하였다. 일반응모는 거의 없었고(농공은행이 5회에 걸쳐 발행한 채권 535만 원 중 일반응모는 6만 원에 불과), 한국 정부와 일본흥업은행, 동양척식주식회사 등에서 인수할 수밖에 없었다. 그 결과 예금이나 채권 발행 등으로는 대출 수요를 감당할 수 없었고, 부족한 자금은 정부 보조금으로 채울 수밖에 없었다. 농공은행의 영업점이 전체 금융기관의 절반을 차지하였음에도 불구하고 농공은행의 예금 점유율은 1909년에 9%에 불과하였고 1910년대 중엽에도 20%를 넘지 못할 정도였다(〈부표 1〉 참조).

설립 당시 농공은행은 농업 및 공업에 장기자금을 공급하는 것을 원칙으로 하여 지방의 자금난을 해소하고 산업 금융을 확대하는 것을 목표로 하였다. 이를 위해 연부·정기상환 방식에 의한 부동산 담보, 공공단체와 20명 이상 농공업자에 대한 무담보대부를 허용하였다. 그러나 실제 농공은행의 자금운용을 보면 상업대출이 약 60~70%로 농업·공업에 비해 압도적으로 많았다(〈그림 2-4〉). 또한 농공은행은 안정적인 대출금 회수를 위해 부동산 담보대부에 주력하였는데, 부동산 담보는 불경기에는 자금의 고정화를 피할 수 없기 때문에 농공은행의 경영난이 가중되는 원인이 되기도 하였다.

농공은행은 소요 자금의 40~50%를 예금으로 조달하였고, 다음이 채권 발행으로 20% 내외를 차지하고 있었다. 예금과 채권 발행으로도 부족한 자금은 차입금으로 충당했는데, 주로 조선은행에서 차입하였다. 농공은행이 경영난에 빠졌던 1916년과 1917년은 차입금이 채권 발행보다 많아 자금운용에 있어 제약 요인이 되고 있었음을 알 수 있다(〈그림 2-1〉). 그런데 농공은행 예금은 대부분 단기성이었기 때문에 자금 회수가 용이한 상업 관련 대출에 주력할 수밖에 없는 구조였다. 이로 인해 장기성 자금을 기반으로 한 농공업대출은 미진할 수밖에 없었던 것이다. 농공은행이 본래 목적에서 벗어난 자금운용을 하였던 것은 이러한 자금 조달의 한계에서 비롯된 것이었다. 이렇게 본래 목표와 동떨어진 단기 상업대출이 중심 업무가 되자, 농공은행에 대한 불만이 일어나 일본인이 중심이 되어 농공은행과 금융조합을 합병하여 척식은행을 신설하자는 운동으로 이어지기도 하였다.[1]

---

1 이상은 윤석범 외, 1996, 앞의 책, 163~166쪽; 정병욱, 2004, 앞의 책, 131~137쪽을 참조하였다.

2) 사채를 중심으로 한 자금조달

우선 1918~1936년 사이 조선식산은행 자금조달의 전반적인 추이를 정리하면, 그 금액은 약 3,300만 원에서 약 5억 2,700만 원으로 약 16배의 증가세를 보이고 있었다(〈부표 5〉). 조선식산은행 자금조달의 증가를 이끈 것은 다름 아닌 채권의 발행이었다. 이 기간 채권은 109배로 비약적으로 증가하였고, 예금은 8.6배 증가하는 양상을 보였다. 조선식산은행 창립 직후인 1918~1921년까지는 예금이 가장 큰 비중을 차지했으나 1922년 이후 채권이 절반을 차지한 이후 대체로 60% 이상을 차지하였고, 1930년에는 74%로 정점에 달하였다. 반면 예금은 1929년 조선저축은행 설립에 따른 저축업무의 분리와 공황의 여파로 인해 일시적으로 감소하였으나 1930년대 중반 이후 다시 증가하고 있었다. 이 기간에 조선식산은행은 채권 발행과 예금만으로 80% 이상의 자금을 조달하고 있었다. 농공은행 시기에는 예금이 중심이었다면 조선식산은행은 채권 발행이 중심이었다는 점에서 차이를 보이고 있다. 차입금은 설립 직후에 그 비중이 일시적으로 높았는데, (구)농공은행의 연체대출을 정리하기 위해 조선은행으로부터 원조를 받은 것과 관계된 것이었다. 이후 미미하던 차입금은 1932년 이후 증가하고 있는데, 조선 농촌의 위기를 타개하기 위해 주로 일본 대장성 예금부에서 차입한 것이다. 그러나 차입금은 조선식산은행의 자금조달에 있어 큰 역할을 했던 것은 아니다.[2]

설립 당시 조선식산은행 채권 발행한도는 납입자본금의 10배였으나

---

2 배영목, 1992, 「조선식산은행과 농업」, 『국사관논총』 36, 178쪽; 정병욱, 2004, 앞의 책, 145~146쪽.

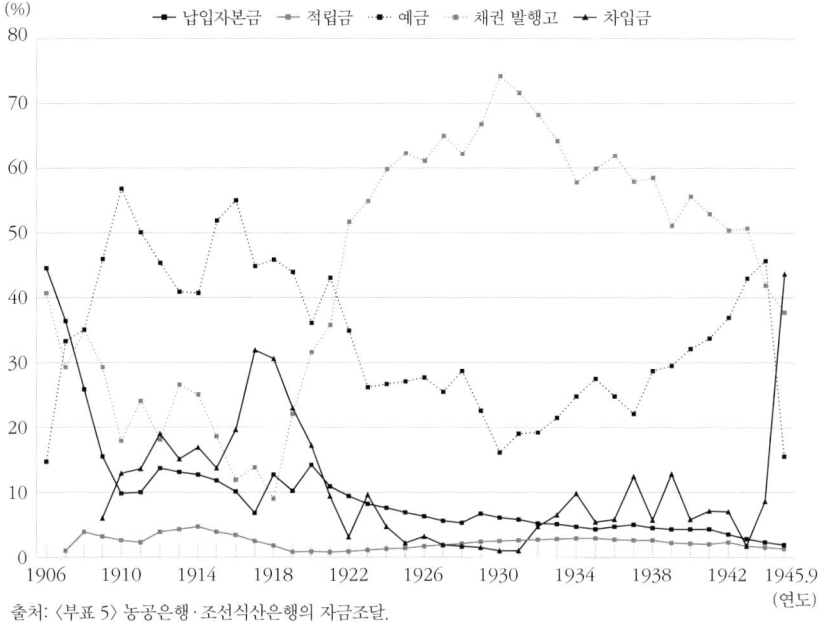

〈그림 2-1〉 농공은행·조선식산은행의 자금조달

출처: 〈부표 5〉 농공은행·조선식산은행의 자금조달.

1924년에는 15배로 한도가 확장되었다. 농공은행이 주로 단기성 예금으로 자금을 조달한 반면 조선식산은행은 채권 발행을 통해 장기자금을 확보할 수 있었기 때문에 유통 부문을 넘어 생산 부문에 투자할 수 있게 되었다. 조선식산은행은 채권 발행을 통해 조선 내 산업금융기관으로서 역할을 수행할 수 있었던 것이다.

1918~1936년에 조선식산은행은 총 약 8억 7천만 원의 채권을 발행했는데, 90% 이상이 일본에서 인수되었다(〈그림 2-2〉). 인수처별로는 공모(公募)가 절반 이상을 차지했으며, 나머지는 특수인수(特殊引受)였다. 공모는 일반인을 대상으로 한 것으로 일본의 증권회사가 일괄적으로 인수하여 민간인에게 판매했는데, 주로 일본의 증권회사 및 상업회사

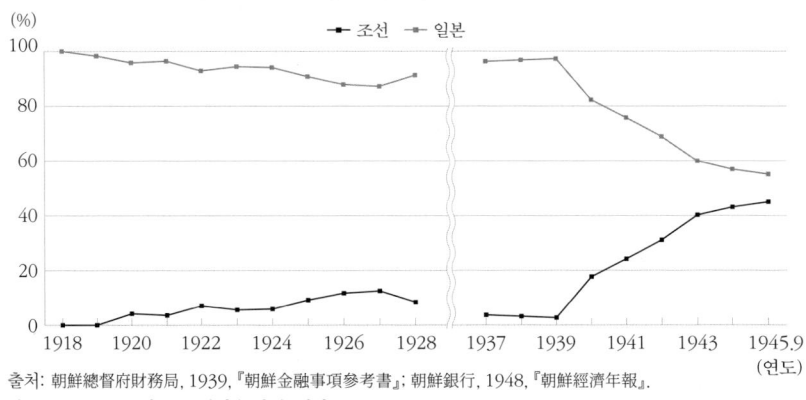

〈그림 2-2〉 조선식산은행 채권 발행의 지역별 비중

출처: 朝鮮總督府財務局, 1939, 『朝鮮金融事項參考書』; 朝鮮銀行, 1948, 『朝鮮經濟年報』.
비고: 1929~1936년은 그 내역을 알 수 없다.

와 같은 소수의 금융기관이 인수하고 있었다. 특수인수는 대장성 예금부, 일본권업은행(日本勸業銀行), 부동산저축은행(不動産貯蓄銀行) 등 일본의 국가기관 또는 금융기관이 인수한 것이다. 1920년대는 일반공모가 60~70%로 중심이었다면 1930년대 들어서는 특수인수 비중을 늘려 공모와 비슷한 수준까지 이르렀다.

농공은행의 채권이 대부분 특수인수였던 반면, 조선식산은행의 채권은 공모 비중이 높았다. 이는 조선에서 발행된 채권이 일본의 일반금융시장에서 투자 대상으로 인정되고 있었음을 알 수 있다. 즉 조선식산은행의 채권 발행은 1920년대는 일본의 민간자본 부분이 그 증대를 주도했다면 이후 1930년대 중반까지는 국가자본 부분이 그 역할을 증대시켰다고 볼 수 있다.[3]

---

[3] 조선식산은행의 채권 발행 추이는 정병욱, 2004, 앞의 책, 148쪽, 〈표 2-7〉 참조.

조선식산은행의 채권 발행이 처음부터 순조로웠던 것은 아니었다. 조선식산은행 채권은 대부분 일본에서 소화되었기 때문에 일본금융시장의 동향에 크게 좌우될 수밖에 없었는데 1920년대 초 전후(戰後) 불황으로 인해 금융시장은 크게 위축되어 있었다. 따라서 조선식산은행은 7~8%에 이르는 높은 금리를 부담하면서 일반공모를 통해 채권을 소화시킬 수밖에 없었다. 공모의 경우 상환 기간이 3년 미만으로 상대적으로 단기자금이었기 때문에 조선식산은행은 단기운용자금만으로 활용할 수밖에 없었다. 그런데 1925년 들어서 불경기의 여파로 금융시장에 유휴자금이 집적되자, 조선식산은행은 연리 6~7%, 상환 기간 8~10년의 비교적 좋은 조건으로 채권을 발행할 수 있게 되었다. 또한 1926년부터 시작된 제2차 산미증식계획의 실시에 따라 대장성 예금부가 조선식산은행 채권 중 상당액을 4.5~5.5%라는 저리로 인수하였다. 1920년대의 선반적인 불황 속에서도 조선식산은행이 산업금융의 중추기관으로 성장할 수 있었던 것은 이러한 채권 발행의 신장에 힘입은 것이었다. 이와 같이 조선식산은행은 저리로 인수한 예금부 자금으로 수익성이 낮았던 공공사업을 지원하였고, 고리로 조달한 자금은 권업대부와 같은 고수익 사업 자금으로 이용하고 있었다. 조선식산은행은 자금조달 방식의 차이에 따라 자금운용도 달리하고 있었다.

그런데 일본에서의 자금도입은 동시에 일본으로의 자금 유출을 동반한다는 점도 주목할 필요가 있다. 1918~1936년간 채권이자 형태로 일본으로 유출된 자금을 추산해보면 약 1억 4,700만 원에 달하는데, 이는 1936년 조선식산은행의 예금액을 능가하는 수치이며, 전 은행 예금액 4억 1,553만 원의 35.5%에 해당한다. 한편 상대적으로 저금리인 대장성 예금부 자금의 경우, 일본에서 도입되었다 하더라도 일부분은 조선에서 조성된 자금을 기반으로 한 것이었다. 원래 예금부는 일본 대장성 산하기구로 설립되었는데, 우편국을 통해 조성된 우편저금을 핵심으로 하고 그 외 각 특별회계의 예금 등을 기반으로 삼아 공공사업에 투자하는 일종의 기금이었다. 예금부 자금의 70% 이상은 우편저금이 차지하였는데, 이는 일본은 물론 조선, 대만, 사할린 등 각 지역에서 조성된 것이었다. 그런데 조선에서 예입한 우편저금은 모두가 일본 예금부 자금으로 편입되었기 때문에 이 예금부 자금을 두고 단순히 일본에서 유입된 자금이라고만 하기는 어렵다. 예를 들어, 1930년 조선에 제공된 예금부 자금의 11%는 조선에서 조성된 것이었고, 1940년에는 그 비중이 49%에 달할 정도였다. 이와 같이 예금부가 조선에 제공한 자금 중에서는 조선 내 우편저금으로 조성한 것의 비중도 적지 않았으며, 1930년대에는 그 비중이 더욱 높아져 1940년 말에는 절반까지 이르게 된 것이다. 즉 예금부 저리자금의 상당 부분은 사실상 일본이 아닌 조선에서 조달하고 있었던 것이다.[4]

한편 이 기간 조선식산은행의 자금조달에서 채권 발행 다음의 비중을 차지한 예금의 경우, 농공은행 시기와는 달리 정기예금의 비중이 늘어났다. 정기예금은 1920년대에는 30%대를, 1929년 이후부터는 50%에 육박할 정도였는데, 채권 발행과 함께 예금에서도 장기성자금이 증가하여 조선식산은행의 산업금융활동을 뒷받침했던 것이다. 예금주별로 보면 민간이 50~70% 선, 관공서와 동업자가 30~40%를 차지하고 있는데, 동업자예금의 경우 대부분 금융조합이나 조선저축은행과 같이 조선

---

[4] 이상은 배영목, 1992, 앞의 글, 183~189쪽; 윤석범 외, 1996, 앞의 책, 172~176쪽; 정병욱, 2004, 앞의 책, 147~156쪽을 참조하였다.

식산은행과 관련 있는 금융기관의 여유금이 예치된 것이었다. 이는 조선식산은행이 식민지 권력의 지원을 받고 있었음을 잘 보여주는 것이다.[5]

3) 농업자금대출을 중심으로 한 자금운용

조선식산은행의 자금운용은 대출과 유가증권투자로 나뉘는데, 대출이 90% 이상을 차지할 정도로 압도적으로 많았다(〈그림 2-3〉).[6] 조선식산은행의 대출금은 1918년 약 3천만 원에서 1936년 약 4억 5,700만 원으로 약 15배 이상 증가하였다. 산업별로 보면 농업은 33.6배, 상업은 6.6배, 공업은 91배로 비약적으로 증가했으나, 공업은 그 액수가 워낙 작기 때문에 전체 산업별 대출에서 차지하는 비중은 높지 않았다. 조선식산은행의 대출은 창립 초기에는 60% 이상이 상업대출이었지만 그 후 점차 농업대출이 증가하여 1923년 이후부터는 농업 부문이 상업 부문을 능가하였다. 특히 제2차 산미증식계획이 시작되는 1926년 이후부터 농업자금대출은 급격히 증대하여 1920년대 말 이후부터는 대출액의 절반 이상을 차지할 정도였다. 1930년대 조선총독부가 조선공업화정책을 추진했지만 조선식산은행은 여전히 농업과 상업의 대출 비중이 전체의 70~80%를 차지하고 있었다. 다만 1930년대 들어 농업대출은 정체된 반면 공업대출은 지속적으로 상승해 1935년도 이후부터 10%를 초과하는 현상을 보이고 있었다(〈부표 7〉).

---

5 조선식산은행의 예금 내역은 정병욱, 2004, 앞의 책, 152쪽, 〈표 2-8〉 참조.
6 이하 자금운용은 배영목, 1992, 앞의 글, 190~200쪽; 윤석범 외, 1996, 앞의 책, 176~180쪽을 참조하였다.

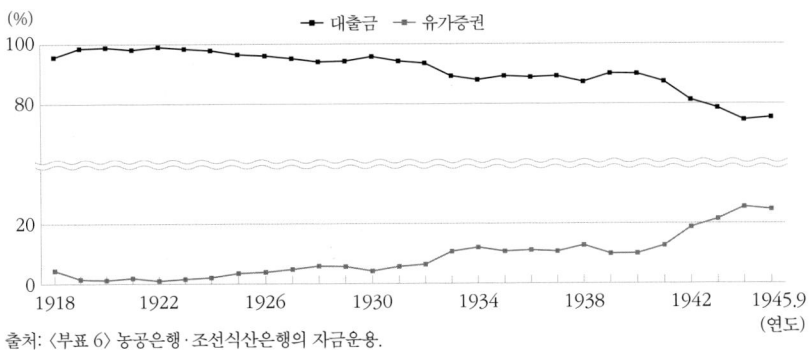

〈그림 2-3〉 조선식산은행의 자금운용

출처: 〈부표 6〉 농공은행·조선식산은행의 자금운용.

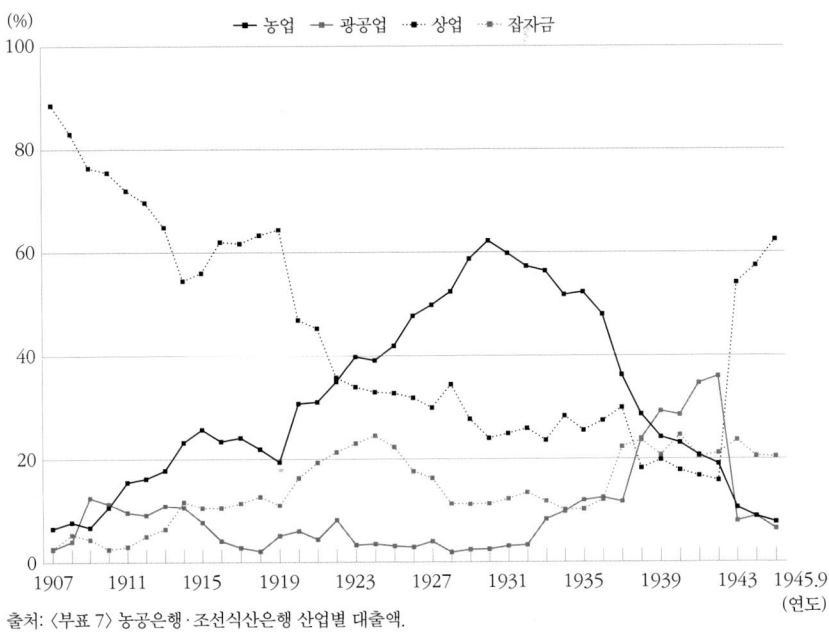

〈그림 2-4〉 농공은행·조선식산은행의 산업별 대출 비중

출처: 〈부표 7〉 농공은행·조선식산은행 산업별 대출액.

조선식산은행 대출은 장기대부와 일반대부로 나뉘는데, 1920년대에는 장기대부가 70% 이상을 차지할 정도로 절대적인 비중을 차지하고 있었다(〈그림 2-5〉). 장기대부는 다시 산업대부 및 공공대부로 구성되는데, 연부상환(50년 이내) 또는 정기상환(5년 이내)의 방식으로 대출이 이루어졌다. 산업대부는 부동산 등의 확실한 담보를 전제로 개인이나 회사에 자금을 공급하는 일종의 개발금융에 속한다. 공공대부는 일종의 정책개발금융에 속하는 것으로 정책적으로 지원할 필요가 있는 공공단체, 비영리법인, 또는 채권 회수가 확실한 농공업자에 대해서는 무담보로 대출하는 제도이다. 그 대상으로는 수리조합·농회 등의 산업단체와 도·부·읍면조합까지 포함되어 있었다. 비영리법인은 조선금융조합연합회, 어업조합, 산업조합 등을 들 수 있다. 공공대부는 그 대상이 조선총독부 산하 공공기관뿐만 아니라 개발사업을 담당한 산업단체까지 포괄한 것이었다. 조선식산은행은 설립 직후인 1920년부터 장기대부가 중심이 됨으로써 장기개발금융이라는 목표에 맞게 자금을 운용하고 있었다. 1920년대 경기불황으로 인해 일반대출은 상대적으로 정체하였지만, 산업 및 공공대부는 꾸준히 증가하여 전체 대출의 약 70%에 달할 정도로 압도적이었다(1930년에는 82%를 차지). 이 기간 조선식산은행의 대출 증가는 산업·공공대부의 증대에 따른 결과임을 알 수 있다. 또한 산업과 공공의 대부 비중은 약 6 대 4 정도로 산업이 공공보다 더 높은 수준이었다.

1918~1937년 기간 중 조선식산은행의 산업·공공대부의 내역을 보면 수리사업을 포함한 토지개량사업에 평균 31% 정도를 배분하였고, 농업경영에 24%, 각도금융조합연합회(1933년 이후는 조선금융조합연합회) 10%, 토지가옥 구입에 8%, 구채정리에도 5% 정도를 배분하였다(〈그림 2-6〉). 수리조합은 관개시설의 공사와 관리를 담당하는 비영리법인으로

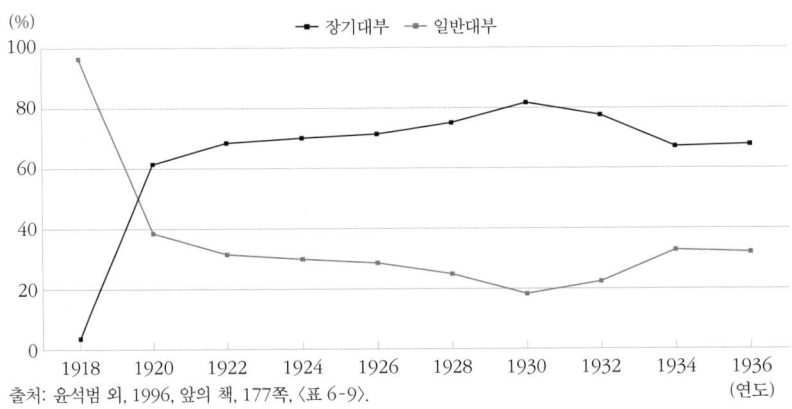

〈그림 2-5〉 조선식산은행의 용도별 대출 비중

출처: 윤석범 외, 1996, 앞의 책, 177쪽, 〈표 6-9〉.

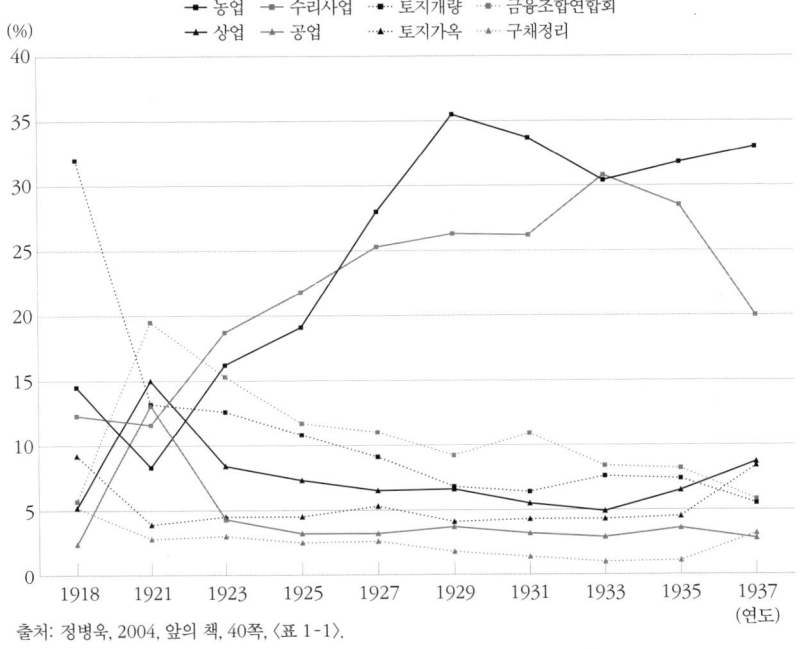

〈그림 2-6〉 조선식산은행의 산업 및 공공대부 내역

출처: 정병욱, 2004, 앞의 책, 40쪽, 〈표 1-1〉.

1926년 제2차 산미증식계획의 실시 이후 그 숫자가 급증하였다. 조선식산은행은 각도금융조합연합회를 통해 금융조합의 자금 부족을 지원해 주었는데, 조선식산은행의 대출금은 각도금융조합연합회를 경유하여 금융조합에 전달되었다. 이 기간에 조선식산은행의 농업대출은 절대액에서나 상대적으로나 가장 빠른 신장세를 보이고 있었다. 공공대부의 대부분은 공공단체로 분류된 수리조합과 비영리단체(조합)로 분류된 각도금융조합연합회가 차지했던 것이다. 또한 산업·공공대부 중에서 그 회수 기한이 가장 긴 연부상환대출의 비중은 계속 증가하여 1929년에는 80% 이상이 되었고, 그 이후 정기상환의 증가로 그 비중이 60% 수준에 그쳤으나, 연부상환의 상환 기한이 연장됨에 따라 대출은 점차로 장기화하였다. 조선식산은행은 이와 같이 장기자금의 공급을 계속 확대함으로써 개발금융기관으로서의 기능을 강화하였던 것이다.

조선식산은행은 산업대부 중 60~70% 정도를 농업 종사자, 15~25%는 상업 종사자에게 대출하였다. 그런데 산업대부는 사실상 토지, 건물, 기타 부동산 권리를 보유한 지주를 위한 대출제도가 되었다. 조선식산은행은 1921년 이후에는 조선의 부동산 담보대출의 40~50%를 취급하였던 최대의 부동산 금융기관이었다. 조선식산은행은 공공단체와 비영리 법인에 대해서는 무담보로 대출하였기 때문에 부동산 담보는 개인이나 회사에 적용되는 것이었다. 개인과 회사에 대한 담보대출 중 농경지에 대한 대출이 금액으로는 60% 이상, 면적으로는 90% 이상이었다. 조선식산은행이 부동산 저당금융을 확대함에 따라 지주는 이 개발자금을 이용하여 농경지를 더욱 쉽게 매입할 수 있게 된 것이다.

1930년대에 들어와서 공업대출이 약간 증가하였지만 그 비중은 아직까지 10% 전후에 불과해 여전히 농업대출이 큰 비중을 차지하고 있었다(〈그림 2-4〉). 산업 및 공공대부에서도 농업, 수리조합, 토지개량, 각 도금융조합연합회 등 농업 관련 4개 부문이 66~77%를 점하였다. 요컨대 1930년대 식민지 공업화의 진전에도 불구하고 조선식산은행의 자금운용에는 큰 변화가 없었던 것이다. 그 이유로는 공업화를 주도한 일본 기업의 경우 일본에 있는 주거래은행으로부터 자금을 직접 조달하였고, 산미증식계획이 중단되었다고 해서 지속 사업에 대한 자금지원마저 중단할 수는 없었던 사정도 있었다. 무엇보다 당시 농업은 최고의 수익률이 보장되었기 때문에 조선식산은행으로서는 경영 방침을 급격하게 변화시킬 필요가 없었던 것이다.

다음으로 유가증권 인수를 통한 자금운용 실태를 보자. 조선식산은행은 채권의 인수를 통해 개발사업을 지원하였는데, 이 업무는 산업·공공대부에 속한다. 조선식산은행은 1919년 불이흥업주식회사의 회사채 50만 원 구입을 시작으로 1925년 조선철도회사 회사채 500만 원, 1926년 금강산전기철도 회사채 500만 원 등과 1927년에는 공채 및 학교채 468만 원을 인수했다. 조선식산은행은 그 이후에도 지방채인 도채·부채를 인수했고, 조선금융조합연합회의 조선금융채권도 인수했으며 다른 회사의 사채도 인수하였다. 그러나 그 규모는 산업·공공대부에 비견할만 한 것은 아니었다.

다음으로 대규모 국책금융의 실태를 산미증식계획을 통해 살펴보자.[7] 일본은 제1차 세계대전 이후 미곡 수요가 증대하고 미가가 폭등하자 식민지 조선에서 미곡을 증산하여 이 문제를 해결하고자 하였다. 이를 위

---

[7] 배영목, 1992, 앞의 글, 205~214쪽; 정병욱, 2004, 앞의 책, 270~280쪽을 참조하였다.

해 1920년 산미증식계획을 수립했는데, 그 내용은 크게 토지개량사업과 농사개량사업으로 구분할 수 있다. 토지개량사업은 수리시설을 확충하여 관개 논의 증대를 꾀하는 것이 핵심이었고, 그 외에 밭을 논으로 변경하는 개답(改畓) 및 개간·간척사업이 포함되었다. 농사개량사업은 화학비료를 포함한 비료 증대와 다수확 우량 품종의 보급을 통해 단위면적당 생산성을 높이는 것을 목표로 한 것이었다. 산미증식계획은 수리조합을 중심으로 하는 토지개량사업에 치중하여 1920년 22%에 불과했던 관개논은 1935년에 68%로 증가하는 실적을 거두었다.

산미증식계획은 1920년부터 15년간 계획으로 실시되었지만, 토지개량사업의 경우 목표치의 20%에 그칠 정도로 실적이 부진하였다. 이에 1926년부터 '산미증식갱신계획'이란 이름으로 계획을 재수립하여 12년간 계획으로 실시되었다. 1920년에 시작된 1기 계획이 기업자 조달 자금이 중심이었다면, 갱신계획은 소요 자금의 3분의 2 이상을 정부 알선 저리자금으로서 조달할 계획이었다. 조선식산은행은 동양척식주식회사와 더불어 산미증식계획의 자금조달 기관으로 참여하였다. 토지개량사업비 3억 325만 원 중 약 66%(약 1억 9,870만 원)는 정부알선자금으로 조달할 계획이었는데, 조선식산은행과 동양척식주식회사가 각각 절반씩 공급하도록 하였다. 양 기관은 사업자금의 절반은 대장성 예금부 차입금으로, 나머지 절반은 사채 발행으로 조달하였다. 전자는 연 5.1%로 차입한 자금을 연 5.9%로 대출하고, 후자는 연 7.7%의 사채 발행으로 조달한 자금을 연 8.9%로 대출하는 것으로 되었다.

조선식산은행은 1926년부터 실시되었던 '산미증식갱신계획'에 따라 토지개량사업자금의 공급기관으로 지정되어 예금부 자금인 저리자금과 자기조달자금인 보통자금을 각각 2분의 1씩 조달하기로 계획되었다.

1926~1937년까지 토지개량사업자금 8,367만 8,000원의 67.5%에 해당하는 5,651만 2,000원을 조선식산은행이 융통하기로 하였다. 조선식산은행은 특히 수리사업 및 토지개량사업은 물론 다른 농업의 대출에서 동양척식주식회사보다 2~3배 많은 대출을 취급함으로써 산미증식계획의 시행 과정에서 중추적인 역할을 담당하고 있었다.

산미증식계획에서 수리조합이 차지하는 비중은 절대적이라고 볼 수 있다. 토지개량사업비의 85%가 지주로 구성된 수리조합에 대출되었는데, 조선식산은행은 그 규모를 계속 증대시킴으로써 수리조합의 활동을 적극적으로 지원하였다. 조선식산은행은 수리조합을 공공단체로 간주하여 담보 없이 대출했으며, 금리도 다른 산업단체나 개인 또는 회사에 비해 1~2% 정도 낮게 책정하였다. 조선식산은행은 전체 수리조합 중 60~70%에 이르는 조합을 상대로 대출함으로써 사업을 지원하는 동시에 은행의 영업 기반을 확장해나갔다.

수리조합이 산미증식계획의 핵심 사업이었기 때문에 그 비용은 지주가 부담하는 구조였다. 그런데 일본의 경우, 토지개량사업 기준 국고보조금 비중이 70~80%에 달했으나 조선은 20~30%에 불과했다. 즉 조선의 지주는 사업비의 70~80%를 부담해야만 했던 것이다. 또한 일본의 지주는 대장성 예금부 자금은 3.2%, 은행 경유는 3.9%의 이자를 부담했는데, 저리인 전자가 주를 이루었다. 반면에 조선은 절반만이 예금부에서 조달되었는데 그 금리는 4.8%, 나머지 절반은 조선식산은행과 동양척식주식회사에서 공급한 자금으로 7.5%였다(1933년 말 기준). 그나마 이자율이 저하된 1930년대 초반을 보더라도 조선 내 지주는 일본의 지주에 비해 사실상 거의 두 배 가까이나 높은 이자를 지불하고 있었던 것을 알 수 있다. 이는 사업자금의 대부분을 일본금융시장을 통해 도입하는 구조 속에서 발생된 것으로서 일본보다 높은 금리는 궁극적으로 일본 자본의 이윤과 조선식산은행의 이윤을 안정적으로 확보하기 위한 장치였다고 볼 수 있다.

그런데 지주는 자신의 부담을 소작농에게 전가하고 있었는데, 가장 일반적인 방식은 소작료율을 인상시키는 것이었다. 대부분의 수리조합에서 지주가 60%의 소작료를 걷었으며, 50%인 경우는 세금이나 수세(수리조합비)의 형태로 소작인에게 부담이 전가되었다. 조선총독부는 이러한 지주의 행태를 합법화하거나 묵인했을 뿐만 아니라 지주의 수리조합비 부담 능력을 계산할 때 소작료율을 60% 또는 3분의 2로 상정함으로써 사실상 소작료 인상을 공인하고 있었다. 이는 조선총독부가 산미증식계획을 지주의 소작인에 대한 높은 착취율에 기반하여 시행했음을 반증하는 것이다. 그 결과 자·소작농의 빈농화 및 몰락은 가속화되었고, 이들은 지배 권력에 강력하게 저항하였다. 대공황의 영향까지 미쳐 조선 농촌이 거의 괴멸 직전까지 이르게 되자 조선총독부는 기존 지주 중심의 농업정책을 전환하지 않을 수 없게 되었다. 1930년대 농정정책의 전환에는 금융조합이 중요한 역할을 수행하게 되었는데, 그 내용은 다음 장에서 살펴보도록 하겠다. 요컨대 산미증식계획으로 인한 미곡의 증산은 소작농의 소득을 올리는 것이 아니라 수리조합의 구성원인 지주의 지대 수입과 조선식산은행의 이자 수입을 증가시킴으로써 식민지 지주 및 그와 유착했던 식민지 금융의 성장 기반을 강화하는 결과를 낳았다.[8]

---

8   조선식산은행원이었던 최영철은 해방 이후 조선식산은행을 두고서 조선 농민의 고혈을 착취한 기관이라고 표현하였다(정병욱, 2004, 앞의 책, 431쪽).

2. 1937년 이후 전시기 광공업금융기관으로 전환

중일전쟁 발발 이후 조선식산은행의 자금 구성에서 변화가 일어나는데, 우선 조달에서는 채권의 비중이 감소함과 더불어 예금의 비중이 증대하는 추이를 보이고 있다. 당시 전쟁으로 인해 일본에서의 채권 소화가 여의치 않게 되었고, 전시 인플레이션 억제를 위한 저축운동이 전개되자 조선식산은행도 예금흡수에 주력해야만 했다. 그럼에도 불구하고 채권은 1943년까지 절반을 차지할 정도로 여전히 중심적인 위치에 있었고, 예금은 1944년 이후에야 수위를 차지하였다(〈그림 2-1〉). 따라서 전시기에도 채권 발행은 여전히 조선식산은행의 주요 자금원이었다고 할 수 있다.

전시기 채권 발행의 특징은 조선 내 인수 비중이 증대한 것을 들 수 있다(〈그림 2-2〉). 기존의 10% 선에 불과했던 것에 비하면 대폭 증가한 것으로, 조선 내 인수액 4억 5,100만 원 중 52%는 조선금융조합연합회가 인수하였다. 종래 금융조합은 조선식산은행의 차입금에 의존했는데, 강제저축운동에 힘입어 1937년 말 차입금을 모두 상환하고 여유금은 조선금융조합연합회에 예치해두었다. 조선식산은행 채권 인수에 사용된 자금은 그 일부였다. 나머지 39%는 조선저축은행, 조선상업은행, 조흥은행 등 조선금융단의 금융기관이 공동으로 인수했다. 이와 같이 농촌과 도시에서 강제저축을 통해 형성된 금융기관의 여유자금이 조선식산은행의 채권 인수에 사용된 것은 강제저축이 군수산업에 대한 자금 융통과 어떻게 연결되고 있는지를 잘 보여주고 있다. 종전에 조선식산은행의 채권 발행은 주로 일본의 자금을 유입하는 통로였으나, 전시기에는 그러한 기능과 함께 조선 내의 자금을 흡수하는 기능도 강화되었다.

이 시기 조선식산은행의 자금운용은 대출이 절대적 비중을 유지하면서도 유가증권 인수액이 이전보다 증대했다는 점에 그 특징이 있다. 유가증권의 비중이 1930년대 중반부터 상승하기 시작하여 1943년 이후 20%를 넘어섰다(〈그림 2-3〉). 대출의 양상을 보면 군수 관련 광공업 부문과 전시통제기구에 대한 자금 융자가 핵심이었다. 전시기 조선식산은행은 군수물자 생산을 위한 중점 기관으로서 역할을 부여받았다. 일제는 1939년 12월, 15종의 생산력확충산업에 대한 자금공급기관으로 조선식산은행을 지정하였고, 조선식산은행은 1940년 3월에는 군수산업 융자를 전담할 특별금융부를 설치하였다. 산업별 대출 비중을 보면 1939년 이후 광공업이 농업을 능가하였는데, 1943년 들어 갑자기 그 비중이 급격히 축소된 반면 상업대출이 전체 대출의 절반 이상을 차지할 정도로 급증하였다(〈그림 2-4〉). 그 이유는 상업대출에 군수산업을 지원하기 위해 설치된 특별금융부의 광공업 개발자금이 포함되었기 때문이며, 실제 상업대부는 거의 증가하지 않았다. 그 결과 조선식산은행은 조선 내 은행 전체에서 광공업대출의 절반가량을 책임질 정도로 핵심적인 역할을 담당하고 있었다. 즉 조선식산은행은 중일전쟁 이후 대출의 중심을 농업에서 광공업으로 전환한 것이다.

한편 전시기 조선식산은행이 인수한 유가증권의 80~90%는 전비 마련을 위한 국채였고, 주식투자는 상대적으로 적었다. 그러나 비록 규모는 작았지만, 조선식산은행은 몇몇 특정 기업에 한정하여 집중적으로 주식을 매입하였다. 이를 통해 조선식산은행은 이 기업들을 자신의 자회사로 만들고 그 자회사로 하여금 또 다른 방계회사의 주식을 인수하는 방법을 취하여 이른바 '식은 콘체른'이라 불리는 기업군을 형성해나갔다.

'식은 콘체른'에 속해 있는 기업으로는 일본고주파중공업, 한강수력전기, 조선압록강수력발전, 조선비행기, 조선개척, 성업사, 불이흥업 등 농업 관련 회사와 경춘철도, 조선우선 등 교통 관련 회사도 있으며, 조선저축은행, 조선신탁주식회사, 조선상업은행, 조선화재해상보험 등 금융 관련 회사도 포함되어 있었다. 조선식산은행은 자행이 출자한 기업들, 예컨대 일본고주파중공업, 한강수력전기, 조선압록강수력발전, 조선비행기 등에 집중적으로 대출을 실시했는데, 특히 고주파중공업과 압록강수력발전 두 기업에 대해서만 1억 원이 넘는 대출을 하였다.

전시기 들어 조선식산은행은 일본금융시장에 의존하던 것과 달리 자금을 조선에서 조달할 수 있었는데, 그 원동력은 강제저축에 있었다. 조선식산은행은 자행의 강제저축으로 예금을 증가시켰고, 금융조합 및 일반은행과 같은 하위 금융기관이 강제저축으로 집적한 자금을 토대로 채권을 소화할 수 있었다. 따라서 강제저축을 통해 형성된 조선 내 자금이 예금이나 채권 발행을 통해 조선식산은행으로 집중되었고, 조선식산은행은 이 자금을 주로 일본의 전쟁 수행을 뒷받침하는 군수산업에 융자했다. 즉, 조선에서 축적된 자금이 일본의 전쟁 수행을 위해 유실된 것이나 다름없었음을 알 수 있다.[9]

---

9   이상은 윤석범 외, 1996, 앞의 책, 182~185쪽; 정병욱, 2004, 앞의 책, 163~168쪽, 176~183쪽을 참조하였다.

제3장
금융조합

1. 자금조달

1) 보조금에 의존한 취약한 자금조달 구조(1907~1917)

금융조합 자금조달의 전체 추이를 보면, 설립 초기에는 정부급여금 항목이 90% 이상으로 압도적인 비중을 차지하고 있다(〈그림 3-1〉). 설립된 지 얼마 되지 않아 수익원이 없었던 금융조합으로서는 정부 재정에 전적으로 의존할 수밖에 없었던 것이다. 조합원의 출자금 또한 극히 소액에 불과했기 때문에 금융조합은 자금조달에 있어 근본적인 한계를 드러내고 있었다. 1914년 「지방금융조합령」을 제정할 때 예금업무를 허용한 것은 이 문제를 해결하기 위해서였다. 이와 같이 금융조합의 예금업무 시작은 자체 자금원을 확보했다는 점에서 그 의미가 크다고 볼 수 있다. 동시에 이 방침은 식민지 통치정책과도 관련이 있는데, 당시 조선총독부는 식민지 지배에 필요한 자금을 조선 내부에서 충당하려 하였다. 농촌 지역의 경우 농촌 내 유휴자금과 농민층의 영세자금을 예금으로 흡수하고 그 자금을 금융기관을 통해서 다시 농촌에 살포하여 식민지 농정을 수행해간다는 것이 기본 방침이었다. 그런데 당시 금융기관들은 대도시를 중심으로 활동하고 있었고, 농촌 지역에는 금융조합밖에 없었기 때문에 금융조합이 농촌 내부 자금흡수를 담당할 수밖에 없었던 것이다.[1] 1917년부터 예금 항목이 12%대로 두 자리수를 차지하기 시작했

---

1 이경란, 2002a, 앞의 책, 156~158쪽.

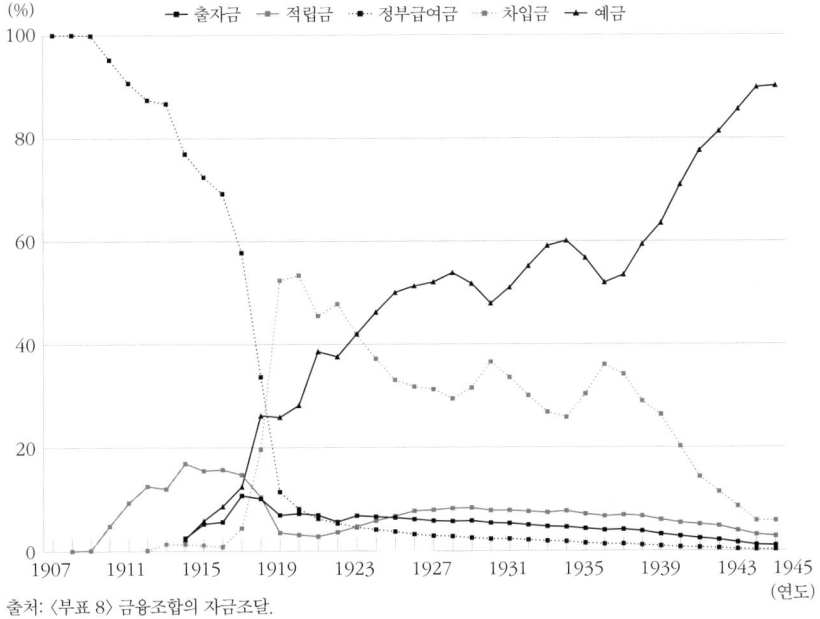

〈그림 3-1〉 금융조합의 자금조달

출처: 〈부표 8〉 금융조합의 자금조달.

지만 여전히 정부급여금이 절반 이상을 차지할 정도로 조선총독부 재정 의존도가 높았다. 따라서 후술하겠지만 이 시기 금융조합은 자금운용에 있어서도 매우 소극적일 수밖에 없었다.

2) 예금 확대에 따른 자금조달력의 강화(1918~1936)

1918년을 기점으로 금융조합의 자금 규모는 크게 신장되었는데, 1917년 약 460만 원에서 약 770만 원으로 1.7배 증가하였고, 1919년 에는 약 2,500만 원으로 전년 대비 3.3배나 증가하였다(〈부표 8〉). 이 증가세는 차입금과 예금 증가에 기인한 것으로 특히 차입금은 1919~

1922년간 금융조합 자금조달의 약 절반가량을 책임지고 있었다. 금융조합은 예금을 비롯한 자체 자금만으로는 대출 수요를 감당할 수 없었기 때문에 농공은행·조선식산은행에서 자금을 차입하여 부족한 자금을 충당하고 있었다. 농공은행 시기 차입금 규모는 미미했으나 1918년 조선식산은행이 설립된 후 그 액수가 급격히 증가하고 있었다. 1918년에는 전년 대비 7.5배가 증가하여 점유율도 4%에서 20%로 수직 상승하였다. 1919년부터는 차입금 규모가 대폭 증대되어 금융조합 자금조달에 있어 수위를 차지하고 있을 정도였다.

조선식산은행은 설립 당시 채권 발행한도액이 종래 자본금의 5배에서 10배로 확장되어 자금조달력을 강화하였고, 따라서 금융조합은 이전 농공은행 시기보다 더 많은 자금을 차입할 수 있게 되었다. 1918년 각도 금융조합연합회의 설립 이전에는 각각의 금융조합이 개별적으로 농공은행에서 차입하였다. 그런데 각도금융조합연합회가 신설된 이후부터는 조선식산은행으로부터 일괄적으로 차입하였는데, 조선식산은행은 자기 자금에 기반한 보통대출금과 일본 대장성에게서 도입한 특별대출금 등 두 종류의 자금을 공공대부의 일환으로 각도금융조합연합회에 공급하였다.[2] 특히 1920년대 산미증식계획이 시행되면서 일본 대장성 예금부가 조선식산은행의 채권을 저리로 인수하는 방식으로 자금을 지원하였고, 이는 조선식산은행의 대리점 역할을 하는 금융조합의 자금 확충으로 연결되었다. 이때 대장성 예금부 자금은 정책금융으로서 그 목적이 정해져 있었기 때문에 특별차입금으로 금융조합에 들어오는 자금도 그에 맞게 쓰여야 했다. 이 과정에서 '일본금융시장 - 조선식산은행 - 금융조합'

---

2   윤석범 외, 1996, 앞의 책, 196~197쪽.

이라는 금융체계가 형성되었다. 이로 인해 1920년대 초반에는 금융조합의 자금원천에서 차입금의 비중이 커졌을 뿐 아니라 가장 큰 비중을 차지하게 된 것이다.

그런데 1923년 이후부터는 금융조합 자금조달에서 예금 점유율이 수위를 차지하게 되면서 자금의 중심은 차입금에서 예금으로 바뀌었다. 예금은 1926년 이후부터는 50~60%대를 유지하였고, 차입금은 대체로 30% 내외로 양자가 사실상 금융조합 자금조달의 대부분을 차지하고 있었다. 1914년 「지방금융조합령」 제정으로 금융조합은 비조합원의 예금도 수취할 수 있게 되어 자체 자금조달력을 신장시킬 수 있는 기반을 마련하였다. 이는 금융조합이 협동조합으로서의 성격만이 아니라 일제의 정책자금원으로서 농촌 지역의 자금을 흡수하는 저축기관의 역할도 수행함을 의미하였다. 그리고 1918년에 설립된 각도금융조합연합회를 통해 도 내부에서 촌락금융조합 간 또는 촌락과 도시금융조합 간에 자금순환이 이루어지는데 이때 늘어난 예금이 그 기초가 되었다.[3] 그 결과 1920년대 중후반으로 가면서 예금은 그 비중을 높여간 반면 차입금은 감소하여 금융조합은 점차 자금의 자립도를 높여가고 있었다. 차입금 액수가 크게 증가했음에도 불구하고 예금의 증가 폭이 차입금보다 훨씬 더 컸던 것은 그만큼 금융조합이 시중자금을 적극적으로 흡수한 것을 입증해주는 것이기도 하다. 그런데 이는 일반은행의 자금원을 침범하는 것으로 1920년대 내내 식민지 금융기구의 가장 큰 문제가 되었다. 이와 같이 자체 자금조달력이 강화되자 금융조합 내부에서도 조선식산은행에 벗어나 독자적인 자금순환 구조가 필요하다는 목소리가 높아졌고, 이

---

3   이상은 이경란, 2002a, 앞의 책, 159~161쪽.

는 1933년 조선금융조합연합회 설립으로 이어졌다.

3) 예금 확대에 따른 문제

1920년대 예금 확대는 비조합원 예금 증가에 힘입은 바가 컸는데, 1929년 금융조합 예금 중에서 조합원의 예금은 5분의 1 정도, 단체와 조합원 가족의 예금이 5분의 2, 비조합원의 예금이 5분의 2 정도를 차지하였다. 특히 도시금융조합의 경우 비조합원의 예금이 더 큰 비중을 차지했는데, 예금액 기준 비조합원의 비중은 4%(1918)→43%(1920)→69%(1923)→78%(1927)으로 압도적임을 알 수 있다.[4] 이렇게 도시금융조합의 비조합원 예금이 급증한 이유는 조선총독부가 일반은행보다 높은 예금금리를 허용해주었기 때문이었다. 도시금융조합 대 일반은행의 정기예금이율을 보면 7.5% 대 6.3%(1919), 8.5% 대 7.3%(1921~1924), 8% 대 7.4%(1926) 등으로 1927년까지 도시금융조합 쪽이 더 높았다. 이러한 고금리정책과 더불어 1918년 설립 당시 1,000원이었던 비조합원 예금한도를 1921년 3,000원으로 증액하였고, 예금 총액의 20%는 지불준비금으로 각도금융조합연합회에 예치하도록 규정하여 대외신용도를 제고시켰다. 이와 같은 조선총독부의 정책적 지원과 예금보호정책은 일반인에게 도시금융조합의 신용이 매우 높다는 인식을 심어주게 되었다.[5]

이와 같이 금융조합은 정책적 지원 아래 비조합원 예금 증대를 중심

---

4 문영주, 2005a, 「일제하 도시금융조합의 운영체제와 금융활동」, 고려대 박사학위논문, 52쪽, 〈표 1-18〉.
5 문영주, 2005a, 위의 글, 53~54쪽.

으로 자체 자금조달력을 강화시킬 수 있었지만 금융조합 내부의 자금운용 자체를 왜곡시키는 문제를 낳았다. 금융조합은 조선총독부와 조선식산은행의 지원을 배경으로 일반은행보다 높은 예금금리를 무기로 예금 점유율을 확대해갔는데, 이렇게 되면 그만큼 대출금리도 높아진다. 그런데 금융조합은 고리대를 대신하여 저리로 중소 농상공업자에게 대부하는 것을 주목적으로 설립된 기관이었다. 따라서 금융조합에서는 예금금리를 높이기보다는 대출금리를 낮춰 대출자가 더 수월하게 금융혜택을 받도록 하는 것이 운영원리에 적합한 것이었다. 이로 인해 금융조합의 대출금리와 예금금리, 나아가 비조합원 예금 문제는 하나로 얽히게 되었고, 이 점은 금융조합 위상에 논란을 일으키는 문제로 커져갔다. 금융조합이 중소농상공업자를 대상으로 한 금융 지원을 내걸고 있었으면서도 비조합원 예금을 자금원의 중심으로 삼았기 때문에 자기 목적이 제대로 이행되기 어려운 구조적 문제를 지니게 된 것이었다.

　이러한 금융조합의 일반금융기관화는 도시금융조합과 촌락금융조합의 자금순환 구조 속에서 더욱 심화되었다. 1918년에 도시 지역의 중소상공업자를 대상으로 설립된 도시금융조합에 들어온 예금은 전체 금융조합의 자금 규모를 더욱 확대시켰다. 도시금융조합은 예치금이 많고 촌락금융조합은 차입금이 많아 각도금융조합연합회를 매개로 도시금융조합의 자금이 촌락금융조합으로 유입해가고 있었다. 즉 도시금융조합이 각도금융조합연합회에 예치한 자금의 대부분은 촌락금융조합에서 차입했다. 도시금융조합이 전체 예금에서 차지하는 비율은 27%였으며, 각도금융조합연합회에 예치한 비율은 38.1%였다. 반면에 촌락금융조합은 대부금의 80% 이상을 점유하였고, 차입금의 86% 이상을 빌려갔다.

　이상과 같이 도시금융조합의 자금원천은 도시의 비조합원 예금에 있었다. 금융조합의 예금금리가 높기 때문에 비조합원들이 금융조합에 예금을 하는 것이므로 금리 수준을 유지·확대하기 위해서는 다른 금융기관보다 금리를 높게 유지해야 했다. 게다가 촌락금융조합은 내부조달자금이 부족했기 때문에 차입금이 많았다. 도시금융조합의 여유자금을 각 도금융조합연합회를 통해서 촌락금융조합에 대부하고, 다시 촌락금융조합원에게 대부하는 구조이기 때문에 자금원 확보를 위해서 금리를 인상하는 순환고리가 만들어졌던 것이다. 금융조합의 대출금리는 비조합원 예금이 자금조달의 중심이 됨에 따라 일정 수준 이하로는 내려갈 수 없었던 것이다.

금융조합의 일반은행화로 인해 금융조합의 업무는 신용사업과 경제사업 겸영에서 신용사업 단영으로 점차 바뀌어갔다. 1918년 이후에는 경제사업 중에서 농사지도업무는 중단되고 산업재료대부와 구판사업으로 축소되었고, 1929년에 이르면 금융 이외의 업무는 창고업무를 제외하고는 모두 폐지되었다. 즉 농민 경제를 지원하는 조직이라는 성격에서 탈각하여 금융기관으로서 역할이 핵심이 되었던 것이다.[6]

4) 전시기 강제저축흡수기관으로 재편

전시기 들어 금융조합은 전시인플레이션 방지를 위한 구매력 흡수와 생산력확충자금 공급을 위한 강제저축기관으로 재편되었다. 금융조합은 일제가 추진한 국민저축운동의 주요 담당기관이 됨으로써 이전과는 그 성격이 달라졌다. 즉 단순한 상호주의에 입각하여 자기자금을 충

---

6   이상은 이경란, 2002a, 앞의 책, 162~173쪽.

족하는 기능이 아니라 저축운동을 통해서 조선 내의 구매력 흡수에 노력하고, 그 결과 조성된 자금은 특수금융기관과 연계하여 생산력확충자금에 사용한다는 것이다. 특히 금융조합은 서민 저금흡수에 집중했는데, 가령 저축권유원을 동원하여 집집마다 방문하여 저축을 종용하는 등 전력을 기울여 자금을 흡수하였다. 그 결과 금융조합의 예금은 1937년 말 약 1억 8천만 원에서 1944년 말 약 18억 원으로 약 10배나 폭증하였고, 자금조달에서 차지하는 비중도 54%에서 90%로 절대적인 지위를 차지하였다(〈부표 8〉).[7] 1938년 이후 금융조합에 할당된 저축액은 조선 전체 할당액의 20% 정도였는데, 금융조합은 매년 부과된 목표를 초과달성하는 성적을 올렸다. 촌락금융조합은 1940년 이후 농산물에 대한 전면적인 공출이 실시되자 공출대금을 지급하는 기관으로 지정되었는데, 예금 증가는 바로 농산물 공출대금의 강제저축에 기인한 것이었다. 반면 도시 금융조합은 기존의 예금흡수책을 강화하여, 전시기 들어서는 장기성 예금흡수에 주력하였다.[8]

---

[7] 윤석범 외, 1996, 앞의 책, 205쪽; 이경란, 2002a, 앞의 책, 177쪽.
[8] 문영주, 2005a, 앞의 글, 138~139쪽.

2. 자금운용

1) 자금운용의 기조: 식민지 농정에 대한 금융조합의 역할

금융조합의 자금은 대체로 대출자금으로 운용되며 대출되지 않는 자금은 농공은행·조선식산은행에 예치해야 했다. 즉 금융조합의 자금운용은 대출과 예치금 두 항목이 대부분을 차지하였다. 매개대부는 농공은행·조선식산은행을 통한 대부업무를 말하는데, 고액의 대부는 농공은행·조선식산은행에 소개하는 형식을 취했던 것이다(〈그림 3-2〉).

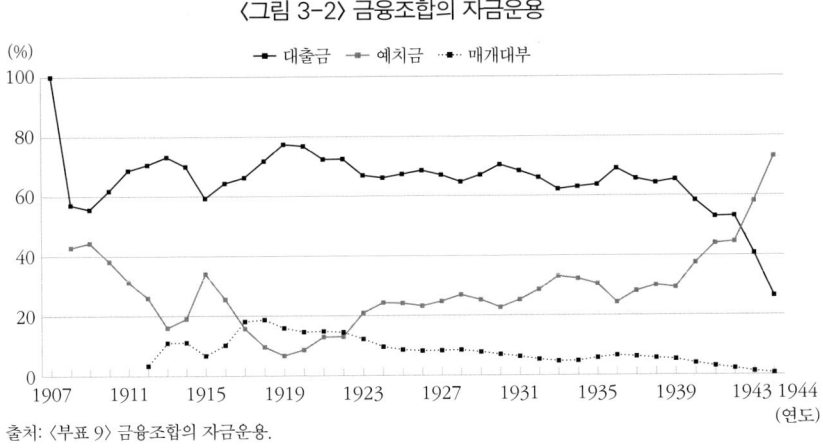

〈그림 3-2〉 금융조합의 자금운용

출처: 〈부표 9〉 금융조합의 자금운용.

금융조합의 용도별 자금대부는 조선총독부의 농업정책 전개에 따라 변화하였으며, 대출 내역을 통해 금융조합이 식민지 농정체계 속에서 어떤 역할을 담당했는지를 확인할 수 있다. 1910년대 금융조합 대출금의 사용처는 가축의 매입자금, 그중에서도 경우(耕牛) 구입자금이 가장 큰 비중을 차지하였고, 다음이 농업용 재료 구입비로서 양자가 대출액의 80%를 차지하였다. 반면 금융조합이 설립될 때 중요한 문제로 제기되었던 것이 고리채정리였는데, 정작 대출 규정에는 고리채 상환 항목이 없었다. 이 점은 설립 초기의 조합 가입자들이 대체로 중상층이었던 점을 고려하면 고리채 문제보다는 영농 환경 조성을 더 중요시 여겼다고 볼 수 있다. 이는 농사용 소 구입에 대한 비중이 크다는 점에서 잘 드러난다. 그런데 1918년 금융조합의 직접적인 농업지원업무가 중단되면서, 종자 구입 등에 쓰이는 일반 농사비나 경작 기간 중의 양식비 등의 소모성 자금에 대해서는 대출이 중단되었다. 이로 인해 대출 항목이 토지개량과 자작용 토지 구입, 건물 신축 등으로 축소되었다. 1920년대 들어서 대출의 특징은 토지 구입 비용이 증가한 것과 고리채 상환자금이 소 구입과 비슷할 정도로 확대된 점에 있다.[9] 1920년대 조선총독부 농정의 핵심 사업이 산미증식계획인 점에서 보면, 금융조합의 대출은 정책과는 다른 방향으로 전개되고 있었다. 금융조합은 산미증식계획의 핵심 사업인 토지개량사업의 자금공급에서 배제되었고, 소위 사회정책적인 대출로 볼 수 있는 토지 구입이나 고리채 상환에 집중하고 있었다. 금융조합 대출이 1910년대에는 주로 농사개량 용도에 운용되었다면, 1920년대 이후는 농촌 구제를 위한 대출로 중심이 옮겨간 것이다. 조선총독부는 산미증식계획을 수행하는 데 있어 각 기관별로 역할을 분담했는데, 토

---

9   1920~1930년대 금융조합의 용도별 대출(1921·1923·1928)을 보면 농업자금이 81·76·71%, 고리채 상환이 0·13·18%로 양자가 대부분을 차지하고 있었다. 농업 자금 중에서는 토지 구입이 47·56·62%, 소 구입이 25·24·23%로 그 뒤를 잇고 있었다(이경란, 2002a, 앞의 책, 187쪽, 〈표 17〉 참조).

지개량은 수리조합이, 비료는 조선농회가 주로 담당하도록 한 반면 금융조합에는 지주적 농정체계가 안고 있던 계급 갈등을 완화시키는 역할을 부여하였다. 즉 조선총독부는 조선식산은행과 동양척식주식회사를 통해서 장기자금을 방출하여 지주 중심의 증산정책을 추진하였고, 금융조합에는 지주적 농정으로 인해 발생하는 문제점을 완화시키는 임무를 부여한 것이었다. 그러나 그 대상은 매우 제한적이었다.[10]

2) 1920년대 소농층을 배제한 차별적 대부정책

1920년대 이후 금융조합 대출은 크게 증가했지만 그 대상은 자산가에 집중되어 있었다. 우선 금융조합은 계층적으로 가입과 대부에 제한을 두었다. 조합 가입과 대부금 사정의 기초가 되는 신용조사에서 가장 중요한 기준은 자산이었다. 담보대부는 담보물을 기준으로 삼았기 때문에 문제가 되지 않았으나 무담보대부의 경우 신용조사가 가장 중요한 기준이었다. 확실한 수익이 있는 토지를 소유하고 있을 경우가 자금대부를 받기 가장 유리한 조건이었다. 또한 금융조합의 경우 소비금융은 비생산적 금융이라는 이유로 대부를 하지 않았다. 특히 1918년 이후부터는 경작 기간의 양식자금에 대한 대부를 중단하였는데, 이는 춘궁기에 식량이 부족한 농가가 상당수에 달하는 상황에서 이들을 외면한 조치였다. 그리고 관혼상제나 기타 여러 생활자금과 같은 소비금융에 대해서도 대부를 하지 않음으로써 여유자금이 없는 농가로서는 어쩔 수 없이 고리채

---

10 윤석범 외, 1996, 앞의 책, 198쪽; 이경란, 2002a, 앞의 책, 183~189쪽.

를 쓸 수밖에 없었다. 비록 조합원이라 할지라도 춘궁기가 되었거나 여러 사정으로 급한 돈이 필요했을 때 금융조합보다는 고리대를 활용해야만 했고, 그에 따라 고리대의 순환구조에서 벗어날 수 없었다. 이와 같이 금융조합의 대부는 기본적으로 담보를 제공할 수 있는 계층에게만 매우 유리할 수밖에 없는 구조였다.

반면에 금융조합은 이러한 자금운용 구조 속에서 견실한 실적을 올릴 수가 있었다. 이는 조합원들이 대부금 상환을 연체하는 일이 없다거나 대부금을 거의 완납했기 때문이 아니었다. 조합원이 대부금을 연체한 경우에는 수확 곡물을 차압하여 변제를 해결하거나 변제하지 못하게 되면 자산을 소유하고 있는 보증인에게서 받으면 되었다. 또 담보대부라면 담보물인 토지를 매각해버리면 되기 때문에 금융조합이 대부금을 회수하지 못하는 경우는 극히 드문 일이었다. 특히 1920년대 중후반기의 금융 경색하에서 연체가 속출하자 그에 따라 곡물과 토지를 차압당하는 일이 빈번하게 발생하였다. 그 결과 조합원 통계에서 회계연도 말 이전 달과 다음 회계연도 초의 조합원 수에는 현격한 차이가 발생했는데, 이 점은 회계정리 이전에 이른바 불량조합원들을 일제히 탈락시켰음을 의미하였다.

이러한 금융조합의 대부 방침하에서 일정한 자산을 보유한 자작농 또는 자소작농은 금융조합 자금을 토지매입 자금으로 활용하여 토지 규모를 확대시켜 자산가로 성장할 수 있었다. 이들이 소토지 소유자가 되고, 거기에 부업을 통해서 일정한 현금 수입이 생기면 이른바 식민 지배정책의 '사회안전판'으로서 기능할 수 있었다. 그 결과 이들은 1930년대 들어 농촌진흥회 위원이나 식산계장 등 일제가 육성하고자 했던 이른바 '중견인물'로서 역할을 수행하게 되었다. 반면 소작농의 경우 추천한 조장이나 평의원의 보증이 있어야지만 조합원으로 가입할 수 있었기 때문에 큰 제약을 받고 있었다. 이와 같이 금융조합의 자금운용은 자소작농을 대상으로 실시한 대출을 통해 농촌 내의 중견인물을 양성하는 데 초점을 두었다. 금융조합은 대출을 받은 조합원에 대해서는 신용조사와 사후관리와 같은 엄격한 관리시스템을 갖추었고, 이를 기반으로 조합원의 신상을 구체적으로 파악하면서 생활, 생산 부문까지 모든 것을 관할하는 소위 '지도금융'을 지향하고 있었다.

한편 소작농을 대상으로 한 대출금은 대부분 소액이기 때문에 주로 부업자금으로 사용되었다. 주업인 농업을 통한 재생산이 불가능해진 소작농을 부업으로 유도하여 현금 수입을 보전해주는 방식으로 생활의 안정을 꾀하도록 한 것이었다. 이는 그나마 금융조합이 실현하려 했던 계급대립의 완화와 사회적 불안정을 해소하려는 정책 방향이 실행되는 경우였다.

이렇게 금융조합이 계층적 차별성에 입각하여 자금운용을 하였기 때문에 많은 농민들은 어쩔 수 없이 고리대를 이용할 수밖에 없었다. 일반 농촌에서는 대지주가 아니고서는 금융기관에서 대부를 받을 수 있는 방법이 없었고, 그나마 상대적인 저리로 일반 농민들이 돈을 빌릴 수 있는 금융기관이라고는 금융조합뿐이었다. 더 심각한 문제는 금융조합 자금이 농촌 내에서 순환되는 과정에 있었다. 금융조합은 자금을 농촌 상층부에 집중해서 대부하고 있었는데, 이는 다시 영세 농민층에게 고리대로 재생산되고 있었다. 금융조합의 근본적인 문제점은 소농층을 위한 저리 생산자금을 공급하는 것이 목적이면서도 실제는 지주를 비롯한 유력자층을 중심으로 운용되었다는 점에 있었다. 따라서 농민들은 실질적인 금융 혜택을 받을 수 없었다. 단지 금융조합의 수가 적어서가 아니라 그 운

영이 왜곡되어 고리대가 사라지지 않고 더욱 확대되는 금융구조가 유지되었던 것이다.[11]

3) 1930년대 식민지 지배체제 안정화를 위한 정책 금융기관으로 역할

조선총독부는 1929년 4월의 「금융조합령」 개정을 계기로 도시금융조합의 예금흡수를 통한 정책자금운용 기능을 강화시켰다. 이 개정의 요점은 도시금융조합의 비조합원 예금한도 철폐와 관선이사 파견에 있었다. 1920년대 도시금융조합은 자금조달에서 예금 비중이 지속적으로 상승하고 있었다. 1920년대 초반에는 출자금과 차입금으로 자금을 조달하던 도시금융조합은 1923년 예금이 53%를 차지한 이후 주된 원천이 되었다. 이후 도시금융조합 자금조달에서 예금이 차지하는 비중은 1929년에는 75%, 1930년대는 80%를 훌쩍 넘겼고, 1940년대 들어서는 90%를 상회할 정도로 절대적인 비중을 차지하였다. 자금운용의 경우 대출금의 지속적인 감소와 예치금의 지속적인 증가로 요약할 수 있다. 1920년대 60~80%를 차지하던 대출금은 1930년대 들어 50%대로 하락한 반면, 예치금은 1920년 13%에서 1929년에는 39%로 상승하였고, 1930년대에는 50%에 육박하다가 1941년에는 56%로 대출금 44%를 능가하기에 이르렀다.[12] 도시금융조합의 예금액은 그 규모에 비하면 상당히 높은 수준이었는데, 도시금융조합은 조합 수로는 10% 남

11　이상은 이경란, 2002a, 앞의 책, 190~200쪽을 참조하였다.
12　문영주, 2005b, 앞의 글, 174쪽, 〈표 1〉.

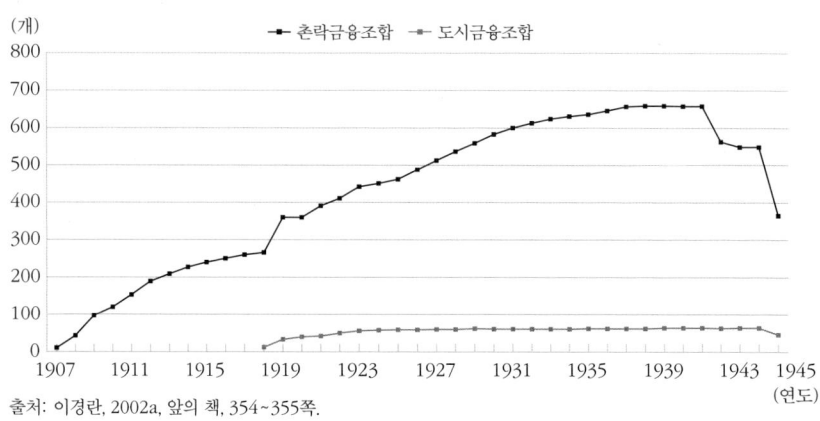

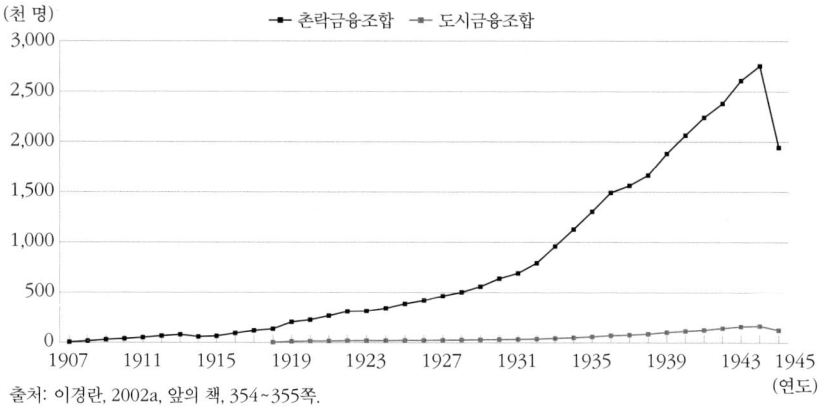

짓, 조합원 수로는 5% 정도에 불과했으나 예금 비중은 1920~1930년대 20~30%를 유지하고 있었다.

즉 도시금융조합은 예금에 의해 조달된 자금을 조합 내부의 대출금과 각도금융조합연합회(조선금융조합연합회)로의 예치금으로 운용하고 있

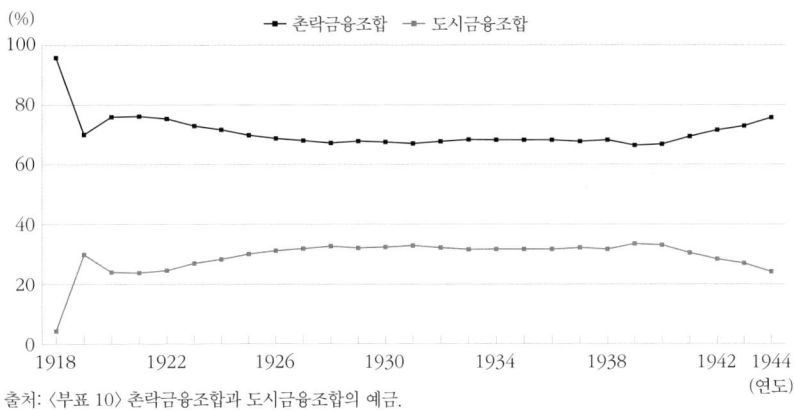

〈그림 3-5〉 촌락금융조합과 도시금융조합의 예금 구성비

출처: 〈부표 10〉 촌락금융조합과 도시금융조합의 예금.

었는데, 시간이 지날수록 예치금 비중을 늘리고 있었던 것이다. 그 결과 도시금융조합은 다른 금융기관과는 다른 양태를 보이고 있었다. 우선 주요 금융기관의 예금 총액 중 도시금융조합이 차지하는 비중은 1920년대 10% 이하, 1930~1940년대는 10% 정도였다. 반면 대출은 항상 3~4%에 머무르고 있었다. 따라서 도시금융조합은 1920년대 중반 이후부터는 예대율이 1 이하로 항상적인 예금초과 상태에 있었고, 시간이 지날수록 초과 규모가 확대되고 있었다. 오로지 일본계 지점 일반은행과 도시금융조합만이 그러하였고, 타 금융기관은 예대율이 항상 1을 초과하여 대출이 예금을 상회하고 있었다. 도시금융조합의 예금초과는 조선총독부의 정책적 지원에 힘입은 결과로 비조합원 예금을 취급할 수 있었고, 금리가 일반은행보다 상대적으로 높았기 때문에 가능하였다. 여기에 1929년 「금융조합령」 개정으로 비조합원 예금한도가 철폐가 되었을 뿐만 아니라 예금에 대해 조선총독부가 지불보증을 함으로써 신뢰도를 높일 수 있었다. 또한 예금이자에 대한 세금이 면제되었기 때문에 일반은행에 비해 상대적으로 높은 금리를 유지할 수 있게 하였다. 이를 통해 도시금융조합은 1920년대 상업자금 공급기관에서 예금흡수기관으로 전환되었으며, 도시 지역 자금을 각도금융조합연합회(조선금융조합연합회)를 통해 농촌진흥운동 자금으로 공급하는 역할을 수행하였다.[13]

1920년대 일제가 추진한 산미증식계획으로 인해 지주와 소작농은 증가하는 반면에 자소작농은 감소하였고, 빈농층이 광범위하게 퇴적되는 결과를 가져왔다. 한편 1929년에 발생한 세계대공황으로 일본의 경우 특히 농업이 큰 타격을 받았고, 식민지 조선 역시 미가 폭락 등 농업공황의 위기를 맞았다. 이로 인해 농민운동이 전국적으로 확산되고 소농층의 경제 기반이 붕괴되는 등 식민 지배체제가 위기에 처하자 그 대책으로 조선총독부는 '농가경제갱생계획'을 수립하였다. 이 계획의 일환으로 '부채정리사업'과 '자작농지설정사업'이 시행되었는데, 금융조합은 전국 각 농촌마다 지점을 갖고 있으며 해당 지역 실정에 정통하다는 이유로 사업의 실행기구로 선정되었다.

1930년대 촌락금융조합의 대출은 부채정리와 토지 구입 용도에 집중되었다. 대장성 예금부에서 차입한 특별대출금의 경우 양자 합계 70%, 금융조합 자체 재원인 보통대출금에서는 50%를 차지하고 있었다. 농가부채 문제는 농가경제 파탄의 주범이었기 때문에 부채정리는 1930년대 전반에 걸쳐 금융조합의 가장 중요한 사업이었다고 할 수 있다. 1932년에 들어 조선총독부 재무국에서 금융조합원의 부채 실태를 조사하였고, 11월 조선총독부는 '금융조합원의 부채정리에 관한 건'을 발표함으로써 금융조합의 부채정리사업은 본격적으로 시작되었다. 이 사업은 조합

---

13 문영주, 2005b, 앞의 글, 176~177쪽.

원이 금융조합에서 저금리로 대부를 받아 조합 이외에서 빌린 고금리의 부채를 상환하는 방식이었다. 무담보의 경우 200원을 한도로 하고, 담보가 있을 경우 1,000원을 한도로 하였다. 고리채정리자금은 금융조합의 대출 제한에 포함시키지 않음으로써 금융조합의 대출규정에 구애받지 않고 운용을 할 수 있도록 규정하였다. 이 사업을 위해서 조선총독부는 조선식산은행을 경유한 대장성 예금부 자금 300만 원을 각도금융조합연합회에 할당하였고 각도금융조합연합회에서는 이 자금에 이전부터 자신들이 운용하고 있던 부채정리자금을 더하여 소속 금융조합에 다시 할당하였다. 상환은 5년 거치, 15년 연부상환의 방식이었다. 금융조합의 부채정리사업은 규모가 컸는데, 1940년까지 부채정리자금으로 대부된 액수는 5,100만 원에 달했으며 부채를 정리한 가호가 48만 호를 넘었다.[14]

한편 자작농지설정사업은 소작농민들을 자작농화한다는 목표에서 시작된 것으로 조선총독부와 금융조합이 담당했다. 금융조합이 추진한 자작농지설정사업은 1933년부터 본격화되었다. 금융조합의 자작농지설정사업의 자금원은 특별대부금과 보통대부금의 두 종류였다. 전자는 조선금융조합연합회가 차입한 대장성 예금부 저리장기자금을 원천으로 하였고, 후자는 금융조합의 자기자본과 조선식산은행으로부터의 차

---

14 이 통계에서 유의할 점이 있는데, 우선 보통단기자금이 상당 부분을 차지한다는 점이다. 따라서 자금의 순환이 매우 빠르다. 단기대부는 담보대부나 보증인부대부 모두 촌락금융조합은 1개년 이내, 도시금융조합은 6개월 이내였다. 단기대부가 30% 이상을 차지할 때 자금순환은 빨라져 전체적으로 대출자금의 누계는 늘어난다. 그렇기 때문에 정리호수에 비해서 구수가 두 배 가까운 양상을 보이며, 누계액에 비해서 해당 연도 대부액에 차이가 생기는 것이었다. 이상은 이경란, 2002a, 앞의 책, 206~207쪽.

입금으로 이루어져 있었다. 금융조합의 대출 대상은 형식적으로는 자작농, 자소작농, 소작농까지 모두 포괄했으나 실제 그 대상은 매우 제한적이었다. 1933년 경기도 지부에서 각 금융조합 이사에게 보낸 통첩에 따르면 그 자격을 조합 이외의 부채가 없는 자 및 가계수지가 양호하여 대출금을 확실히 갚을 수 있을 것으로 예상되는 자로 한정하고 있었다. 대출 방식은 토지를 담보로 하는 담보대부 형태였으며, 상환 조건은 5년 거치, 15년 상환이었다. 상환 방식은 연부상환과 1년에 2회 납입하는 등 지역별로 다르게 적용되고 있었다.[15]

사실 금융조합의 사업은 자작농지설정사업이라기보다는 토지 구입자금의 대부가 확대되었다고 표현하는 것이 더 적절할 것이다. 1933년부터 1941년까지 금융조합의 토지 구입자금 대부를 받은 호수는 60만 7,105호, 대부금액은 198만 9,759원으로 조선총독부(2만 3,895호, 1만 4,711원)에 비해서 각각 25배, 135배 많았다. 이는 1932년 자소작·소작농 총호수 229만여 호의 26% 정도를 차지하는 규모이다. 그런데 금융조합의 자작농지설정사업은 다음과 같은 한계를 가졌다.[16]

첫째, 금융조합 금리가 조선총독부보다 높았다. 조선총독부는 조선간이생명보험[17] 적립금을 재원으로 하여 운용했는데, 조선총독부는 연 6%

---

15 정문종, 1992, 「자작농지설정사업과 농가경제의 안정」, 『경제사학』 16, 83~86쪽.
16 이하 이경란, 2002a, 앞의 책, 212~217쪽을 참조하였다.
17 조선간이생명보험은 조선총독부가 직접 운영한 생명보험으로 우체국을 통해 운용하였다. 조선총독부는 보험 가입을 간편화한 생명보험제도를 운영하여 여유자금을 흡수하고 이를 정책자금으로 활용하고자 했다. 이상 조선간이생명보험에 관해서는 양홍준, 1994, 「일제하 조선간이생명보험 연구」, 고려대 석사학위논문; 구병준, 2021, 「1929년 조선총독부의 조선간이생명보험 법령 제정과 보험 재정의 이중적 취약 구조」, 『역사연구』 42를 참조할 것.

로 차입하여 농민들에게는 3.5%로 대출하였다. 이 차액을 조선총독부가 부담함으로써 정책적으로 자작농을 육성한다는 모습을 선전할 수 있도록 하였다. 그에 비해서 금융조합의 경우 비교적 저리인 특별대부금이 약 6~7%, 보통대부금은 약 8.5~12%로 훨씬 높게 책정되어 있었다. 이는 일반 시중금리에 비한다면 저금리이지만, 세금과 공과금, 농업관리비를 제외한 논의 순수익률이 8.0~8.5%였던 당시의 상황에서 보면 고금리라고 할 수 있다. 촌락금융조합의 대부 내역 가운데 1938년 토지구입자금으로 대출된 액수 중 특별대부금은 12.3%였고, 보통장기대부가 58.8%로 가장 많았다. 그리고 1년 이내에 상환해야 하는 단기대부가 34.9%를 차지하여 상당 부분이 빠르게 회수되고 있었다.

둘째, 농가 1호당 대부금액도 조선총독부는 660원인 데 반해 금융조합은 360원(특별대부금), 242.5원(보통대부금)으로 크게 차이가 났다. 660원의 자금으로 전답을 합해 5단보를 구입한다는 조선총독부 사업계획도 자작농을 새로 만들기에는 부족했으며, 1935년 금액이 1,000원으로 늘어나긴 했지만 지가가 상승하여 그 효과가 적다는 점이 늘 지적되고 있었다. 조선총독부에 비하면 금융조합의 대부금으로 토지를 구입할 수 있는 면적은 더 적었다. 그리고 상환 기간도 조선총독부의 경우 1년 거치, 24개년 연부상환이었지만, 금융조합의 경우 특별대부금은 15년 균등상환, 보통대부금은 5년 미만의 연부상환자금이었다. 동일한 액수를 대부받는다고 가정할 때 연간 상환대금은 금융조합의 부담이 훨씬 클 수밖에 없었다.

셋째, 특별대부금의 유입 이후 보통대부금 중에서 자작농지구입자금의 비중이 커졌다. 저리자금의 공급은 많지 않았던 데 비해 일상적인 보통대부를 통해 자작농지를 구입하도록 유도하고 있었다고 할 수 있다.

특히 전체 대부액의 40% 이상을 차지하는 보통단기대부는 1인당 평균 130원도 안 되는 액수였는데 이 자금으로는 논 1단보도 구입하기 어려운 실정이었다. 사실상 금융조합의 대부만으로는 소작농들이 자작농이 되는 것은 매우 어렵다고 볼 수 있다. 이 점을 고려하면 자작농지설정사업의 목표는 소작인을 자작농으로 상승시켜주는 것보다는 소작인에게 작은 토지라도 갖도록 하여 토지소유자 의식을 가지게 하고, 그에 기반하여 식민지 농정에 협력하는 계층을 만드는 데 있었다고 보는 것이 타당할 것이다.

이상과 같이 농촌진흥운동에 금융조합이 적극적으로 참여함에 따라 종래 상공업자를 중심으로 자금을 운영해온 도시금융조합의 사용도별 대출금 추이에도 변화가 일어났다. 1931년 66%에 달했던 상공업자금은 1937년이 되면 46%로 하락한 반면 기타자금(주택설비·가정정리·구채상환)은 26%에서 40%로 확대되었다. 따라서 도시금융조합은 1930년대에 들어와 상공업에 대한 자금공급 기능이 상당히 약화되었음을 알 수 있다.[18] 1930년대 들어 중소상공업자의 자금 부족 문제가 발생하자 도시금융조합의 대출금 확장이 필요하다는 요구가 제기되고 있었지만 조선총독부의 반대로 실현되지 못하고 있었다. 1930년에 경성상업회의소는 중소상공업자의 자금 문제 해결을 위해 도시금융조합의 대출금한도의 확장, 연대보증대출의 실시, 동업자조합의 설립과 저리자금 융통, 신용대출의 실시를 요구하였다. 그러나 조선총독부는 도시금융조합은 서민금융기관이라는 것과 중소상공업자가 필요한 자금은 은행에서 대출받

18　1920년대 도시금융조합의 상공업 대출금의 비중은 1920년 85%, 1923년 78%, 1926년 76%에 이르렀다(문영주, 2005a, 앞의 글, 58쪽, 〈표 1-22〉, 117~118쪽, 〈표 2-23〉).

으면 된다는 입장을 고수하고 있었다. 경성상업회의소의 조사에 따르면 1932년 현재 경성지역의 국세 영업세 50원 이하의 중소상공업자가 도시금융조합에서 대출을 받은 금액은 전체의 10%에도 미치지 못하였고, 대부분의 중소상공업자는 개인대금업과 질옥(質屋)을 통해 필요한 자금을 융통하고 있었다. 조선총독부가 이러한 도시금융조합의 대출금 확대 요구를 거부한 이유는 대출금을 최소화하고 여유자금을 조선금융조합연합회로 예치하려는 의도가 있었기 때문이었다. 도시금융조합은 비조합원 예금의 3분의 1을 지불준비금으로 예치해두고 대출은 최소한으로 실시하고 남은 여유자금을 모두 조선금융조합연합회에 예치하고 있었다. 이 예치금으로 촌락금융조합의 자금 부족을 보완하고 있었던 것이다. 1920년대 형성되기 시작한 도시금융조합 예치금 – 각도금융조합연합회 예금·대출금 – 촌락금융조합 차입금으로 이어지는 금융조합 내부의 자금 흐름은 1930년대에는 조선금융조합연합회를 매개로 조선 내부의 자금동원체계로 정착되었다. 조선금융조합연합회는 금융조합 전체를 대상으로 자금을 조절하여 예금초과 상태인 도시금융조합의 자금을 대출초과 상태인 촌락금융조합에 공급하였던 것이다.[19]

이상과 같이 1930년대에 일제가 금융조합에 자금을 지원하고 금융조합으로 하여금 자작농지구입자금, 부채상환자금 등 사회정책성 자금을 방출하게 한 것은 식민지체제 유지책의 일환이었다. 즉 일제는 조선식산은행과 동양척식주식회사를 통해서는 장기자금을 공급하여 증산정책을 추진하고, 금융조합에 대해서는 체제 모순을 완화하는 임무를 부여한 것이다. 일제가 금융조합에 대해 예금흡수를 지원하는 등 '비상한 지

---

19 문영주, 2005b, 앞의 글, 183~189쪽.

원'을 아끼지 않은 이유는 바로 여기에 있었다.[20]

4) 전시기 자금운용

전시기 들어 금융조합 자금운용의 변화는 예치금의 증가에 있다. 전체 비중에서 대출금이 차지하는 비중이 여전히 높지만 증가율 면에서는 예치금이 훨씬 높았다. 1937~1944년간 대출금은 약 2억 3천만 원에서 약 5억 2,700만 원으로 약 2.3배 증가했으나 예치금은 약 1억 원에서 약 14억 5천만 원으로 약 15배나 증가하였다(〈부표 9〉). 이러한 가파른 증가세로 예치금은 1943년부터 자금운용의 수위를 차지하게 되었다. 즉 금융조합은 강제저축을 통해 흡수한 서민자금으로 대출은 가능한 줄이고 남는 자금을 조선금융조합연합회에 예치하였던 것이다. 그렇다면 조선금융조합연합회에 집중된 자금은 어디에 사용되었는가? 조선금융조합연합회의 자금운용은 그간 대출을 중심으로 이루어지던 것에서 선회하여 유가증권 매입으로 중점이 바뀌었다. 특히 1940년 이후 사채의 비중이 압도적이었는데, 금융조합은 주로 조선식산은행의 사채를 매입하였다. 당시 조선식산은행의 자금운용 방향은 국채 인수를 통해 일본 정부에 전쟁자금을 공급하는 한편 그 외의 자금은 모두 군수 관련 사업체를 대상으로 한 융자에 집중하고 있었다. 즉 조선식산은행의 사채를 매입하는 일은 직접적인 국채매입보다 이율은 높으면서도 동일하게 군수산업에 필요한 자금을 제공하는 방법이었다.[21]

---

20 윤석범 외, 1996, 앞의 책, 200쪽.
21 윤석범 외, 1996, 위의 책, 205~207쪽; 이경란, 2002a, 앞의 책, 223쪽.

3. 조선금융조합연합회와 식산계

1) 조선금융조합연합회의 운영

금융조합의 업적이 향상되자 내부관계자들은 금융조합이 독자적인 자금조달 능력을 갖추었고 영업 실적도 증가하고 있으므로 전국적인 중앙기관을 설립할 수 있다고 주장하였다. 그러나 조선식산은행은 금융조합의 역량 부족을 들어 자행의 내부 조직으로 금융조합중앙금고과 설치를 주장하여 관철시켰다(1929년 설치). 이 시점에 금융조합은 독자적인 금융기관으로서의 지위를 획득하지 못했지만, 계속해서 금융조합 내부에서는 자체적인 자금순환 구조가 필요하다는 요구가 제기되고 있었다. 이 요구는 결국 1933년 조선금융조합연합회 설립으로 실현되었다. 이상과 같이 금융조합은 내부의 자본 축적을 바탕으로 점차 조선식산은행과의 관계를 재정립할 것을 요구하였고, 이는 1930년대 초반 통제농정하에서 금융조합의 역할이 강화되는 기반이 되었다.[22]

조선금융조합연합회는 예금과 차입금, 금융채권으로 자금을 조달하고 있었는데, 그중에서도 예금이 압도적인 비중을 차지하였다. 예금은 1930년대 60% 선에서 1940년대 들어서는 80%를 상회하고 있었다(〈그림 3-6〉). 이러한 예금 증가는 전시기 강제저축에 따른 자금흡수에 기인한 것으로 조선금융조합연합회는 단위조합에서 흡수한 강제저축의 저수지였다. 이는 전시기 금융조합이 식민지 조선의 자금을 동원하여 전쟁

---

22 이경란, 2002a, 앞의 책, 161쪽.

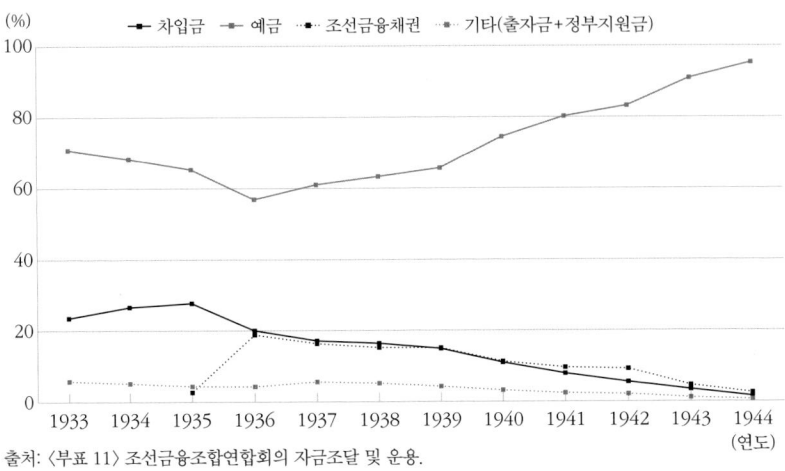

〈그림 3-6〉 조선금융조합연합회의 자금조달

출처: 〈부표 11〉 조선금융조합연합회의 자금조달 및 운용.

자금을 공급하는 역할을 수행하고 있었음을 의미한다.[23] 다음으로 차입금은 특별차입금과 보통차입금으로 나뉘는데, 전자는 대장성 예금부에서 용도가 지정되어 들여오는 자금이며 후자는 조선식산은행에서 차입한 자금을 말한다. 차입금은 조선금융채권의 발행과 저축흡수로 힘입어 조선금융조합연합회 자체의 자금이 풍부해지면서 그 비중이 점차 줄어드는 추세였다.

　조선금융조합연합회의 자금조달에 있어 가장 큰 특징은 독자적인 채권 발행, 즉 조선금융채권을 들 수 있다. 조선금융채권은 납입출자금의 15배를 한도로 발행되는데, 주로 일본금융시장에서 장기자금을 직접 조달하는 데 이용되었다. 조선금융조합연합회는 일본에서 자금을 직접 도

23　문영주, 2005a, 앞의 글, 149쪽.

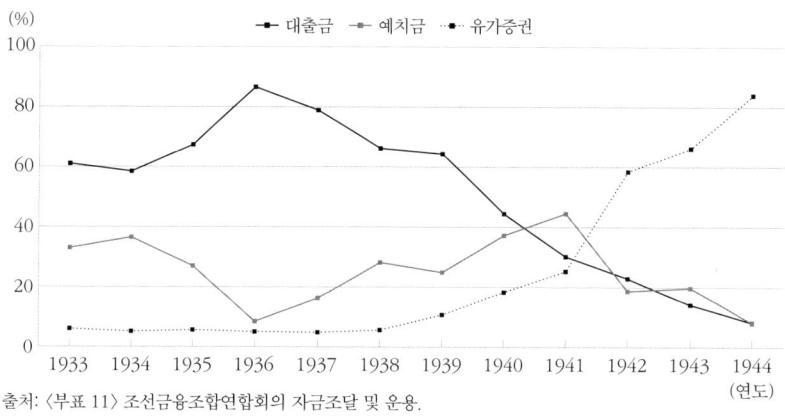

〈그림 3-7〉 조선금융조합연합회의 자금운용

출처: 〈부표 11〉 조선금융조합연합회의 자금조달 및 운용.

입하기 위해 채권을 인수할 여력이 있는 일본의 저축은행, 신탁회사, 보험회사 등이 금융채권을 매입할 수 있도록 관계법령의 개정을 당국에 진정하였다. 그뿐만 아니라 일본 간이생명보험 적립자금으로 금융채권을 인수하는 방식도 요청해서 각각 현실화시키는 등 적극적으로 대처하였다. 조선금융채권은 총 18회에 걸쳐 약 4,600만 원이 발행되었는데, 이 중 16회는 대장성 예금부가, 2회는 조선식산은행이 인수하였다. 조선금융조합연합회가 금융채권 발행을 통해 독자적인 자금원천을 확보한 것은 조선식산은행으로부터 상대적 독자성을 가지는 동시에 정책금융의 실행기구로서의 자기 확립을 의미하였다. 한편으로는 조선총독부의 통제농정을 수행할 수 있는 기초가 마련된 것이기도 했다. 통제농정의 기조가 농민들 개개인을 파악하고, 이들에 대한 금융활동을 통해 통제하는 것에 있는 것인 만큼 조선금융조합연합회의 자기 확립은 통제경제농정 수행에 결정적으로 중요한 의미를 갖는다.

조선금융조합연합회가 이렇게 조달한 자금은 주로 대출금에 사용되었는데, 대출금은 전시기 들어 감소하고 있는 반면 유가증권은 급증하고 있었다. 특히 1942년 이후는 거의 폭증이라고 해도 좋을 정도로 그 수치가 높아져 운용에서 가장 많은 비중을 차지하고 있었다. 예치금은 1940년대 초반에는 30~40%의 비중을 차지했으나 시간이 흐를수록 감소하는 경향을 보이고 있다. 이 예치금은 주로 조선식산은행에 예금된 자금이었다. 조선금융조합연합회는 주로 사채를 중심으로 매입했는데, 유가증권 중에서 사채가 차지하는 비중은 1945년 8월 현재 75%를 차지하였다. 1940년 이후 단위조합의 대출이 엄격히 제한되면서 조선금융조합연합회는 사채 매입에 집중할 수 있게 되었다. 조선금융조합연합회는 조선금융단에 소속된 금융기관으로 조직된 조선공동융자단에 참여하여 유가증권을 매입하였다. 이 조선공동융자단의 경우 단기자금은 조선은행, 장기자금은 조선식산은행이 간사은행이었는데, 간사은행은 공동융자가 필요하다고 인정된 기업의 자금을 개별 금융기관에 할당하였다. 따라서 조선금융조합연합회가 조선공동융자단을 통해 유가증권을 매입하는 과정은 강제저축이 '간접적 투자형태'로 전쟁 수행을 위한 생산력확충자금으로 전환되는 과정이었다.[24]

2) 농촌 지배의 하부조직으로 식산계 설립

일제는 식민 지배체제를 유지하는 데 위협이 될 수 있는 소작농과 빈농계층의 금융조합 참여율을 높이기 위한 방안으로 식산계를 활용하였다. 금융조합에 개별적으로 가입하기 어려운 소작농, 빈농, 화전민

---

[24] 이상은 문영주, 2005a, 앞의 글, 149~152쪽을 참조하였다.

등 하층계급을 식산계에 가입시켜 이 단체를 금융조합의 회원으로 가입시키는 방식이었다.[25] 1935년에 설립된 식산계는 금융조합 농촌조직화 과정의 산물이라고 할 수 있다. 금융조합은 농촌사회 내에서 성장하던 다양한 농촌조직들을 해체시키거나 배제하면서 독보적인 지위를 차지하고 있었다. 이는 1930년대 일제가 식민지 지배체제 위기를 극복하기 위해 선택한 통제경제체제의 한 축으로서 농촌사회를 단일조직체계로 재편성하는 과정이기도 하였다. 그 결과 식산계는 1930년대 후반에서 1940년대 초반이 되면 조선 농촌 전체를 동리 단위로 편성한 유일한 경제조직체가 되었다. 1930년대 전반기에 추진된 금융조합의 농촌조직화는 궁극적으로 위와 같은 농촌통제체제를 준비하는 과정이었다. 금융조합의 조직 확대는 자주적으로 조직된 농민단체를 없애고, 관제조직인 산업조합조차 배제하면서 진행되었는데, 조선총독부가 농촌 지역에 통제경제체제를 구축하기 위해서 가장 필요한 작업의 하나였다.[26] 조선총독부는 농촌진흥운동을 추진하면서 농촌사회를 일본제국-조선총독부-조선금융조합연합회-금융조합-식산계라는 수직적이고 일원적인 계통체계로 재편성하였다. 식산계는 그 하부조직으로 비교적 자율적인 공간으로 존재하던 촌락은 일제의 식민지 행정체계와 통제경제체제에 완전히 편입되었다. 이 작업을 수월하게 했던 것이 금융조합과 식산계의 관계였다.[27]

    1936년부터 금융조합에서 관여하는 모든 지도부락은 식산계로 전환

---

25 윤석범 외, 1996, 앞의 책, 201쪽.

26 이경란, 2002b, 「1930년대 전반기 금융조합의 농촌조직 확대와 식산계 설립」, 『동방학지』 115, 155쪽.

27 이경란, 2019, 「일제 말기 식산계와 식민지파시즘」, 『동방학지』 186, 40쪽.

되었다. 그 이전부터 금융조합이 농촌을 지도한다는 명분으로 설치한 저축회, 부녀회, 청년회 등의 소규모 단체들은 지도부락으로 편재되었다가 다시 식산계로 전환되었다. 금융조합은 1930년대 주요 정책 중 하나로 소산업조합 활성화를 도모하였다. 1929년에 개최된 조선금융조합대회에서 전 호수의 30% 증대를 목표로 세운 이래 1935년 50%, 이후 전 농가를 가입시킨다는 목표로 조합원확충계획을 추진하였다. 이를 실현하기 위해서 '지도금융'을 강화시켰고, 6인 이내의 상호연대보증제도를 실시하였다. 상호연대보증조에 참여한 조합원의 경우 가입시에 경제 상태를 조사하였고, 기존의 부채정리 과정에서의 자금운영 등 경제활동 전반을 파악한 후 대출을 실시한 것이다. 이러한 상호연대보증조를 토대로 금융조합 산하에는 다양한 준식산계가 조직되었다. 보증조 2개가 연결되어 양우식산계, 양계·양돈식산계 등이 조직되었다.[28]

식산계는 설립과 동시에 의무적으로 금융조합의 조합원으로 가입하여 지도를 받아야 했다. 그리고 금융조합 이사는 계원 모집, 규약 작성, 설립 인가 신청, 주사·부주사의 선임 등 식산계 설립과 관련된 각종 업무를 처리하였다. 그리고 공동사업자금에 대해서는 공동판매품은 물품 판매 이전에 시가의 80%까지 대금을 먼저 지불하고, 공동구매자금은 미리 대출해주고 6개월 이내에 상환하도록 하였다. 자금대출한도액은 매년 금융조합과 식산계 주사가 협의하여 결정하였는데, 이때 계원의 신용자산 상태가 면밀히 조사되었다. 대출된 자금은 판매대금에서 비료 구입 자금과 기타 비용을 정산한 후 잔금을 계원 통장에 입금시키는 방식으로 회수되었다. 즉 봄에 계원에게 공동구매자금을 대출하고, 가을에 미

---

28 이경란, 2019, 앞의 글, 52쪽.

곡을 비롯한 생산물 공동판매대금으로 자금을 회수하였다. 이런 방식을 통해 식산계 공동사업과 금융조합 자금은 유기적으로 연결되어 있었다. 식산계원은 공동구매·판매사업을 통해 금융조합으로부터 필요한 농업경영자금을 차입할 수 있었지만, 그만큼 금융적 종속이 심화되어 금융조합의 지도·감독을 받아야 하는 처지가 되었다. 이에 비해 금융조합은 농민을 대상으로 보다 안정적으로 자금을 운용할 수 있었으며, 자금을 회수한다는 이유로 식산계원의 경제생활을 지도·감독할 수 있게 되었다. 식산계는 외형적으로 계원의 경제생활 향상을 목적으로 구매·판매·이용·신용사업을 경영하는 협동조합 형태로 설립되었다. 그러나 설립과 동시에 금융조합의 강력한 지도와 통제를 받아야만 했다. 따라서 식산계는 조선총독부의 농촌지배 수단으로 활용될 가능성이 높았다. 이 가능성은 전시농업정책이 실시되는 1940년 이후 식산계가 전국적으로 설립되면서 현실화되었고, 농업생산물의 공출협력과 농업생산력확충을 위한 공동이용시설 확대를 통해 전시농업정책을 촌락에 관철시키는 경제통제조직으로 활용되고 있었다.[29]

---

[29] 문영주, 2002, 「조선총독부의 농촌지배와 식산계(殖産契)의 역할(1935~1945)」, 『역사와현실』 46, 181~182쪽, 194쪽.

제4장
동양척식주식회사

1. 동양척식주식회사의 자금 구조와 주요 사업

1) 사채를 중심으로 한 자금조달과 대출에 집중된 자금운용

동양척식주식회사는 국책회사로 사채(社債) 발행의 특권이 부여되었음은 제1부에서 지적한 바 있다. 동양척식주식회사는 납입자본금의 10배(1938년 이후는 15배)를 한도로 회사채를 발행할 수 있었는데, 이 사채가 자금조달에서 핵심적인 위치에 있었다.[1]

동양척식주식회사는 설립 이후 몇 년간은 자본금과 차입금으로 자금을 조달했는데, 1912년 처음으로 발행한 사채가 일거에 전체 구성에서 66%를 차지하면서 큰 변화가 일어났다. 또한 자금조달력도 전년대비 3배나 신장되었다는 점에서 사채 발행이 갖는 의미를 알 수 있는데, 이후 사채에 전적으로 의존하는 자금조달 구조는 끝까지 유지되고 있었다. 1917년 만주 진출을 계기로 동양척식주식회사의 자금조달력은 크게 신장되었는데, 1917년은 신규로 사채를 발행하고 4년간 들어오지 않았던 차입금도 다시 도입되어 전년 대비 1.75배나 증가하였다. 1917~1924년간 전체 자금조달 규모는 약 4.7배 증가했는데, 같은 기간에 사채는 5배나 넘게 증가하였다. 이 기간 동양척식주식회사가 자

---

1 동양척식주식회사가 국책사업을 수행하거나 고정자본으로 다액이 필요한 기업을 대상으로 투자 및 융자를 할 수 있었던 것은 사채를 발행할 수 있었기 때문이라고 스스로도 인정하고 있었다(東洋拓殖株式會社 調査課, 1943, 『東洋拓殖株式會社要覽』, 5쪽).

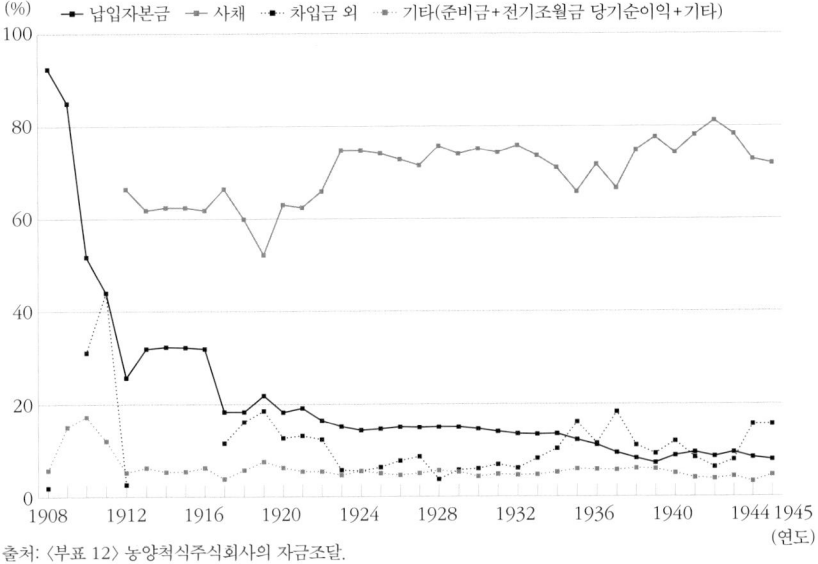

〈그림 4-1〉 동양척식주식회사의 자금조달

출처: 〈부표 12〉 농양척식주식회사의 자금조달.

금조달력을 크게 신장시킬 수 있었던 배경에는 사채 발행이 있었던 것이다. 이 기간에 사채는 동양척식주식회사의 자금원천에 있어 최저 52%(1919), 최고 75%(1923·1924)를 점유하고 있었지만 그 비중은 오히려 다른 시기에 비해 다소 하락하고 있었다. 이는 동양척식주식회사가 적극적으로 사업을 추진하면서 진행한 1918년, 1919년, 1921년 세 차례 걸친 증자와 차입금의 증대가 있었기 때문이나. 그러나 1920년의 진후 반동공황, 1923년의 관동대지진, 만주에서의 배일(排日)운동의 격화 등으로 인해 동양척식주식회사의 사업 실적은 악화되었다. 이로 인해 1924년과 1927년 두 차례에 걸쳐 정부의 지원을 받아 정리를 단행하게 되었다. 그 결과 자금조달도 1925~1934년의 10년간 정체되어 있었는데, 대체로 1924년과 큰 차이가 나지 않는다. 사채 발행 잔고도 변함 없이 일정하게 유지되었으며 점유율도 대체로 75% 내외에서 변동하였다. 동양척식주식회사의 자금조달액은 1935년 이후 소폭 증가하기 시작하였고 중일전쟁이 일어난 1937년 이후부터 대폭 증가하였다. 1937~1945년 6월 사이에 전체 자금조달액은 약 2.6배, 사채는 약 2.8배나 증가하였다(〈부표 12〉).

이상과 같이 동양척식주식회사 자금조달에서 사채는 70%를 상회할 정도로 지배적인 위치에 있었다. 동양척식주식회사 사채는 총 199회(1945년 7월까지)가 발행되었고, 발행 누계액은 13억 1,595만 엔에 달하였다.[2] 동양척식주식회사 사채의 약 70%는 일본금융시장에서 소화되었는데, 특히 16개 은행단으로 구성된 신디케이트은행단이 대부분을 소화하였다(공모는 단 4회에 불과). 그 이외에 정부 인수분이 약 22%(대장성 예금부+간이보험), 외채가 8%였다.[3]

동양척식주식회사의 자금운용은 크게 대부(융자), 유가증권(투자), 토지·건물(직영사업) 세 부분으로 구성되어 있다. 동양척식주식회사의 자금운용은 금융 기능이 강화된 1917년 7월의「동양척식주식회사법」개정을 계기로 커다란 변화를 보이고 있다. 1917년 이전에는 대체로 토지·건물, 즉 직영사업인 농업경영 부문이 가장 높은 비중을 차지하고 있었다. 반면 대출은 20% 미만이었고, 유가증권투자는 10% 이하에 그치고 있었다. 그런데 1917년 이후 대출은 전년에 비해 각각 2.1, 2.7,

---

[2] 동양척식주식회사 사채 발행에 관해서는 黑瀨郁二, 2003, 『東洋拓殖會社-日本帝國主義とアジア太平洋』, 日本經濟評論社, 184~185쪽, 288~295쪽에 일람표로 정리되어 있다.

[3] 이상은 조명근, 2020b, 「전시기 동양척식주식회사의 자금 조달과 운용 실태」, 『아세아연구』 63-1, 49~51쪽을 참조하였다.

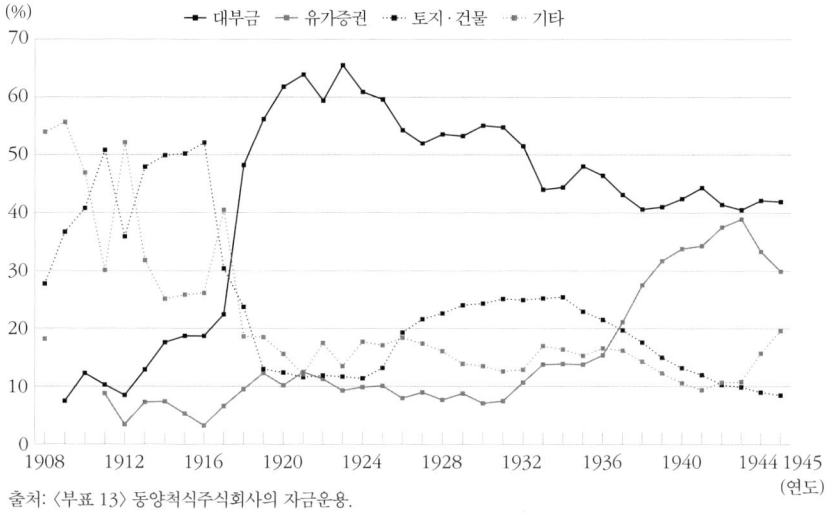

<그림 4-2> 동양척식주식회사의 자금운용

출처: <부표 13> 동양척식주식회사의 자금운용.

2.2배가 증가하였고, 1919년까지 그 규모를 매년 2배 이상 확대시켜나갔다. 1923년에 대출금은 약 1억 5,200만 원으로 1916년의 약 580만 원에 비하면 무려 26배나 폭증한 것을 알 수 있다. 이는 자금운용 항목별 비중에도 그대로 반영되어 1918년 48%를 차지한 대출금은 1923년에는 약 66%에 이를 정도였고, 이후 1945년 폐쇄 때까지 수위를 계속 유지하였다. 반면 농업경영을 상징하는 토지·건물의 비중은 1910년대 말에는 10%대까지 그 점유율이 떨어지고 있었다. 즉 1917년 이후 동양척식주식회사 자금운용이 지주경영 중심에서 금융으로 전환된 사실을 분명하게 보여주고 있다.

그러나 1924년부터 동양척식주식회사가 정리를 단행함에 따라 자금운용의 규모도 축소되었다. 전체에서 보면 대출은 여전히 절반에 가까울 정도로 가장 높은 점유율을 보였으나, 금액 면에서는 1936년까지

1923년의 실적을 회복하지 못하고 있었다. 반면 토지·건물은 1926년 이후 점유율이 20~25% 선까지 상승했는데, 이는 산미증식계획의 추진에 따른 결과이다. 1930년대 들어서는 조선총독부의 조선공업화정책에 따라 동양척식주식회사도 광업, 전력 등 공업 관계 분야에 참여하였고, 1932년 이후 유가증권투자액이 증가하기 시작하였다. 동양척식주식회사는 주로 관련된 회사의 주식을 인수하는 방식으로 참여했기 때문에 유가증권의 점유율도 차츰 상승하고 있었는데, 전시기에 들어서는 그 증가세가 훨씬 가파른 모습을 보여주고 있었다. 1937년은 1936년 대비 약 1.6배, 1938년은 1937년 대비 1.5배 증가하였고, 그 결과 자금운용에서의 비중도 30% 이상을 상회하면서 사실상 대출과 크게 차이가 나지 않았다. 즉 전시기 들어 동양척식주식회사는 종래 대출을 중심으로 한 자금운용에서 유가증권투자를 병행하는 방식으로 변화하고 있었던 것이다.

 동양척식주식회사는 조선뿐만 아니라 만주 등 해외 지역에도 진출하여 사업을 전개하였다. 여기서 동양척식주식회사의 지역별 대출 비중을 5년 간격으로 정리한 〈표 4-1〉를 보면 우선 주목할 지역은 만주이다. 동양척식주식회사는 1917년 이후 종래 요코하마정금은행이 수행하던 부동산금융을 인수받아 농업 및 시가지 건설과 관련된 대출을 실시하였다. 또한 1918년에는 중소상공업자를 대상으로 한 대출업무를 담당할 동성실업주식회사를 설립하였다. 동양척식주식회사는 1917년 진출 첫해에 만주에만 30%의 대출을 실시할 정도로 적극적으로 사업을 확대하였고, 이런 추세는 1920년대에도 지속되고 있었다. 1917~1922년의 5년 동안 조선의 대출은 6.4배 증가하였는데, 만주는 13.3배나 확대함으로써 조선보다 훨씬 빠른 성장세를 보이고 있었다. 그 결과 1922년 양 지역 점유율 차이는 약 3%에 불과할 정도였다. 1927년에도

〈표 4-1〉 동양척식주식회사 대출금의 지역별 비중 및 증가율

(단위: 천 엔, %)

연도	조선	증가율(배)	만주	증가율(배)	중국	증가율(배)	남양	증가율(배)	합계	증가율(배)
1912	2,473 (100)								2,473	
1917	8,486 (69.1)	3.4	3,792 (30.9)						12,278	5.0
1922	54,435 (42.9)	6.4	50,325 (39.6)	13.3	11,587 (9.1)		10,580 (8.3)		126,927	10.3
1927	61,157 (50.0)	1.1	50,393 (41.2)	1.0	4,141 (3.4)	0.4	6,544 (5.4)	0.6	122,235	1.0
1932	89,527 (66.9)	1.5	33,263 (24.8)	0.7	2,296 (1.7)	0.6	8,796 (6.6)	1.3	133,882	1.1
1937	102,072 (64.0)	1.1	36,552 (22.9)	1.1	5,207 (3.3)	2.3	15,742 (9.9)	1.8	159,573	1.2
1938	109,730 (63.6)	1.1	43,469 (25.2)	1.2	3,962 (2.3)	0.8	15,372 (8.9)	1.0	172,533	1.1

출처: 東洋拓殖株式會社, 1939, 『東洋拓殖株式會社三十年誌』, 95쪽.

만주는 대출 중에서 40% 이상을 차지할 정도로 중요한 지역이었다. 즉 일제의 '선만일체화' 정책에 따른 대외금융기구로서 그 역할을 충실히 수행하고 있었음을 확인할 수 있다. 그러나 1930년대 들어서 동양척식주식회사는 만주보다는 조선에 더 집중하게 되어 그 격차가 벌어지기 시작하여 많게는 3배에 가까운 차이가 나고 있었다. 이는 1932년 만주국 수립에 따른 외부 환경의 변화, 1930년대 조선공업화정책에 동반된 조선 내 자금수요의 증가에 따른 결과이다. 중국과 남양군도의 경우, 동양척식주식회사 대출에서는 매우 미미한 상태임을 알 수 있다.[4]

---

4   조명근, 2020b, 앞의 글, 62~64쪽, 66~67쪽.

2) 동양척식주식회사의 주요 사업

(1) 금융업무 확장과 만주 진출에 따른 정리

동양척식주식회사의 업무는 크게 금융 계열과 사업 계열로 분류할 수 있다. 금융 계열은 대출 및 유가증권 인수를 통한 관계회사 투자를, 사업 계열은 동양척식주식회사가 직영하는 각종 척식사업을 말한다. 동양척식주식회사 직영사업의 핵심은 조선에서의 지주경영으로 1917년 「동양척식주식회사법」 개정 이전 업무의 중심은 토지경영사업에 있었다.[5] 그러나 1918년 이후 동양척식주식회사 자금운용의 중심은 대출 및 주식·채권투자로 전환해 금융기관으로서의 성격이 분명해졌다.

1917년 이후 동양척식주식회사는 만주에서 적극적으로 사업을 전개한 결과, 1920년대 초반 만주는 지역별 대출에서 조선과 별 차이가 나지 않을 정도였다. 만주에서 동양척식주식회사의 주요 투자처는 주요 거점도시의 시가지경영이었고, 그다음이 농촌 지역의 부동산 금융이었다. 동양척식주식회사는 제1차 세계대전의 호경기에 편승해 봉천과 대련에

---

5   동양척식주식회사가 조선에서 소유한 토지는 설립 당시 한국 정부가 주식 대금으로 현물로 출자한 출자지와 1909년부터 매입한 매수지로 구성되어 있다. 1913년 말 현재 동양척식주식회사가 소유한 토지는 약 6만 5천여 정보로 출자지와 매수지의 비율은 약 3:7 정도이다. 동양척식주식회사가 소유한 농경지만을 대상으로 하면 1921년 약 7만 3천여 정보를 정점으로 점차 감소하는 추이를 보이고 있다. 반면 임야는 증가하는 추세에 있었다. 동양척식주식회사가 소유한 농경지는 전체 조선 내 농경지 중에서 대체로 논의 경우 약 3% 내외를, 밭은 0.7% 내외를 차지하고 있었다. 당시 조선의 농경지에서 논과 밭의 비율이 약 1:2의 비율인 데 반해 동양척식주식회사는 7:3의 비율로 미곡 생산에 주력한 것을 확인할 수 있다(김석준, 1988, 「동양척식주식회사의 농장확장과 그 경영형태」, 『한국의 사회와 문화』 9, 130~137쪽).

진출한 일본 기업을 대상으로 일본인 시가지 건설 자금을 대거 공급하였다. 특히 동양척식주식회사는 러시아인과 중국인 시가지가 중심이었던 하얼빈에 적극적으로 진출하여 일본 기업의 진출을 지원하였다. 당시 하얼빈은 북만주 대두(大豆) 경제의 핵심 지역으로 이 대두를 둘러싸고 일본의 남만주철도주식회사와 중동철도가 서로 경쟁하고 있던 상태였다. 그러나 1920년 반동공황 이후 일본인 경제가 부진에 빠지자 중국인 시가지가 급성장하였고, 동양척식주식회사가 주도하였던 식민도시 건설은 모두 쇠퇴하였다. 그 외에 동양척식주식회사는 자회사인 동성실업주식회사를 통해 부동산 담보금융을 실시하여 일본인 세력 확대를 원조하였고, 관동청·조선총독부·남만주철도주식회사와 함께 각종 합자회사를 설립하였다. 대표적으로 동아권업주식회사는 조선인의 만주 이민을 위해, 만몽모직(주)은 양모의 자급화를 목적으로 설립된 회사이다. 또 조선·만주 간의 연락이라는 전략적 사명을 띠고 동양척식주식회사가 거액의 자금을 투자한 천도경편철도 등을 들 수 있다. 그러나 이러한 투자사업은 기대했던 성과를 내지 못한 채 중국 측의 반대 및 경쟁에서 밀려나 큰 손실을 낳았다.[6]

만주에서 동양척식주식회사의 사업 전환은 초기에는 비교적 성공적이었다. 「동양척식주식회사법」 개정 이후 수익 상태는 크게 개선되어 1918년에는 11.5%, 1920년과 1922년에는 12%의 수익률을 넘어섰으며 배당률도 8%에서 10%로 올랐다.[7] 그러나 1920년대 반동공황과 1923년의 관동대지진의 여파로 인해 일본 경기는 급속도로 악화되었다.

6　동양척식주식회사의 만주 투자에 대해서는 黑瀨郁二, 2003, 앞의 책, 123~164쪽을 참조할 것.
7　윤석범 외, 1996, 앞의 책, 276~277쪽.

그 결과 만주에 진출한 일본 기업의 경영 역시 악화되었고, 지가가 폭락하면서 동양척식주식회사 대부금은 고정화되었다. 특히 만주지역에서 일본을 배척하는 운동이 격화되자 대부금의 이자 지불은 말할 것도 없고 원금의 회수마저 불가능한 상태에 이르게 된 것이다.

동양척식주식회사는 1923년부터 배당률을 낮추며 업무 개선과 경비 절약에 주의를 기울이는 한편, 고정자금 회수와 관련 회사 정리에 착수하였다. 그러나 경제계의 불황이 여전히 지속되어 빠른 시일 내에 회복되기를 기대하는 것은 어려웠고 더구나 만주 방면에서는 경영 악화의 정도가 점차 심해져 자체 정리가 별다른 성과를 거두지 못하고 있었다. 이에 동양척식주식회사는 일본 정부의 지원을 받아 두 번에 걸친 업무 정리를 실시하였다. 첫 번째는 1924년의 정리로 동양척식주식회사는 1924년 2월 정리안 및 원조요청을 정부에 제출하였다. 제출안을 보면, 총자산의 6.7%(1,500만 원)가 결손으로 처리되어 정리의 대상이 되었는데, 대부금에서 결손이 예상되는 1,661만 원을 합치면 14%에 이르렀다. 농업 이외의 모든 부문에서 적자였고, 이는 사업을 이민·농업에서 타 영역으로 확대한 것에 따른 결과였다. 일본 대장성에서는 처음에는 정부 원조를 거부하였으나 동양척식주식회사를 만주에 진출시켰던 쇼다 가즈에 대장대신이 이를 뒤집고 2천만 엔의 예금부 저리자금을 공여하도록 하였다.[8]

---

8 지원하기로 한 금액 중 1,200만 엔만 지급되었고 나머지 800만 엔은 후임 대장대신이 거절하였다. 쇼다 가즈에는 1924년 조선은행 정리에 있어서도 주위의 반대를 무릅쓰고 자금지원을 단행한 적이 있었는데, 자신이 주도한 양 기관의 만주 진출에 대한 지원이었음을 알 수 있다. 쇼다의 조선은행 지원에 대해서는 조명근, 2019, 앞의 책, 261~262쪽을 참조할 것.

1924년 정리에도 불구하고 동양척식주식회사의 경영 상태는 호전되지 않았고, 마침내 1926년 결산기에 근본적인 정리를 단행하였다. 당시 결손처리액은 2,083만 원으로 이 중 대부금이 52%를 차지하였다. 1924년 정리의 주대상이 주권·채권 등 유가증권이었다면 이때는 불량 대출금의 상각에 중점을 두었다. 지역별로는 만주 및 중국이 약 75%를 차지하였다. 정리 방법은 1,835만 원의 예금부 자금의 저리차환과 외채의 발행이었는데, 양자 모두 부채 변제를 위해 새로운 부채를 만든 것에 불과하였다. 이를 위해 회수 불가능한 대출과 폭락한 유가증권을 재평가하고 그로 인해 생긴 자산 부족액을 조선에서 소유한 농경지의 평가절상, 부동산 처분, 적립금 등으로 메꾸었다. 일본 정부는 외채 4천만 원에 대해 지불보증을 해주고 정부 소유주의 배당을 면제하는 등 동양척식주식회사에게 최대한의 지원을 하였다.[9]

(2) 금융과 농업경영의 연계 심화

동양척식주식회사의 금융업무 확장 이후 대출의 용도별 추이를 보면, 농업 분야(농사경영, 토지개량, 수리사업)가 59%(1917)·36%(1922)·42%(1927)·54%(1932)·47%(1938)로 가장 많다. 다음으로는 비농업 항목인 시가토지건물이 8%(1917)·30%(1922)·24%(1927)·14%(1932)·20%(1938)인데, 특히 1920년대의 높은 비중이 눈에 띈다. 동양척식주식회사는 주업인 토지경영을 위해 토지와 건물 자산 매입에도 주력하고 있었

---

9 河合和男·金早雪·羽鳥敬彦·松永達, 2000, 『國策會社·東拓の研究』, 不二出版, 93~104쪽.

는데, 특히 조선에서의 토지 매입에 대해서는 비난의 목소리가 높았다.[10] 1922년과 1927년의 경우 시가토지건물이 개별 항목 중에는 가장 높은 비중을 점할 정도로 많은 대출을 하였다. 다음이 공업으로 4%(1917)·12%(1922)·14%(1927)·12%(1932)·15%(1938)를 차지하였다.[11] 동양척식주식회사는 1926년부터 실시된 '산미증식갱신계획'에 자금공급기관으로 참여하였는데, 이로 인해 동양척식주식회사의 경영 실적은 호전될 수 있었다. 산미증식갱신계획에 따라 동양척식주식회사는 이자 수입과 대행기관으로서의 수수료 수입을 올릴 수 있었는데, 이 두 가지 직접적인 수입원만으로도 1930년과 1931년의 경우 동양척식주식회사 총수익의 12% 이상을 차지할 정도였다. 여기에 소작료 증징에 의한 수익 증가를 더하면 동양척식주식회사를 경영하는 데 있어 산미증식갱신계획은 큰 공헌을 하였던 것이다.[12] 더구나 동양척식주식회사는 다른 금융기관과 달리 스스로가 거대한 사유지를 소유한 토지경영회사였기 때문에 저리자금 중 상당수는 동양척식주식회사 소속의 소작인에게 고리로 대부되었다. 동양척식주식회사는 소작인을 대상으로 소작료와 고리의 이

10　동양척식주식회사 소유 농경지는 전체 조선 내 농경지 중 약 1.5% 내외를 유지하고 있었다. 조선에서 일본인이 소유한 농경지를 대상으로 하면 초기에는 40% 내외에 달했으나 1930년대 들어와서는 그 비중이 16% 정도까지 저하하였다. 동양척식주식회사에 소속된 소작농은 1918년경 15만 명으로 정점에 달했으나 1920년대 후반 사유지의 처분과 집약적 관리를 통해 소작농의 수는 급격히 줄어들어 1930년대에는 8만 명 내외로 감소하였다. 동양척식주식회사에 소속된 소작농은 조선 내 소작농의 4~7%의 비중을 차지하고 있었다(김석준, 1986, 앞의 글, 137~138쪽).

11　東洋拓殖株式會社, 1939, 『東洋拓殖株式會社三十年誌』, 95~97쪽.

12　산미증식갱신계획과 관련하여 동양척식주식회사가 조달한 자금은 총 4,936만 2,000원으로 이 중 대장성 예금부의 저리자금이 2,469만 1,000원을 이루고 나머지 반액 2,467만 1,000원은 사채 발행에 의한 자기자금의 조달이었다(林炳潤, 1971, 『植民地における商業的農業の展開』, 東京大學出版會, 225쪽).

자 수입을 이중으로 수취한 것이라고 볼 수 있다. 이와 같이 동양척식주식회사는 금융과 토지경영을 연계함으로써 그 경영 기반을 강화할 수 있었다.[13] 동양척식주식회사의 직영척식사업의 경우 전체 업무에서 차지하는 비중은 줄어들고 있으나 그 중요도를 무시할 수는 없었다. 특히 조선에서의 지주경영을 주로 하는 토지경영은 직영척식사업의 중핵일뿐만 아니라 동양척식주식회사 전체 수입 구성에 있어서도 시종일관 상당한 비중을 차지하였다. 그로 인한 수익률은 다른 수입 원천인 대부금이나 주식·채권의 그것을 훨씬 상회하고 있기 때문에 동양척식주식회사로서는 지극히 중요한 지위를 점하고 있었다.[14]

2. 전시기 지주회사로 성격 강화

1) 전시기 동양척식주식회사의 투자 동향과 수익의 함의

전시기에도 동양척식주식회사는 주로 사채를 발행하여 자금을 조달했다. 이 시기에 동양척식주식회사는 약 6억 4,917만 원의 사채를 발행했고, 액수로 보면 전체 기간 중의 약 50%에 해당한다. 이렇게 조달한 자금으로 동양척식주식회사는 주로 대출과 관계회사의 주식을 인수하

---

13 김호범, 1997, 「동양척식주식회사의 금융활동에 관한 연구」, 『경제학논집』 6-1, 122~123쪽.

14 河合和男 외, 2000, 앞의 책, 17~18쪽.

였다.

　전시기에 동양척식주식회사 투자처의 지역별 비중을 〈표 4-2〉를 통해 보면, 조선은 투자 지역 중에서 최대 59.5%(1942·1943), 최저 52%(1938)를 차지하여 항상 절반 이상의 점유율을 유지하였다. 조선의 투자 비중은 시간이 흐를수록 증대하는 추세를 보여 그 집중도가 높아지고 있었다. 두 번째로 높은 지역은 만주인데 최대 24.8%(1940), 최저 20.6%(1942)로 20% 초중반 선을 유지하고 있었다. 만주는 1940년까지는 증가하다가 1941년 이후부터는 점유율이 조금 하락하는 양상을 보이고 있다. 다음으로 남양군도가 6~9%, 중국은 4~6%대, 기타 지역도 대체로 10% 내외의 비중을 차지하고 있었는데, 특히 자원 개발을 위해 동남아시아에 진출한 것에 영향을 받았을 것이다. 이상과 같이 전시기 동양척식주식회사의 투자 동향을 살펴보면, 각 지역별 비중은 변화 없이 일정하게 유지되고 있었다. 조선이 전체 투자의 50% 이상, 그리고 만주가 조선의 절반 정도를 점하면서 양 지역에 80%에 가까운 투자가 이루어지고 있었다.

　다음으로 주요 업무별·지역별 투자 내역을 살펴보자. 동양척식주식회사 업무는 금융 계열(일반 융자 및 관계회사 투자) 및 사업 계열(직영사업)로 나눌 수 있는데, 금융 계열에 대한 투자가 압도적이었다. 전시기에는 금융에 대한 투자가 항상 3분의 2 이상을 차지하고 있었는데, 이는 동양척식주식회사의 중심 업무가 대출과 유가증권(주식 및 채권) 인수에 있었음을 보여준다. 지역적으로 조선과 만주는 시간이 지날수록 금융 계열의 비중이 높아지는 경향을 보이는데, 특히 만주의 경우 1942년 이후 사업 계열은 한 자리수로 뚝 떨어지고 있다. 조선의 경우는 종래의 토지경영의 비중이 높기 때문에 초기에는 20% 후반대를 유지했지만 1940년대

〈표 4-2〉 전시기(1937~1945) 동양척식주식회사의 지역별 투자 구성비

(단위: %)

구분		조선	만주	중국	남양
1937	금융	65.7	67.7	44.8	89.1
	사업	27.6	29.5	52.3	7.3
	합계	54.4	23.4	4.3	9.4
1938	금융	67.3	76.9	42.9	90.7
	사업	26.5	21.6	39.4	6.5
	합계	52.0	23.0	4.6	7.5
1939	금융	73.0	81.3	46.7	93.2
	사업	19.9	16.0	34.0	6.7
	합계	53.3	24.4	5.7	6.3
1940	금융	75.9	85.9	52.8	92.4
	사업	18.1	11.4	38.0	7.6
	합계	58.2	24.8	5.9	4.9
1941	금융	79.1	86.0	46.0	92.2
	사업	15.6	11.7	43.5	7.8
	합계	56.9	22.7	5.8	4.0
1942	금융	79.0	85.0	54.2	91.5
	사업	12.8	8.8	29.8	6.0
	합계	59.5	20.6	5.2	4.7
1943	금융	77.9	89.1	66.6	87.4
	사업	12.9	8.1	24.4	5.7
	합계	59.5	21.0	5.8	4.8
1944	금융	74.4	86.2	57.9	92.2
	사업	12.8	6.7	23.8	4.7
	합계	56.0	22.0	8.2	5.2
1945.6	금융	72.7	81.7	48.7	92.1
	사업	20.1	8.2	25.0	4.5
	합계	54.3	22.3	9.7	5.0

출처: 조명근, 2020b, 앞의 글, 59쪽, 〈표 4〉, 76~77쪽, 〈부표 1〉.

들어서는 10%대로 낮아지고 있었다. 신규 투자가 그만큼 진행되지 않았음을 보여주는 것이다. 동양척식주식회사는 전시기 후반대로 갈수록 직

〈표 4-3〉 전시기(1937~1944) 동양척식주식회사의 항목별 투자 비율

(단위: %)

연도	금융			사업					
	대출금	유가증권	소계	토지	토지건물양도	특수사업	건물	기타	소계
1937	44.0	21.6	65.6	10.0	7.5	3.8	1.8	2.9	26.0
1938	39.2	26.5	65.8	8.6	5.9	2.0	1.8	3.7	22.0
1939	39.7	30.7	70.5	7.2	5.2	1.9	1.6	1.7	17.6
1940	42.4	33.8	76.2	7.3	3.7	2.8	1.5	1.6	16.9
1941	41.9	32.4	74.3	6.1	3.4	3.4	1.3	0.7	14.9
1942	39.4	35.7	75.1	5.4	2.5	1.8	1.2	0.8	11.7
1943	39.2	37.7	76.9	5.2	2.4	1.7	1.1	1.1	11.5
1944	40.9	32.4	73.3	4.8	2.0	2.4	1.0	1.0	11.2

출처: 조명근, 2020b, 앞의 글, 76~77쪽, 〈부표 1〉.
비고: 잡투자는 제외하였다.

접 경영하는 사업에 대한 투자는 축소한 반면 자금지원에 집중하고 있었던 것을 알 수 있다.

다음으로 〈표 4-3〉을 통해 항목별 투자 비중을 보면, 금융 계열에서는 대출이 항상 우위를 차지하고 있었다. 전시기 동양척식주식회사 자금운용에 있어 두드러진 특징이 바로 유가증권투자였는데, 그럼에도 대출을 능가하지는 못한 상태였다. 그러나 유가증권은 1938년 이후부터 그 비중이 계속 증가하여 대출과의 격차를 좁히고 있었다. 최대 22% 이상 차이가 났던 양자의 차이는 1943년에 1.5%까지 좁혀지기도 하였다. 사업 계열에서는 토지경영이 가장 높은 비중을 차지하고 있는데, 시간이 지날수록 그 점유율이 증가하고 있음을 알 수 있다.[15] 이는 1940년부터

---

15 사업 계열 내부에서만 보면 토지경영은 40% 내외를 유지하면서 타 항목에 비해 그 점유율을 증가시키고 있었다(조명근, 2020b, 앞의 글, 60쪽, 〈표 5〉).

〈표 4-4〉 전시기(1937~1944) 동양척식주식회사의 투자 증가율

(단위: 배)

구분	전체	조선	만주	중국	남양	기타
대출금	2.35	2.28	2.92	5.10	0.60	
유가증권	3.80	5.48	3.21	9.34	2.35	
금융 소계	2.83	2.96	3.03	6.19	1.44	2.14
사업 소계	1.10	1.21	0.54	2.18	0.89	0.94
합계	2.53	2.61	2.38	4.80	1.39	2.59

출처: 조명근, 2020b, 앞의 글, 62쪽, 〈표 6〉.

실시된 조선증미계획과 관련이 있으며 여기에 토지건물 양도사업까지 합산한다면 동양척식주식회사의 사업 계열에서는 토지·건물의 비중이 지배적인 위치를 차지하고 있었음을 알 수 있을 것이다. 그러나 금융 계열을 포함한 전체 투자액에서 사업 계열이 차지하는 비중을 보면 개별 항목 중 10%가 넘는 것이 없을 정도로 미미한 수준에 그쳤음을 알 수 있다.

또한 〈표 4-4〉를 통해 1937~1944년 동안 동양척식주식회사의 투자 증가율을 살펴보면, 1937년 대비 1944년에 총투자액이 2.53배 증가했는데, 금융 계열이 2.83배, 사업 계열이 1.1배로 그 차이가 큰 것을 알 수 있다. 사업 계열은 사실상 투자 증대가 거의 일어나지 않았다고 볼 수 있다. 금융 계열의 경우 대출이 2.35배, 유가증권이 3.8배로 후자가 훨씬 더 가파른 증가세를 보이고 있다. 이는 후술한 동양척식주식회사가 전시기 들어 지주회사로서 성격을 강화한 것을 증명해주는 지표이다. 특히 조선의 경우 유가증권의 증가율이 5.48배로 대출금 2.28배에 비해 약 2배나 높은 정도의 신장세를 보이고 있다. 즉 동양척식주식회사의 조선 투자의 주된 경향은 주식 납입이나 타 회사 주식 인수 등 당시 국책에

따른 관계회사의 자본 규모 확장에 있었음을 확인할 수 있다.

그렇다면 이러한 투자 동향은 동양척식주식회사 수익과는 어떤 관련이 있는가? 〈표 4-5〉를 통해 보면 동양척식주식회사 수익의 원천은 금융 부문과 사업 부문에서 발생하였는데, 1937년과 1938년을 보면 사업 계열에서 올리는 수익이 49%, 46.3%로 동시기 금융 계열의 수익 47.6%, 43.3%를 약간 상회하고 있었다. 그러나 1939년 들어서는 금융 계열은 10% 이상 상승한 반면 사업 계열은 10% 이상 하락하여 수익 구성비가 변화되었음을 알 수 있다. 이후 금융 계열이 전체 수익에서 60% 이상을 차지하고 있으나 사업 계열은 30% 선에 그쳐 양자의 격차는 더욱 커져갔다.

다음으로 세부 항목을 보면 금융 계열은 초기에는 대출이자로 인해 얻는 수익이 높은 비중을 차지했으나 시간이 지날수록 점차 하락하는 추세였다. 반면에 유가증권의 점유율은 상승하여 1944년에 이르면 유가증권 수익이 대출을 능가하게 되었다. 이 결과 역시 동양척식주식회사가 관계회사 투자에 집중한 것에서 비롯된 것이라고 할 수 있다. 유가증권 중에서도 동양척식주식회사가 보유하고 있던 회사 주식을 통한 수익이 거의 대부분을 차지했는데, 80여 개사에 달하는 지주회사로 그 성격이 강화된 것을 반영한 것으로 볼 수 있다. 사업 계열은 토지·건물 수익이 압도적인데, 사업 계열 내에서 많을 때는 80%, 적을 경우에는 60%에 달하고 있었다. 그중에서도 농사경영에서 얻는 수입인 토지 수익이 대부분을 차지하고 있었다. 토지 수입은 소작료와 토지 임대료, 농산물 판매 차익 등을 포괄한 것이다.

그런데 여기서 주목할 점은 투자와 수익의 관계이다. 앞의 〈표 4-3〉을 보면 금융 계열에 대한 투자는 최저 65.6%에서 최고 76.9%로 거의

〈표 4-5〉 전시기(1937~1945) 동양척식주식회사의 계열별 수익 비중

(단위: %)

연도	금융 계열			사업 계열				기타
	대출금	유가증권(주식)	소계	토지건물(토지)	산림	특수사업	소계	
1937	34.1	13.4(13.1)	47.5	46.0(37.2)	1.2	1.8	49.0	3.4
1938	28.8	14.5(13.9)	43.3	37.3(29.3)	0.9	8.1	46.3	10.4
1939	33.8	19.9(18.9)	53.7	29.1(22.6)	2.3	6.0	37.4	8.9
1940	31.8	27.4(26.7)	59.2	27.4(21.1)	2.4	5.1	34.9	5.8
1941	32.1	26.0(25.1)	58.1	28.0(23.6)	2.0	6.7	36.7	5.2
1942	33.5	25.9(24.7)	59.4	28.1(23.7)	1.7	6.5	36.3	4.4
1943	29.8	24.0(23.1)	53.8	33.4(29.2)	1.8	1.0	36.2	10.1
1944	27.7	31.1(25.2)	58.8	30.1(26.6)	2.7	2.0	34.8	6.4
1945.6	32.1	25.7(22.8)	57.8	16.4(13.9)	2.2	13.2	31.8	10.5

출처: 조명근, 2020b, 앞의 글, 71~72쪽, 〈표 10〉.

70%대에 이르는데 토지는 최저 4.8%에서 최고 10%로 매우 미미한 수준이었다. 반면 수익은 토지에서 벌어들이는 것이 최고 37%이며, 대체로 20%대를 유지하였다. 즉 토지경영은 투자 대비 수익성이 대단히 높은 것을 확인할 수 있는데, 이를 가능하게 한 것이 조선인 농민들의 희생임은 말할 필요도 없다. 동양척식주식회사는 지주경영에 있어 근대적인 회사경영조직을 도입하고 생산 과정에 대한 개입과 통제를 강화하면서 생산의 합리화를 시도하고 나아가서 소작료로 거두어들인 미곡 등을 거의 전량 상품화함으로써 수익을 극대화하였다. 동양척식주식회사는 집약적 관리를 실시하였고, 그 과정에서 직접 생산자인 소작농은 궁핍을 강요당했다. 동양척식주식회사 농장에서는 '생산자에 대한 그 생산물을 담보로 한 1년 이내의 대부'(동양척식주식회사법)에 따라 소작농에게 식량과 종자 및 비료를 빌려주고, 농구와 농우 사용료도 대부해주었다. 그런데 소작농민이 대부금을 기한 내에 상환하지 못할 경우 소작권이 박탈

됨은 말할 것도 없고, 그가 차지할 수확물을 처분할 수도 없었다. 동양척식주식회사 소작농민들은 대부-생산-상환을 거듭하는 존재로 예속될 수밖에 없었다. 동양척식주식회사의 농업경영은 자본가적 지주경영으로서 자본주의적 농업경영이라는 이름하에 조선 농민에 대한 수탈을 극대화하고 있었던 것이다. 1930년대 말 동양척식주식회사 9개의 관리구역 산하에는 총 103개의 농장이 설치되어 있었고, 이 중 74개 농장에는 130명의 사원을 주재시켰다. 그 외의 농장은 지점에서 수지원을 파견하였다. 사원 아래에는 보조 역할을 하는 지도원을 두어 농사개량 및 소작인 지도 감시를 담당하게 하였다. 1938년 말 1,001명의 지도원이 7만 8,667명에 달하는 소작인을 관리하고 있었다.[16] 즉 동양척식주식회사는 조선인 농민에 대한 착취를 토대로 사업을 유지할 수 있었다고 해도 과언이 아니다. 자금운용에 있어서 농사경영이 차지하는 비중은 계속 낮아졌지만 동양척식주식회사 수익 창출에 있어서는 여전히 큰 공헌을 하고 있었음을 알 수 있다.[17]

2) 지주회사로의 성격 강화

동양척식주식회사는 중일전쟁기에는 압록강전력개발사업 등 사회간접자본 및 산금개발을 중심으로 한 광업에 집중적인 투자를 했는데, 1942년 이후 제조업 투자의 비중이 증가하고 있었다. 그 대상은 비행

---

16 김석준, 1986, 앞의 글, 150~154쪽.
17 이상은 배석만, 2014, 「전시체제기 동양척식주식회사의 자금동원 구조와 투자동향 분석」, 『지역과 역사』 34; 조명근, 2020b, 앞의 글, 57~72쪽을 참조하였다.

기, 금속기계, 선박 등 병기 생산과 직접적인 관련이 있는 분야에 집중되었다. 이는 동양척식주식회사가 핵심적인 군수공업에 대한 자금조달을 담당하는 국책금융기관의 성격이 강화된 결과였다. 1930년대 중반까지 동양척식주식회사가 주식과 사채, 증권의 인수 및 매입의 방식으로 투자한 기업은 20여 개사에 불과하였으나 종전 직전인 1945년 6월이 되면 85개사, 투자액은 약 2억 6,152만 원이라는 거액에 달했다.[18] 85개사의 지역·산업별 비중을 보면 조선의 광업(23.2%), 만주(관동주 및 중국 포함)의 제조업(20.2%), 남양군도의 농림척식(18.5%)의 순이었다. 그런데 출자율을 보면 100% 직계회사는 조선의 8개사를 포함한 13개사에 불과했고, 관계회사 대부분은 출자지분 50% 미만의 방계회사였다. 이러한 출자 구조는 동양척식주식회사 자체 사업의 필요성에서 나온 것이 아니라 국책상의 요청으로 이루어진 것으로, 동양척식주식회사의 관계회사 간에는 상호관련성이 적었고, 전액 출자 자회사가 소수였다는 점에서 이를 확인할 수 있다.

1942년 기준으로 조선 공업에서 자본 계열별 비중을 보면 조선 북부에 거대한 전기화학공업단지를 형성한 신흥재벌인 일본질소비료주식회사 계열의 비중이 전체의 약 26.6%로 가장 높고 다음으로 동일한 신흥재벌인 일본산업주식회사 계열이 약 8.9%를 차지하고 있었다. 다음으로 동양척식주식회사 직계가 약 8.1%를 점하고 있었다. 이는 국책회사인 동양척식주식회사가 신흥재벌 등과 함께 1930년대 이후 조선에서의 공업화를 견인한 주요한 자본 주체가 된 것을 의미한다.[19]

---

18   閉鎖機關整理委員會 編, 1954, 『閉鎖期間とその特集清算』, 286쪽.
19   河合和男 외, 2000, 앞의 책, 20쪽; 배석만, 2014, 앞의 글, 297~308쪽.

제5장
일반은행

1. 일반은행 설립과 동향

강제병합 당시 조선에서 영업 중인 일반은행은 한성은행(1897년 설립), 대한천일은행(1899), 한일은행(1906) 등 조선인은행과 1907년 일본인이 설립한 밀양은행 및 일본에 본점을 둔 지점은행인 제일은행 등이 있었다. 1912년「은행령」제정 이후 일반은행이 활발히 설립되었는데, 조선인은행으로는 부산 구포지역의 자산가들이 설립한 구포은행, 대구지역의 대지주인 정재학·이병학이 주도한 대구은행, 충남지역의 대지주인 유진상·성낙규 등이 예산에 설립한 호서은행이 있었다. 한편「은행령」에 따르면 기존 대금회사[1]는 상업은행 업무를 할 수 없게 되었기 때문에 그중 일부가 은행으로 전환되었는데, 대표적으로 칠성은행, 경성은행을 들 수 있다. 그 외에 조선에서 상업, 부동산업, 고리대금업으로 부를 축적한 대구의 오구라 다케노스케는 선남상업은행을, 부산의 하자마 후사타로(迫間房太郎)는 부산상업은행을 설립하였다.

제1차 세계대전으로 인한 경기 호황이 일본에서 조선으로 파급되어 생산과 유통이 급속히 증가하는 등 호경기가 조성되자 이를 기회로 다수의 일반은행이 신설되었다. 당시 시중에는 자금수요가 증대되고 있었는데, 금융기관의 미비로 인해 상업대출 부족이 심화되고 있는 상태

---

[1] 개항 이후 조선에 진출한 일본인은 1912년「은행령」이 제정되기 이전까지는 굳이 은행을 설립하지 않더라도 상업은행 업무를 할 수 있었다. 이를 기회로 일본인은 상업과 부동산업을 겸하면서 고리대금업에 종사하는 대금회사를 대거 설립했는데, 대금회사는 주로 근대적 은행을 이용할 수 없는 계층을 대상으로 자금을 융통하였다. 대금회사는 화폐정리사업으로 인해 발생한 금융 경색을 기회로 삼아 그 영업 기반을 확장하고 있었다(배영목, 2002, 앞의 책, 97~100쪽).

<표 5-1> 1910년대 신설 일반은행

조선인은행					일본인은행				
은행명	연월	본점	자본금 (천 원)	비고	은행명	연월	본점	자본금 (천 원)	비고
구포은행 ↓ 경남은행	1912.6 1915.1	구포	500	대금업 출신	칠성은행	1912.9	원산	65	대금업 출신
대구은행	1913.7	대구	500		선남상업은행	1912.9	대구	300	
호서은행	1913.7	예산	300		부산상업은행	1913.3	부산	500	
주일은행	1918.6	부산	500		경성은행 ↓ 조선실업은행	1913.9 1920.7	경성	1,000 5,000	대금업 출신
동래은행	1918.9	동래	500		삼화은행	1916.10	진남포	300	
북선상업은행	1918.11	함흥	500		신의주은행	1917.11	신의주	500	
삼남은행	1920.3	전주	1,000		원산상업은행	1919.3	원산	500	
경일은행	1920.5	대구	2,000		평양은행	1920.4	평양	1,700	
해동은행	1920.7	경성	3,000		경상공립은행	1920.7	대구	2,000	
호남은행	1920.9	광주	1,500						

출처: 윤석범 외, 1996, 앞의 책, 210쪽, 〈표 8-1〉; 배영목, 2002, 앞의 책, 101쪽, 〈표 3-2〉.

였다. 특히 상품유통의 확장으로 인한 단기 상업자금의 부족 문제는 지방에서 심각한 상태였다. 일반은행 신설은 이러한 지방상권의 확장에 따른 결과였으며 1918년 이후에 집중되고 있었다. 전국 각지에서 설립 신청이 쇄도하였지만, 많은 지역에서 일반은행의 설립이 허가되지 않았다. 1910년대에는 40개에 가까운 은행이 설립을 신청한 가운데, 20개 은행이 신규 설립되었다.[2] 신설된 일반은행은 설립 주체에 따라 조선인은행과 일본인은행으로 구분되는데, 조선인은행은 경성에 본점을 둔 1행과 지방에 본점을 둔 9행 등 모두 10행이고, 일본인은행은 경성에 본점을

---

2 윤석범 외, 1996, 앞의 책, 211쪽, 〈표 8-2〉.

둔 2행과 지방은행 8행 등 역시 10행이었다.

조선총독부는 지방은행 설립의 경우 경성, 부산, 대구, 평양 등 비교적 대상권이 구축된 지역을 제외하고는 하나의 지역에 중복하여 허가하지 않았다. 또 상업중심지라 하더라도 이미 조선식산은행과 금융조합 등 특수금융기관의 활동에 지장을 초래할 우려가 있으면 역시 신설 허가를 내주지 않았다. 조선총독부는 일반은행이 일본 지점은행 및 특수금융기관과 과도한 경쟁을 할 것을 우려하였기 때문이다. 그 결과 당시의 신설 일반은행은 지방에 단점을 두고 있는 지방은행이 대부분을 차지하였다. 조선총독부가 지방은행으로서만 상업은행 설립을 허용한 것은 지방의 금융기관을 확장함으로써 지방의 자금동원을 최대화하기 위한 조치였다. 이와 같이 조선에 본점을 둔 대부분의 일반은행은 지방의 상업은행으로서 특수금융기관의 부족을 보완하는 주변적 금융기구로서 출발했던 것이다.[3]

1910년대 신설된 일반은행의 설립 주체를 보면 최대주주는 대부분 대지주였다. 조선인은행 설립자는 구포은행을 예외로 하면 상인이나 고리대금업자가 부를 축적하여 은행업에 진출한 사람들이었다기보다는 지주로서 은행업에 진출한 경우가 대부분이었다. 반면에 일본인은행 설립자는 대지주로서 출발한 자였다기보다는 다른 사업을 통해 부를 축적한 결과 대지주가 되었던 자가 중심을 이루고 있었다. 이와 같이 일본인은행 설립자들은 이미 상공업에 종사하면서 대지주로 성장하던 신흥 자본가였던 반면 조선인은행 설립자는 이제 신흥 자본가로 성장하기 시작

---

3 배영목, 2002, 앞의 책, 105~106쪽.

한 대지주 출신이었다.

　식민지 조선에서 일반은행의 설립은 조선인 지주의 자본 축적에 중요한 계기가 되었다. 1910년대 조선인 회사의 납입자본 중 금융관계회사가 차지하는 비중이 전체의 60~70%에 이르고 있었다. 조선인 화폐자본이 은행 설립을 통해 금융기관에 집중됨으로써 조선인 자본가의 활동범주가 확장되고, 지주도 사업가로서 변신을 도모할 수 있었던 것이다. 그리고 이 일반은행 설립이나 경영에 참여한 조선인 중 상당수는 일반회사의 임원으로 참여하는 등 그 사업 범위를 확장하고 있었다. 당시에는 은행 임원들의 겸직에 대해 아무런 제약이 없었기 때문에 은행의 중역들은 상업, 대금업, 창고업 등 유통 관련업은 물론이고 제조업에도 진출할 수 있었던 것이다. 일반은행은 임원의 겸직 등을 통해 기업과의 인적 유착관계를 형성하여 은행과 다른 사업체 간의 자금순환이 원활하게 이루어지게 하는 역할을 수행하였다. 이러한 관계 형성은 정실대출 등으로 인해 은행 경영에 위험을 가중시키고, 은행이 특정 기업의 사금고로 전락할 수도 있었다. 그렇지만 일반은행은 타 회사와의 인적 연계망을 통해 예금동원은 물론 확실한 대출 대상을 확보할 수 있었고, 일반기업은 내부자 대출을 이용하면서 기업의 자금창구로 활용할 수 있는 이점도 없지는 않았다.

　1918년 조선식산은행이 창설되면서 농공은행이 합병되었고, 그 과정에서 (구)농공은행의 임원이었던 조선인은 은행 경영에서 배제되었다. 지역 농공은행에 관여했던 조선인들은 그 대안으로 주주나 임원의 자격으로 일반은행 설립이나 운영에 참여하였다. 즉 조선인이 식민지 특수금융기관 운영에서 배제됨에 따라 특히 지방의 농공은행 임원들이 그동안의 경험을 바탕으로 은행의 설립과 경영에 적극 참여하면서 지방 일반은행의 중심 주체로 부상하였다. 평안농공은행 임원인 이진태는 평양은행 설립을 주도하였고 대동은행 임원으로 참여하였다. 경상농공은행 임원 이병학, 이종면, 서병조, 윤상태, 정재학은 대구은행의 설립자 또는 대구은행, 선남상업은행, 경일은행, 경남은행의 임원으로 참여하였다. 전주농공은행 임원인 박영근, 박기순, 이강원, 김도홍, 신태무, 김준희 등은 삼남은행 설립자 또는 임원으로 참여하였고 광주농공은행의 김형옥, 정낙교, 박하준, 현기봉 등의 임원이 호남은행의 설립자 또는 임원으로 참여하고 있었다. 이와 같이 지방의 (구)농공은행 임원 출신은 해당 지역의 은행 설립 및 경영에 적극적으로 참여하고 있었던 것을 확인할 수 있다.[4]

다음으로 일반은행의 전반적인 동향을 〈부표 14〉를 통해 살펴보겠다. 1910년대에는 한말에 설립된 한성은행, 조선상업은행(1911년 이전은 대한천일은행), 한일은행의 3행이 다른 은행에 비해 점포 수, 자본금, 예금, 대출에서 압도적으로 우위에 있었다. 한말에는 대한천일은행의 예금 및 대출이 모두 타 은행보다 많았는데, 이 시기 한성은행은 외부의 도움으로 겨우 유지되고 있었기 때문에 그 비중이 낮을 수밖에 없었다. 한일은행은 설립 이듬해인 1907년부터 대출이 큰 폭으로 증가하고 있었다. 1908년에는 대출이 전년 대비 3.1배나 증가하여 예대율이 4.7에 이를 정도였는데, 이러한 한일은행의 대출 신장은 1911년까지 이어지고 있었다. 이 기간 한일은행은 일반은행 대출의 약 절반을 차지할 정도로 적극적으로 영업을 확장하고 있었음을 알 수 있다.

1912년 들어 한성은행의 약진이 두드러졌다. 한성은행은 강제병

---

4 이상은 배영목, 2002, 앞의 책, 114~119쪽.

합 이후 귀족이 받은 은사공채를 증자에 활용할 수 있게 되어 자금조달력이 비약적으로 증대하였다. 한성은행은 1911년 공칭자본금을 기존의 30만 원에서 300만 원으로 일거에 10배나 증자했는데, 당시 조선상업은행과 한일은행의 자본금이 50만 원으로 한성은행의 1/6에 불과하였다. 한성은행은 1912년 납입자본금을 공칭자본금의 절반인 150만 원까지 증대시켰는데, 이는 일반은행 전체 납입자본금의 약 2/3에 이를 정도의 거액이었다. 이와 같이 한성은행은 강화된 자체 자금조달력을 기반으로 예금 및 대출에서도 다른 은행을 크게 능가하는 실적을 올리고 있었다. 한성은행의 예금 점유율은 최대 42%(1917), 대출은 36%(1916)로 1910년대 일반은행 중에서는 가장 우월한 지위에 있었다고 해도 과언이 아니다. 조선상업은행은 예금과 대출 모두 30% 내외를 유지하였고, 다음으로 한일은행이 대체로 10% 내외로서 3행이 전체 일반은행 영업의 80% 이상을 차지할 정도로 압도적인 위치에 있었다. 1910년대 후반이 되면 다수의 일반은행이 신설되면서 3행의 집중도는 점차 낮아졌으나 그 위상은 여전히 견고한 상태였다.

1920년대에도 한성은행과 조선상업은행 양행의 지위는 그대로 유지되고 있었으나 한일은행은 1910년대에 비해 그 점유율이 점차 저하되고 있었다. 특히 1920년대 초반 경성에 기반을 둔 일본인은행인 조선실업은행이 예금과 대출에서 10% 정도를 점하면서 한일은행을 능가하고 있었다. 1920년대 조선상업은행은 잇따른 합병으로 자본금의 규모가 증대되었는데, 특히 한성은행 다음으로 자본금이 많았던 조선실업은행을 합병함에 따라 1924년 조선상업은행의 자본금은 한성은행을 능가하게 되었다. 조선상업은행은 4행(원산상업은행·조선실업은행·대동은행·삼남은행)을 합병함으로써 자금 규모를 크게 확대시킬 수 있었고, 예금과 대출 역시 증가하여 1920년대 중반 이후부터는 한성은행보다 우위에 서게 되었다. 한성은행의 경우 일본 지점이 경영 위기에 빠져 영업 실적이 악화되면서 그 점유율도 저하되고 있었다. 1928년에 조선상업은행은 예금 45.1%, 대출 42.6%로 조선 내 일반은행 중에서 압도적인 위치에 오르게 되었고, 이는 1930년대까지도 계속 이어지고 있었다.

1930년대 들어 한성은행의 실적은 차츰 회복되어갔으나 예금 및 대출에서 차지하는 비중은 20%대에 그치면서 이전에 비해 크게 약화되었다. 반면 조선상업은행은 40% 이상의 점유율을 지속적으로 유지하면서 조선의 일반은행 중에서는 지배적인 위치에 서게 되었다. 1931년에 한일은행과 호서은행의 합병으로 탄생한 동일은행이 15% 내외를 유지하면서 뒤를 잇고 있었다. 조선상업은행·한성은행·동일은행의 3행이 일반은행 예금과 대출의 약 80% 정도를 차지한 점에서 보면 지방은행은 그 자금 규모에 있어서 열세를 면치 못했음을 알 수 있다. 그러나 후술할 개별 사례에서 확인할 수 있듯이 지방은행은 지방 자본가에게, 특히 조선인 자본가들에게는 큰 기여를 하고 있었다. 당시 상공업 발전이 경성을 비롯한 대도시 중심으로 진행되었기 때문에 은행업 역시 이와 동일한 양상을 보일 수밖에 없었다.

참고로 일제강점기 금융기관의 지역별(경기도·경상남도·평안남도·경상북도·전라북도·전라남도) 예금 및 대출 현황(1906~1938)을 다음 〈그림 5-1〉과 〈그림 5-2〉를 통해 검토해보자. 우선 예금의 경우 경성이 소재한 경기도가 최대 77%(1906), 최저 46%(1938)로 1920년대 중반 이전까지는 50% 이상을 상회하여 가장 높은 비중을 차지하고 있었다. 그다음인 경상남도는 최대 16%(1926), 최저 9%(1938)로 대체로 10%대를 꾸준히 유지하였고, 평안남도가 5~7%대, 경상북도가 4~5%를 보였다.

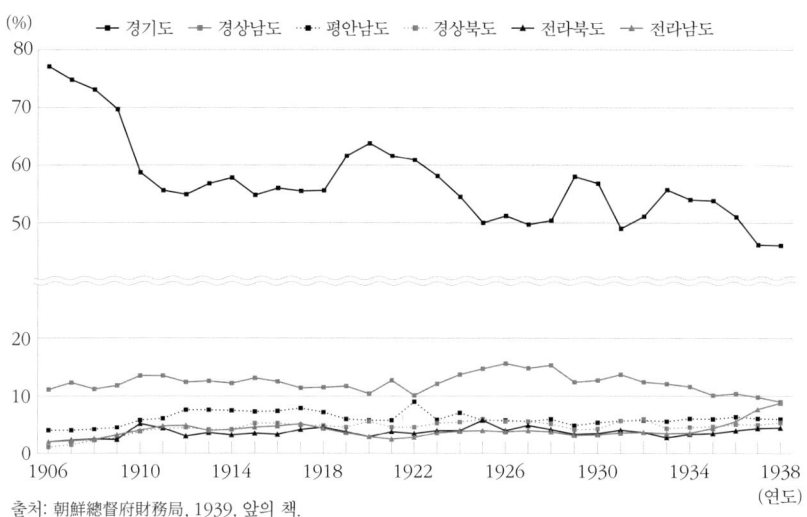

출처: 朝鮮總督府財務局, 1939, 앞의 책.

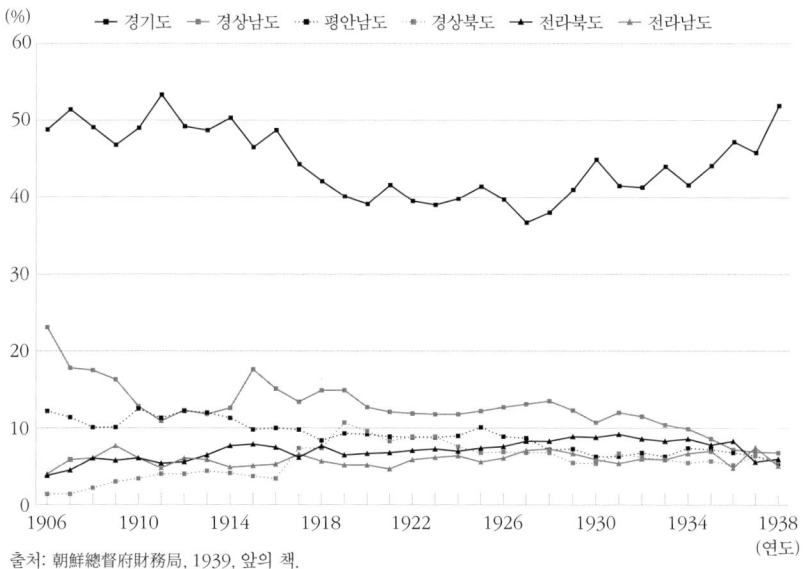

출처: 朝鮮總督府財務局, 1939, 앞의 책.

다음으로 전라남도와 전라북도가 3~4%대로 뒤를 잇고 있었다. 부산과 평양, 대구 등 대도시가 있었던 지역을 제외한 나머지 도의 경우 그 비중은 매우 미미하였다. 총 13개 도 중에서 이 6개 도가 1920년대 중반까지 조선 내 예금의 90%를, 그 이후에는 80%대를 차지하고 있었다. 대출의 경우는 예금에 비해 경기도의 집중도가 훨씬 낮은데 경기도는 대체로 40~50%대를 유지하였고, 다음이 경상남도로 1930년대 중반까지는 10%를 넘었으나 이후에는 7%대로 저하되었다. 그리고 다음으로 평안남도와 경상북도, 전라북도와 전라남도가 대체로 한 자리수를 유지하고 있었다. 대출 역시 이 6개 도가 조선 내 대출 중에서 1910년대까지는 90% 내외를, 1920년대 이후는 80% 내외를 유지하고 있었다.

일제강점기 일반은행에 있어 주목해야 할 점으로 은행의 설립 주체에 따라 거래 고객이 민족별로 분리되는 현상이 두드러진 것을 들 수 있다. 조선인은행은 조선인이, 일본인은행의 경우 본점·지점은행 모두 일본인이 주거래 대상이었다. 〈표 5-2〉는 1925년 현재 개별 일반은행의 예금 및 대출을 민족별로 구분하여 정리한 것이다. 이를 토대로 그 실태를 확인해보도록 하겠다. 우선 〈그림 5-3〉은 일반은행을 설립 주체별로 분류하여 예금 및 대출의 비중을 정리한 것인데, 조선인은행 11행이 전체 일반은행 예금의 32%, 전체 일반은행 대출의 40%를 차지하였다. 일본인은행 6행이 예금에서 25%, 대출에서 31%를 차지하였는데 양자 모두 대출이 예금보다 높은 것을 알 수 있다. 반면 일본계 지점은행 5행의 경우 예금이 43%, 대출이 27%로 조선에서는 예금 비중이 훨씬 높은 것을 알 수 있다. 이러한 일본계 지점은행의 실적은 예대율에서도 확인되는데 그 비율이 0.69로 일본인은행 1.46, 조선인은행 1.36에 비하면 거의 절반에 그칠 정도로 조선에서 예금 유치에 있어 압도적인 위치에

〈표 5-2〉 1925년 말 현재 각종 은행의 예금 및 대출의 민족별 비중

(단위: 천 원, %)

은행			예금			대출		
			예금액	조선인	일본인	대출액	조선인	일본인
조선은행			13,023	4	90	62,055	10	90
조선식산은행			43,057	13	85	137,730	41	58
일반 은행	조선인 은행	한성은행	15,102	34	63	17,922	73	25
		한일은행	6,380	79	18	6,974	84	13
		해동은행	537	94	4	864	90	5
		호서은행	877	58	40	1,847	89	11
		삼남은행	535	32	67	832	56	43
		호남은행	1,594	73	24	2,565	82	15
		대구은행	1,195	55	45	2,600	74	25
		동래은행	234	79	21	523	92	8
		경일은행	750	39	61	1,696	71	29
		경남은행	704	81	17	1,552	88	9
		북선상업은행	241	92	5	841	84	15
		소계	28,152	51	46	38,214	77	21
	일본인 은행	조선상업은행	16,051	13	85	21,708	20	79
		밀양은행	221	30	70	309	77	23
		부산상업은행	2,346	9	91	3,669	6	94
		선남은행	853	4	96	1,115	6	94
		경상공립은행	583	7	93	993	44	56
		대동은행	1,912	12	85	4,222	14	86
		소계	21,966	12	86	32,017	19	81
	일본계 지점 은행	제일은행	16,269	2	79	7,211	2	96
		안전은행	9,913	2	97	5,163	10	88
		산구은행	2,156	5	93	1,657	5	81
		십팔은행	9,503	3	94	11,099	7	92
		만주은행	160	7	93	1,231	31	69
		소계	38,003	2	89	26,362	7	91
합계			88,121	20	74	96,593	39	60

출처: 국사편찬위원회, 2016, 『일제하의 금융』, 265~267쪽.

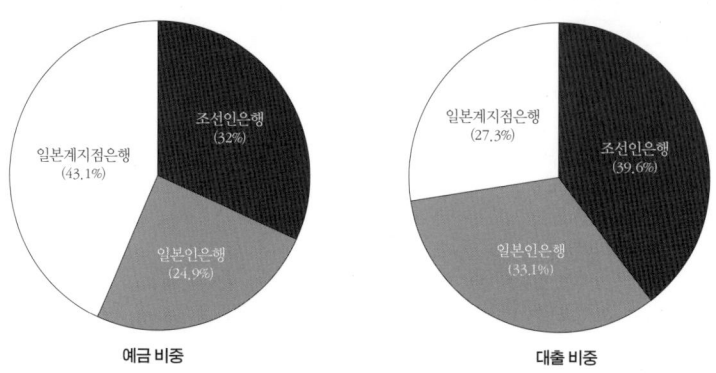

〈그림 5-3〉 1925년 말 일반은행의 예금 및 대출 비중

출처: 〈표 5-2〉 1925년 말 현재 각종 은행의 예금 및 대출의 민족별 비중.

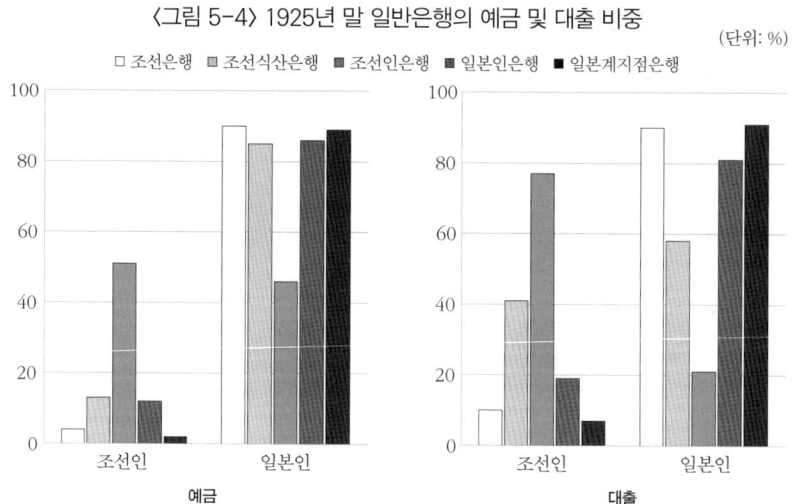

〈그림 5-4〉 1925년 말 일반은행의 예금 및 대출 비중

출처: 〈표 5-2〉 1925년 말 현재 각종 은행의 예금 및 대출의 민족별 비중.

있었음을 알 수 있다. 본점은행으로 한정해서 보면 조선인은행이 대출과 예금 모두 일본인은행을 능가하였다. 또한 〈그림 5-4〉를 통해 특수금융기관과 일반은행의 민족별 고객 실태를 비교해보면 우선 조선은행은 예금 및 대출에 있어 일본인이 90%로 절대적인데, 이는 일본에 본점을 둔 일본계 지점은행과 별 차이가 없을 정도이다. 반면 조선인은행은 조선인 대출이 77%, 조선인 예금이 51%이며, 조선식산은행의 경우 조선인 대출이 41%, 조선인 예금이 13%의 비중을 보이고 있다. 일본인은행은 일본인 예금이 86%, 일본인 대출이 81%로 일반은행은 민족별 분리 현상이 비교적 뚜렷함을 알 수 있다. 다만 조선인은행의 예금에 조선인 비중이 낮은 것은 조선인 경제력의 열악함을 반영하는 것이라고 볼 수 있다. 그리고 조선식산은행의 조선인 대출 비중이 예금보다 약 3배 높은 것은 당시 농업자금공급에 주력했던 은행의 속성상 조선인 지주들을 대상으로 한 대출이 이루어졌기 때문이라고 볼 수 있다.

이 실태를 개별 은행별로 살펴보면 우선 본점은행은 모두 대출에서 민족별 분리 현상이 매우 뚜렷하게 나타나고 있었음을 알 수 있다. 조선인은행의 경우 동래은행과 해동은행은 90% 이상을, 호서은행·경남은행·한일은행·북선상업은행·호남은행은 80% 이상의 점유율을 보이고 있었다. 한성은행과 대구은행, 경일은행은 70% 초반대였으며 삼남은행은 50%대로 다른 조선인은행보다 낮았다. 일본인은행은 부산상업은행과 선남은행이 94%, 대동은행과 조선상업은행이 80% 내외를 차지하였고, 경상공립은행은 50%대로 그 비중이 적었고 특히 밀양은행은 조선인이 70% 이상을 차지하여 유일하게 정반대의 결과를 보이고 있었다. 그런데 예금의 경우, 조선인은행은 대출에서 보인 것처럼 민족별 분리 현상이 그다지 뚜렷하지 않다. 해동은행·북선상업은행·경남은행·동래은행·한일은행의 조선인 예금 비중은 80% 이상으로 높은 비율을 보이지만, 호서은행과 대구은행은 50%대로 그 비중이 현저히 낮음을 알 수 있다. 그리고 한성은행과 삼남은행, 경일은행은 조선인 예금이 30%에 그치고 있는데, 삼남은행을 제외하고는 대출에 비해 조선인 예금이 훨씬 적은 비중을 차지하고 있다. 조선인은행은 조선인의 비율이 대출의 경우 77%, 예금의 경우 51%로 전반적으로 조선인을 대상으로 적극적인 대출을 실시하였음을 알 수 있으며 특히 한일은행, 해동은행, 동래은행, 경남은행, 북선상업은행은 예금과 대출 모두 80%를 상회할 정도로 영업에 있어 조선인 집중도가 높은 것을 알 수 있다. 조선은행의 조선인 대출 비중이 약 10%, 조선식산은행이 조선인 대출 비중이 약 41%인 점을 비교해보면 조선인 자본가에게 조선인이 설립한 일반은행이 얼마나 중요한 역할을 하였는지를 다시 확인할 수 있을 것이다. 일본인은행의 경우 대출에 비해 예금에서 훨씬 더 높은 일본인 집중도를 보였는데, 70%인 밀양은행을 제외하고는 모두 80~90%의 비중을 보였다. 그 결과 일본인은행은 대출과 예금에서 일본인이 차지하는 비중이 각각 81%와 86%에 이를 정도로 확연한 민족별 집중 현상을 보이고 있음을 알 수 있다. 일본계 지점은행은 예금과 대출 모두 90% 내외로 일본인이 절대적인 비중을 차지하고 있었다. 이와 같이 조선인은행, 특히 지방의 일반은행은 지역 조선인 자본가를 위한 자금공급에 지대한 공헌을 하고 있었으며 이는 후술할 지역별 사례를 통해서도 확인할 수 있을 것이다.

2. 개별 은행 사례

1) 한성은행

한성은행은 1897년 1월 8일 탁지부에서 설립 인가를 받고 2월 19일부터 영업을 시작한 현존하는 가장 오래된 은행이다. 한성은행은 서울의 대상인 등의 자산가와 고위관료가 합작하여 설립하였는데, 정부잉여금을 예치하는 등 정부로부터 지원을 받았으며 특히 조세금 취급 특권을 통해 자본 축적을 할 수 있었다. 그러나 한성은행은 영업 실적이 악화되자 1903년 2월 7일 공립(公立)한성은행 개편서를 제출, 10일 탁지부 대신의 인가를 받고 12월 7일부터 공립한성은행으로 영업을 개시하였다.[5] 새롭게 시작한 공립한성은행은 제일은행의 자금지원에만 의지한 채 겨우 존속하고 있었는데, 화폐정리사업으로 인해 큰 타격을 받게 되었다. 이에 한성은행은 기존의 합자회사로는 위기를 벗어날 수 없다고 보고 1905년 9월 자본금 15만 원의 주식회사로 변경하였다. 그러나 업황은 호전되지 않았고 결국 탁지부의 지도·감독을 받는다는 조건으로 10만 원의 단기자금을 지원받았다. 한성은행은 자행에 파견된 일본인 사무관과 업무를 협의해야 하는 등 철저한 통제를 받게 되었다.[6]

---

[5] 1903년 공립한성은행 설립은 러시아의 500만 원 차관 제공을 막기 위한 일본 제일은행 차관 500만 원 제공과 관련이 있는데, 한성은행을 매개로 이 차관을 융통하기로 한 것이다. 그러나 이 차관은 실현되지 못했고, 제일은행이 융자한 금액은 겨우 30만 원에 지나지 않았다(한백흥, 1996, 『구한말 민족은행생성사 연구』, 시나리오 알타, 99~114쪽).

[6] 윤석범 외, 1996, 앞의 책, 64~71쪽, 97~99쪽; 도면회, 1997, 「갑오개혁 이후의 근

강제병합 후 한성은행은 성장의 발판을 마련할 수 있었다. 일제가 귀족 등에게 교부한 은사공채(총액 3천만 원 중 귀족에게 1,500만 원 교부. 5년 거치, 50년 상환)를 한성은행 증자에 이용할 수 있게 함으로써 일거에 자본금 300만 원의 대은행이 되었다. 조선총독부는 조선인에게 수여한 은사공채를 한성은행 신주 인수에 투자하도록 하였고, 그 결과 한성은행의 자본금은 기존에 비해 10배나 증가되었다. 이 증자 과정에서 최대주주가 된 이재완을 비롯하여 '귀족'의 지분이 65%나 되는 소위 '귀족은행'으로서 조선상업은행을 제치고 최대 규모의 조선인은행이 되었다. 그러나 이 조치는 조선총독부의 철저한 은행감독을 전제로 한 것으로 이사와 감사 취임, 이익금 배당과 적립금 사용 등에 관해서는 조선총독부의 인가를 받아야만 했고, 매월 은행 관련 보고서도 제출해야만 했다. 한성은행은 증자 이후 영업 실적도 양호해져 1911년 이후 7% 배당률이 1917년 하반기에 8%로, 1920년 상반기에 9%로 인상되어 1922년 말까지 유지되었다. 그리고 조선인은행 최초이자 유일하게 1918년 일본 도쿄에 지점을 신설하였고, 1920년 1월 자본금을 600만 원으로 2배나 증가시켰다. 이 증자를 위해 종래 조선인에게만 한정하였던 주주 자격을 개정하여 일본인에게도 허용하였고, 그 결과 1920년 상반기에 일본인 주주 128명이 한성은행 총주식의 16.3%를 보유하고 있었다.[7]

한편 1919년 3·1운동이 일어나자 한성은행은 3월 11일부터 예금 인출이 쇄도하여 최고로 달한 20일에는 인출액이 40만 원에 달했다. 한상룡에 따르면 당시 한성은행 은행장인 이윤용은 "일한병합조약의 책임

대적 금융기관」, 『국사관논총』 77, 99~105쪽.
[7] 윤석범 외, 1996, 앞의 책, 211~213쪽; 정태헌, 2010a, 앞의 글, 213~215쪽.

자였던" 이완용의 형이고, 그 조카인 자신은 전무로 있었고, 주식은 합병의 대가로 받은 은사공채로 충당되었기 때문에 조선인들에게 배척을 당했다고 하였다. 한성은행은 조선은행에서 140만 원, 제일은행에서 200만 원을 차입하여 이를 해결할 수 있었다.[8] 1910년대 한성은행의 비약적 발전은 사실상 매국의 당사자 참여와 그 대가에 힘입은 바가 컸다는 것을 확인시켜주는 사례라고 할 수 있다.

한성은행은 1922년 4월 오사카지점을 개설하는 등 영업 확장에 박차를 가했는데, 1923년 관동대지진으로 인해 일본 도쿄지점에서 대규모의 부실대출이 발생하였다. 한성은행 영업 신장의 기반이자 은행 위상을 과시하는 상징이 되었던 도쿄지점이 오히려 위기의 진원지가 된 것이다. 한성은행은 기존 대출의 상환은 어려워지고 예금도 현저히 감소하여 차입금에 의존할 수밖에 없었다. 1921년 6월, 1만 원도 채 되지 않았던 차입금은 216만 원(1923.6), 714만 원(1926.12), 1,100만 원(1927.12)으로 급격히 증가하였고, 자금조달에서 차지하는 비중도 8.8%(1923.6)에서 32.1%(1927.12)로 늘었다. 당시 한성은행 차입금은 대부분 조선은행에서 차입한 것이었다. 1927년 5월 일본은행특별융자금까지 받으면서 정리를 완료하려 했으나 마침 일본에서 금융공황이 발발하여 이것도 성과를 거두지 못하였다. 결국 1928년 3월 근본적인 정리안이 발표되었는데, 자본금은 반액으로 감자(減資)되었고, 일본의 도쿄·오사카지점은 폐쇄되었다. 대신 일본은행은 특별융자금 360만 원을 추가로 지원하였다. 한성은행은 일본은행으로부터 특별융자를 받은 조선 내 유일한 일반은행으로 그 액수는 총 720만 원에 달하였다. 그리고 정리 과정에서 조선

---

8 한익교 정리, 김명수 옮김, 2007, 『한상룡을 말한다』, 혜안, 173~174쪽.

식산은행이 한성은행 주식 2만 8,094주를 소유하여 최대주주가 되었다. 조선인 중역 일부가 사임하고 대신에 조선식산은행 이사 야나베 에이사부로(失鍋永三郎)와 조선은행 이사 이우치 이사무(井內勇)가 각각 이사와 감사에 선임되었다. 이로써 한성은행은 일본인에게 경영권이 넘어가 일본인은행이 되었다.[9]

2) 조선상업은행

조선상업은행의 역사는 1899년 창립된 대한천일은행에서 시작되었다. 한말 한성은행 설립에 정부 고위관료가 참여한 것에 반해 대한천일은행은 전적으로 상인층의 발의에 의해 창립되었다. 은행 설립을 발의한 김두승·김기영·백완혁·조진태 등은 모두 서울의 대상인 또는 자본가들이었다. 대한천일은행은 설립 초기부터 고종과 정부관료들의 적극적인 지원을 받았는데, 가장 수익이 많이 생기는 조세금 취급권을 획득하여 은행의 단기운영자금으로 활용하였고, 탁지부에서 보조금 5만 원을 대하(貸下)받는 등 각별한 지원을 받았다. 1902년 3월 당시 6세에 불과한 영친왕이 은행장으로 선임되었고 이를 보좌하기 위하여 4월 대한제국의 실세라고 할 수 있는 이용익이 은행부장에 임명되는 등 황실과의 관계는 더욱 두터워졌다. 그러나 대한천일은행은 1903~1905년간 과잉 대출 상태에 있었는데, 여기에는 당시 급속도로 팽창하고 있던 황실 관련 경비 지출로 인한 문제도 있었을 것이다. 1905년 화폐정리사업[10]

---

9   윤석범 외, 1996, 앞의 책, 245~247쪽; 정태헌, 2010, 앞의 글, 222쪽, 231쪽.
10 1905년 1월 18일 칙령 제4호로 신화폐와 구화폐의 교환 기간이 명시되었는데,

이 시작되자 차입금에 의존한 과잉대출과 어음할인 위주로 경영을 하던 대한천일은행은 어음부도가 속출하면서 막대한 불량채권을 떠안고서 휴업하지 않을 수 없었다.¹¹ 그런데 대한천일은행의 휴업은 경영상의 문제도 있었지만 광무정권의 몰락이라는 정치적 변동과 관련이 크다고 볼 수 있다. 1905년 예금은 전년 대비 거의 50%나 줄어들었고, 차입금은 5배 이상 증가하여 자금운용의 62%를 차입금에 의존하고 있는 상황이었다. 이 차입금은 대부분 황실에 온 것이었다. 이와 같이 대한천일은행의 자금조달은 대부분 정부 지원에 의존했다고 볼 수 있기 때문에 경영의 가장 큰 변수는 광무정권이었다고 볼 수 있다. 즉 광무정권이 몰락하면 대한천일은행 역시 휴업할 수밖에 없었던 것이다.¹²

대한천일은행은 1905년 6월부터 1906년 6월까지 휴업하였다가 7월 1일부터 영업을 재개하였다. 탁지부의 자금지원(22만 5,000원)으로 영업을 재개할 수 있었던 대한천일은행은 새 경영진을 기존의 황실이나 정부 출신 이사를 배제한 채 상인층을 중심으로 구성하였다. 재개업 이후 대한천일은행은 어느 정도 안정적인 영업 실적을 올렸는데, 이는 일본인과의 거래가 늘어났기 때문이었다. 일본인 예금은 전체 예금액 중에서 25%(1907) → 46%(1908) → 66%(1909)으로 급상승하고 있었다. 이에 맞춰 일본인 대출 역시 38% → 46% → 52%로 증대하고 있었다. 반면 당시 조선인은행인 한성은행의 경우 조선인 예금 비중이 86~90%대를, 한일은행은 100%를 보이고 있었다. 대출 역시 일본인 비중이 한성

    1905년 7월 1일자로 화폐정리를 위한 교환이 시작되었다.
11 윤석범 외, 1996, 앞의 책, 93쪽; 도면회, 1997, 앞의 글, 106~113쪽.
12 이승렬, 2007, 『제국과 상인』, 역사비평사, 208~210쪽.

은행은 6~19%대이고 한일은행은 아예 없었던 것과는 매우 대조적인 양상을 보였다. 대한천일은행은 확연히 일본인은행으로 전환되어가고 있었다. 대한천일은행은 실적 호조에 따라 1909년 증자(15만 원→50만 원)를 단행했는데, 이 과정에서 탁지부가 정부대여금 일부를 출자 전환함으로써 황실을 대신하여 최대주주가 되었다. 이를 기반으로 통감부가 파견한 일본인 지배인이 경영에 깊숙이 개입하여 조선인 경영진들의 은행 운영은 제한을 받을 수밖에 없었다.[13]

대한천일은행은 1911년 조선상업은행으로 은행명을 개칭하였고, 1912년에 조선총독부는 탁지부가 최대주주인 한성공동창고(주)를 조선상업은행에 합병시켰다. 제1차 세계대전으로 인한 호황으로 상인들의 자금수요가 증가하자 1917년 2월 임시주주총회에서 자본금을 57만 5,000원에서 100만 원으로 증자하였다. 그런데 이 총회에서는 그동안 조선인에게만 국한되었던 주주 자격을 일본인에게도 허용하였고, 그 결과 1919년 말에는 일본인이 주주의 60%, 주식의 52%를 점유하여 일본인의 주식 소유가 절반을 넘게 되었다. 이와 같이 1910년대 조선상업은행의 영업 확장의 배경에는 일본인에 의한 소유권과 경영권 침탈이 있었던 것이다. 1920년대 들어 일본인 소유와 경영 참여는 더욱 확대되었고, 1921년 7월 정기주주총회에서는 일본인 주주가 증가했다는 것을 빌미로 삼아 중역에 일본인을 선임할 수 있도록 하였다. 이에 따라 기존의 일본인 지배인제는 폐지되고, 이사에 일본인이 취임하였다. 민족별 대출액도 일본인이 61%(1922)를 차지하면서 사실상 일본인은행이 되었다. 1924년 조선실업은행을 합병한 후 조선상업은행 은행장에 최초로 일본

---

13 이승렬, 2007, 앞의 책, 220~229쪽.

인 와다 이치로(和田一郎)가 취임하였고, 중역 10명 중 조선인은 3명에 불과하였다. 그리고 주주 중에서 일본인이 86%에 이르게 되었다.

조선상업은행은 통감부 시절부터 일본인 관리에 의해 통제되면서 다른 조선인은행에 비해 일본인과 밀접한 관계를 가지고 있었다. 조선상업은행은 식민지 초기부터 일본인에 대한 대출 비율이 매우 높았고, 일본인의 주주 참여 및 중역 참여에 대한 제한도 다른 조선인은행보다 일찍 철폐되었다. 한성은행의 경우 1920년대 들어 일본인의 주주 참여 및 일본인 중역이 탄생했지만, 1928년 3월에 조선식산은행이 한성은행의 주식을 대량 인수하기 전까지는 조선인은행 체제를 계속 유지한 것과는 큰 대비를 보여주고 있었다.[14]

3) 한일은행

한일은행은 한국 상인들이 화폐정리사업에 대응하여 설립한 은행이다. 경성상업회의소에 참여했던 서울의 한국인 상인들은 자신들의 청원서가 배척되고, 한성은행과 대한천일은행이 일본인의 감독을 받게 되자 1906년 5월 한일은행 설립을 발기하였다. 한일은행 설립 주체는 대한제국의 식산흥업정책에 직접 참여했던 당대 한국의 대표적인 자본가로서 정부의 지원 없이 오로지 한국인 사산가들의 힘만으로 은행을 설립하여 운영하기로 한 것이다. 한일은행은 1906년 8월 8일부터 업무를 개시하였다.[15]

---

14 윤석범 외, 1996, 앞의 책, 71~73쪽, 213~214쪽, 238~240쪽.
15 박현, 2004, 「한말·일제하 한일은행의 설립과 경영」, 『동방학지』 128, 192~196쪽.

한일은행은 설립 이후 금융기관 간 경쟁이 진행되고 증자가 연기되자 백인기를 경영에 참여시킴으로써 이를 해결하려 하였다. 백인기는 내장원의 외획 운영에 참여해 부를 축적한 백남신의 아들이었다. 백인기는 은행 증자에 기여하는 조건으로 전무이사에 취임하고, 자신의 측근을 중역진에 배치하였다. 백인기는 취임 이후 경영 쇄신을 단행하는 등 은행 실적도 개선되고 있었다. 그런데 당시 백인기는 여러 기업의 설립과 경영에 활발하게 참여하였고, 금융기관에서 방대한 자금을 차입하고 있었다. 특히 백인기는 자신의 사업에 한일은행을 최대한 활용하였는데, 1910년대 중반 불황과 미가 폭락으로 손실을 입어 부채를 상환할 수 없게 되었다. 그가 한일은행에 진 부채만 약 29만 원에 달했는데, 이는 한일은행 납입자본금 25만 원을 넘는 액수였다. 한일은행의 1911년 하반기부터 1915년 상반기까지 매기 평균대출액의 30%에 해당하는 자금을 백인기 혼자서 대출받고 있었던 것이다. 창립 이래 최대의 경영 위기를 맞은 한일은행은 1915년 3월 백인기를 전무직에서 인책 사임시키고 중역진을 개편했으나 결국 1915년 9월 22일에 휴업에 들어갔다. 한일은행 주주들은 민영휘에게 은행을 인수시키기로 결정하였고, 은행장에 민영휘가 취임함과 동시에 1915년 10월 20일 한일은행을 재개업하였다.[16]

다음으로 1910년대 한일은행의 영업 실태를 알아보자. 우선 자금조달의 경우 한일은행은 1910년까지 정부나 다른 금융기관에서의 자금지원 없이 예금을 통해서만 조달하였다. 그러나 1910년대에 들어와서는 자금조달 구조가 취약해지면서 조선은행의 자금지원을 받게 되었다. 조선은행 차입금은 전체 자금조달에서 많게는 36%(1917), 적게

---

16 박현, 2004, 앞의 글, 201쪽, 214~221쪽.

는 19%(1920)를 차지하였고, 대체로 20~30%대를 유지하였다. 예금이 항상 자금조달에서 수위를 차지했지만 차입금의 증가로 인해 그 비중이 저하하여 1915년에는 33%로 차입금보다 적었다. 예금 부족을 메운 차입금의 경우, 당시 일반은행 자금운용에 있어 계절적인 영향이 컸기 때문에 유용하게 사용되었다. 미곡 출하기인 10~11월경에는 미곡 매입 자금수요가 증대하였고, 추수 후 구매력이 증대되어 시중의 자금수요가 더욱 증가하였다. 여기에 연말 결제와 세금 납부까지 겹쳤기 때문에 조선은행 차입금은 일시적 자금 융통에 있어 매우 유용한 자금이었다.[17]

한일은행 자금운용의 중심은 경성의 조선인 상인이 물품을 판매하고 받은 어음을 할인해주는 것에 있었다. 1910년대 전반기까지 70% 이상을 차지했는데, 후반으로 가면서 50%대로 떨어지고 반대로 대부금이 30~40%대로 높아지고 있었다. 대부금도 정기나 연부상환이 아닌 대부분 1년 이내의 융통으로 자금운용은 단기성 자금 융통이 주를 이루었다. 담보별 비중을 보면 '신용'이 70~90%로 가장 많았는데, 1910년대 일반은행의 '신용' 비중이 연평균 50%, 전 은행이 연평균 56%였던 것보다 훨씬 높은 비중을 보이고 있었다. 한일은행은 경성에 영업 기반을 두고 조선인 상인의 원활한 자금조달에 기여하고 있었던 것을 알 수 있다. 그런데 1910년 이전 한일은행은 한성은행이나 대한천일은행보다 낮은 금리로 자금을 빌려주어 조선인 상인이 경쟁력을 갖도록 시원하였으나, 1910년대 후반기로 갈수록 금리가 상승하고 있었다. 결국 조선상업은행이나 한성은행보다도 높은 금리를 적용했는데, 당시 일본인보다 조선인

---

17 정병욱, 1999, 「1910년대 한일은행과 서울의 상인」, 『서울학연구』 12, 105~110쪽; 박현, 2004, 앞의 글, 213쪽.

이 높은 금리로 대출을 받고 있었던 사정을 감안하면, 조선인 이용도가 가장 높았던 한일은행이 가장 높은 금리를 적용하고 있었던 것이다.[18]

1915년 10월 재개업과 동시에 은행장이 된 민영휘는 자신의 측근 중심으로 은행조직을 개편하였고, 철저한 자구책을 강구하였다. 중역과 직원의 보수와 상여금 등을 삭감하고, 창립 이후 10%를 유지해온 배당률도 1915년 하반기에는 무배당, 1916년과 1917년에는 3%로 낮추었다. 불량자산 정리에는 조선은행의 자금지원을 받았는데, 조선은행은 재개업에 필요한 긴급자금을 지원했을 뿐만 아니라, 구제자금 명목으로 40만 원을 지원하였다. 여기에 제1차 세계대전의 전쟁 경기로 인한 호황에 힘입어 한일은행은 정상화되었다. 25만 원이었던 납입자본금은 수차례 증자를 통해 1920년 11월 200만 원(납입 162만 5,000원)까지 증대시켰고 영업망도 확장되었다. 그런데 한일은행은 민영휘 가문의 조선제사(주)와 조선견직(주)에 고액 대출을 실시하면서 이들 기업과 긴밀하게 연결되었다. 한일은행은 당시 언론에서 지적한 대로 "민영휘 재벌의 총본영"이라는 성격을 가지게 되었다.[19]

민영휘가 경영권을 장악한 이후 한일은행의 자금운용 규모는 1915년 말 119만 원대에서 1930년 말 1,444만 원대로 12배 이상 팽창하였다. 예금과 자기자본을 중심으로 자금을 조달하고, 대부분을 대출금(어음할인+대부금)으로 운용하였다. 대출의 담보별 구성을 보면 1915년 말 현재 신용대출이 92%로 대부분을 차지하였고, 부동산 담보대출은 3%에 불과하였다. 그런데 1926년 6월 말 현재 신용대출은 55%, 부동

---

18   정병욱, 1999, 앞의 글, 110~114쪽.
19   박현, 2004, 앞의 글, 222~224쪽, 232쪽.

산 담보대출이 31%를 차지하며 약 10여 년만의 큰 변화를 보이고 있었다. 설립 초기부터 높았던 신용대출의 비중이 급격히 하락한 반면 부동산 담보대출의 비중은 높아지고 있었다. 한일은행의 고객은 여전히 대부분 조선인이었는데 84%(1925)를 조선인에게 대출했고, 같은 시기의 전체 예금액 중에서 조선인 점유율은 79%에 이를 정도였다(〈표 5-2〉). 1920년대 불황하에서 한일은행은 수익성이 떨어지는 지점은 폐쇄하고, 고연배의 직원은 감축하는 등 구조 조정을 실시했다. 또한 자회사를 이용한 부실자산 관리 등 경영합리화를 추진하면서 불황에 대처해나갔다. 그러나 세계대공황의 발발과 미가와 생사가격이 폭락하는 등 경기가 악화되자 한일은행은 위기에 처하게 되었다. 우선 생사가격이 폭락하자 최대 거래처였던 조선제사 경영이 위기에 빠져 대출금의 회수가 어려운 상황이었다. 1926년부터 제사가격의 하락으로 인해 조선제사의 손실이 누적되고 있었음에도 불구하고 한일은행은 조선제사를 위해 대출을 확대했는데, 1930년 생사가격 폭락으로 조선제사는 큰 타격을 입게 된 것이다. 당시 한일은행은 채권의 유입 물건을 매각하지 않은 채 부동산 투자와 건물 임대로 운영해왔는데 지가마저 폭락하자 자금의 고정화가 더 심화되었다. 이에 한일은행은 호서은행과의 합병을 통해 위기를 극복하려 하였고, 결국 한일은행과 호서은행은 1930년 11월 서로 대등합병하여 동일은행을 신설하기로 하였다.[20]

동일은행은 1931년 1월 21일 자본금 400만 원(납입자본금 122만 5,000원), 17개소의 지점 및 출장소를 가진 대은행으로 출범하였다. 그러나 고정대가 누적되는 등 실적이 악화되자 1933년 조선은행의 특별

---

20 박현, 2004, 앞의 글, 232~235쪽, 250~252쪽.

원조를 받게 되었다. 이 정리안에 따라 10년에 걸쳐 불량대출을 소각하기로 했는데, 이 과정에서 조선은행의 경영 간섭이 심화되었다. 결국 1934년 조선은행이 추천한 이치가와 신지로[市川眞次郞, 일본 메이지은행(明治銀行) 효고지점장]가 상무이사에 취임함에 따라 최초의 일본인 중역이 등장하게 되었다.[21]

4) 호서은행

일제강점기 일반은행 중 호서은행은 다음과 같은 점에서 타 은행과 차별성을 보이고 있었다.[22] 우선 그 설립 연도가 1913년으로 비교적 빠른데, 그해에 설립된 일반은행은 대도시에 소재하고 있었고, 밀양은행(일본인은행)과 호서은행만 밀양과 예산이라는 도시가 아닌 지역에 있었다. 특히 호서은행은 조선인 지방은행 발달사에 있어 그 효시라고 할 수 있다. 호서은행이 예산이라는 지방에 있으면서도 다른 지방은행에 비해 이른 시기에 설립되었다는 것은 그 설립 배경을 경제적인 사정으로만 설명할 수 없음을 보여준다. 호서은행의 발기인 및 초기 경영진들은 한말 애국계몽운동의 영향을 받아 은행을 설립한 것으로 여겨진다. 그들은 당시 충청남도 서북부 지역의 산업경제를 진흥시키기 위해서는 은행 창설이 반드시 필요하다고 인식하고 그 설립을 적극적으로 추진했던 것이다.

호서은행의 설립 주체는 예산과 경성의 자산가들인데 1925년의 주

---

21 이석륜, 1988, 『한국의 일반은행 1910~1945』, 법문사, 181~182쪽.
22 이하 호서은행의 사례는 허수열, 2005, 「호서은행과 일제하 조선인 금융업」, 『지방사와 지방문화』 8-1을 참조하였다.

주를 거주지별로 분류해보면 예산의 주주들이 전체 주식 중 60%, 경성의 주주들이 15%를 차지하고 있었다. 그 이외는 지점이 설치된 홍성, 보령, 천안, 안성, 이천지역과 주요 영업 지역인 서산, 당진, 아산 등에서 주주로 참여하고 있었다. 호서은행은 충청남도 서북부와 경기도 남부를 연결하는 지역에서 핵심적인 금융기관으로서의 지위를 확보하고 있었는데, 합병 직전인 1930년 하반기 지점 수는 6개였다. 호서은행과 비슷한 처지인 호남은행이 3개 지점인 것에 비하면 훨씬 많고, 경성에 본점이 있는 한일은행의 7~8개와는 거의 비슷한 수준이었다.

호서은행은 타 은행에 비해 탄탄한 자기자본을 구비하고 있었는데, 납입자본금 기준으로 설립당시인 1913년부터 1930년까지 일반은행은 4.6배 증가했으나 호서은행은 15.3배 증가하여 다른 은행을 압도하고 있었다. 적립금은 1916년 말~1930년 말 기간 동안 39.8배 증가하였는데, 같은 기간 조선 전체 일반은행의 적립금이 5.8배 증가한 것에 비해 매우 충실한 자기자금을 보유하고 있었음을 알 수 있다.

호서은행의 예대율은 조선 전체의 일반은행 비율인 1.46보다 훨씬 높은 2.96에 이르렀다. 물론 이 비율은 이례적으로 높았던 1913년의 수치가 크게 영향을 미쳤기 때문에 평균으로서의 그 의미를 재고할 필요는 있다. 그러나 연도별로 비교해보더라도 1928년만 전체 평균보다 조금 낮을 뿐이고 나머지 해에는 전국 평균을 크게 상회하고 있다. 이와 같은 높은 예대율은 은행 경영의 안정성이라는 점에서는 다소 문제가 있어 보이지만, 다른 은행보다 적극적인 대출을 실시하고 있었음을 의미하는 것이기도 하다.

호서은행의 대출에 대한 순이익의 비율은 평균 2.9%인데, 전국 평균이 1.4%인 점에 비하면 두 배 이상 높은 수치이다. 이는 호서은행의 예금과 대출 사이의 금리차이가 다른 은행보다 상대적으로 더 컸기 때문으로 호서은행의 예금금리는 종류별로 전부 일반은행 전체 평균보다 약간 낮은 데 비해, 대출금리는 전체 평균보다 꽤 높은 것으로 책정되어 있었다. 호서은행의 경영 실적이 조선의 다른 일반은행보다 상당히 양호했다는 것은 납입자본금에 대한 배당금의 비율이 상대적으로 높다는 것에서도 확인된다. 호서은행의 경우 그 비율은 8.7%로 전국 평균 3.7%보다 훨씬 높았다.

호서은행에 있어 주목해야 할 점은 지역경제와의 관계이다. 우선 호서은행은 홍주목[23] 지역의 금융기관 대출액의 70%를 점유할 정도로 압도적인 지위에 있었다. 당시 조선인은행은 주로 조선인을 상대로, 일본인은행은 대체로 일본인과 거래하는 것이 일반적이었던 점을 고려하면 조선인 상공업자에게 조선인은행의 존재는 매우 중요할 수밖에 없었다. 또한 호서은행은 철저하게 조선인 자본과 경영자에 의해 운영된 은행으로 1925년의 경우 조선인이 98%의 주식을 소유하고 있었다. 또한 중역진이 조선인임에도 불구하고 일본인 지배인이 실권을 장악한 이름뿐인 조선인은행과 달리 경영진과 지배인 모두가 조선인으로 구성되어 있었다.[24] 1924년 12월 현재 호서은행의 예산, 천안, 홍주, 광천, 안성의 5개 본·지점 전체 대출액 중 60%를 조선인이 차지하고 일본인은 30%로 조선인 위주의 금융기관이라는 사실을 확인할 수 있다. 홍주목권에서 가장 큰 기업체는 충남제사(주)와 충남상업인데, 이들 회사는 모두 호

---

23 충청남도 보령, 서산, 당진, 예산, 홍성, 아산, 천안과 경기도의 안성, 이천군을 포괄하는 지역이다.

24 호서은행에는 단 한 명의 일본인 중역도 있지 않았다고 한다(고승제, 1970, 『한국금융사연구』, 일조각, 207쪽).

서은행의 적극적인 원조하에서 설립되고 운영된 회사이다. 충남제사는 1926년 설립 당시, 조선인 제조업회사 중 납입자본금에서는 4위, 종업원 수로는 2위를 차지할 정도였는데, 이렇게 큰 규모의 산업체가 예산에서 창설될 수 있었던 것은 호서은행의 금융 지원이 큰 역할을 하였기 때문이었다. 충남제사의 초기 납입자본금은 12만 5,000원으로 대부분은 건물과 시설투자에 쓰여졌다. 따라서 충남제사 운영에 필요한 자금의 대부분은 은행에서 차입하였는데, 호서은행이 그 차입금의 대부분을 담당하고 있었다. 충남제사는 이러한 금융 지원으로 만성적인 적자에도 대공황기를 버텨낼 수 있었다.

호서은행이 동일은행에 통합된 이후에도 그 지점들은 그대로 계승되었지만, 지역경제의 이해관계와 직결되어 있던 은행이 사라지고 단순히 전국단위 은행의 한 지점이 됨에 따라 지역산업에 대한 금융 지원도 크게 약화될 수밖에 없었다. 호서은행이 합병된 후 충남제사가 자금난을 타개하기 위해 미쓰이(三井)물산에서 자금을 차입하게 되었고, 이로 인해 1930년대 중엽부터는 미쓰이물산의 경영 간섭을 받다가 1942년 결국 경영권을 상실당한 것이 그 대표적 사례라고 볼 수 있다.[25]

그러나 이와 같은 호서은행과 지역경제의 밀접한 상관관계는 호서은행의 경영 악화를 불러오는 원인이 되기도 하였다. 1920년대 중반까지 매우 양호한 경영 실적을 보이던 호서은행이 1920년대 말에 급격히 경영 상태가 악화되기 시작한 것은 취약한 지역산업 기반 때문이었다. 호서은행과 밀접하게 연계된 기업들이 이 시기가 되면서 경영 부진에 빠지기 시작했는데, 충남제사의 경우 생사가격의 지속적인 하락으로 인해

---

25 허수열, 2004, 「일제하 충남제사(주)의 경영구조」, 『지방사와 지방문화』 7-1, 224쪽.

적자에 허덕이다가 1929년 이후 생사가격이 폭락하자 치명적인 타격을 받았다. 그 결과 1930년대 초 충남제사는 자본잠식 상태에 이르게 되었다. 따라서 1930년대에 호서은행(동일은행)과 충남제사 간의 가장 큰 현안은 충남제사에 대한 대출금 회수 문제였다. 미곡거래가 중심이던 이 지역의 상업회사들 역시 대공황기의 미가 폭락으로 심대한 타격을 받았고, 재무제표의 기록과는 다르게 1920년대 말이 되면 호서은행은 경영위기에 직면했을 것으로 여겨진다. 바로 이러한 위기가 호서은행으로 하여금 한일은행과 합병하도록 이끈 가장 중요한 원인이었다. 충남 서북부 지역의 경제가 호서은행을 통해 상당히 발전할 수 있었던 것은 사실이나, 대공황의 여파가 미곡과 생사를 중심으로 하는 이 지역경제에 커다란 타격을 가함으로써 호서은행의 경영 또한 위기에 처하게 된 것이다. 취약한 지역경제의 기반이 바로 지방은행으로서의 호서은행이 직면할 수밖에 없었던 가장 큰 한계였던 것이다.

마지막으로 1931년 1월 호서은행의 합병은 다른 은행 합병 사례와는 차이점이 있다. 대체로 일반은행 정체를 특수금융기관과의 경쟁관계 속에서 설명하지만 호서은행은 이와는 거리가 멀었다. 호서은행의 영업구역에는 조선식산은행이나 일반은행의 지점이 존재하지 않았고, 호서은행은 이 지역의 금융에서 독점적 지위를 누리고 있었다. 그리고 호서은행의 공칭자본금은 1921년에 이미 200만 원이 되었고, 납입자본금은 1927년 상반기에 114만 원으로 개정 「은행령」의 기준을 초과하고 있었기 때문에 이 제한을 받지 않았다. 규모나 성격에서 유사한 호남은행이 1942년에 동일은행에 업무를 양도할 때까지 존속했던 것을 감안한다면, 대은행주의나 지방은행, 혹은 조선인은행이기 때문에 합병되었다고 보기는 어렵다. 이는 앞에서 설명한 은행의 경영 악화에 따른 선택이었다고 볼 수 있을 것이다.

5) 호남은행

　호남은행의 창립은 1906년 8월에 설립된 광주농공은행과 밀접한 관련이 있다.[26] 광주농공은행에는 당시 전라남도의 대표적인 지주·명망가들이 설립위원, 은행장, 중역, 주주로서 대거 참여하였다. 이들은 화폐정리사업으로 인해 금융 경색 현상이 발생하자 농공은행의 중역이나 대주주가 되어 금융 원조를 받으려고 한 것으로 보인다. 광주농공은행은 은행장을 포함한 모든 중역과 주주를 한국인만으로 구성하여 설립된 전남에서 유일한 한국인은행이었다. 그런데 1918년 조선식산은행 설립으로 광주농공은행이 해산하자, 이 지역의 지주 및 유지들은 1919년부터 호남은행 설립을 추진하였다. 이를 주도한 인물은 현준호였는데 그는 대지주인 부친의 후원을 받으며 1919년 7월 24명의 설립 발기인회를 구성했다. 여기에는 당시 전남의 대표적 지주이자 재계의 원로 및 일본 유학생 등이 참여했는데, 7월 말 현준호를 대표로 한 자본금 150만 원(납입자본 37만 5,000원)의 호남은행 설립 신청서를 조선총독부에 제출했고, 1920년 2월 9일 설립 인가를 받았다.

　창립 당시 호남은행의 주주는 수식의 51%(1만 5,310주)를 인수한 발기인 24명을 포함하여 총 183명이었는데 모두 조선인이었다. 현준호를

26　이하 호남은행에 대해서는 홍성찬, 1999, 「한말·일제하 전남 지역 한국인의 은행 설립과 경영 - 광주농공은행·호남은행 사례를 중심으로-」, 『성곡논총』 30-2를 참조하였다.

비롯한 현씨가는 최대주주가 되었지만 점유율은 5.7%에 불과했다. 이후 현준호는 주식 지분을 차츰 늘려서 전체 주식의 35.4%(1933.6)를 차지함으로써 지배주주가 되었다. 호남은행은 1930년대 초의 대공황기를 제외하면 거의 매년 꾸준하게 성장하고 있었다. 호남은행은 비록 전국적인 대은행은 아니었지만, 1930년 중반 기준 전남지역에 소재한 각종 은행(본지점) 가운데 총예금의 35%, 총대출의 16%를 차지했다. 그리고 창립 후 단 한 차례의 경영 위기도 겪지 않은 채 가장 오랫동안 건실하게 영업을 지속한 대표적인 조선인은행이었다.

　호남은행은 영업에서도 이러한 자행의 특성을 충분히 활용하였다. 우선 은행 고객이 민족별로 분리되는 현실을 고려하여 '민족은행'임을 내세워 조선인 고객 흡수에 주력하였다. 호남은행은 모든 임직원을 조선인만으로 구성하여 조선인 고객에게 좀 더 편한 환경을 만들었고, 주주 구성에서도 1923년 하반기 이후 일본인이 주주가 등장했지만 여전히 조선인 주주가 압도적 비중을 점했다. 다음으로 자력본위라는 경영원칙을 고수하며 은행을 안전 위주로 경영하려고 했다. 이는 차입금을 최소화하려는 노력으로도 나타났다. 당시 일반은행의 예대율은 보통 1을 넘었고, 심한 경우에는 5에 육박하기도 하였다. 이런 예대 차이를 해결하기 위해서는 조선은행이나 조선식산은행에서의 차입금으로 충당해야 했으므로, 경기침체 등 환경 변화에 취약할 수밖에 없었다. 호남은행 역시 예대율은 같은 시기 조선인은행에 비해 높은 편은 아니었지만 대체로 1을 넘겼다. 그런데 호남은행은 부족한 자금을 다른 일반은행들처럼 차입금이 아닌 자기자본으로 충당하려고 노력하였다. 호남은행의 자금운용에서 차입금의 비중은 다른 조선인은행보다 크게 낮았고, 예금/자기자본 비중이 일반은행 전체 평균을 밑돈 것 역시 이러한 노력의 결과였다. 마지막으로 호남은행은 '민족은행'이란 이미지를 견지하면서도, 일제의 각종 통치기구에 참여하는 등 사회 연결망을 확대함으로써, 일본인이 주도한 회사, 관공서, 관변 단체의 예금까지 끌어들이는 적극적인 경영을 시도하였다. 즉 조선인을 주요 고객으로 삼는 한편 일본인과의 정치사회 관계망을 통해 일본인 자금까지 끌어들였던 것이다.

그러나 호남은행의 주거래 고객은 조선인 대지주·부르주아지에 집중되었고, 소농민과 소상공업자는 소외되었다. 호남은행이 안전 위주의 경영 방침을 고수했기에 되도록이면 견실한 고객을 엄선하였고, 신용대출 대신 담보대출을 확대하였다. 호남은행의 주요 고객은 전남의 조선인 대지주 자본가들로 이들은 거액의 장단기자금을 호남은행에서 수시로 대출받았다. 호남은행의 주주(300주)이자 대지주였던 화순 동고농장의 오건기는 미곡의 생산, 분배, 유통 과정에 필요한 장단기자금을 수시로 호남은행에서 차입하였다. 따라서 조선인 중소상공업자들 사이에서는 호남은행에 대한 불만이 팽배해 있었다.

조선총독부는 1941년 10월부터 당시 유일한 조선인은행이자 지방은행이었던 호남은행의 강제합병에 착수하였다. 정기검사가 끝났음에도 다시 50일 동안 특별검사를 하였는데 별다른 문제를 발견하지 못했다. 이에 일제는 호남은행이 일본어를 상용하지 않고, 일본인을 채용하지 않으며, 일본인과 일본인 관련 단체에 대출을 하지 않았다는 이유를 들어 호남은행을 배일 기관으로 지목하고 강제합병을 종용했다. 현준호는 이를 거부하며 대치했으나 결국 1942년 초에 강제합병의 "최후 통첩"을 받자 결국 주식을 동일은행에 매각하는 것에 동의하였다. 1942년 5월 1일 호남은행은 모든 업무를 동일은행에 양도하여 해산하였고, 이로써 일제의 지방은행 합병정책은 완결을 보게 되었다.

6) 부산경남지역

(1) 동래은행

동래은행은 저축계의 일종인 '봉래일기계(蓬萊一紀契)'를 모체로 성립한 금융기관이다.[27] 일기계란 150개월을 1기(一紀)로 해서, 각 주주가 매달 1주당 일정액을 납부하여 몫돈을 마련한 후 이 자금을 가지고 대부업을 하고, 일정 시기(주금을 납부한 달)에 제비뽑기로 당첨자를 선정해 약정금을 지불하는 방식이다. 부산부 봉래일기계는 1911년 5월 25일 30명의 발기인으로 설립되었는데, 영업 목적은 전당업이었다. 주요 수입원은 주금과 대금이자였고, 핵심 지출은 대부금이었다. 즉 이 계는 대부업을 주업으로 하는 저축계였던 것이다. 발기인은 대체로 동래지역 유지들이 중심이었는데, 30명 중 10명이 동래은행 1기 주주가 되었다.

동래은행은 1918년 17명의 발기인이 설립을 신청하였고, 1918년 8월 3일 사립동래고등보통학교에서 창립총회를 개최한 후 9월 14일 동래군에서 영업을 개시하였다. 동래은행의 공칭자본금은 50만 원, 주식은 1만 주였다. 동래는 상업이 발달한 지역도, 농업이 발달한 지역도 아니었기 때문에 소액주주가 많을 수밖에 없었다. 1기에는 소액주주의 구성비가 53%로 조선인 소액주주들이 은행 설립의 중요한 기반을 이루고 있었다. 그 이후로 소액주주의 비율은 감소하고는 있으나, 전체적으로 45%를 상회하였다.

---

[27] 이하 동래은행 사례에 대해서는 김동철, 2001, 「동래은행의 설립과 운영」, 『지역과 역사』 9를 참조하였다.

동래은행 설립과 경영의 주체들은 동래·기장 지역사회에서 정치·경제·사회·문화적 활동을 주도해나간 사람들이었다. 동래은행 임원들은 대체로 동래나 기장의 지주 출신으로, 대부업이나 은행업, 무역상점 등에 종사하면서 부산의 대표적인 자산가로 성장한 인물들이었다. 동래은행의 설립과 운영 주체들은 지역경제 발전의 원동력이 되는 것이 은행의 임무라고 생각했기 때문에 부실대출의 위험을 피하기 위해 중산층 이하의 상공업자에게 대출을 억제하는 것은 은행 본연의 임무가 아니라고 여겼다. 이들의 기본 사상은 신식교육을 통해 인재를 양성하고, 식산흥업을 통해 지역경제를 발전시켜, 이를 토대로 국가를 부강하게 한다는 문명개화론에 기반하고 있었다. 특히 동래·부산지역 교육운동의 중심축에 있었던 김병규가 설립부터 해산까지 동래은행의 지배인으로서 경영 실무를 책임졌던 것이 그 단적인 예이다.

설립 당시 동래은행의 예금주는 거의 동래면에 한정되어 있었고, 소상공업자로 자산이 풍부하지 못한 이들이 대부분이었다. 따라서 전반적으로 정기예금 비율이 아주 낮고 소액당좌예금 비율이 높은 특징을 보였다. 은행 입장에서는 안정적인 자금을 확보하기 위해서 정기예금을 많이 유치해야 했으나 고객들은 정기예금을 할 정도의 안정적인 수입원을 가지지 못했음을 보여준다. 반면 어음이나 수표 발행에 필요한 당좌예금은 전국 평균에 비해 높은데, 이를 통해 상인들의 은행 이용이 많았음을 알 수 있다. 특히 당좌예금 중 입출금이 자유로운 소액 당좌예금 계좌가 월등히 많은 것은 은행으로서는 활용 가능한 자금원이 그만큼 불안정했다는 것을 의미한다. 동래은행의 대부액은 어음할인에 비해 적었고, 전국 은행과 비교해도 아주 낮은 비중을 보였다. 특히 1926년 현재 1만 원 이상 대부액 구성을 보면 같은 부산지역의 부산상업은행이 79%, 경남은행이 50%인 데 비해 동래은행은 17%에 불과해 소액 대부에 의존하고 있었음을 확인할 수 있다. 대출 고객의 92%는 조선인이었다. 즉 동래은행의 주거래 대상자는 조선인 소상인으로 주요 고객이 동래지역 중소 상공인이었기 때문에 부산의 무역상에 의존했던 경남은행에 비하면 경기변동에 덜 민감할 수 있었다.

이와 같이 동래은행은 규모 면에서는 여타 은행에 비해 열세였지만 수익률에서는 뒤지지 않았다. 설립 초기인 1918~1919년에는 순이익률이 전국 평균보다 낮았으나 1920년 이후에는 큰 차이를 보이지 않는다. 1920년대의 경기악화는 동래은행에도 영향을 미쳐 1922년 이후 다소 수익률이 저하되었으나, 1927년 이후 회복되는 양상이었다. 1927년에는 7.6%로 전국 평균을 훨씬 상회할 정도였다. 동래은행은 부산지역의 일반은행들에 비해 적립금 규모는 적었지만, 수익률과 배당률은 적지 않았다. 그리고 경영 상황의 척도일 수 있는 예대율 또한 전국 평균과 비교해 매우 높았던 경우도 있었으나, 아주 낮았던 경우도 많아 그렇게 위험한 경영 상황은 아니었다고 할 수 있다. 즉 동래은행은 여타의 일반은행과 달리 적은 자본금으로 내실 있는 경영을 통해 일정한 수익률과 배당률을 유지했다고 할 수 있다.

따라서 1933년 동래은행이 호남은행에 합병되어 해산된 것은 은행 내부의 경영 악화가 아닌 조선총독부의 은행 합병정책이 더 중요한 요인으로 작용한 결과였다. 동래은행은 동래지역의 소규모 은행으로서 자기자본의 비율이 높고, 조선인 중심의 소액 예금과 대출을 중심으로 자금운용을 하면서 비교적 경영 수지가 안정되어 있었다. 그런데 1929년부터 개정 「은행령」이 시행되면서 유예기간이 끝나는 1933년까지 동래은행은 최저 자본금 기준인 100만 원을 맞추지 못한 상태였다(공칭자본금 50만 원, 납입자본금 25만 원). 따라서 합병 대상을 모색해야만 했는데, 동래은행이 지역적으로 가까운 대구의 경상합동은행이 아닌 광주의 호남은행을 선택한 이유는 분명하지 않다. 합병 조건은 첫째, 동래은행의 주식은 호남은행이 주권 또는 현금으로 교부하여 매수하고, 둘째, 합병 후 동래은행 업무에 대해서는 어떠한 책임 또는 보증을 지지 않으며, 셋째, 종업원은 현재대로 인수한다는 것이었다. 동래은행 주식 매수 조건은 종래 12원 50전으로 납입된 주식을 16원으로 매수하는 형식을 취했고, 적립금 10만 원 중 3만 원은 해산 상여금으로 지급하는 것이었다.

1933년 7월 20일 호남은행에 흡수·합병되면서 동래은행은 해산되었다. 동래은행의 김병규는 호남은행의 이사로 취임하였고, 동래은행 본점과 거창지점은 각각 호남은행 동래지점, 거창지점으로 승계되었다. 다른 일반은행의 합병 과정에서는 조선총독부와 조선은행이 중개 알선을 하였고, 조선은행은 자금지원을 빌미로 합병을 강제하는 것이 일반적이었다. 그러나 호남은행과 동래은행의 합병은 조선총독부와 조선은행이 중개 알선하지 않은 사례이다.

(2) 구포(경남)은행

1912년 6월에 설립된 구포은행은 구포저축주식회사를 모태로 한 금융기관이었다.[28] 구포저축주식회사는 1909년 1월 15일 창립되었는데, 구포지역의 객주와 지주 70여 명이 합자하여 2만 5,000원의 자본금으

---

28 이하 구포(경남)은행의 사례는 차철욱, 2001, 「구포[경남]은행의 설립과 경영」, 『지역과 역사』 9를 참조하였다.

로 설립하였다. 낙동강 하류에 위치한 구포는 개항 후 낙동강 수운을 이용하여 부산과 경상도 내륙 지방의 물자를 연결시켜주는 주요한 귀착지였다. 경부선 개통 이후 구포는 왜관, 삼랑진과 더불어 수운과 철도의 연결지로서 그 중요성이 더해졌다. 이러한 물산의 집산지인 구포에는 많은 객주들이 활동하고 있었고, 이를 배경으로 금융기관이 설립된 것이었다. 구포저축주식회사는 윤상은과 장우석을 중심으로 운영되었는데, 윤상은은 부친 윤홍석(사천군수)이 물려준 토지재산을 기반으로 한 지주였고, 장우석은 객주 출신이었다.[29]

구포저축주식회사의 주업무는 대부업이었는데, 식민지화 이후 대부업에서 은행업으로 확장하자는 논의가 내부에서 제기되었다. 이에 자본금 50만 원의 구포은행이 1912년 6월에 설립되었다. 은행에 참여한 주주를 보면 기존의 구포저축주식회사 출신이 아닌 신규로 참여한 자들의 비중이 확대되었다. 그 결과 구포은행 설립으로 종전의 구포와 양산 중심에서 부산 중심으로 그 무게추가 이동하고 있었다. 이와 같이 주주가 부산 중심이 되자, 은행의 경영진도 크게 바뀌었다. 최대주주로 등장한 초량객주 이규직이 두취에, 부산 상인 김복태와 동래 출신이면서 상업을 하던 윤병준이 이사로 취임하였다. 그런데 부산의 일본인 대자산가인 오이케 츄스케(大池忠助)와 하자마 후사타로가 각각 이사와 상담역을 맡아 처음부터 일본인 중역이 참여하였다. 은행 설립의 주역이었던 윤상은은 소액주주로 밀려 감사에 머물렀고, 장우석만이 상무를 맡았다.

이와 같이 구포은행이 기존 구포 중심에서 부산 중심 경영으로 옮겨

---

[29] 조기준, 1973, 앞의 책, 140~145쪽.

가게 되자, 1915년 1월 24일 정기총회에서 상호를 경남은행으로 바꾸고, 본점은 부산에, 지점은 구포로 각각 변경하였다. 경남은행은 부산 상인을 대상으로 한 어음할인이 중심적인 업무였는데, 1920년까지 어음할인이 대부에 비해 월등히 많은 비중을 차지하였다. 경남은행의 자금조달 구조는 당좌예금이 압도적으로 높은 비중을 차지하고 있었다. 정기예금 비율은 전국 평균인 30~40%대보다 훨씬 낮은 1% 미만에 그친 반면 당좌예금은 전국 평균 30~40%대보다 훨씬 높은 70~80%에 달하였다. 이와 같이 단기자금인 당좌예금이 자금조달의 주를 이루었기 때문에 상환 기간이 긴 대부보다는 자금 회수가 빠른 어음할인에 집중하고 있었던 것이다. 그 결과 경남은행의 이익금 또한 어음할인료에 절대적으로 의존하고 있었다.

1918년 12월 경남은행은 주일은행을 합병하여 자본금을 100만 원(납입자본금은 37만 5,000원)으로 증가시켰다. 주일은행은 1918년 6월 조선인들이 부산 초량에 본점을 두고 설립하였는데, 제1회 납입자본금을 납부하지 못하게 되자 경남은행이 합병을 조건으로 자금을 지원하였다. 이 합병으로 주주 구성이 변했는데, 1910년대 전반기에는 주로 부산의 상인들이 많았던 것에 비해, 1910년대 후반부터 경상남도 일대의 지주나 사업가 및 다른 회사 주주로 참여하는 자들이 많았다. 특히 대주주 및 간부들 중에는 1920년을 전후하여 부산에 설립된 회사의 경영자들이 있었는데, 이들은 자신이 경영하는 회사의 운영자금을 원활히 공급받기 위해서 참여한 것이었다. 이들은 대부분 위탁매매나 수출입 회사의 운영자금뿐만 아니라 금전대부업도 겸하는 경우가 많아 낮은 이자로 은행 융자를 받아 고리의 대부업을 위한 자금으로 은행 대부금을 이용하고자 했다.

한편 경남은행은 어음거래를 원활히 하기 위해 타 은행과 환거래 협정을 체결했는데, 1923년 말 현재 18개소의 일반은행 58개 지점 가운데 본점 10개, 지점 26개소와 계약을 맺었다. 경성에 본점을 둔 일반은행 지점과는 상대적으로 그 체결이 적었던 반면 호서은행, 호남은행, 대구은행, 동래은행, 경일은행 등 지방의 조선인은행과는 전부 환거래를 체결하여 지방에 본점을 둔 은행과의 거래가 활발했음을 확인할 수 있다. 1925년 말 현재 경남은행 거래 고객의 민족별 비중을 보면 대출 거래의 88%, 예금 거래의 81%가 조선인이었다(〈표 5-2〉). 그런데 부산의 일본인은행인 부산상업은행과는 전혀 환거래를 체결하지 않았다는 점이 특이하다고 할 수 있다.

주일은행 합병 이후 일시적으로 양호한 경영 상태를 보이던 경남은행은 1920년대 초반 이후 경영 실적이 나빠졌다. 1920년대 경기침체로 인해 각 은행들은 예금이자 인상과 대출이자 인하를 통해 고객을 확보하려 했으므로 은행 수익 감소는 불가피하였다. 경남은행은 여전히 당좌예금의 비중이 높은 상태였고, 정기예금이라는 새로운 자금원을 확보하지 못했기 때문에 경영상 어려움이 커졌다. 그 결과 경남은행의 수익률은 1921년 이후 급락하였고, 이에 따라 배당률도 4%대로 하락하면서 1924년부터는 무배당을 실시하였다. 이러한 양상은 부산지역의 은행과 비교하면 더욱 심각한 수준이었다. 부산상업은행과 동래은행 또한 경기침체로 은행 경영에 어려움을 겪고 있었으나 경남은행처럼 급락하지는 않고 있었다.

1920년대 경기침체 과정에서 1923년 경남은행의 합병 논의가 진행되었으나 합병 조건의 불일치, 중역문제 등으로 실현되지 못했다. 1927년에 합병 논의가 다시 제기되었는데, 당시 경남은행 상무이자 최대주주였던 서상호는 개인적으로 당시 두취였던 이우식을 배제하고 은행을 장악한 뒤 대구은행과의 합병을 추진하였다. 반면 두취 이우식은 계속해서 한일은행과의 합병을 추진하고 있었다. 그러나 조선총독부와 조선은행은 경남은행과 대구은행 간의 합병을 추진하였고 그 결과 1928년 7월 31일 양행이 합동하여 경상합동은행 설립총회가 개최되었다. 조선총독부는 신설 은행의 중역진 구성에 간섭하여 대구은행의 정재학이 대표로 선임되는 것에 반대했으나, 총회에서는 정재학이 선임되었다. 그러나 정재학은 조선총독부의 압력으로 6개월 후 사임하였다. 이후 조선총독부는 계속해서 주주층의 내분을 부추겨 경영권 장악을 시도하였고, 결국 1930년 6월 조선은행 출신의 일본인이 "대표권을 갖는 중역"에 취임함으로써 마무리되었다. 정재학은 다시 취체역회장에 선임되었지만 명예직에 불과하였다.[30]

---

30 경상합동은행으로의 합병 과정에 대해서는 정태헌, 2010b, 앞의 글, 226~241쪽을 참조할 것.

# 제6장
기타 금융기관 및 금리

1. 조선저축은행 및 신탁회사

1) 조선저축은행

식민지 조선에서 저축예금업무는 1919년 조선식산은행이 조선총독의 인가를 받아 예금업무의 한 분야로 취급하면서부터 본격적으로 시작되었다. 조선식산은행은 자금조달력을 강화시키기 위해 저축예금 취급을 희망했는데, 동행은 전국 57개소에 달하는 영업점을 활용할 수 있음을 강조하였다. 1920년대 들어 저축성예금은 꾸준히 증가하고 있었다. 조선식산은행이 저축예금을 취급하기 시작한 1919년 약 39만 원에서 1928년에는 약 1,732만 원으로 44배나 증가하였고, 조선식산은행의 예금 총액 약 8,176만 원의 21%를 차지할 정도로 그 비중이 컸다. 그 이외에 저축예금에 준하는 우편저금은 약 1,342만 원(1918)에서 약 2,905만 원(1928), 일반은행의 특별당좌예금은 약 1,598만 원에서 약 3,604만 원으로 약 10년 만에 2배 이상 증가하였다. 이와 같이 저축예금의 증가는 「저축은행령」 제정의 중요한 배경이 되었다.[1] 한편 1927년 일본의 금융공황으로 인해 은행이 파산하는 일이 발생하자, 예금자를 보호하기 위해서는 저축예금을 전담하는 특수금융기관을 설립해야 한다는 의견이 제기되었다.

조선총독부는 1928년 12월 「저축은행령」(제령 제7호)을 공포하였다. 이 법령에 따르면 저축은행은 자본금 100만 원 이상(일본의 경우는 50만

---

1 株式會社第一銀行, 1989, 『第一銀行六十年史』, 102쪽, 111쪽.

원 이상)의 주식회사로 한정하고, 저축은행이 아니면 저축업무를 취급할 수 없도록 규정하였다. 예금자보호의 입장에서 예금의 3분의 1 이상은 국채를 비롯한 유가증권을 공탁하여 지불준비에 충당해야만 하는 등 자금운용과 관련된 사항은 법령에서 엄격한 제한을 가하고 있었다. 또한 운영상의 중요사항은 모두 조선총독의 허가사항으로 하였다. 이「저축은행령」에 의하여 최초로 설립된 기관인 조선저축은행은 1929년 7월 1일자로 업무를 개시함으로써 식민지 조선에서 유일한 저축예금 전담 은행이 되었다. 조선저축은행의 자본금은 500만 원(납입자본금 125만 원)으로 최대주주는 총주식의 47%를 소유한 조선식산은행이었다. 조선저축은행은 조선식산은행의 저축예금업무와 그 종업원을 인수하여 설립되었고, 이후에도 조선식산은행의 영업소를 대리점으로 이용하는 등 사실상 조선저축은행은 조선식산은행의 자(子)은행으로 출범하였다. 이와 같이 조선총독부는 저축자를 보호한다는 명목 아래 조선식산은행 산하에 조선저축은행을 설립하여 시중의 저축자금을 흡수하여 집중시켰던 것이다. 두 은행은 줄곧 상호 최대주주였으며, 조선저축은행의 중역은 대부분 조선식산은행계 인물이 맡았다. 조선저축은행의 설립은 조선총독부 산하의 특수금융기관의 저축업무 독점을 확립한 것이라고 할 수 있다.[2]

조선저축은행의 자금원천은 자본금과 예금으로 구성되었다. 예금에는 보통저금, 거치저금, 특약저금, 정기적금의 네 종류가 있었다. 보통저금은 1회 5원 미만의 금액을 저금하는 것으로 수시로 예입, 인출할 수 있는 예금이었다. 1회 5원이라는 제한을 둔 것은 당시 일반은행

---

2 윤석범 외, 1996, 앞의 책, 284쪽; 배영목, 2002, 앞의 책, 135쪽.

특별당좌예금의 1회 예입액이 5원 이상이라고 규정되어 있었는데, 일반은행과의 경쟁을 피하는 동시에 영세자금 흡수에 목적을 두었기 때문이다. 거치저금은 미리 환불할 기한을 정하고 정기로 또는 일정한 기한 내에 예금하는 것으로서 1회 예입액은 1원 이상으로 제한하였다. 특약저금은 매 6개월마다 복리 방식으로 이자를 계산하여 적용하는 예금으로 예입액은 20원 이상부터 500원까지로 하였다. 조선저축은행의 예금은 1929년 2,135만 원에서 출발하여 1940년 1억 원을 돌파하였고, 1944년 9월 말 약 3억 6,300만 원으로 1929년 말에 비해 17배나 증가하였다. 〈부표 15〉에서 확인되듯이 예금은 설립 이래 폭증이라고 할 수는 없어도 전년 대비 1.1~1.4배 정도로 한 해도 거르지 않고 꾸준히 증가하고 있었다. 예금 내 비중은 정기적금 - 보통저금(특약저금 포함) - 거치저금 순이었는데, 정기적금이 항상 절반 이상을 상회하고 있었다.[3]

　조선저축은행은 대출, 유가증권투자, 예치금 등으로 자금을 운용하였다. 전체적으로 유가증권투자가 50~70%를 유지하면서 가장 높은 비중을 차지하였고, 다음으로 대출이 20~30%대를 유지하였다. 다만 1935~1937년 3년간은 대출금이 40% 이상을 차지할 정도로 이례적인 추이를 보였고, 같은 기간 유가증권은 50%를 겨우 넘길 정도였다. 특히 전시기에 들어 유가증권의 증가가 대출의 증가에 비해 상대적으로 더 두드러짐을 알 수 있다. 대출의 경우 정기적금 대부(급부금액을 한도로 하는 대부)가 낮을 때는 60% 중반, 높은 때는 80% 후반에 이를 정도로 압도적인 비중을 차지하고 있었고, 다음으로는 부동산 저당대부가 뒤를 이

3　株式會社第一銀行, 1989, 앞의 책, 365~367쪽.

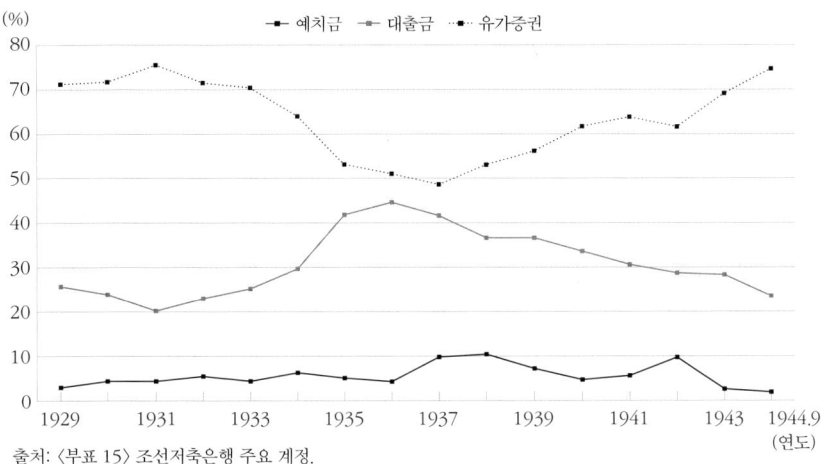

〈그림 6-1〉 조선저축은행의 자금운용

출처: 〈부표 15〉 조선저축은행 주요 계정.

었다.[4] 자금운용에서 예치금은 주로 상급은행인 조선식산은행에 예치하는 것이었다.[5] 조선저축은행은 조선식산은행의 후원과 저축예금업무의 독점을 기반으로 상당히 양호한 영업 실적을 올렸는데, 순익금의 절대액은 계속 증가하여 1929년 12월 말에 비해 1944년 9월 말 7.8배 증가하였으며, 연 8%의 배당도 계속 유지하고 있었다.

---

4 대출금 세부 내역은 株式會社第一銀行, 1989, 앞의 책, 410쪽을 참조할 것.
5 조선저축은행의 자금운용을 두고서 당시 경성제국대학 교수였던 스즈키 다케오는 서민의 영세한 저축예금을 받아 집적한 자금을 서민을 위해 쓰지는 않았다고 지적하였다(鈴木武雄, 1940, 『朝鮮金融論十講』, 帝國地方行政學會朝鮮本部, 167~168쪽).

2) 신탁회사

(1) 신탁업의 발흥과 「조선신탁업령」의 제정

신탁이란 일정한 목적에 따라 재산의 관리와 처분을 남에게 맡기는 것으로 신탁회사는 이러한 신탁의 인수를 업무로 하는 회사이다. 신탁회사 업무에는 금전신탁, 부동산신탁, 유가증권신탁 등과 그에 따르는 부수업무의 겸영이 포함된다. 조선에서 신탁업이 법령에서 인정된 것은 1918년 조선은행과 조선식산은행이 업무로서 '신탁업무'를 규정한 것에서 출발하였다.[6] 두 국책은행에 신탁업무를 허가한 것은 조선은행의 경우 만주 진출, 조선식산은행의 경우 조선 내 자금공급에 필요한 자금조달에 목적이 있었다.[7]

민간의 경우, 신탁업은 1908년 3월 불이흥업주식회사(不二興業株式會社)의 전신인 후지모토합자회사(藤本合資會社)와 남선상사신탁주식회사(南鮮商事信託株式會社)에서 처음 시작되었는데, 제1차 세계대전으로 인한 호황과 1918년에 조선은행과 조선식산은행이 신탁업을 겸영하게 되자, 이를 계기로 민간에 확대되기 시작했다. 신탁회사는 1920년대 초반 설

---

6 「조선은행법」 개정(1918.4.1, 법률 제28호)에서 제17조에 '8. 신탁의 업무'를 추가하였고, 「조선식산은행령」(1918.7.4, 제령 제7호)에서는 제16조 제11항에서 업무로 '신탁업무'를 규정하였다. 조선신탁주식회사 사사(社史)(朝鮮信託株式會社, 1943, 『朝鮮信託株式會社十年史』, 30쪽)에서는 1911년 「조선은행법」 제정 당시에 신탁업무가 법령에 있었다고 설명하고, 일부 연구에서도 이를 그대로 인용하고 있으나 이는 사실에 맞지 않는 서술이다.

7 김명수, 2005, 「조선총독부의 금융통제정책과 그 제도적 기초의 형성: 1931년 조선신탁업령의 제정을 중심으로」, 『동방학지』 131, 93쪽, 99쪽.

립이 활발했으나, 대부분 자본금 50만 원, 특히 10만 원 이하의 영세적인 기업이 다수를 차지하고 있었다.[8] 신탁회사는 영세성을 극복하기 위한 방안으로 일반은행보다 높은 이자율을 내세워 자금을 조달하고 은행보다 낮은 이자율로 그 자금을 운용하였다. 그 결과 예금과 대출 면에서 은행의 영업 범위를 침범하였고, 일반은행은 1920년대 내내 관계 법령의 정비를 통한 신탁업 통제를 요구하는 원인이 되었다.[9] 가령 당시 조선 내 대표적인 5개 신탁회사(부산신탁·부산미곡증권신탁·군산신탁·공제신탁·조선토지신탁)의 대출이율(1929년 9월 말 기준)을 보면 회사별로 9.16%(조선미곡증권신탁), 10.95%(공제신탁·조선토지신탁·군산신탁), 11.68%(부산신탁) 정도로 당시 일반은행의 이자율(1929년 12월 말 기준) 12.41%(부동산담보대출), 13.14%(신용대출)보다 낮은 수준이었다. 이를 두고 일반은행 측은 「은행령」 위반이라고 당국에 불만을 제기하고 있었다.[10]

1930년 6월 말 현재 조선 내 25개 신탁회사의 자금조달과 자금운용 실태를 보면 자기자금(28.3%) 이외에 대체로 금전신탁(40.4%)이나 차입금(15.9%) 등 외부자금으로 조달하였고, 이를 대출금(69%), 부동산 매입(17.7%), 예금(6.9%) 등으로 운영하고 있었다. 그런데 신탁업무 중 부동

---

8 신탁업을 주요 업무로 혹은 타 업무의 부수업무로 삼아서 설립된 회사와 기존 회사가 신탁업을 겸영한 회사 및 상호에 '신탁'의 명칭을 사용한 회사는 1930년 말 80여 개사가 있었다고 한다. 이들 회사 중에서 '신탁'이라는 명칭하에 신탁업무를 주로 한 회사는 조선총독부 조사에 의하면 29개사(1930년 7월 말 현재)로 이 중 자본금 50만 원 미만의 것이 19개사, 50~100만 원이 4개사, 100~200만 원이 4개사, 200만 원 이상이 2개사로서, 대부분은 50만 원 미만의 소규모 회사들이었다(朝鮮信託株式會社, 1943, 앞의 책, 31~32쪽).

9 김명수, 2006, 「일제하 조선신탁주식회사의 설립과 신탁통제의 완성」, 『한국경제학보』 13-1, 80~81쪽.

10 김명수, 2005, 앞의 글, 108쪽.

산 관련 신탁의 비중이 0.5%로 거의 없고, 그 절대다수는 금전신탁이었기 때문에 일반은행 측은 신탁업자들이 정작 핵심 업무인 부동산신탁은 취급하지 않고 금전신탁에만 치중함으로써 은행업에 막대한 지장을 초래한다고 반발하였다.[11]

조선총독부는 늘어난 신탁 관련 회사의 제도를 정비할 필요가 있다고 판단하고 1930년 3월 금융제도조사연구회를 소집하여 신탁관계법을 논의하였다. 이해당사자인 일반은행과 신탁회사는 각각 의견서를 제출했는데, 신탁회사들은 규제 완화를 요청한 반면, 일반은행 측은 엄격한 법적 규제를 요구하였다.[12] 조선총독부는 1931년 6월 9일 「조선신탁업령」(제령 제8호)을 공포하고, 그 시행 기일은 12월 1일로 규정하였다. 이 법령에 따르면 자본금 200만 원 이상의 주식회사가 아니면 신탁업을 할 수 없게 하였으며, 자금운용에 대해서도 엄격한 제한을 가하였다. 그 결과 종래 신탁업을 주업무 혹은 부대업무로 경영하던 회사들은 더 이상 '신탁'이란 이름으로 영업을 할 수 없게 되었고, 신탁업 면허를 받은 회사는 5개사에 불과했다. 그러나 이들 회사도 그 규모가 적고 업무도 금전신탁이 중심이었기 때문에 조선총독부는 신탁회사 합병정책을 추진하게 되었다. 조선총독부는 처음부터 중앙1회사라는 대신탁회사 설립을 목표로 하고 있었는데, 그 방법으로 기존 회사들을 합병하여 한 회사로 할 것인가 아니면 별도의 신회사를 설립하여 이를 중심으로 합병시켜 나갈 것인가에 있었다. 결국 1932년 12월 자본금 1천만 원인 조선신탁주식회사가 설립됨으로써 후자의 방법으로 진행되었다.

---

11 김명수, 2005, 앞의 글, 106쪽.
12 양측 답신안의 내용은 김명수, 2005, 위의 글, 114~122쪽을 참조할 것.

(2) 조선신탁주식회사의 설립과 운영

조선신탁주식회사는 1932년 12월 21일 설립 인가를 받고, 1933년 1월 7일부터 영업을 개시하였다.[13] 조선신탁주식회사의 자본금은 1천만 원, 주식 수는 20만 주인데, 조선에서 93%, 일본에서 7%를 인수하였다. 최대주주는 조선은행과 조선식산은행으로 양행이 주식의 약 75%를 인수하였다는 점에서 조선신탁주식회사는 민간회사가 아닌 반관반민의 성격을 띠고 있었다. 이사와 감사는 조선은행과 조선식산은행에서 각각 추천한 4명이 선임됨으로써 양 은행이 대주주로서 인사권을 행사하였음을 보여준다. 조선식산은행과 조선은행이 신탁업을 부대업무로 하고 있었다는 점에서, 조선신탁주식회사의 설립은 사실상 양행의 신탁업무의 분리를 의미하였다. 한편 조선신탁주식회사의 설립은 부동산신탁을 통해 당시 어려움에 처해 있는 지주층을 구제하기 위한 목적도 있었다. 식민지 조선의 대부분을 차지하고 있는 농경지를 보호하는 방책의 일환으로 신탁 경영의 필요성이 제기되었고, 이를 통해 지주와 중간계급을 보호해야 한다고 요구하는 목소리가 많았다.[14] 조선신탁주식회사의 업무는 금전·유가증권(국채, 지방채, 사채, 주식)·금전채권·동산·부동산신탁 등이 중심이었다. 자금운용의 경우, 유가증권투자와 대부(유가증권 담보대부, 동산 및 부동산 담보대부, 공공단체에 대한 대부), 예금(은행 혹은 조선금융조합연합회에 대한 예금 및 우편저금) 등이 그 대상이었다.

---

13 朝鮮信託株式會社, 1943, 앞의 책, 1쪽. 조선신탁주식회사 설립을 주도한 인물은 한상룡인데, 그는 설립 후에는 명예직인 회장에 취임함으로써 경영에서는 배제되었다.
14 김명수, 2006, 앞의 글, 88~89쪽, 94~96쪽.

그런데 조선신탁주식회사의 출범은 동시에 신탁회사 간 합병의 시작이기도 하였다. 조선신탁주식회사는 조선총독부의 지휘와 조선은행과 조선식산은행의 지원 아래 1933년에 군산신탁·부산신탁·공제신탁을, 1934년에는 조선토지신탁·남조선신탁을 각각 매수합병함으로써 조선 내 유일한 신탁회사로 남게 되었다. 조선총독부는 신탁업 내부의 경쟁을 배제하기 위해 조선신탁주식회사를 중심으로 기존의 신탁회사를 합병하려 했다는 점에서 일종의 특수금융기관으로서의 조선신탁주식회사를 설립한 것이라고 볼 수 있다. 이는 일반은행의 사례와 마찬가지로 특수금융기관의 금융독점을 강화하고자 한 조선총독부 금융정책의 산물이었다.[15]

다음으로 조선신탁주식회사의 운영에 대해 살펴보자. 조선신탁주식회사의 자금조달은 금전신탁과 부동산신탁 양자가 대부분을 차지했는데, 금전신탁이 압도적인 위치에 있었다. 〈그림 6-2〉를 보면 금전신탁은 설립 초기 70%를 상회하다가 중반 이후부터 그 점유율이 점차 하락해 50% 중반까지 떨어지는 모습을 볼 수 있다. 반면에 부동산신탁은 시종일관 30% 내외를 점하고 있었다. 전시기 이후 유가증권신탁이 급격히 늘어나 최대 18%까지에 이르며, 대체로 15% 내외를 유지하고 있었다. 전반적으로 신탁금액이 증가하는 가운데 점유율에서는 금전신탁의 하락과 유가증권의 상승이라는 추이를 보이고 있었다. 그런데 부동산신탁의 경우 농경지는 소작인의 선정, 경종법의 개선 및 지도, 소작료의 징수 및 처분 등에 이르는 일체의 행위가 포함되었기 때문에 소유권 및 소작 관계 등을 둘러싼 분쟁이 일어날 우려가 있었다. 이 때문에 일본의 신탁회사는 부동산신탁의 인수에 대해 소극적인 경향을 보였지만, 조선신

---

15   배영목, 2002, 앞의 책, 190쪽.

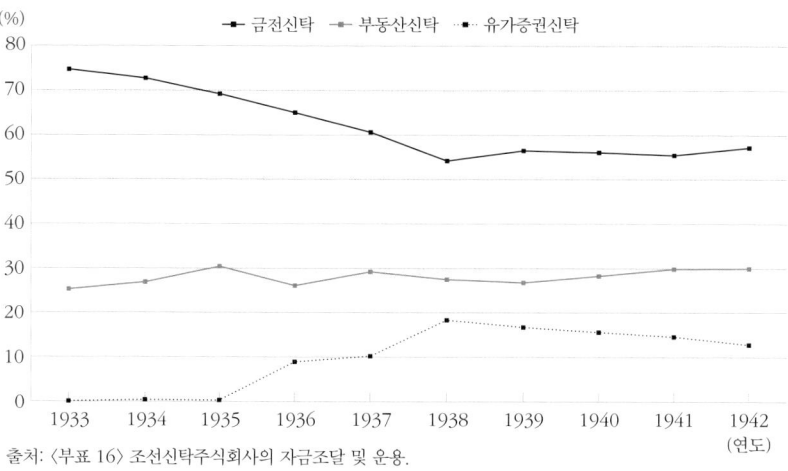

〈그림 6-2〉 조선신탁주식회사의 자금조달

출처: 〈부표 16〉 조선신탁주식회사의 자금조달 및 운용.

탁주식회사는 창업 이래 부동산신탁, 그중 농경지의 신탁에 주력하였다. 1942년 하반기 말 수탁면적은 4만 882정보에 달했고 그중 86.2%, 즉 3만 5,250정보는 논, 밭 등의 농경지였다. 조선신탁주식회사는 농경지 관리를 위해 21개소의 농장을 설립하고 기술원을 배치하여 적극적인 농사지도를 실시하였다.[16]

한편, 조선신탁주식회사의 자금운용을 보면 대부금과 유가증권투자가 대부분을 점하고 있었다. 〈그림 6-3〉을 보면 창립 초기 예금이 20%에 가까울 정도였으나 이후 그 비중은 10% 아래에 머무르는 해가 많았다. 대부금은 항상 절반 이상을 차지하면서 최대 85%까지 오르는 등 조선신탁주식회사 자금운용의 핵심이었다. 반면 유가증권은 1941년 이후 그 점유율이 높아지고 있었는데, 이는 국채 인수 등 전시 금융통제정

16　朝鮮信託株式會社, 1943, 앞의 책, 109~110쪽.

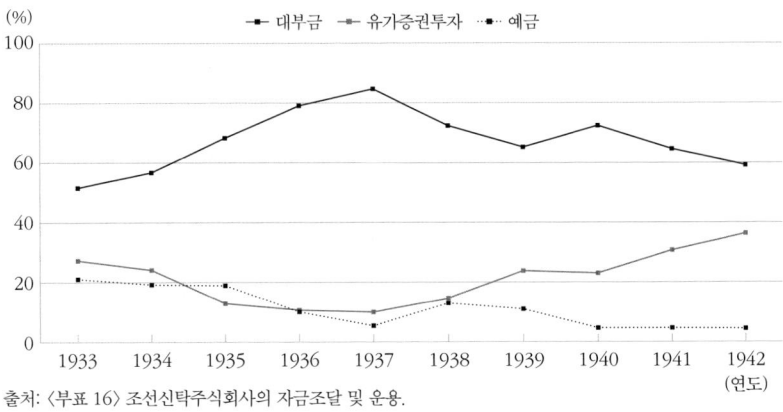

〈그림 6-3〉 조선신탁주식회사의 자금운용

출처: 〈부표 16〉 조선신탁주식회사의 자금조달 및 운용.

책에 적극적으로 협조한 결과였다. 다음으로 〈그림 6-4〉를 통해 유가증권투자 세부 내역을 보면 기본적으로 주식이 51~93%로 전체 시기를 통틀어 압도적인 위치에 있었음을 알 수 있다. 국채와 지방채는 설립 초기에는 25%에 달했으나 전시기 이전에는 한 자리수로 하락하였다. 그러나 전쟁 발발 이후 급격히 그 인수를 늘려 대체로 20% 이상을 차지하고 있음을 알 수 있다. 사채의 경우 1936~1938년간은 아예 인수를 하지 않았다가 1939년 이후 그 비중이 크게 늘어나고 있었는데, 이는 생산력확충계획에 따른 전시관계회사 투자와 직접적인 관련이 있다. 이와 같이 유가증권의 투자가 전시 말에 들어와 급격히 늘어난 것은 전쟁 관련 이외의 산업에 대한 대부는 억제하고 전쟁과 직결된 국채, 사채 등을 인수하도록 강제한 일제의 전시통제정책의 결과물로 볼 수 있을 것이다.

해방 후 조선신탁주식회사는 조선신탁은행(1946.10), 한국신탁은행(1950.4)으로 상호를 변경하고 은행업에 진출하였다. 1954년 10월에는 상공은행과 합병하여 한국흥업은행이 되었는데, 다시 1960년 1월 한일

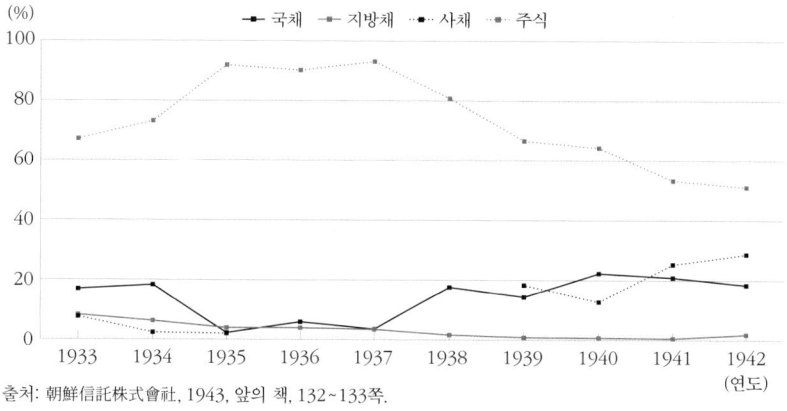

〈그림 6-4〉 조선신탁주식회사의 증권투자 상황

출처: 朝鮮信託株式會社, 1943, 앞의 책, 132~133쪽.

은행으로 상호를 변경하였다. 그 이후 몇 번의 합병을 거쳐 현재 우리은행으로 이어지고 있다.

3) 무진회사

무진(無盡)이란 단어는 일본인들이 자금의 상호 융통을 목적으로 하여 운영하던 무진강(無盡講)에서 유래되었다. 이 무진강은 우리의 전통적인 계와 유사하다고 볼 수 있다. 한국에 무진강이 처음 도입된 것은 1894년으로 그 이후 일본인 이수자가 증가하면서 점차 확대되기 시작하였다. 무진강은 설립과 운영이 쉬우며 가입하기가 편하고 서민들이 자금을 융통하기가 편리하다는 이유로 크게 증가하고 있었다. 무진회사는 이러한 무진강을 영리화한 것이었다. 그러나 무진업은 사행심을 조장하고 관리와 운영 등에서 많은 문제점이 발생하고 있었다. 무진업이 난립하고 그 폐해가 이어지자 조선총독부는 무진업을 정리하기 위해

1922년 4월「조선무진업령」을 공포하였다.[17] 이 법령에 따르면 자본금 10만 원 이상의 주식회사만 무진업을 경영할 수 있도록 하였고, 자금운용도 그 대상을 제한하는 등 설립과 운영에 엄격한 규제를 가하였다.

「조선무진업령」이 실시된 초기에는 많은 영세업자들이 도태하여 1922년 기준 6개사에 불과했으나 이후 회사 수는 다시 늘어나 1932년 현재 34개사까지 증가하였다. 무진회사의 가입자 현황을 보면, 1932년 말 현재 총가입자 4만 3,306명 중 일본인이 75%, 조선인은 23% 정도를 차지하였다. 직업별로는 상업이 61%, 회사원이 31%, 공업이 5%, 농업이 4%의 비중을 차지하였다. 이와 같이 무진회사 가입자는 주로 일본인으로서 상인과 회사원이 중심이 되고 있음을 알 수 있다. 즉 무진회사는 도시 노동자 및 영세 상업자 간의 자금 융통을 담당하였던 금융기관이었다. 무진강의 건수·급부 결제액을 보면 7,933건·426만 원(1923)→5만 9,596건·2,079만 원(1927)→8만 1,127건·3,292만 원(1932)→14만 1,023건·5,249만 원(1936)으로 지속적으로 증가하고 있었다. 이는 자산 및 신용 부족 등으로 인해 은행 등 근대금융기관에서 소외될 수밖에 없었던 계층을 대상으로 성장한 것이라고 볼 수 있다.

1930년대 들어서도 무진회사의 성장세는 계속되었고, 경쟁 격화로 인해 도태되는 회사들도 생겨나게 되었다. 조선총독부는 무진업 역시 합병을 유도하였고, 그 방안으로 1936년 5월「조선무진업령」일부를 개정하여 1도 1사를 목표로 설정하였다. 이 정책에 맞춰 1937년 8월에는 경성의 4개사 중 3개사가 조선중앙무진주식회사를 설립하였다. 조선중앙

---

[17] 「조선무진업령」에서는 무진업을 "일정한 구수(口數)와 급부 금액을 정하여 정기적으로 괘금(掛金)을 불입시키고, 1구마다 추첨, 입찰, 기타 유사한 방법에 따라 괘금자에 대해 금액의 급부를 하는 것을 말한다"라고 정의하였다.

무진주식회사의 최대주주는 조선신탁주식회사였다. 조선신탁주식회사의 최대주주가 조선은행과 조선식산은행이므로 조선중앙무진주식회사역시 특수금융기관의 통제하에 있었다고 볼 수 있다. 이후 조선중앙무진주식회사를 중심으로 합병책이 전개되어 1939년 6월 충남무진을 시작으로 1942년 8월 경북무진과의 합병까지 모든 무진회사는 하나로 통합되었다. 조선중앙무진주식회사는 합병을 완료하자 9월 상호를 조선무진주식회사로 변경하였다. 조선무진주식회사는 전시기 강제저축으로 집적된 자금의 일부는 조선은행과 조선식산은행에 예금하고 나머지는 조선금융단의 일원으로 국채를 인수하기도 하였다.[18]

2. 고리대 금융기관

1) 대금회사

개항 이후 조선에 진출한 일본인 자본가들은 당시 조선의 취약한 금융시장에 착안하여 대금(貸金)업에 활발히 진출하였다. 특히 1905년 화폐정리사업으로 인해 심각한 유동성 부족 상황이 발생하자 일본에서 저리의 자금을 끌어올 수 있었던 일본계 대금회사들은 큰 이익을 올릴 수 있었다.[19] 예를 들면, 부동산 금융업을 전문으로 하였던 경성기업합자회

---

18 이상은 윤석범 외, 1996, 앞의 책, 290~292쪽; 배영목, 2002, 앞의 책, 191~192쪽.
19 개항 이후 일본인 개인대금업의 진출이 활발했는데, 일본 거류민 10인이 있는 곳에

사(京城起業合資會社)는 규슈(九州) 오이타현(大分縣) 소재 제23은행에서만 자기자본의 절반이 넘는 10만 엔을 연리 7%의 저리로 차입하였고, 또 일본 제일은행 한국지점 등에서 한국인 차입자로부터 취득한 지권(地券)이나 가권(家券)을 담보로 역시 저리의 자금을 차입하여 이를 재대부하였다. 그러한 자금을 연리 25.6~36.5%로 대출하고 별도의 수수료까지 받은 데다, 유동성 부족으로 원리금을 상환할 수 없었던 채무자의 담보부동산을 헐값에 인수하여 이를 적기에 매각함으로써 창립 후 연 24%라는 높은 배당률을 꾸준히 기록할 수 있었다. 이는 당시 한국계인 대한천일은행, 한성은행이 파산이나 파산 직전이었던 상황과 비교될 수 있다.[20] 이와 같이 근대적 금융기구가 정비되지 못한 상태에서 개인대금업의 영업이 확대되자, 일제는 고리대의 발호를 막기 위해 1911년 「이식제한령(利息制限令)」(제령 제13호)을 공포하였다. 이 법령에서는 금리는 100원 미만에는 연 30% 이하, 100원 이상은 연 25%, 1,000원 이상은 연 20% 이하로 제한되었다.

이처럼 조선에서의 대금업은 이미 1910년대에 이르면 회사 형태로 출현하였다. 1911년도 현재 농업겸업 4개사, 상업겸업 1개사, 금융전업 회사가 9개사로 자본금 규모가 10만 원 미만의 영세한 회사였다. 당시 대금회사는 대부분 부동산 임대, 매매업, 신탁업까지 겸영하고 있었다. 이후 대금회사는 33개(1921)→79개(1925)→112개(1929)→147개(1933)→172개(1937)로 점차로 그 수가 증대하고 있었다. 그러나 평

　　　는 반드시 대금업을 하는 일본인 2~3인이 있는 것은 당연한 현상이었다고 한다(이영협, 1976, 『한국전당금융사연구』, 건국대학교출판부, 117쪽).
20　홍성찬, 1997, 「한말, 일제초 재경 일본인의 은행 설립과 경영 - 경성기업·경성은행

균 납입자본금은 5만 원에서 10만 원 내외에 머물러 영세성을 면치 못하는 상태였다. 대금회사는 예금이 금지되었기 때문에 대출은 납입자본금이나 다른 금융기관의 차입금으로 충당하고 있었다. 대금회사는 전업뿐만 아니라 부업의 형태로 운영되는 경우가 많았는데 운수창고, 농업, 상업, 정미업, 광업, 수산업 등 제조업 전반에 걸쳐 겸영하는 회사가 많았다. 대금업을 부대업무로 취급한 회사의 비율을 보면 1921년에 22%, 1933년에 20%, 1940년에 19%에 이르고 있었다. 이들 회사에서는 유휴자금을 활용하는 방법의 일환으로 혹은 하청업자에게 선대(先貸)자금을 공급하는 방편으로 대금업을 겸영하고 있었다. 당시 대금업은 금리가 연 20% 내외로 수익성이 높았던 점이 작용하였을 것이다.

이러한 대금업은 회사뿐만 아니라 개인대금업자에 의해서도 확산되고 있었는데, 〈표 6-1〉에서 보이듯이 업자 수와 대출금액이 계속 증가하고 있었다. 그러나 전체 금융기관 중에서 개인대금업자가 차지하는 대출액 비중은 1927년 8.2%에서 1938년 4.5%로 차츰 감소하는 추이를 보였다. 개인대금업을 이용하는 차입자의 건당 대출금액은 120~160원 정도인데, 당시 금융조합의 건당 대출액 550원(1927), 128원(1932), 118원(1937)에 비하면 1930년대 들어서는 금융조합과 별 차이가 없음을 알 수 있다. 이를 통해 개인대금업 이용자가 중소상공업자 및 농업자였음을 짐작할 수 있다. 반면에 개인대금업에 종사하는 자는 본업이든 부업이든 금융기관의 자금을 이용할 수 있는 담보력이 있는 자이거나 여유자금을 갖고 있던 중대지주 혹은 상인층이었던 것으로 보인다. 당시 일반은행과 개인대금업의 금리 차이를 고려하면, 고리대금업은 부유층이 근대적 금

의 사례를 중심으로」, 『한국사연구』 97, 143~145쪽.

〈표 6-1〉 개인대금업의 동향

연월	대금업자 수			대출액(A) (천 원)	총건수	1건당 평균 대출액(원)	금융기관 대출액(B)(천 원)	A/B (%)
	일본인(%)	조선인(%)	전체					
1927.9	2,174(27)	6,002(73)	8,212	48,746	396,308	123	594,646	8.2
1929.9	3,384(30)	8,156(70)	11,583	53,091	397,077	134	740,264	7.2
1930.9	3,453(29)	8,663(71)	12,153	58,194	422,443	138	757,682	7.7
1934.9	2,503(25)	7,498(75)	10,013	54,880	368,355	149	933,314	5.9
1938.9	2,047(22)	7,090(78)	9,144	68,550	427,516	160	1,513,671	4.5

출처: 배영목, 2002, 앞의 책, 225쪽, 〈표 7-7〉.

융기관으로부터의 대출을 포함하여 여러 방식으로 집적한 자금을 토대로 단기간에 부를 증식시키는 방편이 될 수 있었다.[21]

2) 전당포·질옥

전당(典當)이란 담보물을 점유·보관하고 자금을 융통하는 것으로 전당을 업으로 하는 곳을 전당포라 불렀다. 일본에서는 전당포를 질옥(質屋)이라고 불렀는데, 원래 조선에서는 담보물이 물품일 때는 '전당'이라 하였고, 질(質)은 인간을 채권의 담보물로 삼을 때 사용하고 있었다. 반면 일본에서는 사람과 물품을 구별하지 않고 모두 '질'이라고 불렀다. 일본 민법에서는 담보물이 부동산일 경우에는 저당, 동산일 경우에는 질로 구분하였으나, 조선에서는 전당이라는 이름으로 동산·부동산을 같이 취급하는 것이 일반적이었다. 일제강점기에는 부동산 담보물을 제공하는 저당은 주로 근대금융기관에서 취급하였고, 전당포(질옥)는 소액

---

21 이상의 대금업에 대해서는 배영목, 2002, 앞의 책, 223~226쪽을 참조하였다.

〈그림 6-5〉 전당포와 질옥의 추이

출처: 이영협, 1976, 앞의 책, 116쪽.

및 긴급대출을 담당하는 것으로 분화되었다. 개항 이후 일본인들이 진출하면서 질옥이라는 명칭이 사용되었는데, 조선인이 경영하는 곳은 전당포로, 일본인이 경영하는 곳은 질옥으로 불리는 것이 일반적이었다.[22] 1896년에 일본인들의 경성질옥조합이 설립 인가를 받은 후 통감부시기 개항지에도 질옥조합이 설립되었다. 조선인이 운영하는 전당포의 경우, 1898년에 전당포총회라는 이름으로 조합 설립의 인가를 받았다(1908년에 경성전당포조합으로 개칭).[23]

전당포는 이용 자격에 제한이 없고 생활필수품을 담보로 하여 간편하게 소액의 돈을 빌릴 수 있었기 때문에 서민들이 생활용 자금이나 급하게 돈이 필요할 때 가장 많이 이용하는 기관이었다.[24] 그러나 특별한

---

22 본문에서는 양자를 '전당포'로 통일하여 사용하겠다.
23 이영협, 1976, 앞의 책, 29쪽, 107쪽, 113쪽; 이승일, 2015, 「일제 식민지 조선의 전당과 공설질옥」, 『동아시아문화연구』 60, 196~197쪽.
24 일제강점기 전당포에 관한 일화는 넘쳐난다. 소설가 염상섭은 매일 입고 다니는 한

<표 6-2> 전당포의 금리(1938)

(단위: 월리, %)

구분		1원 미만	5원 미만	10원 미만	50원 미만	50원 이상
조선인	최고	7.0	6.0	5.0	4.0	2.8
	최저	4.7	4.3	3.8	2.9	2.4
일본인	최고	7.0	6.0	5.0	4.0	3.1
	최저	4.6	4.3	3.8	2.9	2.4

자료: 鈴木武雄, 1940, 『朝鮮金融論十講』, 帝國地方行政學會朝鮮本部, 167쪽.

담보나 신용이 없어도 간편하게 돈을 빌릴 수 있는 대신에 높은 이자를 지불해야만 했다. 전당포의 이자율을 보면 일제강점기 내내 거의 일정한데, 1원 미만인 경우 최고이자율은 월 7%대로 유지되고 있었다. 그런데 <표 6-2>를 보면 최저와 최고이자율의 차이가 매우 큰데, 이는 각 도별로 다르게 책정되었기 때문이다. 충남은 4%, 경북·경남은 5%, 평남은 6%, 경기·충북·전북·전남·황해·강원도는 7%, 평북·함북은 가장 높은 8%를 보이고 있었다. 조선 내 절반 가까운 지역에서 7%, 즉 연리 84%에 달하는 이자율이 적용되고 있었다는 점에서 전당포의 일반적인 이자율이라고 보는 것이 맞을 것이다.[25] 전당포의 주된 이용자들은 근대 금융기관을 이용할 수 없는 사람들이었기 때문에 높은 이자율을 감수할 수밖에 없었다.

이와 같이 전당포는 은행은 고사하고 개인대금업자에게서도 돈을 빌릴 수 없는 최하층을 대상으로 한 금융기관이었다. 따라서 서민이나 빈

벌밖에 없던 양복과 결혼반지조차 전당포에 맡겼다고 토로하면서 수중에 8장의 전당표를 가지고 있다고 자신의 처지를 밝혔다(최규진, 2013, 「경성의 뒷모습, 전당포」, 『내일을 여는 역사』 51, 243~244쪽).

[25] 이병례, 2013, 「일제하 전당포 운영실태와 "공익(公益)"개념의 한계」, 『사림』 46,

민에게는 고금리로 빌려야 하는 전당포가 저금리의 시중은행보다 훨씬 더 소중하다는 다음 신문 기사는 근대금융기관에서 소외된 빈민계층의 처지를 잘 대변하고 있다.

> 전당국 대문을 수고스럽게 하는 사람이 적어도 2만여 호나 될 것이오 **전당포가 없다 하면 아침저녁을 굶을 지경에 있는 사람이 경성 18만의 조선 사람 중에 6만 명가량이 될 것은 명백한 사실이다.** 이와 같이 전당포라 하는 것은 가난한 사람에게는 없지 못할 큰 기관일 뿐 아니라 오히려 **가난한 사람에게는 전당포 한 집이 조선은행이나 한성은행 백 개보다 필요하고** 전당놀이하는 사람은 어느 방면으로 보면 소위 겉으로 꾸미고 떠벌리는 자선가나 공익 사업을 하는 한다는 사람보다는 훨씬 참된 자선가라 할 수도 있고 정직한 공익사업을 하는 사람이라고도 할 수 있다(강조는 필자).[26]

전당포의 수는 1,200~1,400개에 이르렀고, 조선 내 금융기관의 대출액 중에서 전당포가 차지하는 비중은 0.6%(1927), 0.6%(1930), 0.3%(1934), 1%(1938)에 불과하였으나, 그 이용 건수가 80만 건(1927), 103만 건(1930), 273만 건(1938)으로 급증하고 있었다. 건당 금액은 4원(1930), 3원(1934), 5원(1938) 등 소액에 그쳤다.[27]

조선총독부는 1912년 일본의 「질옥취체법」을 조선에 시행하는 것으

327쪽, 332~333쪽.
26 「7월 4일 이전의 전당물건 처치와 경성 세민(細民)의 대우려」, 『동아일보』, 1920.7.7.
27 배영목, 2002, 앞의 책, 226~227쪽.

로 전당업 관련 제도를 정비하였다. 이 조치는 이용자인 서민계층이 아니라 전당업자의 영업을 보호하는 데 그 목적이 있었다. 가장 중요한 이자율의 경우, 일본의 제도가 아니라 조선의 높은 이자율을 용인하고 있었다. 일본의 「질옥취체법」에서는 25전 이하는 1개월당 1전, 1원 이하는 4%, 5원 이하는 3%, 10원 이하는 2.5%라는 이자율을 규정하고 있었다. 반면에 식민지 조선의 이자율은 전당업자 단체와 조선총독부가 협의하여 결정하는데, 최종적으로 경무과장이 인가하도록 하였다. 조선은 일본과 경제상황이 다르고 이자율도 차이가 나기 때문이라고 그 이유를 들었다. 경성에서는 일본인 전당업자들이 '경성질옥조합'을 결성하고 1912년 경무과장의 인가를 받아 「경성질옥업조합규약」을 제정하였다. 이 규약에 따르면 경성질옥조합은 자체적으로 이자율을 정하였는데 "1원 이하는 7%, 1~10원은 5%, 11~50원은 4%, 51원~100원은 2.5%, 100원 이상 1,000원 미만은 2%"를 적용하도록 하였다. 일본에 비하면 매우 높은 금리를 설정하였음을 알 수 있다. 다른 한편으로 조선인 전당업자들도 경성전당포조합을 결성하였고, 자체 규약을 정하여 1912년 4월 1일부터 시행하였다. 여기에서 규정한 이자율은 2원 이하 5%, 10원 이하 4%, 50원 미만 3%, 100원 미만 2.5%인데, 일본인 측의 질옥에 비해 약간 낮은 것을 알 수 있다. 조선총독부 조사에 따르면 1926년 현재 일반은행 1구 평균대부액은 2,162원, 무진강은 1,267원, 도시금융조합은 692원, 촌락금융조합은 141원이었다. 반면 전당포의 경우 1구 평균 일본인은 5.48원, 조선인은 2.27원으로 금융기관에 비해 지극히 소액임을 알 수 있다.[28]

---

28 이승일, 2015, 앞의 글, 170쪽, 177~181쪽.

이와 같이 전당포는 대부금액이 적을수록 이자율이 높기 때문에 주 이용 대상인 서민이나 빈민에게 매우 불리한 구조였다. 가령 1원을 월 7%로 전당포에서 빌리는 경우 복리이자로 계산하면 1년 이자만 해도 1원 25전이 되어 원금보다 더 많이 부담해야 하는 상황이 벌어지게 되었다. 이러한 현상을 두고 당시 언론에서는 "가난한 사람들의 유일한 금융기관"인 전당포 이자에 대한 제한 규정이 없기 때문이라면서 정책의 결함을 지적하였다. 일본의 「질옥취체법」에는 이자 제한 규정이 있는 데 반해, 조선은 그렇지 않으니 속히 제한 규정을 설정하라고 촉구하고 있었다.[29] 또한 전당업자는 고율의 이자뿐만 아니라 월(月)을 단위로 이자를 산정하는 방식을 활용하여 폭리를 취하고 있었다. 이자 계산을 이용 일수가 아니라 월 단위로 계산하게 되면 실제 이용한 날은 40일 미만임에도 불구하고 3개월분의 이자를 부담해야 하는 경우가 발생하였다. 당시 「경성전당포(질옥)조합규약」에 따르면 "매월 28일 이후에 전당을 잡은 물품에 대한 이자는 그 다음달 3일까지 1개월분의 이자를 계산한다"고 되어 있는데, 가령 1월 28일에 물건을 맡기고 3월 5일 찾아가게 되면 37일, 즉 1개월 7일을 이용하는 것이지만 3개월분의 이자를 내야만 했다. 즉 월초에 빌려서 월말에 상환하지 않으면 상당한 손해를 입게 되는 셈이다. 그 이외에도 대부금액을 쪼개는 방식도 등장하는데, 가령 100원을 빌리면 일종의 영수증인 질찰(質札) 1매를 발급해준다. 그런데 전당업자가 이를 5개로 쪼개어 20원짜리 질찰 5매를 발급하는 경우가 있는데, 이는 100원의 이자는 월 2%인 데 반해 20원은 4%의 이자를 적용할 수 있기 때문이었다. 결국 이용자는 1달에 2원을 지불할 것을 4원

---

29 「비싼 전당이자, 빈민계급을 위하여 질옥법을 실시하라」, 『동아일보』, 1930.10.3.

(8전×5)이 됨으로써 2배 이상 지불해야만 했다. 이와 같이 전당업자는 각종 편법을 통해 수익을 극대화하였는데, 급전이 필요했던 서민들로서는 이를 감수할 수밖에 없었던 것이다.[30]

조선총독부는 전당업에 관련된 문제 해결을 법령을 통해 이자율을 낮추는 것이 아니라 별도의 공설질옥을 설치하는 것으로 결정하였다. 일본에서는 1927년에 국가기관이 전당업을 직접 운영하는 공설질옥을 법제화하였고, 그 경영 주체를 시정촌(市町村) 및 공익법인으로 한정하였다. 공설질옥의 대부이자율은 월 1.25%를 초과할 수 없게 하였고, 이자의 계산은 월로 하되 16일 미만일 때는 반개월로 계산하도록 하였다. 공설질옥의 경우 운영자금을 국고 보조나 저리융자를 통해 지원받을 수 있었기 때문에 지나친 이율을 적용하지 않아도 되는 기반을 마련할 수 있었다. 조선에서는 1929년 일본 법령의 일부 내용을 조선총독부가 준칙을 제정하는 방식으로 도입하였다. 대부이자율은 월 1.5%(연 18%) 이내로 하여 일본보다는 조금 높았고, 16일 미만은 반개월로 한 점은 동일하였다. 유질(流質) 기한은 양측 모두 4개월로 같았다.[31] 1929년 12월 경성부가 자본금 2만 원으로 경성공익질옥을 처음으로 개설한 이후 부산, 목포, 대구, 평양 등의 주요 도시에 공설질옥이 설치되기 시작하였다.[32] 조선의 공설질옥은 조선총독부로부터 건축비 및 운영자금의

---

30 이병례, 2013, 앞의 글, 343~344쪽.

31 유질은 전당포에 맡겼던 물건을 기한이 지나가도 찾아가지 않는 것을 말한다. 전당업자는 채무자가 기한 내에 대금을 갚지 못할 경우에는 담보물을 처분하여 원리금을 회수하였다.

32 1920년대 초반에 전주, 군산, 광주에 3개의 공설질옥이 설치된 적이 있었으나 운영 주체는 개인이었다. 다만 이 업체에 운영자금을 무이자로 대출해준 것에 불과했고, 이율도 월 4%로 책정한 점 등에서 보면 공설질옥이라고 보기는 어렵다(이승일,

일부를 지원받을 수 있었고, 공공법인이라는 지위로 인해 조선식산은행에서 5.4~6%라는 저리로 자금을 도입할 수 있었다. 각 공설질옥은 1구당 대부한도를 5~20원까지로 정하였고, 한 세대가 20~50원을 초과하지 못하도록 하였다. 대부이자율은 대구, 부산, 함흥, 원산의 경우 월 2%로 하고 기타 지역은 1.5%로 책정하였다. 전당포의 평균대부액이 약 4~6원 사이라고 보면, 이용자들은 약 6%의 이자를 지불하고 있었는데, 이에 비하면 공설질옥의 이자율이 매우 낮은 수준임을 알 수 있다.

그러나 조선에서 공설질옥의 역할은 매우 미미한 수준이었다. 우선 그 수가 절대적으로 부족했는데, 1935년까지 17개소가 설립된 후 1942년까지 총 24개소가 설립되었다. 반면에 일본에서는 1935년 1,079개, 최대 1,159개소(1938)가 설립되었다. 조선의 공설질옥의 수는 최대 기준 일본의 약 2%에 불과했다. 70만 명(1938년 당시)의 인구를 가진 경성에는 단 2개소만 운영되었을 뿐이다. 그 결과 공설질옥의 역할도 미미했는데, 공설질옥에서 실시한 대부액은 사설 전당포의 5%에 불과할 정도였다(1934~1935년 기준). 반면에 유질율은 사설 전당포가 13%이지만 공설질옥은 3.2%로 훨씬 낮았다(1934.1~1935.9 기준). 즉 공설질옥 이용자들의 원리금 상환 부담이 훨씬 적었던 것을 알 수 있다. 공설질옥의 혜택을 입은 이들도 1937년 기준 조선은 일본에 비해 약 5%에 불과한 정도였다. 또한 조선에서는 도시 지역에 집중적으로 설치되었기 때문에 농업 및 어업에 종사하는 계층은 거의 이용하지 못하였다. 〈그림 6-6〉에 보이듯이 공설질옥은 주로 도시에 설치되어 있는 관계로 그 이용자는 소상인, 노동자, 봉급생활자가 많고, 담보물 역시 의류, 가구, 장신구 등 영세

2015, 앞의 글, 185쪽).

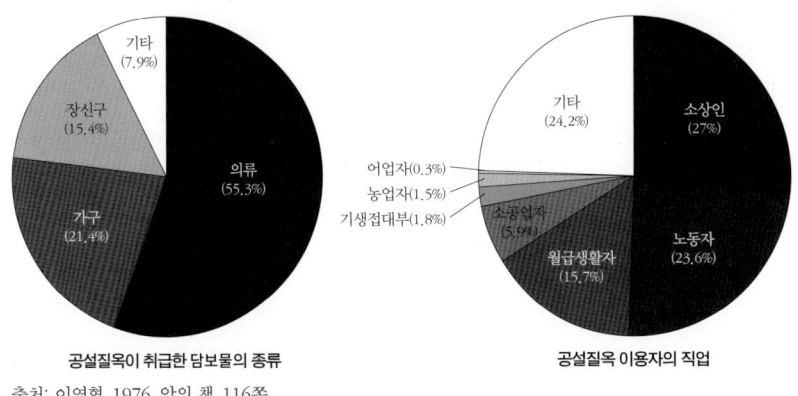

〈그림 6-6〉 공설질옥의 담보물 종류 및 이용자의 직업별 분포

출처: 이영협, 1976, 앞의 책, 116쪽.

민들의 생활용품이 대다수를 차지하고 있다.[33]

3. 식민지 조선의 금리정책 및 금리 추이

1) 조선은행의 금리 결정 구조와 특징

일제강점기 조선은행은 상업은행 업무를 겸영했기 때문에 일반적 의미의 중앙은행으로서는 많은 한계가 있었다. 그런데 이 중앙은행의 대표적인 기능 중 하나가 금리정책으로 신용 팽창을 사전에 방지하거나 신용 긴축을 완화하여 자금 균형을 달성하는 데 그 목표를 두고 있었다. 다

---

33 이상은 이병례, 2013, 앞의 글, 359~360쪽; 이승일, 2015, 앞의 글, 183~195쪽.

음에서는 식민지기 조선의 공정이율[34]의 결정 방식과 그 추이를 살펴볼 것이다. 식민지기 조선은행 금리는 항상 일본은행을 추수하고 있었는데, 상업어음 할인이율을 중심으로 검토하겠다.

일본은행과 조선은행 양행의 공정이율, 즉 기준금리의 추이는 크게 네 시기로 구분할 수 있는데 이를 정리한 것이 〈표 6-3〉이다.

제1기(1910~1920)는 대체로 고금리 기조가 이어지는 가운데 제1차 세계대전의 발발로 인해 일시적으로 저금리가 나타난 시기이다. 1910년대 금리는 인상과 인하를 되풀이하고 있었는데, 일본에서는 1911년까지 지속되던 저금리 기조에서 다시 금리 인상으로 전환되어 1916년까지 긴축 정책이 강화되고 있었다. 1910년 3월 4.75%까지 떨어졌던 일본은행 금리는 1914년 7월까지 7.3%로 급격히 인상되었다. 이후 한동안 변동이 없던 일본은행의 금리는 1년 9개월 후인 1916년 4월에 6.57%로 0.73%p 인하되었다. 제1차 세계대전으로 인한 호경기의 도래와 무역수지 흑자로 인해 일본은행의 정화준비가 충실해진 것이 그 배경이었다. 이 추세에 따라 일본은행은 금리를 계속해서 5.11%(1917.3.16)까지 인하하여 저금리정책을 유지하였다. 이 추세에 맞춰 조선은행 역시 금리를 5.84%까지 낮추었고, 그 결과 일본은행과는 0.73%p의 금리 격차를 유지하면서 저금리를 추수하였다. 제1차 세계대전이 종결되자 일본은행은 불황을 경계할 목적으로 1918년 9월 들어 5.84%로 금리를 올린 후에 세 차례에 걸쳐 8.03%(1919.11.19)까지 가파른 인상을 단행하였다. 약 1년 만에 금리를 2.19%p나 인상한 매우 강력한 긴축이었다. 조선은행도

---

[34] 공정이율이란 중앙은행이 금융기관을 상대로 어음할인이나 대출을 실시할 때 적용하는 기준금리를 말한다. 중앙은행은 이 공정이율을 변경함으로써 금리를 조절하는데, 일반적으로 상업어음 할인이율이 대표적인 지표로 간주된다.

<표 6-3> 일본은행 및 조선은행의 공정이율 추이

제1기

구분	일본	조선	일본	조선	일본	조선	일본	조선	일본	조선	일본	조선
일자	1909.8.13	1909.12.11	1910.1.11	1910.2.20	1910.3.7	1910.4.18	1911.2.10	1911.9.27	1911.11.1	1912.2.7	1912.3.11	1912.10.2
금리(%)	5.84	9.13	5.11	8.40	4.75	7.67	5.48	5.48	6.21	5.84	6.94	6.21
금리차	3.29		3.29		2.92		0.73		0.73		1.10	

구분	일본	조선	일본	조선	일본	조선	일본	조선	일본	조선	일본	조선	조선
일자		1912.10.3	1912.11.14	1912.11.22	1914.7.6	1914.9.1	1915.7.1	1916.3.1	1916.4.17	1916.7.5	1916.10.20	1917.3.16	1917.5.1
금리(%)		7.30	6.57	7.67	7.30	8.40	7.67	7.30	6.57	5.84	6.57	5.11	5.84
금리차	1.10		1.10		1.10		0.36		0		0.73		1.46

(위 표 계속)

구분	일본	조선	일본	조선
일자	1918.9.16	1918.10.16		
금리(%)	5.84	6.57		
금리차	0.73		0.73	

구분	일본	조선	일본	조선	일본	조선	조선
일자	1918.11.25	1919.8.11	1919.10.6	1919.10.27	1919.11.19	1919.11.28	1920.6.15	1921.5.5
금리(%)	6.57	7.30	7.30	8.03	8.03	8.76	9.49	8.76
금리차	0.73		0.73		0.73		1.46	0.73

제2기

구분	일본	조선	일본	조선	일본	조선	일본	조선
일자	1925.4.15	1925.5.1	1926.10.4	1926.10.20	1927.3.9	1927.3.14	1927.10.10	1927.10.18
금리(%)	7.30	8.40	6.57	7.67	5.84	6.94	5.48	6.57
금리차	1.10		1.10		1.10		1.10	

제3~4기

구분	일본	조선	일본	조선	일본	조선	일본	조선	일본	조선	일본	조선
일자	1930.10.7	1930.10.11	1931.10.6	1931.10.15	1931.11.5	1931.11.12	1932.3.12	1932.3.20	1932.8.18	1932.9.1	1933.7.3	1933.7.10
금리(%)	5.11	6.21	5.84	6.94	6.57	7.30	5.84	6.94	4.38	5.48	3.65	4.75
금리차	1.10		1.10		0.73		1.10		1.10		1.10	

구분	일본	조선	조선
일자	1936.4.7	1936.4.11	1939.4.1
금리(%)	3.29	4.38	3.65
금리차		1.10	0.36

출처: 조명근, 2016, 「일제시기 조선은행 공정이율 결정 방식과 조선에서의 비판」, 『한국사학보』 63, 322~323쪽, <표 1>.

비고: 원자료에는 금리가 일보(日步)[전리(錢厘)]로 표기되어 있는데, 이를 편의상 연리(%)로 환산하였다. 일보는 100원에 대한 이율로서 1일을 기준으로 하고, 단위는 전리로 표기된다. 일보를 연리로 환산하려면 일보에 365를 곱하여 원금에 대한 비율을 산출한다. 예를 들면 일보 2전 7리를 연리로 환산하면 0.027원 * 365 = 9.855원, 즉 연리 9.855%가 된다.

6.57%(1918.10.16)에서 네 차례에 걸쳐 9.49%(1920.6.15)까지 금리를 인상하는 초긴축정책으로 추수하였다. 일본은행이 급격하게 금리를 인상한 것은 무역 수지가 흑자에서 적자로 전환된 것에 대응하여 긴축정책을 실시했음에도 불구하고 물가 상승과 은행권 팽창이 지속되고, 주식을 비롯한 투기열이 가라앉지 않았기 때문이었다.

제2기(1920~1930)의 경우 1925년을 경계로 고금리에서 저금리로 전환되는 추세를 보여주고 있다. 1920년대 들어서는 1910년대의 빈번한 금리 조절과 달리 큰 변동이 없는데, 1925년 4월에 일본은행은 1919년 1월 이후 고정되었던 금리를 전격 인하하였다. 이후 여러 차례 금리를 내려 1920년대 후반에는 5% 중반대에 머물고 있었다. 조선은행 역시 그대로 따라하여 일본은행과는 1.1%p의 차이를 유지하고 있었다. 이 저금리정책은 당시 경기불황으로 침체되어 있던 일본 경제의 회복을 도모하기 위한 조치였다.

제3기(1930~1937)는 1932년에 단행된 일본은행 보증준비 발행한도의 대폭적인 확장(1억 2천만 엔→10억 엔)에 따른 적극적 통화·재정정책하에서 저금리 기조가 강화되고 있던 시기이다. 일본은 1930년 1월 금본위제에 복귀하면서 1930년 10월에 3년 만에 다시 금리를 인하하였다. 그러나 1931년 9월 21일 영국이 금본위제 중지를 발표하자 금이 유출되는 것을 막기 위해 10월에 금리를 인상하였다. 그러나 금의 해외 유출은 계속되었고, 이에 대응하여 두 차례에 걸쳐 큰 폭으로 금리를 인상하여 6.57%까지 끌어올렸다. 결국 1931년 말에 일본은 금본위제에서 이탈하였고, 이후 금리는 다시 인하되었다. 1932년에서 1933년에 걸쳐 3.65%까지 인하함으로써 일본은행의 기준금리는 2년도 채 안 되어 절반 가까이 대폭 인하되었다. 이 추이에 맞춰 조선은행도 마찬가지로 금리를 인하하였다.

제4기(1937~1945)는 전시기 금융통제하에서 강력한 저금리정책이 강요되었던 시기로 국채우대정책이 시행되고 있었다. 1937년 7월에 중일전쟁이 발발하자, 일본은행은 전비조달을 위해 발행한 국채 소화율을 제고하기 위해 국채담보 대출이율을 인하하는 데 주력하였다. 그 결과 기존 최저이율인 상업어음할인은 국채담보대출이율과 동률이 되었다. 그런데 일본과 조선과의 격차로 인해 조선은행은 국채 수익률보다 높은 이자율을 유지하고 있었다. 따라서 조선은행은 1939년 4월 일본은행과 관계없이 금리를 인하하였다. 이번 금리 인하로 인해 일본은행과의 금리 격차가 기존의 1.1%p에서 0.36%p로 축소되었다. 전시하 국채 소화의 필요성이 더욱 증대하게 되자 조선은행은 1941년 8월 국채담보대출이율을 3.29%로 인하하였다(상업어음할인율은 종전과 같은 3.65%).[35]

이상과 같이 일본은행의 공정이율이 변동하면 조선은행도 자동적으로 그대로 따르고 있었음을 확인할 수 있다. 그런데 양 지역 간에 전반적인 경제 및 금융 사정에 큰 차이가 있음에도 불구하고 이를 고려하지 않은 조선은행의 무조건적 추수에 대해서는 여러 문제가 제기되고 있었다. 가령 1925년 4월 일본은행이 5년 넘게 변동이 없었던 금리를 인하하자, 당시 조선은행 총재 스즈키 시마요시는 일본의 경우 금융 사정은 호전되었기에 이를 반영하여 일본은행이 금리를 인하하는 것은 당연할지 모르나 조선은 일본과 달리 아직 경기회복에 이르지 못했기 때문에 이번에 굳이 인하할 필요가 없다는 입장이었다. 즉 조선으로서는 원치 않

---

35 이상은 조명근, 2016, 「일제시기 조선은행 공정이율 결정 방식과 조선에서의 비판」, 『한국사학보』 63, 322~332쪽을 참조하여 작성하였다.

는 것인데, 그럼에도 일본은행을 따라야 한다면 그 인하 대상을 축소, 한정하여 그 파급력을 최소한으로 해야 한다는 의견을 밝히고 있었다. 당시 조선은행 이우치 이사무(井內勇) 이사도 일본과 조선은 경제 사정이 서로 다르기 때문에 반드시 따를 필요는 없으나 곧 실현될 것이라고 예상하였다. 1927년 10월 10일의 일본은행의 금리 인하에 대해서도 이우치 조선은행 이사는 조선은 예금이 증가하지 않는 등 일본과 달리 금융 사정이 호전되지 않았기 때문에 인하할 필요가 없다고 하면서 이번에는 조선은행이 따르지 않을 것이라고 하였다. 그럼에도 조선은행은 8일 후에 동일한 폭으로 인하함으로써 자동적으로 추수하는 모습을 노골적으로 보여주었다.

이와 같은 현상에 대해서는 조선에서 비판과 경계의 목소리가 높을 수밖에 없었다. 조선은행의 금리결정력 부재는 결국 조선에서의 금융통제력 부재를 초래하게 되는데, 아래의 기사는 이러한 조선의 실태를 날카롭게 지적하고 있다.

일본의 금리 인하 정책에 추종하여 조선은행에서 금리를 인하하게 된 것은 조선 경제계를 위하여 다소의 자극제가 된다는 것은 사실이다. 조선의 산업계는 다수한 자금을 요하며 더욱이나 저렴한 자금을 희망한다. 조선의 경제계는 선진한 일본의 경제계의 압박을 항상 받아온 것이다. 기술에 있어서 노동력에 있어서 경영자에 있어 뒤져온 것은 사실이다. 그러므로 조선의 현실로 말하면 일본보다도 저렴한 자금의 공급에 의하여서라도 생산 방면의 진흥을 도모하여 할 처지이니 금리 인하 정책은 환영하는 것이다. 다만 금리 인하 정책이 너무나 실제 사정을 떠나 경제적 불상사를 야기하게 되는 정도라면 경계를 요할 것은 물론이다. 그러나 조선은행의 금리 인하 정책이 얼마나 조선인의 생활 향상에 이바지하겠느냐는 점에 대하여는 한심한 바 없지 않다. 이것이 우리를 위하여 주치의가 없는 까닭이다.[36]

식민지 조선의 경제를 고려하면, 금리를 인하할 필요성은 일본보다 더 크기 때문에 일반적으로 조선의 금리 인하는 환영받아야 한다. 그러나 조선의 경제 실상과는 전혀 관계없이 금리 인하가 단행된다면, 일본의 경제적 이유에 따라 결정된 것이 조선에 그대로 적용되기 때문에 오히려 악영향을 미칠 수 있다는 것이다. "사실에 있어서 조선의 금융은 조선은행이 통제하는 바 아니오 일본은행이 조선은행을 통하여 통제하는 바라 할 것"[37]이라는 현실, 즉 위 기사에서 조선을 위한 '주치의'가 없다고 한 지적은 중앙은행의 기본적인 기능인 금리결정권이 결여된 조선은행의 실체를 분명하게 보여주는 것이라 하겠다.[38]

2) 일제시기 대출금리 추이

근대금융기관의 확산은 저금리로 자금을 활용할 수 있는 여지를 증대시켜주었고, 투자의 확대를 가능하게 함으로써 자본 축적에 지대한 공헌을 하였다. 그러나 인류 역사 이래 존속해온 고리대는 근대금융기관의 확산에도 불구하고 여전히 강고한 생명력을 유지하고 있었다. 여기서는

---

36 「일은 이하(利下)와 선은의 추종」, 『동아일보』, 1927.3.13.
37 「사설: 선은 발권제 폐지설」, 『매일신보』, 1932.7.5.
38 이상은 조명근, 2016, 앞의 글, 333~334쪽, 339~340쪽을 참조하여 작성하였다.

일제시기 대출금리 추이를 근대금융기관과 개인대금업으로 나누어서 살펴보겠다.

우선 근대금융기관을 보면 일제시기 근대금융기관 대출금리의 전반적인 경향은 하향안정화추세라고 할 수 있다. 〈표 6-4〉에서 보듯이, 식민지화 초기 조선은행은 10%대를 꾸준히 유지하였고, 일반은행은 1910년 이전 12~15%대였던 금리가 1910년대 들어서는 10~12%로 하락되어가는 것을 볼 수 있다. 반면에 농공은행(1918년 이후 조선식산은행)은 초기 20%대의 높은 수준으로 출발하였으나, 1910년대에 들어서는 13%대 이하로 하향안정화되는 경향을 보이고 있다.

1920년대에 들어서는 다시 금리가 오르는데, 조선은행은 1919년에서 1920년 한 해 동안 대출금리가 3%p 이상 급등하였고, 조선식산은행은 1.46%p, 일반은행은 2.56%p 급등하였다. 이렇게 1920년대 들어 금리가 오른 것은 제1차 세계대전 종전 후 일어난 반동공황 때문이었다. 전쟁 특수 경기를 기회로 대출을 대거 확대하였던 은행들은 전후 반동공황의 여파로 인해 상당수의 대출이 부실화되었다. 이로 인해 1920년대 전반기는 1910년대에 비해서 높은 수준의 금리를 유지하고 있었던 것이다. 조선은행의 경우, 1910년대 후반 한 자리수로 떨어졌던 금리가 다시 1926년까지 10.59~12.05%로 올라 두 자리수 금리가 계속되었다. 일반은행의 경우도 전반적으로 1910년대보다 높은 금리 수준을 유지하고 있었다. 반면에 조선식산은행의 경우, 두 자리수 금리가 지속되나, 1910년대에 비해서는 매우 안정된 경향을 보이고 있다. 조선식산은행은 1921~1926년까지 6년 동안 대출금리가 12.78%로 고정되어 있었는데, 1927년부터는 계속 하향하는 추세를 보였다. 초기에 일반은행보다 월등히 높았던 농공은행의 금리는 조선식산은행이 창립된 직후인 1919년에

<표 6-4> 일제시기 대출금리 추이

(단위: %)

연도	조선은행 대출	조선식산은행 대출	금융조합 단기대출 최저	금융조합 단기대출 최고	금융조합 장기대출 최저	금융조합 장기대출 최고	일반은행 대출	개인대금업자(최고-최저) 일본인간	개인대금업자(최고-최저) 조선인간	개인대금업자(최고-최저) 조선인-일본인	시장대
1906		21.90					13.87				
1907		21.17					12.78				
1908		18.98					15.33				
1909		18.62					14.97				
1910	10.95	14.97					12.41				
1911	10.22	13.14					11.32	37.20 (31.20)	45.60 (42.00)	44.40 (33.60)	
1912	10.22	13.51					11.32	37.20 (25.20)	40.80 (33.60)	42.00 (28.80)	
1913	10.22	13.51					12.05	36.00 (63.60)	42.00 (91.20)	42.00 (78.00)	
1914	10.22	13.51					12.41	38.40 (67.20)	44.40 (90.00)	42.00 (69.60)	
1915	10.59	13.51	10.95	18.25			12.78	34.80 (58.80)	46.80 (78.00)	42.00 (74.40)	
1916	10.59	13.14	10.95	18.25			12.05	32.40 (24.00)	37.20 (32.40)	37.20 (27.60)	72.00 (46.80)
1917	9.86	12.41	10.95	16.43	9.50	10.00	11.32	31.20 (22.80)	36.00 (30.00)	36.00 (28.80)	64.80 (45.60)
1918	9.13	11.68	10.95	16.43	9.50	10.00	10.95	30.00 (22.80)	33.60 (26.40)	33.60 (25.20)	72.00 (40.80)
1919	9.49	10.95	12.78	16.43	9.50	12.00	10.95	31.20 (22.80)	36.00 (30.00)	36.00 (26.40)	69.60 (45.60)
1920	12.05	12.41	12.78	18.25	14.00	15.00	13.51	37.20 (26.40)	38.40 (27.60)	39.60 (26.40)	79.20 (45.60)
1921	11.32	12.78	12.78	18.25	14.00	15.00	13.87	36.00 (26.40)	38.40 (27.60)	39.60 (27.60)	66.00 (50.40)
1922	11.68	12.78	12.78	18.25	14.00	15.00	13.87	36.00 (25.20)	40.80 (32.80)	39.60 (27.60)	78.00 (51.60)
1923	11.32	12.78	12.78	18.25	14.00	15.00	13.51	32.40 (22.80)	37.20 (28.80)	37.20 (25.20)	76.80 (50.40)
1924	11.32	12.78		18.25		15.00	13.51	32.40 (24.00)	38.40 (27.60)	38.40 (24.00)	75.60 (46.80)

연도	조선은행 대출	조선식산은행 대출	금융조합 단기대출 최저	금융조합 단기대출 최고	금융조합 장기대출 최저	금융조합 장기대출 최고	일반은행 대출	개인대금업자(최고-최저) 일본인간	개인대금업자(최고-최저) 조선인간	개인대금업자(최고-최저) 조선인-일본인	개인대금업자(최고-최저) 시장대
1925	10.95	12.78		17.52		13.50	13.51	31.20 (24.00)	37.20 (27.60)	37.20 (24.00)	72.00 (44.40)
1926	10.59	12.78		15.70		12.50	12.78	31.20 (22.80)	36.00 (26.40)	36.00 (25.20)	66.00 (34.80)
1927	9.86	12.05		16.06		12.50	12.41	31.20 (22.80)	37.20 (28.80)	34.80 (25.20)	62.40 (38.40)
1928	8.40	11.32		15.33		11.00	13.51 (10.22)	30.00 (22.80)	36.00 (27.60)	36.00 (26.40)	70.80 (42.00)
1929	9.13	11.32	13.14	15.33		11.00	12.78 (9.49)	30.00 (21.60)	36.00 (26.40)	34.80 (25.20)	68.40 (48.00)
1930	8.76	9.49	12.41	14.60		10.50	12.41 (9.13)	28.80 (20.40)	33.60 (26.40)	33.60 (22.80)	68.40 (44.40)
1931	8.76	9.13	12.41	14.60		10.50	12.05 (8.76)	27.60 (19.20)	34.80 (26.40)	33.60 (22.80)	69.60 (40.80)
1932	8.76	10.22	12.41	14.60		10.50	12.05 (8.76)	27.60 (20.40)	34.80 (25.20)	33.60 (22.80)	74.40 (44.40)
1933	8.76	10.22	10.95	14.60		9.60	11.32 (8.76)	27.60 (19.20)	33.60 (25.20)	32.40 (21.60)	75.60 (42.00)
1934	7.67	9.13	8.76	13.14		9.20	9.49 (7.30)	26.40 (18.00)	32.40 (25.20)	28.80 (20.40)	97.20 (56.40)
1935	7.30	8.76	8.76	13.14		9.20	8.76 (6.94)	25.20 (19.20)	31.20 (25.20)	28.80 (21.60)	79.20 (43.20)
1936	6.94	8.03	9.13	11.68		9.00	8.03 (6.21)	24.00 (19.20)	30.00 (24.00)	27.60 (21.60)	52.80 (37.20)
1937	6.57	7.67	10.22	11.68		9.00	7.67 (5.84)	22.80 (19.20)	30.00 (27.60)	27.60 (21.60)	54.00 (33.60)
1938	6.57	7.67	10.22	11.68		9.00	7.67 (5.84)				

출처: 朝鮮總督府財務局, 1939, 『朝鮮金融事項參考書』.
비고: 조선식산은행의 경우 1917년 이전은 농공은행 금리이다.
　　　금융조합을 제외하고는 모두 평균금리이다.
　　　개인대금업의 경우 ( )은 최고와 최저 이자율의 차이이다.
　　　일반은행 금리는 1927년까지는 통합금리, 1928년 이후부터는 본점은행과 지점은행으로 구분하였다. 괄호 속의 수치는 지점은행 금리이다.

는 동률, 이후에는 일반은행보다 낮은 수준을 유지하였다. 즉 조선식산은행은 채권 발행의 특권을 활용하여 조달한 풍부한 자금력을 바탕으로 일반은행을 압박해갔던 것이다.

한편 이 시기 일반은행 가운데 조선에 본점을 둔 일반은행(본점은행)과 일본에 본점이 있는 일반은행(지점은행)의 금리는 최고 3%p, 최저 1.83%p 이상의 차이를 보이고 있다. 당시 조선 내 일본인 자본가들은 상당수가 지점은행을 통해서 자금을 차입하고 있었고, 본점은행은 주로 조선인들이 이용하는 등 민족별로 거래은행이 분리되어 있었다. 따라서 조선인은 일본인보다 훨씬 더 많은 비용을 지불하면서 자금을 차입하고 있었다고 볼 수 있다.

1930년대, 특히 중반 이후부터는 금리가 모두 한 자리수로 떨어졌다. 조선은행은 6.5%대까지 떨어졌고, 조선식산은행도 1932~1933년 한때 10.2%대를 보였던 금리가 7.6%대까지 하락하였다. 본점은행의 경우 1934년경부터 한 자리수로 하락하여, 1937년과 1938년은 조선식산은행의 대출금리와 일치하였다. 지점은행은 최고 8.4%, 최저 5.48%로 조선은행보다 낮은 금리수준을 보였다. 이러한 금리 하락은 일본 내 저금리 기조로 인한 기준금리의 대폭 인하에서 비롯된 것으로 일본 정부의 경기부양책에 따른 호황을 뒷받침하고 있었다.

다음으로 개인대금업의 대출금리 추이를 보자. 개인대금업은 그 특성상 근대금융기관보다 변동 폭이 더 크고, 금리 또한 고율일 수밖에 없었다. 1910년대 조선인 간의 거래에서는 최고 연리 112.8%(1913), 최저이율은 20.4%(1915)이었고, 평균이율은 최고 45.6%(1911)에서 최저 33.6%(1918)이었다. 일본인 간 거래에서는 최고이율은 93.6%(1913), 최저는 16.8%(1915)이었으며, 평균이율은 최고 37.2%(1911)에서 최저

30%(1918)이었다. 그리고 항상 조선인 간의 거래가 일본인 간의 거래보다 최저 1.2%p, 최고 12%p 정도가 높았다(평균금리 기준). 그런데 식민지 조선의 금융기관이 점차 정비되어가는 1920년대에 들어서 조선인 간 거래에서는 최고 58.8%(1922), 최저 24%(1930), 평균이율은 최고 40.8%(1922)에서 최저 33.6%(1930)이고, 일본인 간 거래에서는 최고 50.4%(1921), 최저 19.2%(1930), 평균이율은 최고 36%(1921)에서 최저 28.8%(1930)로 점점 하락하고 있는 것을 볼 수 있다. 이 시기에도 조선인과 일본인 간의 금리차는 2.4~6%p의 차이를 계속 유지하고 있었다. 1930년대에 들어서는 이러한 하락 경향이 더욱 두드러지는데 조선인 간 거래에서는 최고 50.4%(1931) 최저 19.2%(1937), 평균이율은 최고 34.8%(1931·1932)에서 30%(1936·1937)로 1920년대에 비해 더욱 떨어졌다. 일본인 거래에서는 최고 39.6%(1931·1932), 최저 15.6%(1936·1937), 평균이율은 27.6%(1931~1933)에서 22.8%(1937)로 떨어졌다. 조선인과 일본인 간의 금리차이는 6~7.2%p 사이였다.

조선인이 본점은행에서 대출을 받을 때와 개인대금업자에게 대출을 받을 때 어느 정도의 금리차이가 나는지를 비교해보면, 1911~1937년 사이에 최고 34.29%p(1911), 최저 21.19%p(1930)의 금리차이를 보이고 있다. 즉 아무리 개인대금업의 금리가 인하되었다 하더라도 근대금융기관을 이용하는 것보다 적어도 20%p 이상 더 많은 이자를 지불해야 했던 것이다.

4. 조선인의 금융기관 이용 실태 및 부채 상황

식민지기 조선인은 근대금융기관을 어느 정도 이용할 수 있었으며 그들이 부담했던 금리는 어느 수준이었는가? 그런데 이 실태조사는 지역별·계층별로 매우 다양하기 때문에 일반화하기 어렵다. 여기서는 여러 지역 사례 조사를 통해서 당시의 실태를 확인해보도록 하자.

〈표 6-5〉은 충청남도 당진군 송악면 오곡리의 농가 60호를 대상으로 1939년 현재 대출 내역 및 사용처를 조사한 것이다. 조사 대상 60호 중 근대금융기관(전부 금융조합)에서 돈을 빌린 집이 40호로 전체의 66%를 차지하며, 개인(대부분이 고리대금업자)에게 빌린 집이 51호로 85%에 이르고 있다. 60호 가운데 30호는 금융조합과 개인에게 모두 빚을 지고 있는 셈이다. 조사 대상 농가 중 대출을 받지 않은 집은 단 하나도 없었다고 한다. 1호당 평균부채액은 140원에 이르는데, 금액은 조선 전체의 115원, 중부지역의 119원보다 많은 실정이다(1938년 기준, 소작농 대상).[39] 금융조합보다 개인에게 빌린 부채가 더 많은데 개인에게 차입한 경우 금리는 "최저 30%, 최고 60%에 달하는 고리"라는 점을 감안하면 농민들을 대상으로 "생산의 확대와 발전을 기대하는 것은 불가능한 일"이라고 조사자는 결론짓고 있다.[40] 대출액의 사용처를 보면, 식량 구입

---

39 1938년도 농가 1호당 부채액 (단위: 원)

구분	조선 전체	조선 남부	조선 중부	조선 서북부
자소작농	212	195	251	193
소작농	115	111	119	118

출처: 이송순, 2002, 「일제하 1930~40년대 농가경제의 추이와 농민생활」, 『역사문제연구』 8, 107쪽, 〈표 9〉.

40 안병열, 「농촌생활급아동의 발육건강상태(5)」, 『동아일보』, 1940.3.15.

〈표 6-5〉 충청남도 당진군 송악면 오곡리의 가호당 대출 내역 및 사용처

구분		금융기관	개인	총계
대출 내역	호수	40	50	60
	총계(원)	2,997.5	5,442.0	8,439.5
	1호당 평균액(원)	74.94	106.70	140.64
사용처 (건, %)	농용(農用)	6	7	13(11.0)
	가용(家用)	13	19	32(27.1)
	상용(商用)	2	1	3(2.5)
	건축	5		5(4.2)
	토지 매입	3	1	4(3.4)
	가축	4	2	6(5.1)
	혼장용(婚葬用)	1	5	6(5.1)
	부채정리	6	2	8(6.8)
	자작농설정	1		1(0.8)
	질병	1	3	4(3.4)
	식량	12	24	36(30.5)
	합계	54	64	118(100)

출처: 조명근, 2015, 「1930년대 후반 식민지 조선 농민 생활상의 재구성 - 충청남도 당진군 오곡리 사례를 중심으로-」, 『역사와 담론』 76, 253~254쪽, 〈표 5〉.

이 36회(30.5%)이고, 생활필수품을 구입하기 위한 가용이 32회(27.1%)로 양자를 합치면 57.6%이다. 농민은 "굶주림을 면하기 위한 양식과 추위를 방지하기 위한 값싼 의복을 사기 위한 생존상 최소한의 필요" 때문에 빚을 지고 있었다. 다음으로 높은 비중을 차지하는 농용은 대부분은 비료를 구매하기 위해서 빌린 것이고, 부채정리와 가축 구입, 의례비 지출 등의 목적으로 차입한 것이 그 뒤를 잇고 있다.[41]

---

41 조명근, 2015, 「1930년대 후반 식민지 조선 농민 생활상의 재구성 - 충청남도 당진군 오곡리 사례를 중심으로-」, 『역사와 담론』 76, 252~255쪽을 참조하였다.

〈표 6-6〉 경상남도 울산군 울산읍 달리의 대출 내역

구분		금융조합	저축계	대부업자	지인	공제조합	계
인원		9인 (13.6%)	19인 (28.8%)	5인 (7.6%)	30인 (45.5%)	11인 (16.7%)	63인
금액		830원 (16.1%)	835원 (16.2%)	270원 (5.2%)	3,023원 (58.7%)	193원 (3.7%)	5,151원
대부기간		8개월	6개월	8개월	7개월	8개월	
이율 (%)	최고	13.8	28.8	60	60	12	
	최저	1.08		48	30		
	보통	12.36	28.8	55.2	40.2	12	

비고: 자금을 중복 차입한 경우가 있기 때문에 인원의 합계와 비율은 일치하지 않는다. 여기서는 자료의 수치를 그대로 따랐음을 밝혀둔다.

하나의 사례를 더 살펴보자. 〈표 6-6〉은 1930년 11월 현재 경상남도 울산군 울산읍 달리의 농가 114호를 대상으로 조사한 내용이다.[42] 이 마을의 경우 은행을 이용한 사람은 전혀 없고 지인을 통해 차입한 경우가 가장 많은데 금액으로는 58.7%, 인원으로는 45.5%를 차지하고 있다. 금리는 가장 많은 비중을 차지하는 지인에게서 차입한 경우 최고 60%에 달하는 고리임을 알 수 있고 이를 금융조합과 비교해보면 약 50%에 가까운 이자를 더 지불해야 함을 알 수 있다.[43]

양 지역 사례에서 알 수 있듯이 근대금융기관을 이용할 수 있는 계층은 극히 제한적이었다.[44] 따라서 소작농을 중심으로 한 조선인 농가는

---

[42] 강정택, 2008, 「조선 금융조합의 현황과 과제」, 이문웅 편, 『식민지 조선의 농촌사회와 농촌경제』, YBM Si-sa, 172쪽.

[43] 사용처는 식량 구입이 48.5%로 가장 많고 그다음이 부채상환(22.7%), 비료 구입(21.2%)의 순이다.

[44] 전라북도의 경우 "동양척식주식회사·조선식산은행·조선상업은행·금융조합 등의

고리대에 의존할 수밖에 없는 형편이었다. 조선총독부 조사에 따르면 소작인이 고리대를 이용하는 경우, 대부 기간은 1년 또는 1년 이내의 단기가 대부분인데, 이자는 가장 고율인 시장대(市場貸)⁴⁵나 장리(長利)의 적용을 받는 경우가 많았다(시장대는 〈표 6-4〉 참조). 장리는 현물(주로 식량)로 대출하는데 기간의 장단에 관계없이 50% 내외[중남선(中南鮮)은 주로 50%, 서북선(西北鮮)은 30~40% 등]의 이자를 붙여 수확기에 현물로서 회수하는 것이다.⁴⁶

고리대 사례를 좀 더 살펴보기로 하자. 〈표 6-7〉은 부채 원인을 전 조선을 대상으로 하여, 각 사항에 1위를 한 면(面)들의 통계이다. 즉 지주의 경우는 토지 구입의 경우가 가장 많으며, 관혼상제를 위한 의례적 비용 및 생활비, 농외투자, 농업자금 순이다. 이에 반해 소작농의 경우는 생계유지를 위한 차입금(농량-농사를 지을 동안 먹을 양식)이 64%로 가장 큰 비중을 차지하고 있으며, 비료 구입비 등 농업자금이 그 뒤를 잇고 있다.

위의 조사보다 약 10년 후인 1944년 9월 전남 나주군 노안면 금암부락을 대상으로 조사한 금융거래와 부채의 실태는 다음과 같다.⁴⁷ 이

금융기관에서 농사자금 융통의 길이 있지만 대출 조건은 그 범위가 주로 도내 지주 3,000호, 자작농 약 1만 6,000호, 자작겸소작농 약 5만 8,000호에 한정되어 순연한 다수 소작농 약 16만 호는 거의 그 은혜를 입을 수 없는 상태에 있었다"고 한다[全北 警察部, 1932, 「農業資金, 金融機關의 缺陷」, 『細民の生活狀態調査』 2(강만길, 1987, 『일제시대 빈민생활사 연구』, 창작과비평사, 62쪽에서 재인용)].

45 시장대는 원금 10원에 대하여 장날로부터 다음 장날까지의 5일간의 이자를 말한다.
46 朝鮮總督府, 1932, 「地主及小作人ノ借財狀況」, 『朝鮮ノ小作慣行』 續編, 151쪽.
47 朝鮮殖産銀行調査部, 1945, 「戰時下朝鮮農村に於ける負債と貯蓄の實相-全南 羅州郡 老安面 今岩部落に於ける一事例-」, 『殖銀調査月報』 79.

<표 6-7> 지주와 소작인의 차입 원인

(단위: 면)

지역	지주							소작인		
	토지 구입	관혼 상제	생활비	농외 투자	토지개량, 기타 농업자금	농량(農糧), 기타 금융업	사치 낭비	농량(農糧)	비료, 농우 농업자금	관혼 상제
경기	109	31	36	25	4	4	6	173	32	14
충북	69	11		9	10		1	67	32	6
충남	91	6	20	10	16	1	3	115	37	
전북	150	2	4	5	15	6	2	90	92	3
전남	206	4	13	21	20	6	6	104	86	5
경북	125	21	20	20	29	9	2	154	52	4
경남	123	10	16	26	24	2	15	86	117	4
황해	109	14	34	10	8	7	15	99	80	34
평남	60	46	3	5	7	17		77	39	29
평북	37	36	33	13	14	3		119	11	25
강원	54	16	15	21	10	5	3	97	20	19
함남	23	15	12	17	8	3	5	112	11	5
함북	21	2	8	4	18	1		57	16	2
계	1,177	214	214	186	183	64	58	1,350	625	150

출처: 朝鮮總督府, 1932, 앞의 글, 144쪽.

마을의 부채를 진 가호는 전 농가 호수 73호 중 19호로, 3.84호당 1호가 부채를 지고 있었다. 부채의 차입선을 보면 우선 마을에서 제일 부자인 자산가 나주의 조선식산은행에서 차입한 것이 2건으로, 1건 평균은 약 8,850원이다. 그리고 소위 서민을 대상으로 하는 금융조합의 경우, 차입한 집이 4호로, 1호당 평균은 약 287원이다. 금융조합에서 돈을 빌린 자들은 모두 자소작농으로 순연한 소작농은 전혀 금융조합의 대출 대상이 되지 못했다고 한다. 금융조합이 그 대상을 확장해왔다 하더라도 "빈농"을 대상으로 한 금융조합의 대출은 그 실례를 찾을 수 없으며, 오직 견실한 조합 운영을 제일로 하고 있다고 금융조합의 운영 실태를 밝히고 있었다. 이 마을에서 금융조합을 이용할 수 없는 소작농은 계 또는 개인금융에 의존하여 자금을 조달하고 있었다. 당시 마을에는 여러 종류의 계가 있고, 본래의 목적은 각각 다르지만, 모두 기본 재산을 재원으로 계원에게 자금을 융통하는 데 있었다. 다음으로 개인 간 대차(貸借)는 8호로, 1호당 평균 110원이다.

한편 담보 관계를 보면 은행, 금융조합에서 담보를 설정하는 것 외에는 거의 무담보이고, 개인신용을 기초로 하여 자금을 융통하고 있었다. 대부한도는 시가의 80% 정도까지 설정되었다. 금액별로 보면 50원 미만이 전체의 36%를 점하고, 100원 미만이 전체의 절반 이상을 차지하고 있었다. 이자율은 친척, 친구 간에는 무이자인 경우가 있는 한편, 계, 개인 간의 대차는 일반적으로 고리로서 연리 20~30%, 심하면 48%의 이자를 부담하고 있는 경우도 있었다. 무이자의 자금은 대체로 2~3개월 이하의 임시적인 자금수요가 많고, 그 이상의 기간이 되면 이자가 징수되고 있었다. 다음으로 농가 부채의 원인을 보면, 은행관계의 2건은 모두 토지 구입자금이고, 금융조합의 것은 부채상환 2건, 자작농창정 1건, 영농자금 1건이었다. 개인 대차의 경우 영농자금이 많은 것으로 되어 있는데, 이 중에는 생활자금으로 활용되었을 여지가 큰 것으로 보이나 그 정확한 내역은 확인되지 않는다.

일반 농민들이 고리대 금융기구에만 의지해야 했던 것과는 달리, 자산가들은 근대금융기구로부터 저리의 자금을 대출받아 다양하게 활용할 수 있었다. 일제하 지주가 은행자본을 토지 구입자금으로 활용한 사례를 잘 보여주는 것이 이병철의 사례이다. 그는 경상도 의령의 지주집안에서 태어나 일본 유학에서 돌아온 후 연수입 200석의 농지를 분재(分財)받아 미곡거래를 겸한 정미업과 운수업을 경영하였다. 그런데 이병철은 1936년경 조선식산은행의 차입금으로 토지 구입에 착수하여 단숨에 200만 평을 소유한 대지주가 되었다. 그러나 중일전쟁의 발발로 인해 은행에서 대출금을 회수하자 파산하게 되었다. 이병철의 사례를 통해서 당시 지주제 확장의 특징을 보면, 첫째, 타인자본 특히 토지를 담보로 은행융자를 받아 경영 확장을 도모하였다. 이병철의 경우는 처음부터 은행융자금에만 의존하여 지주경영을 확장하였다. 둘째, 거액의 은행자금을 융자받은 이상, 대부원금과 이자의 상환을 위해 새로운 은행 융자를 필요로 하여 '대부 - 상환 - 재대부 - 재상환'의 순환이 반복되었다. 이렇게 되자 은행에서는 아예 재대부받을 것을 전제로 기존 사업의 확장, 신규 사업의 참여 등을 기획하게 되었다. 셋째, 거래실적이 양호하고 담보가 확실한 대지주에게는 은행대출이 용이하였는데 은행이 담보물의 감정에서부터 등기이전, 담보권 설정 등 모든 수속을 직접해주어 이병철의 경우는 은행금고를 사금고처럼 여길 정도였다고 한다. 금융자본 측에서는 대지주야말로 그들에게 최대이윤을 실현해줄 가장 안전한 고객이었던 셈이다.[48]

---

48 홍성찬, 1989, 「일제하 기업가적 농장형 지주제의 역사적 성격」, 『동방학지』 63, 70~73쪽.

제7장
전시기 자금동원과
전시공채 소화 실태

1. 금융통제의 강화와 강제저축운동의 전개

1) 전시금융통제정책의 전개

1937년 중일전쟁 발발 후 조선총독부는 일본의 전시금융정책에 조응하여 식민지 조선의 금융통제를 강화해나갔다. 전시(戰時)경제에서 금융의 역할은 전쟁 수행에 필요한 물자와 인력 동원을 자금 면에서 뒷받침하는 것에 있었다. 전시기 금융정책 수단의 핵심은 자금통제를 위한 제도 정비 및 통제기구의 설립에 있었다. 우선 자금통제를 위해 일제는 1937년 9월「임시자금조정법(臨時資金調整法)」(법률 제86호)을 공포하였는데, 이는 기본적으로 사업의 설비자금을 통제하여 군수 관련 생산력확충 분야에 자금을 집중시키는 데 그 목적이 있었다.[1] 금융기관이 사업설비의 신설·증설·개량 등의 이유로 10만 원 이상의 대출을 할 경우에는 원칙적으로 조선총독부의 허가(일본에서는 일본은행)를 받아야 했다. 또한 공칭자본금 50만 원 이상인 회사는 신설·증자·합병 및 제2회 이후의 주금을 납입할 경우, 그리고 10만 원 이상의 회사채를 발행하거나 자기자금으로 사업설비의 신설·확장·개량을 할 경우에는 조선총독부의 허가를 받도록 되어 있었다. 다만 항공기·금속·기계·병기·철강제조업 등은 '시국(時局)사업'으로 지정하여 주식 납입과 회사채 모집에 있어 예외를 인정하였다. 이 조치를 통해 일제는 군수생산력확충에 관련된 산업

---

[1] 조선에서는 「임시자금조정법시행규칙(臨時資金調整法施行規則)」(부령 제157호, 1937. 10.15)으로 시행되었다.

으로 자본 집중을 유도하고 있었다. 이후 「임시자금조정법」은 7차례 개정을 통해 자금동원력을 제고·집중시켜나갔다. 또한 1937년 9월에 「수출입품등임시조치법(輸出入品等臨時措置法)」을 제정하여 수출입 대상 품목을 지정함으로써 엔블록이 아닌 지역과의 무역을 직접 규제하였다. 일제는 「임시자금조정법」으로 자금에, 「수출입품등임시조치법」을 통해 실물 측면에 강력한 통제를 가함으로써 군수관련산업의 확장을 도모하려 한 것이었다.

일제는 설비자금 이외에 운전자금까지 그 통제 범위를 확대하기 위해 1940년 10월 「은행등자금운용령(銀行等資金運用令)」(칙령 제681호)을 공포하였다.[2] 운전자금의 경우 5만 원 이상의 대출, 당좌대월이나 어음할인에 의한 대출의 경우 건당 3만 원 이상이면 조선총독의 허가를 받아야만 했다. 이와 같이 소액의 운용자금은 물론 단기성 자금까지 규제 대상이 됨으로써 소액 대출을 제외한 모든 대출에 당국이 개입할 수 있도록 제도화하였다. 한편 이 법령에서는 운전자금의 허가제 외에도 금융기관의 자금운용에도 통제를 가하여 일정량의 국채를 의무적으로 보유하도록 하였다. 조선에서는 예금 증가액 중 특수금융기관은 15%, 일반은행은 10%를 반드시 국채로 보유하도록 하였다.

한편, 전시경제를 실천할 금융통제기구로 1938년 조선금융단(朝鮮金融團)이 설립되었다. 조선금융단에는 무진회사를 제외한 조선 내 전 금융기관이 가입했는데, 국채 소화와 생산력확충자금 공급을 위한 저금리정책 추진을 목적으로 하였다. 당시 국채수익률이 예금이자율보다 낮았

---

2   조선에서는 「은행등자금운용령시행규칙(銀行等資金運用令施行規則)」(부령 제303호, 1940.12.26)으로 시행되었다.

기 때문에 각 금융기관은 국채 매입을 꺼렸다. 따라서 조선금융단 출범 시 활동의 주안점은 예금이자율을 조정하여 국채 소화에 협력하는 것에 있었다. 이후 조선금융단은 저축 장려, 공채 소화, 투기자금 억제, 중요산업에 대한 공동융자 등 전시금융통제를 주도하였다. 전쟁이 장기화되자 일제는 1941년 7월에 「재정·금융기본방책요강」을 발표하여 자금을 공익·계획·통일적으로 사용하겠다고 하면서 금융을 통한 자금통제의 강도를 높였다. 이를 실현하기 위해서는 금융기관의 조직화를 한층 강화할 필요가 있었고, 그 결과 1942년 4월 일본에서는 「금융통제단체령」이 시행되었다. 이미 조선에서는 일원화된 통제조직으로서 조선금융단이 조직되어 있었는데, 이 「금융통제단체령」에 따라 조선금융단은 1942년 6월 종래 임의단체에서 강제력을 지닌 법적 단체로 전환되어 통제의 강도를 더하였다. 조선총독부는 조선금융단을 통해 자금의 흡수와 운용에 관한 지도체제, 지역에서 금융사업 정비 및 기능의 증진, 그 외 필요로 하는 사업 등에 관한 사항을 명령할 수 있게 되었다. 또한 조선총독부는 조선금융단 이사장(조선은행 총재)에게 자금흡수 및 운용, 유가증권 응모 및 인수매입, 금리조정 등에 대해 막강한 권한을 부여함으로써 조선의 금융통제권은 조선금융단 이사장에게 고도로 집중되었다. 이를 통해 조선총독부는 조선 내 금융통제를 한층 더 강화시켜나갔던 것이다.[3] 요컨대 전시기 조선 내 금융기관의 자금운용은 국채 인수와 군수산업체에 대한 융통에 집중되도록 통제되었다. 조선 내 금융기관은 한편으로 국채를 인수하여 일본 정부에 전비를 공급했으며, 다른 한편으로는 대출 또는 유가증권 인수 등을 통해 조선 내 군수산업체에 필요한 자금을 공급

---

3   이상은 배영목, 2002, 앞의 책, 239~249쪽; 정병욱, 2004, 앞의 책, 47~55쪽.

했던 것이다.

2) 강제저축운동의 전개

전시기에 전쟁 비용을 충당하고 전시인플레이션을 억제하기 위해서는 반드시 시중의 민간자금을 흡수해야만 했다. 일제는 강제저축을 통해 민간의 소비자금을 흡수함으로써 전쟁과 직접적인 관련성이 적은 분야의 지출은 최대한 억제하면서 전비를 조달하려 하였다. 식민지 조선에서는 1938년 조선총독부가 '국민저축조성운동'(이하 '저축운동')을 본격적으로 시작하였다. 일제는 당시의 저축은 단순히 개인이 돈을 축적하는 경제적 행위가 아니라 국가를 위한 애국적 의무라고 강요하면서 저축운동을 추진해나갔다.

조선총독부는 정무통감 통첩을 통해 매년 저축목표액과 저축 장려방침을 발표하면서 저축운동을 추진하였다. 저축을 늘리기 위한 구체적인 방침은 1939년부터 제시되었다. 이에 따르면 각 도는 할당된 저축증가 목표액 달성을 위해 국민정신총동원운동 및 농촌진흥운동과 연계하여 저축운동을 추진할 것, 자금이 집중되고 있는 시국산업의 임금에 대해 천인저축(天引貯蓄)[4]을 실시할 것, 도시지역에서는 각 부인단체와 교화단체를 동원하여 가정주부의 저축 인식을 철저히 하고 소비절약을 강조할 것 등이 지시되었다. 1940년에 들어 강제공제저축 대상은 봉급, 급료, 수당, 상여, 배당, 이자, 지대, 가옥임대료, 매상금 등 계속적 수입과

---

4   임금이나 급료를 지급하기 이전에 일정액을 공제하는 일종의 강제공제저축을 말한다.

각종 임시적 수입은 물론이고 농촌 지역에서의 쌀 공출대금도 공식적으로 포함되었다.[5]

물가 억제와 전쟁자금공급을 목적으로 진행된 저축운동은 1941년 10월 30일 「조선국민저축조합령(朝鮮國民貯蓄組合令)」 공포를 전후로 저축액의 양적 확대와 함께 저축강요 논리에서 변화가 있었다. '소비절약을 통한 잉여의 저축'이라는 논리는 「조선국민저축조합령」 공포 이후에 '할당저축의 완수 후 결전생활'로 전환되었다. 전쟁이 무모하게 확대되면서 기존 경제력으로는 도저히 감당할 수 없을 정도로 전쟁 비용이 팽창되었기 때문이었다. 또한 「조선국민저축조합령」의 공포 이후 저축조합은 법적 단체로 전환되어 강제저축 추진기관이 되었다.[6] 이 법령에 따르면 저축조합을 지역조합(정·동·리 부락연맹, 애국반을 단위로 조직), 직역

---

5 권대웅의 정리에 따르면 강제저축의 종류가 24종에 달하고 있었다. 천인저축이 가장 대표적인데 그 이외에도 부업저금(양돈, 양계, 양잠 등 부업에 의해서 생긴 수익금의 일부를 저금시키는 방법), 차액저금(이자의 차액에서 발생하는 잔액을 저금하는 것으로 일반인이 금융조합에서 돈을 빌리는 경우 금융조합의 이자는 고리대이자의 절반밖에 되지 않는다는 이유로 그 이자의 차액을 저금하는 것), 절미(節米)저금(부인회가 중심이 되어 한 끼에 쌀 몇 숟갈씩을 절약하여 이것을 저축하는 방법), 축하저금(국민학교나 상급학교에 입학하는 아동의 학부형에게 축장을 보내고 기념저금을 권유하는 방법으로 지역에 따라서 입학저금이라고도 함) 등이 있었다(권대웅, 1986, 「일제말기 조선저축운동의 실체」, 『민족문화논총』 7, 68~71쪽).

6 저축조합은 1938년부터 임의단체로 각 부문의 말단에 설치되어 강제저축을 실시하였는데, 조합 수는 1939년 3월 8만 6,681개, 1940년 9만 3,889개로 증가했고, 조합원은 각각 382만 9,282명, 404만 7,741명으로 늘어났다. 「조선국민저축조합령」이 실시되기 이전에 저축조합은 정동리 마을 단위에 75% 이상이 집중되었고, 관청, 학교, 군대 등에서 11%를 차지하였다. 법령의 실시 이후에 저축조합은 조선총독부의 저축정책을 집행하는 기관이 되었다. 1944년 조합 수는 11만 7,429개, 조합원 수 823만 8천 명, 저축액 9억 7,549만 원으로 증가하였다(이경란, 2002a, 앞의 책, 180쪽).

조합(관공서·학교·사무소·영업소·공장 등을 단위로 조직), 산업단체조합(산업조합·상업조합·공장조합 등을 단위로 조직), 기타 조합(재향군인회·청년단·소년단·부인회·종교단체 등을 단위로 조직)의 4종류로 나누어 누구든지 최소한 하나의 저축조합에는 가입하도록 강제하였다. 국민총력운동 하부조직인 정동리 부락연맹을 기반으로 저축조합을 설치하고, 부락연맹의 중심인물이 저축조합의 조합장을 맡도록 하였다. 그리고 애국반상회를 통해 조합원의 저축 인식을 고취하도록 하였다. 기존 저축조합 중에는 활동이 부진하거나 그대로 두기에 적당하지 않은 것이 많았다. 따라서 전 조선인을 조합원으로 흡수하여 강력한 호별지도를 실행할 수 있도록 저축조합을 재정비할 필요가 있었다.

저축조합은 우편저금, 조선간이생명보험료 납입, 은행 및 금융조합에 대한 적금 또는 예금, 무진회사의 무진부금 납입, 국채·저축채권·보국채권의 매입, 기타 조선총독이 지정하는 업무를 맡게 됨으로써 금융기관의 저축 관련 업무를 대행했다. 이에 따라 조선인은 최소한 하나 이상의 국민저축조합에 가입하여 할당된 저축목표액을 달성해야 했다. 저축조합장은 조합원명부 및 각 조합원의 저축 현재액이 기재된 저축대장을 작성하여 사무소에 비치하고 관리할 의무가 있었다. 규약을 통해 저축통장을 저축조합에서 보관할 수 있게 한 것은 개인적인 인출을 최대한 억제하기 위한 대책이었다. 또한 각 조합원의 저축실적을 한눈에 파악할 수 있는 저축대장의 작성과 비치는 할당액을 달성하지 못한 조합원을 '독려'할 수 있는 근거로 활용되었다.

1943년에는 종래와 같이 생활의 잉여를 저축하는 소극적 태도를 버리고 할당된 저축목표액을 공제한 잔액으로 생활하는 소위 '저축돌격전'이 강조되었다. 이를 위해 각 행정기관에 할당된 저축목표액 중 적어도

10% 이상을 저축조합에 할당할 것, 국채나 채권을 국민총력연맹의 애국반을 통해 개개인의 저축할당액과 조응하여 전호(全戶)에 보급할 것 등이 지시되었다. 1944년에는 부동구매력의 온상으로 암거래를 조장하는 개인 소유 현금의 흡수, 저축 불량자에 대한 지도 강화, 저축추진위원회 제도의 실시를 통한 저축총궐기태세의 확립이 지시되었다. 이상과 같이 1941년 「조선국민저축조합령」 공포 이후 저축운동은 정비된 저축조합을 기반으로 저축할당액을 먼저 채운 후 잔액으로 생활하는 철저한 내핍을 강요하는 등 개인소유 현금 자체를 저축으로 흡수하면서 진행되었다.[7]

〈표 7-1〉은 저축운동 기간 중 강제저축의 실적을 정리한 것이다. 저축목표액이 해마다 증가되고 있는데, 특히 후반기로 갈수록 그 증가 폭이 커짐을 알 수 있다. 목표액의 증가 폭이 커질수록 당시 식민지민에게 가해진 강제력의 크기 또한 비례하였음은 말할 필요도 없다. 결국 1944년부터는 저축액이 목표액에 훨씬 미치지 못했는데, 이는 당시 일제의 경제 수탈이 조선인의 기본적인 생존 조건조차 보장해줄 수 없을 정도로 한계에 다다랐다는 것을 보여주는 것이기도 하다.

이상과 같이 저축운동은 행정조직을 비롯한 각종 관변조직 및 금융기관을 총동원하여 저축을 조선인에게 보다 조직적으로 강제하면서 진행되었다. 이렇게 흡수된 저축은 조세보다 훨씬 큰 규모였으며 대부분 일본 국채의 매입과 전쟁관련 회사의 대출자금으로 사용되었다. 조선 전체의 매년 저축증가액은 1937년 약 1억 2천만 원에서 1944년 10월에

---

7   이상 강제저축운동의 전개 과정에 대해서는 문영주, 2003, 「1938~45년 '국민저축 조성운동'의 전개와 금융조합 예금의 성격」, 『한국사학보』 14, 390~396쪽을 참조하여 작성하였다.

〈표 7-1〉 강제저축의 목표액과 달성액

(단위: 만 원, %)

연도	목표액	달성액	실적률
1937		12,629	
1938	20,000	26,998	134
1939	30,000	39,002	130
1940	50,000	57,634	113
1941	60,000	75,485	125
1942	90,000	99,523	110
1943	120,000	152,412	127
1944(4~10)	230,000	98,563	
합계	600,000	562,246	

출처: 정태헌, 1996, 『일제의 경제정책과 조선사회』, 역사비평사, 415쪽, 〈표 11-1〉.

는 약 56억 2천만 원으로 불과 7년 동안 무려 44.5배의 증가세를 보였다. 이것은 조선의 경제력으로 감당할 수 있는 한계를 훨씬 넘어선 무원칙·무차별적인 강제성이 관철되었기 때문이었다.[8] 다음 절에서는 강제저축의 일종인 전시공채(戰時公債)의 발행 실태 및 자금동원의 양태를 살펴보기로 하자.

---

8 정태헌, 1996, 『일제의 경제정책과 조선사회』, 역사비평사, 414~415쪽.

2. 전시공채의 발행 실태

1) 전시공채의 발행 및 추이

전시기에 민간의 소비 수요를 흡수하는 보편적인 방법이 저축이고, 전시공채 역시 다양한 저축 방식 중 하나에 속한다. 중일전쟁 이후 전비 조달을 위해 발행한 공채는 크게 국채와 전시채권으로 나눌 수 있다.[9] 식민지 조선에서 전시공채는 빈번하게 발행되고, 소화가 강요되고 있었는데, 1940~1942년에는 1년 중 채권이 판매되고 있던 날이 그렇지 않았던 날보다 더 많았다. 특히 1942년에는 10일 중에 7일은 채권이 발행되고 있을 정도였다. 그야말로 조선인에게 채권 구입은 일상생활에서 일부가 되어가고 있었던 것이고, 그만큼 강제력도 배가되고 있었던 것을 알 수 있다.[10]

우선 전시공채의 발행 경로를 보면 국채는 일본 정부에서 발행하였

---

[9] 이하 전시공채의 발행 경로와 각 채권의 특징에 대해서는 조명근, 2009, 「일제 말(1937~45) 조선 내 민간인을 대상으로 한 전시공채의 발행 실태」, 『대동문화연구』 65, 419~431쪽을 참조하여 작성하였다.

[10] 5일을 하나의 기준으로 하여 1년간 총 72개의 구간으로 구분하여 채권이 발행되고 있던 시기를 정리해보면 아래 표와 같다.

구분	1938		1939		1940		1941		1942		1943	
	5일	비율	5일	비율	5일	비율	5일	비율	5일	비율	5일	비율
발행 기간	21	29	28	39	36	50	43	60	51	71	25	35
미발행 기간	51	71	44	61	36	50	29	40	21	29	47	65
합계	72	100	72	100	72	100	72	100	72	100	72	100

출처: 조명근, 2009, 위의 글, 434쪽.

는데, 중앙은행인 일본은행과 대장성 예금부에서 주로 인수하였다. 그중 일본은행이 인수한 국채 중 일부가 민간인에게 판매되었는데, 이는 우편국을 통해서 이루어졌다(대장성 발행→일본은행 및 대장성 예금부에서 인수→일본은행 인수분 일부가 민간인에게 매출→민간인 소화). 반면 전시채권은 일본권업은행에서 발행하고, 대장성 예금부가 그 운용을 담당하였다. 이는 일본권업은행이 특수금융기관으로서 권업채권(할증금부채권)을 발행하고 있었고 대장성 예금부가 주도한 국가자금운용에서 경유기관의 역할을 수행했던 경험에서 비롯된 것이었다. 일본권업은행에서 발행한 전시채권은 조선식산은행과 우편국을 통해서 민간인에게 판매되었는데, 그 수입금은 전부 대장성 예금부에 집적되고, 이 자금이 다시 국채 소화로 충당되게 되었다(일본권업은행 발행→민간인 소화→대장성 예금부에 집적→대장성 예금부에서 국채 소화). 즉 양자가 서로 다른 발행 경로를 가지고 있을지라도 최종적으로 모두 국채를 소화하여 전비로 조달된다는 점에서 차이가 없음을 알 수 있다.

다음으로 각 전시공채의 종류별 특징을 보자. 우선 국채를 보면, 중일전쟁 이후 조선에서 민간인을 대상으로 처음으로 발행된 국채는 '3분반리국고채권(三分半利國庫債券)'(1937.11.16 발행)으로 연 3.5%의 이자를 1년에 두 번 지불하는 것이었다. 이 국채증서 아래에는 쿠폰이 달려 있는데 이 쿠폰을 떼서 제시하면 이자를 받을 수 있었다. 이 3분반리국고채권은 총 4회 발행된 후 1938년 8월 22일 발행분부터 '지나사변국고채권(支那事變國庫債券)'으로 그 이름이 변경되어 총 21회 발행되었다. 1942년 2월 21일부터 '대동아전쟁국고채권(大東亞戰爭國庫債券)'이라는 이름으로 9회, 1943년 8월 20일부터는 '대동아전쟁특별국고채권(大東亞戰爭特別國庫債券)'으로 6회 발행되었다. 국채는 액면가(매출가) 25원

(24원 50전), 50원(49원), 100원(98원), 500원(490원), 1,000원(980원) 등 총 5종이 발행되었고, 만기는 17년이었다. 조선에서는 민간인을 대상으로 총 40회에 걸쳐서 국채가 발행되었다. 또한 국채가 고액인 점을 감안하여 소액 국채가 함께 발행되기도 하였는데, 액면가를 10원 및 20원으로 대폭 인하함으로써 그 소화 범위를 넓히려 한 것이었다.[11]

다음으로 조선에서 민간인을 대상으로 판매된 전시채권은 크게 '저축' 계열과 '보국' 계열로 구분된다. 전자는 '저축채권·전시저축채권', 후자는 '보국채권·전시보국채권·특별보국채권'이란 명칭으로 발행되었다. 양 계열은 모두 추첨을 통해 원금에 일정 비율의 할증금이 부가된다는 점에서는 동일하지만, 저축채권 계열이 할인채[12]임에 반해, 보국채권 계열은 무이자라는 점과 할증금액에 있어 최대 5배가 차이가 나는 점에서 다르다. 그리고 저축채권의 당첨율이 대체로 약 10%임에 반해, 보국채권은 15% 정도로 책정되었다.

우선 저축채권은 중일전쟁 이전부터 발행하고 있던 것으로 조선에서는 1938년 10월 제5회 저축채권이 최초로 발행되었다. 이후 조선에서 저축채권은 제25회(1941.12)까지 총 18회에 걸쳐 발행되었다. 저축채권은 만기가 17년으로 액면가(매출가) 7원 50전(5원)과 15원(10원)의 두 종류가 발행되었는데, 이는 10원권을 7원 50전으로, 15원권을 10원으로 할인해서 판매하는 것이었다. 할증금의 한도는 초기에는 매출가의 150배 이내였다가 이후 300배로 인상되었는데, 실제로는 매출가

---

11 조선에서 발행된 국채는 조명근, 2009, 앞의 글, 446~448쪽, 〈부표 1〉 참조.
12 할인채권은 상환 기일까지 이자로 지불해야 할 금액을 원금에서 공제한 할인가격으로 채권을 판매하고 상환 기일에 원금 전액을 상환하는 채권이다.

의 최대 200배까지 지급되었다. 〈그림 7-1〉은 1939년 9월 15일에 매출된 액면가 15원의 제13회 저축채권이다. 조선총독부는 고시(제723호, 1939.9.6)에서 1939년 9월 15일부터 9월 30일까지 일본권업은행이 발행한 제13회 저축채권의 매출을 우편국에서 담당한다고 밝혔다. 그리고 채권 앞면 하단에는 이 채권은 임시자금조정법에 따라 발행한 것으로 매출로 인해 발생한 수입금은 대장성 예금부에서 운용한다고 규정하였다. 뒷면에는 제13회차에는 권면 총액으로 4,500만 원(실제 매출가격은 총액 3천만 원)의 채권을 30조로 나누어 매출하였다고 그 발행 총액을 밝히고 있다. 즉 1조당 10만 장씩 총 300만 장을 발행한 것이다. 1940년 1월 31일 제1회의 상환추첨을 집행한 이후 매년 2회(1월, 7월)에 걸쳐 추첨하는 것이었다. 그리하여 제1회에서 제10회까지는 13만 5,000원(채권 9,000장) 이상을, 제11회 이후 최종까지는 9만 원(채권 6,000장) 이상을 정기로 상환하고 1957년 2월 1일 잔액 전부를 상환하는 것으로 하고 있다. 다음으로 추첨 방식과 당첨된 채권에 대한 상환 방법에 관한 내용이 기술되어 있다. 또한 이 채권의 할인금액 5원, 즉 이자로 붙는 5원이 상환 시기에 따라 어떤 이자율로 되는지 계산되어 있다. 연이율의 반개년(半箇年) 복리에 상당하는 것으로 계산된 것이라고 밝히고 있는데, 만약 당첨되지 못한 채 만기일에 상환을 받는다면 그 이율은 2.35%에 불과하였다.

한편 보국채권은 1940년에 들어 새롭게 발행된 것으로 기존의 저축채권보다 할증금이 훨씬 높고(법률상 제한은 없었으나 대체로 매출가의 1,000배가 최고한도) 무이자에 상환 기한은 짧고, 중도 상환이 없이 장기 보관을 전제로 일정한 할증금이 붙는 특색을 가지고 있었다. 이 보국채권은 채권과 복권의 절충적인 성격을 가지는 것으로 보국채권을 두

〈그림 7-1〉 제13회 저축채권[13]

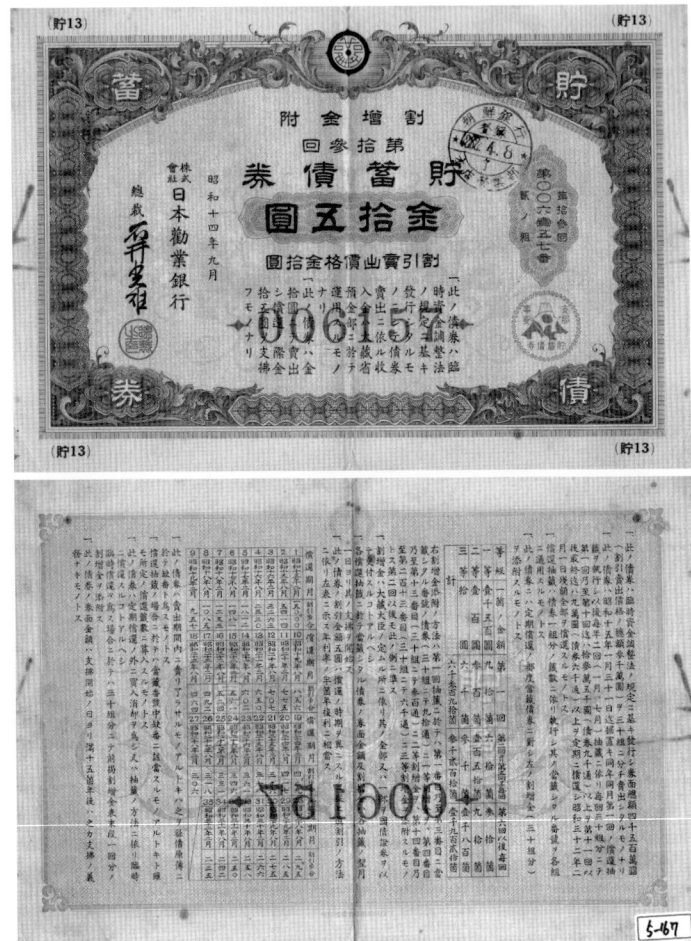

출처: 시흥시 신안 주씨가 소장본.

---

13 채권 앞면에 "등록 4282.4.8. 료(了) 조선은행 본점영업부"라는 원형의 인장이 있다. 즉 1949년 4월 8일에 조선은행 본점영업부에서 이 채권의 등록을 완료하였다는 뜻이다. 이는 해방 이후 조선은행에서 민간인이 소유한 전시채권을 일제히 조사하였음을 시사하는 것이다. 이하 전시채권의 각 종별 내용에 관해서는 조명근, 2007, 「과림동 신안 주씨가 소장 전시채권」, 『시흥시사 10』, 시흥시사편찬위원회, 391~411쪽에 자세히 소개되어 있다.

고 "10원 1장이 1만 원으로"라는 표어에서도 알 수 있듯이 대중의 사행심을 최대한 활용하려 하였다. 당시 일제는 시중의 부동구매력을 흡수하기 위해서는 복권이 훨씬 효과적이라고 판단했으나 사행심을 조장한다는 우려가 제기되자 그 절충안으로 나온 것이 바로 보국채권이었다. 구입했으나 당첨이 되지 않은 경우에는 원금만이라도 되돌려주자는 것이 무이자할증금부채권의 고안, 즉 보국채권의 탄생이었다. 보국채권은 무이자이기에 액면가와 매출가가 같은데 10원권과 5원권이 함께 발행되었다. 만기는 약 10년으로 저축채권보다 짧음을 알 수 있다. 보국채권은 비록 이자는 지급하지 않지만, 만기까지 그대로 보관할 경우(즉 당첨되지 않을 경우)에는 7%의 할증금을 지불하였다.

태평양전쟁이 발발한 후 저축채권과 보국채권은 그 이름을 '전시저축채권'과 '전시보국채권'으로 변경하고, 1942년 2월~1944년 6월까지 각각 총 15회씩 발행하였다. 채권의 기본 성격은 이전의 저축채권 및 보국채권과 크게 다르지 않다. 다만 액면가에 약간의 변화가 있었는데, 전시저축채권에는 30원권(20원)이 추가되었고, 전시보국채권의 경우 제9회부터 10원권만 발행되었다. 최종 상환 기간은 전시저축채권은 약 20년, 전시보국채권은 약 10년으로 책정되었다.[14]

〈그림 7-2〉의 제1회 전시저축채권의 사례를 보면, 당첨금은 15원권의 경우 1등급(1~3등)은 2,000원, 2등급(4~13등)은 100원, 3등급(14~400등)은 10원으로 정해졌고, 7원 50전권은 그 반액으로 하였다. 당첨될 확률은 1등급은 0.003%, 2등급은 0.01%, 3등급의 경우는 0.387%에 불과하였다. 채권이 당첨될 경우 할증금은 대장대신의 명령에 따라서

---

14 조선에서 발행된 전시채권은 조명근, 2009, 앞의 글, 449~452쪽, 〈부표 2〉 참조.

<그림 7-2> 제1회 전시저축채권

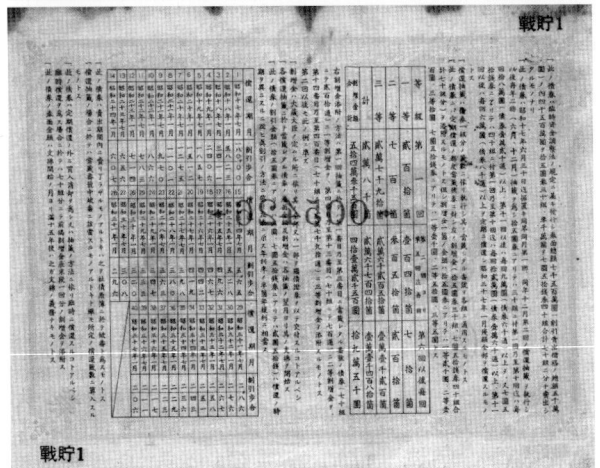

출처: 시흥시 신안 주씨가 소장본.
앞면: 제1회차 전시저축채권 15원권으로 매출 기간은 1942년 2월 21일~3월 20일까지이다. 하단에는 자금운용 주체는 대장성 예금부임을 밝히고 있다. 계속해서 이 채권은 10원으로 매출하여 상환할 때에는 15원을 지불한다고 하여 할인채권임을 밝히고 있다.
뒷면: 뒷면에는 제1회차에 발행한 채권의 금액 및 수량에 관해 언급하고 있는데, 총 700만 장(권면 총액 7,500만 원, 할인매출가격 총액 5천만 원)이 발행되었다. 15원권은 300만 장, 7원 50전권은 400만 장이다. 다음으로 추첨의 방식 및 당첨금에 관한 내용이 규정되어 있다. 그리고 이 채권이 실제로 받을 수 있는 이자율을 표로 정리해놓았다. 상환의 시기에 따라 실제로 지불되는 이자 또한 변하기 때문이다.

그 전액 또는 일부를 국채증권으로 교부하도록 하여, 현금 지급분을 최대한 제한하려 하였다. 채권의 뒷면에는 상환 기일에 따른 이자율을 계산해두었는데, 만약 상환 종료일인 1962년 1월까지 당첨되지 못했을 경우, 채권의 실제 이율은 2.06%에 불과하다. 즉 이 채권의 수익률은 대단히 낮다는 것을 알 수 있으며, 당시의 인플레이션을 감안하면 실제로는 엄청난 손해임을 짐작할 수 있다.

한편 특별보국채권은 액면가가 1원에 불과한 소액채권으로 무이자이며, 최대 500배의 할증금을 지급하고, 만기는 2년으로 매우 짧다. 채권가격 1원에 1등 당첨금이 500원이라는 사실에 비추어보면 일반적인 채권이라고 볼 수 없기에 사실상 복권이라 해도 무방하다. 이 특별보국채권은 다음과 같은 점에서 기존의 채권과는 차별성을 가진다. 첫째, 판매처의 다양화로 종래 우편국이나 조선식산은행에서만 판매했던 채권을 금융조합, 요리집, 담배가게, 백화점 등에서도 구입할 수 있도록 하였다. 특별히 담배가게 등에 채권을 비치해둠으로써 1원이라는 작은 돈으로 채권을 간편하게 구입할 수 있도록 유도하였다. 더구나 1등 당첨에 500배에 달하는 할증금을 부가한 것은 당연히 사행심을 이용하여 소화를 촉진시키고자 한 것임을 보여주는 것이다. 둘째, 조선에서 소화하는 비중이 매우 높다는 것이다. 제3회차는 총 500만 엔 중 조선 내 분담액이 100만 원, 제10회차는 총 500만 엔 중 조선이 소화할 금액이 150만 원이었다. 이와 같이 조선 내 소화율이 20%가 넘는 것은 다른 국채 및 채권이 약 3%에도 미치지 못하는 것에 비해 압도적으로 높은 것임을 알 수 있다. 이와 같이 극소액채권의 조선 내 소화 비중이 높은 것은 일본에 비하면 조선의 전시공채 소화 여력이 부족하다는 것을 반증하는 것이기도 하다. 즉 보국채권이 비교적 중하층의 계층을 대상으로 삼은 것에서

〈그림 7-3〉 제5회 전시보국채권

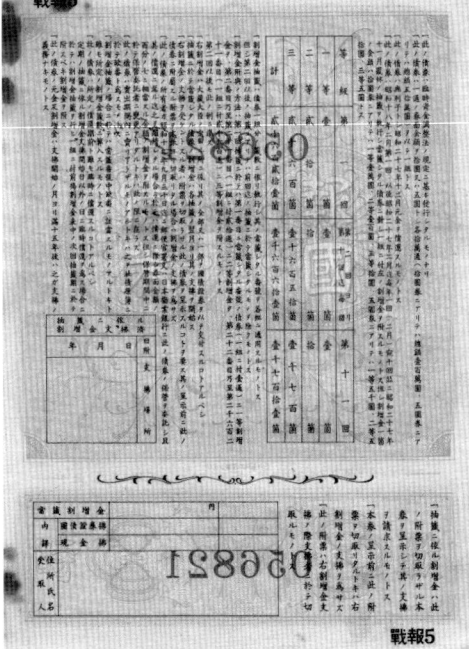

출처: 시흥시 신안 주씨가 소장본.
앞면: 제5회차 전시보국채권 10원권으로 매출기간은 1942년 10월 15일~11월 10일까지이다. 발행기관은 일본권업은행이지만 그 자금운용은 대장성 예금부에서 담당한다고 되어 있다. 하단에는 당첨되었을 경우 떼어가는 부표가 있다.
뒷면: 뒷면에는 채권 운용과 관련된 각종 규정이 정리되어 있다. 그리고 당첨 개수가 표로 정리되어 있다.

더 나아가 특별보국채권은 이보다 더 경제적으로 열악한 형편에 있는 계층을 대상으로 하여 주변에서 손쉽게 구입할 수 있도록 한 것이었다. 그 절대적인 금액에서 보면 전비조달의 효과는 미미하겠지만, 저소득층의 구매력 흡수를 도모함과 동시에 전시공채의 필요성을 더 널리 환기시킨다는 점에서 그 의의가 적지는 않았다.

그러나 전시채권에 당첨되었다 하더라도 약속된 할증금을 다 받지는 못하였다. 당첨금의 전부 또는 일부는 국채증권으로 교부받도록 되어 있는데, 그 비율은 대장성고시로 통보되었다. 가령 1942년 10월 15일에 매출된 제5회 전시보국채권(〈그림 7-3〉)의 경우, 1등은 당첨금이 5원권은 5,000원, 10원권은 1만 원인데, 당첨금의 80%는 다시 국채로 받고, 잔액 20%만 현금으로 지불받도록 되었다. 2등 당첨액은 각각 50원과 100원인데 50%씩 국채와 현금으로 받을 수 있었다. 3등 당첨액은 각각 5원과 10원으로 그 액수가 소액인 점을 감안하여 전액 현금으로 받을 수 있었다.[15] 따라서 당첨액의 상당액은 다시 유가증권에 묶이게 되는 것이었다. 이는 민간 구매력을 흡수하기 위해서 발행한 채권의 본래 취지에서 볼 수 있듯이, 현금화를 최대한 억제하여 시중의 유동성을 줄이려고 한 조치였다.

마지막으로 전시공채의 발행 추이를 정리해보자. 다음 〈표 7-2〉는 중일전쟁 이후 조선에서 민간인을 대상으로 판매된 전시공채 소화액을

---

15 제5회 전시보국채권의 당첨율을 보면 우선 총 11회에 걸쳐 추첨을 하여 당첨금을 지불한다. 1등은 0.001%이고, 2등은 0.02%에서 출발하여 당첨율이 점차 줄어들어 0.01%대 정도이다. 3등은 1회차는 2.6%에서 시작하여 최소 1.69%의 당첨율을 보이고 있다. 1회차 당첨 개수가 가장 많은데, 이는 첫 회에 많은 기회를 주어야만 소화율을 올릴 수 있기 때문이었다. 3등 당첨이 전체의 99.3%로 대부분을 차지하고 있다. 이상은 조명근, 2009, 앞의 글, 429~430쪽, 〈표 2〉, 〈표 3〉.

〈표 7-2〉 중일전쟁 이후 조선 내 전시공채 소화액

(단위: 천 엔, %)

연도	국채	저축채권	보국채권	특별보국채권	합계
1937	850(100.0)				850
1938	5,868(69.8)	2,538(30.2)			8,406
1939	9,459(66.1)	4,855(33.9)			14,314
1940	11,887(49.8)	4,603(19.3)	7,360(30.9)		23,850
1941	15,657(46.5)	7,391(22.0)	6,518(19.4)	4,069(12.1)	33,635
1942	37,402(53.3)	16,103(22.9)	12,961(18.5)	3,710(5.3)	70,176
1943	44,866(51.4)	27,007(30.9)	10,921(12.5)	4,500(5.2)	87,294
1944 (4~6)	11,367(54.2)	7,223(34.5)	2,371(11.3)		20,961
합계	137,356(52.9)	69,720(26.9)	40,131(15.5)	12,279(4.7)	259,486

출처: 조명근, 2009, 앞의 글, 431~432쪽, 〈표 4〉.

정리한 것이다.

국채는 전체 기간 동안 대체로 50%를 상회하는 정도의 일정한 비중을 유지하였다. 단 1940년과 1941년의 경우는 보국채권과 특별보국채권의 발행으로 인해 그 비중이 일시적으로 감소하였다. 국채의 경우 주요 소화 대상이 유산층에 집중되었기 때문에 비교적 안정적으로 소화시킬 수 있었던 것으로 보인다. 저축채권은 대개 20~30% 사이로 일정한 점유율을 유지하고 있었는데, 1940년에는 보국채권의 발행으로 그 비중이 감소하였다가 다시 매년 증가하는 추이를 보이고 있다. 보국채권은 발행 첫해인 1940년에 31%를 차지하여 저축채권에 비해 10%p나 많은 점유율을 보이고 있다. 그러나 1년 만에 그 점유율이 10%p 이상 하락하였고, 이후부터는 조선에서 발행되는 비중이 점차 감소하고 있다. 이는 보국채권의 특성이 사행심을 이용한 투기적 성격이 강하기 때문에 발행 첫해에 관심을 환기하기 위해 다량을 매출한 것으로 보인다. 특히 국채나 저축채권은 매년마다 전년 대비 증가하는 경향을 보이는 데 반해, 보국채권은 1941년과 1943년에는 전년 대비 감소하고 있다. 1941년은 특별보국채권이 보국채권을 잠식했기 때문이기도 한데, 이는 보국채권에 내재된 임기응변적 요소가 발행 추세에 반영되었기 때문이다. 특별보국채권을 보면 발행 첫해인 1941년에 이미 12%를 차지하였는데, 액면가가 1원이라는 점을 고려하면 매우 이례적인 양상임을 알 수 있다. 즉 전시공채가 조선에서 가장 가난한 계층까지 깊숙이 파고들었음을 짐작할 수 있다. 전체적으로 국채와 저축채권이 총 78%를 차지하여 전시공채를 대표한다고 할 수 있다. 시기별로 보면 전시공채는 1942년과 1943년이 전체 소화고 중에서 61%를 차지하고 있는데, 1941년까지 포함하면 74%에 이르러 1941~1943년에 집중적으로 소화되었음을 알 수 있다.

연도별로 보면 1942년의 비약적인 증가가 주목된다. 거의 모든 채권이 전년 대비 2배 이상 증가했는데, 이는 1941년 12월에 발발한 태평양전쟁을 기점으로 전비조달에 대한 압력이 가중되었기 때문이다. 그러나 1943년도가 되면 전년도에 비해 그 증가 폭이 적고, 이후에는 둔화되는 양상을 보이는데, 이는 민간인의 자금흡수를 통한 전시공채 소화가 한계에 다다랐다는 것을 보여주는 지표이다. 전쟁이라는 특수한 상황 속에서 민간의 경제 성장이 둔화되었을 것이고, 전시공채뿐만 아니라 강제저축이나 현물납 등 각종 자금과 물자 징발이 강행되고 있던 현실을 감안하면, 그 소화가 한계치에 이르렀다는 것을 알 수 있을 것이다.[16]

---

16 이상은 조명근, 2009, 앞의 글, 431~434쪽을 참조하여 작성하였다.

2) 전시공채의 지역별 할당 실태

조선에서 전시공채가 어떤 기준을 적용하여 개별 가호(家戶)에 배부되었는지를 살펴보자. 일제가 각 지역별로 저축목표액을 수립하여 할당하기 시작한 것은 1939년부터인데, 그 방식은 다음과 같다. 조선총독부에서는 각 도별 목표액만을 수립하여 도에 할당한다. 지역 할당의 1차적인 기준은 소득이었는데, 실제로 조선의 각 도별 소득액과 저축목표액의 상관관계를 살펴보면 그 사실을 확인할 수 있다.[17]

각 도에서는 할당받은 저축목표액을 다시 부(군), 읍면으로, 부(군), 읍면에서는 다시 정동리 등에 배분하였다. 그렇다면 개인이나 가정의 경우 저축목표액을 어떻게 할당하였을까? 1차적인 기준은 역시 정기적인 소득이나 자산이었다. 직장의 경우 전년 대비 높은 소득 증가가 예상되는 분야, 즉 전시특수경제를 누리는 직업에 종사하는 자에 대해서는 특별히 더 많은 소화를 요구하고 있었다. 그리고 개별적인 소화보다는 직장이나 지역별 조합을 통해 단체로 묶어서 소화할 것을 유도하여 연대책임하의 소화를 강제하고 있었다. 가정의 경우 부(군), 읍면에서는 대체로 호별세(戶別稅)를 그 기준으로 삼고 있었다. 호별세는 각 가호의 소득과 자력(資力)을 근거로 등급을 설정하고 등급별로 세액을 산정하여 부과하는 세금으로서 소득세와 재산세의 성격을 동시에 가진 것으로 볼 수 있다. 호별세는 세입 재정에 필요한 부과 예정액을 책정한 후, 이 금액을 일정한 방법에 따라 각 납세자에게 배부하고 있었는데, 이러한 방

---

17 조명근, 2012, 「일제 말(1937~45) 조선에서의 전시공채 소화 실태와 성격」, 『한국사학보』 47, 208~209쪽, 〈표 1〉.

식은 전시공채 소화목표액을 책정한 후 이를 각 가호별로 할당하는 것과 동일함을 알 수 있다.

여기서 강릉군과 경성부의 사례를 통해 각 가정에서 어떻게 소화되고 있었는지를 살펴보자. 우선 강릉군에서는 각 읍면별로 호별세 34등 이상에 해당하는 가호를 대상으로 국채구입자 명부를 비치해두고, 자력을 참조하여 국채를 매수할 자를 지정하여 국고채권 매수통지서를 교부하였다. 이 통지서를 교부한 후, 매수할 채권의 수량 및 매수인 주소와 성명을 즉각 우편국에 통지하였다.[18] 만약 지정된 기일까지 매수신청을 하지 않을 경우에는 다음 날 우편국 직원과 읍면직원이 직접 해당자를 방문하여 권유하고 그럼에도 응하지 않을 때에는 이 사실을 군에 통지하도록 하였다. 다음으로 경성부는 호별세 등급을 기준으로 삼아 월별 저축목표액을 정하고 각 정회 총대를 통해 통지서를 교부하였다. 가령 1년 소득 500원 미만은 60원, 500원 이상 800원까지는 75원 등으로 지정하였는데, 이 책임액은 정회 및 직장에서 지급받는 전시공채 및 예금, 보험료까지 조사하여 포함시킨 것이라고 한다.[19]

그렇다면 조선에서 소화한 전시공채 중에서 조선인의 부담은 어느 정도였을까? 일본 본국 전체에서 민간인이 소화한 전시공채는 1942년 말 기준으로 약 45억 원인데 조선에서 소화한 액수는 1억 800만 원 정도로 약 2.4%에 불과하다. 그런데 조선 내에서 발행된 공채는 조선인만이 아니라 재조(在朝)일본인도 함께 소화했는데, 국채를 기준으로 하

---

18 전시국채는 우편국을 통해서 매출되고 있었기 때문에 매수를 지정받은 자는 우편국에서 국채를 구입해야 했다.
19 조명근, 2012, 앞의 글, 207~212쪽.

면 재조일본인이 조선인보다 약 3~7배가량 더 많이 소화한 것으로 나온다.[20] 위에서 기준으로 삼은 국채는 전시공채의 약 절반 정도를 차지하는데, 액면가가 고액인 점을 감안하면 상대적으로 경제력이 열악했던 조선인은 전시채권에 집중되었을 것으로 여겨진다. 이 점을 감안하면 전체에서 조선인의 소화 비율은 이보다는 더 높을 것으로 예상된다.

그런데 기본적으로 공채는 이를 감당할 수 있는 소득을 기준으로 부과되었을 것이기 때문에 단순한 민족별 비교는 의미가 없다. 재조일본인과 조선인의 소득 수준을 직접세 부담액을 기준으로 비교해보면 1호당 일본인은 조선인보다 약 8~13배 많은 직접세를 납부하고 있었다.[21] 즉 식민지 조선에서 조선인과 일본인의 소득 격차는 10배 이상이나 나는데, 시간이 지날수록 이 격차는 더 벌어지고 있었다. 그러나 일본인과 소득 격차가 벌어지는 것에 반비례하여 조선인의 국채 구입 비율이 높아지고 있었다. 1940년 12%에 불과했던 조선인 비율은 19%→21%→23%→26%로 매년 증가가고 있었다. 반면 소득 격차는 1호당 1937년 8배에서 9배→11배→12.6배→12.5배→13.5배로 늘어나고 있었다. 양자 간의 소득 불균형이 심화되었음에도 불구하고 조선인의 국채 구입 비율이 증가 경향에 있었던 것은 사실상 조선인은 그들이 감당할 수 있는 수준을 넘어서는 전시공채 소화를 강요당했다는 것을 알 수 있다. 동시에 일제가 조선인을 대상으로 더 강력한 행정력을 행사하였음을 충분히 예상할 수 있을 것이다.

강제저축은 일찍부터 그 부담의 과중함이 지적되고 있었다. 윤치

---

20 조명근, 2009, 앞의 글, 437쪽, 〈표 5〉.
21 조명근, 2009, 위의 글, 439쪽, 〈표 6〉.

호는 1938년 12월 16일자 일기에서 다음과 같이 그 실태를 알려주고 있다.

> 사람들 주머니에서 돈을 뜯어내는 방법은, 말로는 형편에 맞게끔 저금하면 된다고 하면서도 실제로는 형편 이상으로 저금하도록 강요하는 것이다. 시골의 가난한 농민들로서는 꽤나 버거운 일이 아닐 수 없다. 한 예로 남궁억씨의 1년 평균소득은 600원쯤 되는데, 무려 217원을 저금하라는 강요를 받았다고 한다. 저축할 돈을 얻으려고 조그만 땅덩이나 초라한 초가집을 저당 잡혀야 하는 이들도 있다. 문제는 가난한 시골 사람들이 이런 종류의 착취를 얼마 동안이나 버틸 수 있느냐 하는 점이다. 난 총독이 이런 사실을 알았으면 좋겠다. 그는 훌륭한 사람이라서 이런 일을 그대로 보고만 있지는 않을 것이다. 그러나 하위 관료들은 실적을 올리려고 애국심이라는 미명하에 지속적으로 주민을 착취하고 있다.[22]

위 일기가 쓰여진 시점은 1938년 말로 아직 본격적인 강제저축이 시작되기 전이었다는 점을 고려하면, 이후 조선인에게 가해진 수탈의 강도를 짐작할 수 있을 것이다. 그런데 여기서 한 가지 주의해야 할 점은 이러한 경향을 조선인 전체로 일반화할 수 없는데 그 계급적 기반에 따라 강제저축을 자발적으로 행한 이들도 분명히 존재한다는 사실이다. 일부 조선인들에게 전시공채 소화는 충성심을 발휘할 수 있는 좋은 기회였을 것이다. 한편으로는 당국으로부터 의심을 사지 않기 위해서 어쩔 수 없

---

22 김상태 편역, 2001, 『윤치호 일기 1916~1943』, 역사비평사, 428쪽.

이 구매한 자도 있었을 것이다. 따라서 여기에는 일방적인 자발성이나 강제성이 아닌 양면적인 속성이 내재되어 있다고 보아야 할 것이다.[23]

3. 전시공채 소화를 통한 자금동원의 실태

1) 조세로서 기능한 전시공채 소화

조선총독부는 당시 현금 수입이 발생하거나 지출되는 지점을 모두 통제하여 시중의 구매력을 최대한 흡수하고자 했다. 전시공채는 기본적으로 유산자층을 대상으로 직접 소화를 강요하는 방식이 주를 이루었다. 구체적인 사례를 통해 그 실태를 확인해보자. 1941년 10월 24일부터 매출된 제24회 지나사변국채의 경우, 경기도에서는 경성부에 총 67만 8,000원을 할당하였고, 경성부에서는 개인에게 13만 5,600원, 법인에 54만 2,400원을 배정하였다. 경성부 총력과에서는 개인의 경우는 연수입 1만 원 이상의 부민을 대상으로 최저액 45원부터 최고액 3,400원의 국채를 배당하였고, 법인의 경우는 부내 각 회사, 은행, 상점, 공장 등 약 800개소를 선별하여 자본금에 따라 할당하였다. 그리고 대상자들에게 10월 13일에 해당 내용의 통첩을 내렸다. 이 기준은 시간이 지날수록 하향됨으로써 구입 대상자가 증가되었다. 1942년에 경성부는 개인의 기준을 종전의 연수입 1만 원에서 6,000원으로 재조정함에 따라 대상자

---

23 조명근, 2009, 앞의 글, 442~443쪽.

를 3,000명으로 확대하였고, 이들에게는 전체 소화액의 20%를 할당하였다. 1943년 들어서는 연수입 300~1,000원까지는 5원 이상, 2,000원까지는 10원 이상, 3,000원까지는 15원 이상의 채권 구입을 강요하였다.

이상과 같이 소득을 기준으로 한 전시공채 소화에 있어 핵심적인 역할을 한 것이 상여금이었다. 상여금은 월급 이외의 부가적인 수입으로 여유자금이라고 볼 여지가 클 뿐 아니라 지급 기간과 금액을 사전에 파악할 수 있다는 점에서 전시공채 소화 목적에 잘 부합하는 대상이었다. 더구나 상여금은 단기간에 집중적으로 지급되기 때문에 만약 이 돈이 그대로 시중에 풀린다면 고스란히 물가상승으로 이어지게 될 우려가 있었다. 따라서 전시공채의 발행 추이를 보면, 항상 상여금기를 기점으로 발행액이 큰 폭으로 증가하는 추세를 확인할 수 있다.[24] 조선총독부에서는 1938년 11월에 상여금의 국채 소화 표준율을 책정하고 관리 및 경찰, 각 은행, 회사, 공장, 단체에서도 전시공채를 구입하도록 하였다. 각 기관에서는 할당받은 전시공채를 일괄 구입하여 당국이 정한 지급율에 따라 지급하는 방식이었다.[25] 시간이 지날수록 이 지급율은 상승하고 있었는데, 주로 고액의 상여금일수록 그 인상 폭이 큰 것을 볼 수 있다. 만약 할당을 받은 공채를 다 소화하지 못했을 경우에는 회사가 나머지를 책임지도록 하였다. 이와 같이 소득에 기반해 전시공채를 강제로 소화시키는 것은 소득의 일부분을 강제로 수취한다는 점에서 사실상 소득세와

---

24 조명근, 2009, 앞의 글, 454~458쪽, 〈부표 4〉. 이런 경향은 비교적 고액인 국채에서 현저한데, 몇 회에 걸쳐서 고정되어 있던 발행액이 상여금기를 기회로 하여 대폭 증가되는 양상을 보였다. 그런데 상여금을 빌미로 발행금액을 대폭 증액시킨 후 다음 회차에는 일부를 차감함으로써 기존의 금액을 증대시키는 방식을 취하고 있었다. 즉 일단 한번 인상된 이후에는 그 기조를 대체로 유지함으로써 발행액을 증가시키는 방법을 이용하고 있었던 것이다(조명근, 2009, 위의 글, 435~436쪽).

다를 바가 없었다.

그런데 전시공채는 소비가 행해지는 지점에서도 그 소화가 강제되고 있었다. 즉 상품을 구입하거나 음식값으로 지불되는 현금을 대상으로 삼은 것으로 1940년 봄부터 적용되고 있었다. 그 방법으로는 특정 상품 구매시 일정 비율에 해당하는 채권을 구매하는 '구매저축'이 대표적인데, 가령 50원 이상의 상품을 구입하면 20% 이상, 상품권은 50원 이상이면 그 50% 이상의 채권을 함께 구매하도록 하였다. 예컨대 가격이 50원인 상품을 구입할 때는 별도로 10원짜리 전시공채를 함께 구매해야 하기 때문에 총 60원을 지불하게 되는 셈이었다. 해당 업종은 양복, 귀금속, 신발, 금고 등 대체로 사치품을 대상으로 하였다. 또한 고급음식점의 요리값에 일정율을 부가하여 국채를 구입하도록 한 '유흥저축'을 1940년 여름부터 실시했는데, '구매저축'과 마찬가지로 유산층을 대상으로 한 점에서 가격이 비싼 국채가 주로 소화되고 있었다. 그 구입 기준도 시간이 지날수록 하향 조정되어 경성부의 경우, 1941년 9월 기존 50원 이상에 10%였던 표준을 10원 이상이면 10%, 100원 이상일 경우 20% 이상으로 바꾸었다. 소비재 생산을 최대한 제한시켜야만 하는 전시라는 상

25 상여금, 기말수당, 임시수당에 따른 전시채권 구입 표준율 (단위: %)

상여금	1938	1939	1940~1941	1942~1943.6	상여금	1943.12~1944.6	
						부양가족○	부양가족×
100원 이하		10	10	15	100원 이하	15	30
100~250원	10	15	15	20	100~200원	20	35
250~500원	15	20	20	25	200~500원	25	40
500~1,000원	20	25	30	35	500~1,000원	35	50
1,000~5,000원	30	35	40	50	1,000~3,000원	45	60
5,000원 이상	40	45	50	60	3,000원 이상	55	65

출처: 조명근, 2012, 앞의 글, 216쪽, 〈표 2〉.

황에서 사치품이나 유흥을 위한 지출 등 불필요한 소비를 억제시켜 이를 전비조달로 유도하려 한 것이었다. 다른 한편으로는 극한의 내핍생활을 강요하고 있는 시국에서 일부 부유층의 소비실태가 저축운동에 악영향을 미칠 것을 것을 우려하여 나온 조치라고 볼 수 있을 것이다. 이와는 반대로 소액 소비를 대상으로 한 '흥행저축'이 1941년 9월부터 실시되었다. 영화관이나 흥행장과 같은 곳에서는 입장료로 3원 이상을 내게 되면 1원짜리 채권인 특별보국채권(꼬마채권)을 끼워팔기도 하였다.

이상과 같이 전시공채의 소화 실태를 보면, 조세와 동일한 메커니즘으로 작동되고 있음을 확인할 수 있다. 상여금을 대상으로 한 전시공채 소화는 소득세적인 성격을, 소비재에 대한 끼워팔기 형식의 소화로 소비세적인 성격을 띠고 있음을 확인할 수 있다. 그렇다고 해서 단순히 전시공채를 조세로 규정할 수 없을 것이다. 조세는 기본적으로 강제성과 반대급부가 없는 점에 반해 전시공채는 정기적인 이자 지급과 원금 상환을 보장하고 있다는 점에서 조세와는 차이가 난다. 그러나 전시기 조선에서 심각한 인플레이션이 발생했다는 점을 감안하면 2~3%에 불과한 이자만 지불하고, 길게는 17년 후에야 원금 상환을 약속한 채권은 사실상 그 가치가 없다고 보는 게 맞다. 즉 전시하 조선인이 소화한 전시공채는 원리금의 지불과 상환이 보장된 채권(債權)임에도 불구하고 실제로는 휴지조각과 다른 바가 없게 되었다. 더구나 조선인이 보유하고 있던 전시공채는 해방 이후 일본 정부나 일본권업은행으로부터 제대로 된 상환조차 받지 못했다.[26]

---

26 구입 후 30~40년이 지난 후에 한국 정부로부터 보상을 받았지만 그마저도 만기가 15년 이상 지난 것이었다. 정부는 1971년 5월부터 1972년 3월까지 신고접수를 받고 1975년부터 1977년까지 보상절차를 밟았으나, 제대로 보상받지 못한 사람들이

이런 점에서 보면 전시공채 소화는 조선인에게 사실상 조세와 동일한 것이었다. 일제의 입장에서도 어쨌든 이자를 지급하고 원금 상환을 보장한다는 점을 내세워 조세와의 차별성을 강조할 수 있기 때문에 훨씬 효율적인 방안이었을 것이다. 결과적으로 일본 정부가 원리금 지급을 이행하지 않았다는 점에서 보면 조선인의 경우는 세금을 납부한 것과 하등 다를 바가 없었다.[27]

2) 전시공채 소화율 제고책

일제는 전시공채 소화율을 높이기 위해 다양한 방법을 강구하였다.[28] 직접적으로 압력을 가하는 강제적인 방식과 다양한 종류의 선전선동책을 활용하는 방법 등을 들 수 있다. 우선 전자의 경우 지역 내의 유산자층을 대상으로 간담회를 개최하여 그 자리에서 바로 전시공채 소화를 약속하게 하는 것이 일반적이었다. 당국이 대상자를 소집하여 전시공채 구입을 강요하는 자리에서 더구나 연대 책임하에 소화를 결의한 상태에서는 개인이 이를 거부하기가 어렵다는 점에서 매우 효과적인 방식이었다. 그런데 시간이 지날수록 소화가 순조롭게 진행되지 않는 경우가 발생했는데, 예를 들면 1942년도 경성부에서는 연수입이 6,000원 이상

많았다고 한다. 대일민간청구권의 처리 과정에 관해서는 최영호, 2005, 「한국정부의 대일 민간청구권 보상 과정」, 『한일민족문제연구』 8; 조정환, 2005, 「특별법 제정에 관한 의견」, 『일제보험등 피해 어떻게 해결할 것인가?』(일제시대 보험등 피해해결을 위한 국회 공청회자료)를 참조할 것.

27 이상은 조명근, 2012, 앞의 글, 214~223쪽을 참조하여 작성하였다.
28 이하는 조명근, 2012, 위의 글, 223~232쪽을 참조하여 작성하였다.

인 자산가 3,000명에게 국채를 배당하였으나, 이 가운데 2,000명은 아직 구입하지 않고 있었다. 그러자 경성부에서는 미구입자들을 직접 불러서 그 책임을 물을 것이라고 압력을 가하였는데, 이들은 대부분이 "큰 회사의 중역급 또는 큰 상점의 주인들"로서 자신들보다 소득이 적은 계층에 비해 열의가 뒤처진다고 비판받고 있었다.[29] 이와 같이 유산층에게 전시공채 소화의 부담이 집중되자, 최대한 이를 회피하려고 하였다. 가령 1942년 2월경에는 부동산을 매매할 때에는 대금 지불 등에 있어 국채와 강제저축으로 각각 30%를 공제한 나머지 40%만 현금으로 지급할 예정이라는 소식이 있었다. 만약 이 조치를 "즉시 실시하면 저금, 국채를 6할이나 해야 되"기 때문에 시행 이전에 부동산을 방매하기 위해서 농촌에서 토지 매매가 "전에 비하면 배나 늘었다"고 할 정도였다.[30]

한편 전시공채 소화율을 높이기 위해 조선총독부는 경쟁담론을 적극 활용하였다. 당시 조선총독부 기관지인 『매일신보』에서는 지역별로 소화율을 자세하게 보도하고 있었는데, 가령 "'사변국채'는 해주, 청주는 다 팔려서 자못 그 기세가 충천하는가 하면, 개성은 너무도 적막하고 저축채권은 원산이 지금 맨 뒤에 뒤쳐졌고 보국채권은 경성이 단연 선두에 나서서 최후의 '끝'을 향하여 돌진 중이다"라는 식으로 각 지역별로 소화율의 정도를 순서로 매겨 공표하고 있었다.[31] 만약 할당된 목표액을 달성하시 못하면 많은 비난이 가해졌는데, 경성부에서 소화율이 부진하자, 자연재해의 피해를 입어 형편이 매우 어려운 지역에서도 자신들에게

---

29 「채권보국에 협력 안는 부유계급 맹성하라, 전부 불러서 이유를 추궁할 방침」, 『매일신보』, 1942.11.20.
30 「국채와 저축기피? 부동산매매가 증가」, 『매일신보』, 1942.3.30.
31 「저축보국의 백열전, 각부, 군마다 채권소화에 전력」, 『매일신보』, 1940.12.19.

할당된 국채를 다 소화했는데, 그렇지 않은 경성부가 목표를 달성하지 못했다는 것은 큰 문제라고 목소리를 높였다.[32] 이렇게 되면 경성부는 당연히 부민에게 더 강력하게 압력을 행사할 수밖에 없었을 것이다. 전시공채 소화액의 목표달성은 "내 고장의 명예"[33]를 지키는 것이기에 결국 민간인에 대한 소화 압박을 가중시키는 것으로 귀결되었다.

다른 한편으로 당국은 각종 선전책을 활용하여 전시공채 소화를 독려하였다. 그 주요 방법은 대중들의 집회[상회(常會), 강연, 강좌, 연극, 영화회]를 개최하거나, 가두선전(현수막, 횡단막, 입간판, 광고탑, 교통수단을 이용한 광고, 광고전단지 산포, 종이를 이용한 연극, 축음기)의 전개, 인쇄물(포스터, 팸플릿, 리플릿, 엽서, 회보, 회람판, 신문광고)의 이용, 전시공채 소화와 관련된 현상모집(포스터 표어, 실화) 등을 활용하고 있었다. 이 중에서 유명인사를 동원한 가두판매의 실태를 살펴보자.

'임전대책협력회(臨戰對策協力會)'에서는 1941년 9월 7일 오후 1시부터 3시간 동안 경성부의 길거리에서 1원짜리 특별보국채권(꼬마채권)을 판매하였다. 이 가두판매에 동원된 인물은 윤치호, 이광수, 방응모, 모윤숙, 김연수, 박흥식, 오긍선, 김갑순, 유억겸, 민규식, 이진호, 한상룡, 최린 등으로 그들은 종로와 본정, 남대문 등 경성부 내 11개 지역에서 행인들을 상대로 특별보국채권을 판매하였다. 이들은 "애국운동은 이름보다도 실천이 귀하다", "나라를 사랑하는 마음과 자손의 장래를 위하는

---

32 가뭄에 시달리고 있는 경상도, 전라도, 충청도, 그리고 수해가 심한 평안도, 함경도에서도 할당된 국채를 소화시켰는데, 자연재해를 전혀 입지 않은 경성부에서 다 팔지 못했다고 비난하였다(「국채보국전에 오점, 전조선에서 경성만 낙오」, 『매일신보』, 1942.9.4).

33 「국채보국은 지금! 오늘부터 3종의 국채 일제 매출」, 『매일신보』, 1941.4.22.

마음으로 채권을 사자" 등의 선전구호를 내세워 판매를 유도하였다고 한다.[34] 이날 가두판매 풍경을 『매일신보』는 다음과 같이 전하였다.

> 북부 경성의 중앙지대라 할 종로 네거리에는 윤치호[伊東致昊] 씨, 최린[佳山麟] 씨, 한상룡 씨를 비롯하여 박인덕[永河仁德] 여사 등 9분이 화신 앞과 보신각 모퉁이에 서서 팔고 있다. 흰수염이 가을 바람에 날리는 이동(伊東) 씨의 풍모에 이끌리고 그의 애국의 정열을 생각하여 "선생님, 수고하십니다!" 하고 젊은이들이 경의를 표하면서 채권을 사고 있다. 그리고 광화문통 네거리에는 건강도 좋지 못한 중에 나선 경학원 대제학 박상준[朴澤相駿] 씨가 앞장을 섰고 본사 사장과 연희전문의 유억겸 씨, 동일은행의 민규식 씨, 본사 상무 등 8분이 네거리 북면 빈터에서 진을 치고 한 사람도 빼놓지 않고 채권을 권하는 열성을 보이고 있다. 그리고 서대문 네거리에는 신흥우[高靈興雨] 씨, 구자옥, 주요한, 신도순 씨 등 기독교계의 관계자들과 감리교 신학교 생도 10여 명이 응원으로 나와 가두를 둘러싸고 맹렬한 판매전을 연출하는 것이 대단히 활기 있다. 그리고 황금정 네거리에는 일본생명회사 앞에 이종린[瑞原鍾麟] 씨가 부인과 함께 나와 서서 팔고 있는 것이 이채였고, 화신 사장 박흥식 씨, 중추원 참의 고원훈 씨 등이 "스크럼"을 하고 서서 안전지대로 맹렬한 돌격을 한 것을 보면 상당한 성적을 내었으리라.[35]

---

34 「임전대책협력회서 가두로 채권봉공대」, 『매일신보』, 1941.9.7.
35 「8천매를 즉시 매진, 채권 가두유격대에 개가, 작일, 임전대책협력회원 칠십여명이 총동원」, 『매일신보』, 1941.9.8.

이와 같이 유명인사를 동원하는 가두판매는 1943년 들어 빈번하게 시행되었는데, "'몸뻬'의 차림차림도 늠름한 어여쁜 아가씨들이 길가는 사람들 앞에 나타나서 구슬을 굴리는 듯한 아름다운 목소리"로 채권의 구입을 요청하였는데, "그들의 두 손에는 5원, 10원짜리의 대권(大券)채권과 1원짜리 탄환절수가 두툼하게 쥐여져 있"었다. 경찰서와 파출소에 설치된 확성기에는 "채권과 국채를 사는 것은 총후국민의 의무입니다", "채권 한장은 곧 미영격멸의 대포가 되고 비행기가 됩니다"라는 선전이 흘러나오고 있었다. 한편 조선금융단에서도 조선은행을 비롯한 13개 가맹단체의 직원 240명을 동원하여 "국채, 채권 가두매출대를 편성"하고 경성부 내 주요 지점에서 판매를 실시하였다. 또 조선영화회사, 연극문화협회의 배우들이 가두판매에 총동원되는 경우도 있었다.[36]

그러나 전시공채 소화의 경우, 초기에 한시적으로 자발성에 기댈 수 있었지만 시간이 지날수록 그 저항이 강해질 수밖에 없었다. 더구나 전시 인플레이션이 격심해지는 상황 속에서 채권 소화를 기피하는 것은 당연하게 된다. 일제는 전시공채의 소화율을 제고하기 위해 애국심의 강요와 사행심의 활용이라는 방식을 채택하였다. 일제는 전시공채 구입은 애국심의 증거라는 담론으로 구입을 강제하였다. 전선에서 목숨을 걸고 싸우는 병사와 그들의 희생으로 후방에서 편안히 살 수 있는 민간인이라는 대비를 통해 "총후국민으로서의 최대의 의무"인 국채를 매입해야 한다면서 그 소화를 강요하는 방식이 일반적이었다.[37] 전선에서 전

---

36 「초일 성적은 극양호, 거리마다 채권매출부대 대인기」, 『매일신보』, 1943.6.24; 「가두에 봉공의 열연, 대인기인 남녀배우 채권보국전」, 『매일신보』, 1943.6.26.

37 「사설: 국채소화에 진력하자」, 『매일신보』, 1941.12.21.

투를 치르고 있는 병사에게 만약 "탄환이 모자란다거나 비행기가 모자란다거나 하여 제일선 장병에게 만일에라도 부자유를 끼치는 일이 있다고" 한다면 이것은 "총후의 우리들"의 책임이라는 식의 담론을 내세우고 있었다.[38] 따라서 공채를 사는 것을 두고 "나라에 기부를 하는 것"이라고 생각하는 것은 잘못된 것으로 "공채를 사는 것은 위대한 『애국심의 표현』"과 다름없다고 보았다.[39] 이제 전시공채는 단지 유가증권에 그치는 것이 아니라 "탄환"과 "대포"가 되는 것이다.[40] 이와 같은 논리에 따르면 전시공채를 구입하지 않는 자는 비국민으로 "일억의 배반자와 용서할 수 없는 죄인"[41]의 취급을 받아도 당연한 것이 된다. 시간이 지날수록 이전보다 훨씬 과격한 구호로 전시공채 소화를 강요하는 것은 그만큼 상황이 여의치 않다는 것을 반증하는 것이라고 볼 수 있다.

그러나 이와 같은 애국심을 바탕으로 한 강제는 한계가 따를 수밖에 없었다. 당국자들도 이런 현실을 인정하고 있었다. 민간인들이 상여금을 대신하여 전시공채를 받을 때에는 "이것은 다만 국가에 봉사하는 것이다. 수입을 국가에 그저 바친다는 생각을 가지는 사람이 많은 듯"[42] 하다거나 아예 "돈을 아주 없었던 셈 치고 눈 꼭 감고 채권이나 국채나 저금통장과 바꾸어버릴 용기를 내자"라고 솔직하게 인정한 기사도 있

---

38 「국채전에 정신(挺身)의 추, 15일부터 일천만 원 완전 소화에 맥진」, 『매일신보』, 1942.10.9.
39 「산다는 관념을 버리자!, 채권보국에 새 인식」, 『매일신보』, 1942.11.19.
40 「4백만 원의 채권전 래15일부터 전선에 저축, 보국 매출」, 『매일신보』, 1942.9.28.
41 「국채의 최후돌격전, 내 22일부터 금년도 마지막으로 일제 매출」, 『매일신보』, 1943.2.15.
42 「타인의 저금을 조사해서 기부권유 등에 이용말라」, 『매일신보』, 1943.6.19.

었다.[43] 이와 같이 경제적 가치를 전혀 가지지 않는 전시공채의 소화를 진작시키기 위한 방법의 일환으로 생각해낸 것이 사행심의 활용이었다.

대표적인 것으로 1940년대부터 등장한 전시보국채권을 들 수 있다. 보국채권이 종래의 채권과 가장 큰 차이가 나는 점은 최고할증금을 권면 금액의 1,000배로 확장한 것이다. 당시 보국채권을 두고서 행해진 "10원짜리 채권을 사고 1만 원의 할증금을 차지할 행운의 사람은 누구인가?", "만인계(萬人契)를 타는 것과 같이 10원짜리 채권을 사면 1만 원이 들어맞는 보국채권", "무엇보다도 탐나는 것은 10원짜리에 1만 원이 들어맞는 것"[44]이라는 선전은 사행심을 자극하는 너무나도 노골적인 유인책이었다. 꼬마채권이라 불렸던 액면가 1원의 특별보국채권은 무이자이면서 2년 만기라는 점에서 사실상 복권과 다름없었다. 당시 일제는 강제저축을 애국심에만 호소하는 것은 한계가 많다고 보고 사행심을 활용하고 있었던 것이다. 단기간에는 개인의 애국심에 호소하여 효과를 볼 수 있을지는 몰라도 장기적으로 끌고 가기에는 어려울 수밖에 없기 때문에 기왕의 할당액을 채워야 한다면 한번에 큰 돈을 벌 수 있다고 유혹하는 방식을 더 선호할 수밖에 없게 된다.

그러나 앞에서 보았듯이 전시공채의 소화는 '고결한 애국심'의 표상이었는데, 복권과 같은 투기의 형식으로 애국심을 유도하는 것은 문제의 소지가 클 수밖에 없었다. 당시 일본 제국의회에서는 보국채권에 대해 복권과 다름 없다며 한심하다는 비판이 제기되고 있었다. 당시 조선총독

---

43 「천오백만 원 채권전, 상반기 상여금을 저축의 탄환으로」, 『매일신보』, 1943.6.15.
44 「총애를 일신에 보국채권등장」, 『매일신보』, 1940.4.7; 「만인계 탈 사람은 누구?」, 『매일신보』, 1940.5.1.

부 재무국장이었던 미즈타 나오마사(水田直昌)도 보국채권과 같은 것은 결국 "국민성을 타락시켜도 돈만 모으면 좋다"는 생각에서 나온 것이라고 하면서, 당시 상황이 너무도 급박했기 때문에 시행할 수밖에 없었다고 해명하였다. 그러면서 "인플레이션의 해악이 인간의 덕성까지도 좀먹게 한다는 생각"이 들 정도였다고 회고하였다.[45]

---

45   水田直昌·土屋喬雄 編述, 1962, 『財政·金融政策から見た朝鮮統治とその終局』, 財團法人友邦協會 朝鮮史料編纂會, 104~106쪽.

결론

일제강점기 조선에서는 조선은행이 독점적으로 은행권을 발행하였다. 조선은행은 정화준비＋보증준비＋제한외발행의 형식으로 은행권을 발행했는데, 정화로 금화, 지금은, 일본은행권을 준비해야 했다. 보증준비는 국채증권 등 법령에 규정된 물건을 준비로 발행했는데, 그 한도액은 「조선은행법」에 명문화되어 있었다. 제한외발행은 정화준비와 보증준비 한도를 초과하여 은행권을 발행해야 할 때 인가권자(조선총독, 1924년 이후부터 대장대신)의 허가를 받아 발행하는 것으로 발행세를 납부하였다.

조선은행권 발행제도는 다음과 같은 특질을 가지는데 첫째, 정화준비에 일본은행권을 포함시킨 것으로 같은 식민지인 대만은행의 경우 보증준비를 물건으로 한 것과는 차이를 보이고 있었다. 더구나 정화준비 대부분을 일본은행권이 차지하였기 때문에 조선은행권 발행준비의 핵심은 엔자금 조달에 달려 있었다. 그런데 식민지기 조선은 일본과의 무역에서 적자가 발생하여 일본은행권이 유출되는 구조이므로 조선은행은 일본 단자시장의 콜머니를 통해 부족한 정화준비를 해결하였다. 그러나 이 방식은 비용이 지출되는 것이기에 조선은행에는 고스란히 손실로 남게 되었다. 둘째, 보증준비 발행은 무이자로 은행권을 발행할 수 있다는 점에서 조선은행에는 수익상 가장 선호되는 방식이었다. 그러나 보증준비 발행한도액은 「조선은행법」에 고정되어 있기 때문에 이를 확장하기 위해서는 법안을 개정해야만 했다. 「조선은행법」은 일본의 법률로 제정되었기 때문에 제국의회의 심의를 거쳐야 했는데, 총 네 차례에 걸쳐 확장된 사례를 보면, 일제의 국책을 수행할 때 그 한도액이 인상되었다. 즉 통화 수요 증대 등 경제적 사정이 아니라 조선은행이 국책 수행 담당자가 되었을 때 가능한 것이었다.

그런데 조선은행은 일반적 의미의 중앙은행과 달리 상업금융을 겸영하여 영리를 추구하는 기관이었다. 조선은행 발권력 확장은 수익 증가로 이어지기 때문에 은행권 발행에 소요되는 비용을 최대한 절약할 필요가 있었고, 이에 조선은행 도쿄지점은 엔자금 조달과 운용을 통해 발권을 조절하고 있었다. 영리 추구의 관점에서 보면 조선은행에 가장 바람직한 발행 방식은 보증준비 확장인데, 이는 정부 국책의 담당자가 될 때 가능한 것이었다. 그런 의미에서 조선은행의 경우 국책 수행은 단순히 부여된 임무가 아니라 능동적으로 수행해야 하는 사업이었던 것이다. 당시 보증준비 한도 확장이 조선은행에 커다란 이익을 안겨주었다는 점에서 조선은행의 영리를 보증해주는 가장 강력한 그리고 사실상 유일한 통로가 국책 수행이었던 것을 알 수 있다.

1937년 중일전쟁이 일어나자 기존의 발행제도로는 통화증발 압력을 감당할 수 없다고 판단한 일제는 1941년 일본·조선·대만의 발행제도를 전면적으로 개정하여 최고발행액제한제도를 도입하였다. 이 발행제도는 대장대신이 매년 최고발행액을 정해 탄력적인 은행권 발행을 가능하게 한 것이었다. 일본은행이 정화준비를 폐지한 것과 달리 조선은행은 그대로 유지했는데, 조선은행권의 가치 유지는 일본은행권과의 태환에 달려 있기 때문이었다. 최고발행한도액 산정 과정에서 조선은행 측은 대장성보다 더 높은 발행한도를 요구하고 있었다. 당시 통화량이 필연적으로 증대될 것으로 예상되는 상황 속에서 실제 발행고가 예상 한도액보다 훨씬 더 급격히 증가할 수 있다는 것을 감안하고 양측은 발행한도 산정을 준비하고 있었다. 대장성은 발행한도를 높게 산정할 경우 시중에 인플레이션 심리가 조장될 것을 염려하였기에 최소한으로 억제하려 한 반면 조선은행은 실제 예상액보다 낮게 설정하면, 그 초과분은 모두 제한외발행으로 해결해야 하는 점을 염려하고 있었다. 이 경우 발생하는 발행세는 고스란히 조선은행에 손실로 남기 때문에 이를 최대한 피하려고 했던 것이다. 이 과정에서 조선은행이 보여준 태도는 통화를 건전하게 운영해야 하는 기관이 아니라 손실을 최소화하려는 민간기업과 다를 바가 없었다. 이런 태도는 조선은행이 '식민지 중앙은행'으로서 가진 한계라기보다는 식민지 발권은행으로 상업금융을 겸영하고 있었던 구조 속에서 이해해야 할 것이다.

일제하 금융기관은 특별법에 의해 설립된 특수금융기관과 「은행령」의 적용을 받는 일반은행으로 크게 구분된다. 특수금융기관은 발권은행인 조선은행, 장기산업자금을 공급하는 조선식산은행과 동양척식주식회사, 사회정책성 자금을 담당하는 금융조합을 들 수 있다. 조선총독부의 금융정책은 크게 두 단계에 걸쳐 정비되었는데, 첫 번째는 1910년대 말로 1917년 조선은행과 동양척식주식회사의 만주 진출과 1918년 조선식산은행의 설립으로 일단락되었다. 두 번째 단계는 1920년대 말로 조선총독부는 「은행령」과 「금융조합령」의 전면 개정과 「저축은행령」의 제정을 통해 특수금융기관 중심의 금융 체제를 완성하였다. 금융조합의 금융 기능 강화와 조선저축은행의 저축업무 독점이라는 방향에서 추진된 일련의 제도 개정 결과 일반은행은 더욱 위축되었고, 특수금융기관의 금융독점은 심화되었다. 이후 조선총독부는 특수금융기관의 정책금융을 확대시키고 일반은행은 합병을 통해 소수의 대은행으로 재편함으로써 금융통제력을 강화시켜나갔다.

1914년에 발발한 제1차 세계대전으로 일본은 큰 변화를 겪는데, 경제적으로 경상수지가 흑자로 전환되고 처음으로 자본수출국으로 성장하게 되었다. 대외적으로 중국 침략을 도모하는데, 그 일환으로 만주 지역 특수금융기관 설립을 추진하였다. 이에 당시 조선총독이었던 데라우치 마사타케는 일본 군부의 '선만일체화'를 내세우며 조선은행과 동양척식주식회사의 만주 진출을 적극적으로 추진하였고, 자신이 내각 총리가 됨으로써 기존 계획을 무산시키고 이 계획을 실현하였다. 그 결과 조선은행은 요코하마정금은행이 수행하던 '만주 중앙은행'의 역할을 계승하여 관동주 및 만철부속지에서 국고금을 취급하게 되었고, 조선은행권은 강제통용력을 부여받아 '법화(法貨)'가 되었다. 동양척식주식회사도 법령을 개정하여 만주를 비롯하여 해외 지역에 진출할 수 있게 되었고, 경성에서 도쿄로 본점도 이전하였다. 이 개정을 통해 동양척식주식회사는 장기대출을 담당하는 척식금융기관으로서 그 성격을 전환하였다. 이후 동양척식주식회사는 영업 지역을 만주, 중국, 필리핀 및 남양군도 등지까지 그 범위를 확대하였다.

한편 조선총독부는 조선은행과 동양척식주식회사의 만주 진출로 인해 발생할 조선 내 금융 공백을 메우는 동시에 식민지 산업금융을 확대하기 위해 1918년 조선식산은행을 설립하였다. 조선식산은행은 기존의 농공은행을 합병하여 창설되었는데, 농공은행은 한말 통감부가 지방 금융의 경색을 타개하고 지방 농공업을 개발한다는 명목으로 주요 지역에 설립한 기관이었다. 조선식산은행은 조선총독부 산하 금융기관으로 자본금이 1천만 원에 이르고 납입자본의 10배에 상당하는 회사채도 발행할 수 있는 대형 은행으로 출범하였다. 조선식산은행은 기존 농공은행에 비해 그 자금조달력이 크게 강화되었는데, 제1차 세계대전을 계기로 급성장하고 있었던 일본 자본시장에 진출하여 자금동원을 할 수 있었기 때문이다. 사실상 조선식산은행은 은행권 발행을 제외한 모든 금융업무를 수행하는 명실상부한 조선 내 중추금융기관으로서 설립된 것이었다.

통감부의 말단 행정·통치기관의 일종으로 1907년부터 설립된 지방금융조합은 1914년과 1918년의 법령 개정을 통해 금융기관으로서의 성격을 크게 강화하였다. 1914년의 경우 지방금융조합에 조합원 및 비조합원의 예금을 수취할 수 있도록 함으로써 은행의 수신업무를 허용하였다. 1918년 개정으로 금융조합은 농촌을 대상으로 한 촌락금융조합과 시가지를 영업 구역으로 한 도시금융조합으로 분화되었고, 후자에게는 일반은행의 주된 업무인 어음할인과 당좌대월 업무도 허용하였다. 도시금융조합은 그 영업 지역이 대부분 일반은행과 중첩된다는 점에서 양 기관 간의 경쟁이 새로운 문제로 대두되었다. 그리고 도를 단위로 지역 내 개별 금융조합의 지도감독기관으로 각도금융조합연합회를 신설하였다. 1910년대 두 차례의 제도 개정을 통해 단계적으로 일반은행화의 길을 밟아간 금융조합은 1929년의 「금융조합령」의 전면적인 개정으로 일반은행화가 완성되었다. 이 개정은 금융조합의 금융 기능을 강화시켜 조선총독부 정책금융기관으로서의 역할을 확대하는 것에 목적이 있었다. 1933년 독자적인 자금조달과 공급 능력을 갖춘 중앙기관으로서 조선금융조합연합회가 창설됨에 따라 금융조합은 조선 전 지역을 대상으로 자금을 운용할 수 있게 되었다. 이상과 같이 조선총독부는 1914년부터 이어진 일련의 금융조합 제도 정비를 통해 금융조합을 본격적인 금융기관으로 육성하겠다는 정책 의지를 확실히 보여주었다. 그리고 금융조합이 금융기관으로 활동하기 위해서는 자금조달력을 제고시켜야 했는데, 이를 위한 법적·제도적 지원도 아끼지 않았다.

일반은행은 조선에 본점이 있는 본점은행과 일본에 본점을 둔 지점은행으로 구분되고, 다시 전자는 설립 주체의 민족별 구분에 따라 조선인은행과 일본인은행으로 분류할 수 있다. 통감부기 일반은행은 민족별로 서로 다른 법령을 적용받았는데, 1912년 조선총독부는 「은행령」을 제정하여 이원화된 제도를 하나로 통일하였다. 이 「은행령」에 따라 기존 대금회사가 상업은행 업무를 할 수 없게 됨에 따라 그중 일부가 은행으로 전환되었다. 한편 제1차 세계대전의 영향으로 조성된 호경기를 기회로 1910년대에 20개의 은행이 신규로 설립되었다. 조선인은행은 경성에 본점을 둔 1행과 지방에 본점을 둔 9행 등 모두 10행이었고, 일본인은행은 경성에 본점을 둔 2행과 지방은행 8행 등 역시 10행이었다. 조선총독부는 일반은행과 특수금융기관과의 경쟁을 우려하여 대도시 지역을 제외하고는 하나의 지역에 중복으로 허가하지 않았다. 그 결과 신설된 일반은행은 지방에 단점을 두고 있는 지방은행이 대부분을 차지하였다.

일제강점기 일반은행은 1910년대에는 한성은행, 조선상업은행, 한일은행의 3행이 예금, 대출, 영업소 등 영업 전반에 걸쳐 전체 일반은행의 약 80%를 차지할 정도로 압도적인 위치에 있었다. 1920년대 들어 한일은행은 그 신장세가 둔화되면서 한성은행과 조선상업은행 양행이 지배적인 위치에 있었다. 1920년대 후반부터 한성은행이 불량대출로 인해 그 실적이 악화되었고, 조선상업은행은 합병을 통해 그 규모를 증대시켜나간 결과 1928년에는 조선상업은행이 예금과 대출 모두 전체 일반은행 중에서 40% 이상을 자지하였다. 조선상업은행의 지배적인 위상은 1930년대까지도 계속 이어지고 있었다. 또한 일제강점기 일반은행과 관련해 주목해야 할 점으로 은행의 설립 주체에 따라 거래 고객이 민족별로 분리되는 현상이 두드러진 것을 들 수 있다. 조선인은행은 조선인이, 일본인은행의 경우 본점·지점은행 모두 일본인이 주거래 대상이었다. 이와 같이 조선인은행, 특히 지방의 일반은행은 지역 조선인 자본가를 위한 자금공급에 지대한 공헌을 하고 있었고, 이는 지방 은행 사례를 통해서도 확인할 수 있었다.

1911년 4행에 불과했던 일반은행이 1920년 최대 21행으로 증가함에 따라 은행 간 경쟁이 심화되었고, 이에 조선총독부는 합병을 추진하였다. 일반은행 합병은 1928년 「은행령」 개정을 전후하여 서로 다른 양상을 보이는데, 우선 이전의 경우 지방은행 간 합동을 거친 후 조선상업은행에 합병된 사례가 다수를 이루고 있다. 이례적인 사례는 전주에 본점을 둔 조선인은행인 삼남은행이 조선상업은행으로 합병된 것으로 호남지역 영업 확대를 꾀하던 조선상업은행의 요구로 성사되었다. 조선상업은행에 합병된 은행들이 모두 일본인은행이라는 점을 고려하면 조선인은행이 일본인은행화된 조선상업은행과 자의적으로 합병한 유일한 사례이다. 조선인은행 간에 합병한 사례는 단 한 건으로 1928년 경남은행과 대구은행이 합병하여 설립한 경상합동은행이다. 조선총독부가 개입하여 합병을 강력히 요구하여 성사시켰다는 점에서 전자와는 다른 양태를 보여주었다. 1928년 「은행령」 개정으로 인해 기존 은행 중 자본금 100만 원 미만인 은행은 증자하거나 타 은행과 합병하지 않을 경우 존립이 불가능하게 되는 등 일반은행에 더욱 불리한 경영 환경이 조성되었다. 개정 「은행령」에 기반한 조선총독부의 일반은행 정책의 기본 방향은 자본의 집중을 통한 대자본 은행의 육성에 있었다. 이에 따라 조선총독부는 지방의 조선인 소자본 은행과 경성의 일본인 대자본 은행과의 합병을 추진하였다. 1930년대 합병 실태를 보면 크게 지방 소은행의 합병에 의한 지방 대은행화를 도모(대구상공은행 신설)한 사례와 '상업'이라는 명칭을 단 은행들이 조선상업은행으로 합병된 사례, 그리고 조선인 대은행인 한일은행과 호서은행 간의 합동으로 탄생한 동일은행을 들 수 있다. 전시기 들어 조선총독부는 금융통제의 일환으로 일반은행 합병을 강력히 추진한 결과 1937년 말의 7행이던 일반은행은 1943년이 되면 조흥은행과 조선상업은행 두 개의 은행만 남게 되었다.

조선총독부는 저축과 신탁에 특화된 조선저축은행과 조선신탁주식회사를 설립하여 금융통제력을 강화하였다. 조선저축은행의 최대주주는 조선식산은행으로 조선식산은행의 저축예금업무와 그 종업원을 인수하여 설립되었고, 이후에도 조선식산은행의 영업소를 대리점으로 이용하는 등 사실상 조선저축은행은 조선식산은행의 자(子)은행으로 출범하였다. 조선신탁주식회사도 최대주주는 조선은행과 조선식산은행으로 일종의 특수금융기관으로서의 조선신탁주식회사를 설립한 것이라고 볼 수 있다. 이는 특수금융기관의 금융독점을 강화하고자 한 조선총독부 금융정책의 산물이었다. 한편 일제강점기 근대금융기관이 확산되었음에도 불구하고 경제력이 취약한 서민계층은 이를 이용할 수 없었다. 따라서 서민계층은 대금회사나 전당포와 같은 고리대금융에 의존할 수밖에 없었다. 특히 전당포는 이용 자격에 제한이 없고 생활필수품을 담보로 하여 간편하게 소액의 돈을 빌릴 수 있었기 때문에 서민들이 생활용 자금이나 급하게 돈이 필요할 때 가장 많이 이용하는 기관이었다. 그러나 전당포 금리는 조선 내 절반 지역에서 그 이율이 연 84%에 달할 정도로 가혹한 수준이었다.

1937년 중일전쟁이 발발하자 조선총독부는 일본의 전시금융정책에 따라 식민지 조선의 금융통제를 강화해나갔다. 1937년 「임시자금조정법」을 통해 자금 분야에 「수출입품등임시조치법」을 통해 실물 측면에 강력한 통제를 가했고, 1940년에 시행된 「은행등자금운용령」으로 기존 설비자금 이외에 운전자금으로 그 통제 범위를 확대하였다. 또한 전시경제를 실천할 금융통제기구로 1938년 조선금융단을 설립하여 국채 소화와 생산력확충자금 공급을 위한 저금리정책을 추진하였다. 한편 전시기에 전쟁 비용을 충당하고 전시인플레이션을 억제하기 위해서는 반드시 시중의 민간자금을 흡수해야만 했다. 일제는 강제저축을 통해 민간의 소비자금을 흡수함으로써 전쟁과 직접적인 관련성이 적은 분야의 지출은 최대한 억제하면서 전비를 조달하려 하였다. 조선총독부는 1938년부터 '국민저축조성운동'이라는 이름으로 강제저축운동을 전개하였다. 식민지 조선 전체의 저축 증가액을 보면 약 1937년 1억 2,000만 원에서 1944년 10월에는 약 56억 2,000만 원으로 불과 7년 동안 무려 44.5배나 폭증하였다.

강제저축의 일환으로 시행된 것이 전시공채의 민간인 소화이다. 전시공채에는 일본 정부(대장성)가 발행한 국채와 특수금융기관인 일본권업은행이 발행한 전시채권(저축채권, 보국채권 등)의 두 종류가 있다. 국채는 본래 일본은행 및 대장성에서 소화했는데, 그 일부를 민간인에게 소화하도록 한 것이다. 일본권업은행이 발행한 전시채권은 조선에서는 우편국과 조선식산은행을 통해서 민간인에게 배부되었는데, 그 수입금은 전부 대장성 예금부에 집적되고, 다시 국채 소화로 환류되었다. 전시공채는 주로 소득이 발생하는 지점에서 소화가 강제되는 것이 일반적이었는데, 동시에 소비가 행해지는 지점에서도 이루어지고 있었다. 이와 같이 전시공채는 직접세와 간접세의 형식으로 소화되었다. 상여금 등 소득을 대상으로 하여 일정 비율의 채권을 구입하게 하거나 특정 소비재나 유흥 관련 지출에는 채권을 함께 사는 방식으로 소화시켰다. 조선총독부는 소득 및 소비의 원천징수를 적극적으로 활용하여 국채 소화율을 높이려고 하였다. 그러나 전시하 조선에서 발생한 급격한 인플레이션을 고려하면 확정이자를 지불하고, 최장 17년 이후에야 원금 상환을 약속한 채권의 가치는 거의 없다고 해도 무방하다. 이와 같이 전시하 조선인이 구매한 국채나 전시채권은 원리금의 지급과 상환이 보장된 채권(債權)이지만 당시 엄청난 인플레이션으로 인해 원금과 이자의 실질가치가 폭락함으로써 휴지조각에 불과하게 되었다.

부록

<부표1> 주요 금융기관 예금 구성비

(단위: 천 원, %)

연도	조선은행		조선식산은행		조선저축은행		금융조합		일반은행	
1909	7,320	39.6	1,650	8.9					9,538	51.5
1910	4,970	27.8	3,205	18.0					9,679	54.2
1911	4,955	26.6	4,100	22.0					9,544	51.3
1912	5,639	27.9	4,469	22.1					10,123	50.0
1913	6,355	28.7	4,599	20.8					11,186	50.5
1914	6,908	29.7	4,718	20.3			68	0.3	11,546	49.7
1915	8,361	29.4	6,456	22.7			197	0.7	13,388	47.1
1916	9,868	26.9	8,017	21.9			321	0.9	18,411	50.3
1917	13,107	28.1	9,734	20.9			573	1.2	23,254	49.8
1918	14,015	20.4	15,245	22.1			2,024	2.9	37,572	54.6
1919	20,242	17.7	34,883	30.6			6,595	5.8	52,323	45.9
1920	29,104	22.1	38,014	28.9			10,098	7.7	54,422	41.3
1921	18,912	11.2	59,515	35.4			16,476	9.8	73,348	43.6
1922	28,620	16.1	55,764	31.4			22,665	12.8	70,370	39.7
1923	31,321	17.2	47,852	26.3			29,810	16.4	73,082	40.1
1924	25,855	13.0	52,970	26.6			37,634	18.9	82,508	41.5
1925	21,436	9.9	59,208	27.2			46,116	21.2	90,576	41.7
1926	24,805	10.0	65,677	26.5			54,505	22.0	102,609	41.4
1927	29,124	11.0	68,132	25.8			63,614	24.1	103,052	39.0
1928	32,763	10.8	81,764	27.0			71,309	23.5	117,201	38.7
1929	30,205	9.6	67,510	21.5	21,352	6.8	76,892	24.5	117,344	37.5
1930	30,228	10.2	52,624	17.7	24,522	8.3	80,128	27.0	109,576	36.9
1931	33,057	10.3	65,589	20.5	26,244	8.2	88,779	27.7	106,902	33.3
1932	40,995	11.4	73,587	20.5	28,340	7.9	103,753	28.9	112,733	31.4
1933	51,013	12.2	84,777	20.3	30,139	7.2	124,284	29.7	128,138	30.6
1934	55,537	11.6	105,320	22.0	34,163	7.1	139,417	29.1	144,541	30.2
1935	73,605	13.2	127,786	22.9	43,714	7.8	153,417	27.5	159,345	28.6
1936	71,854	12.4	130,502	22.6	54,726	9.5	162,355	28.1	158,448	27.4
1937	99,699	15.5	131,419	20.5	58,555	9.1	179,515	28.0	172,786	26.9
1938	137,189	16.1	191,125	22.4	68,028	8.0	229,036	26.8	227,974	26.7
1939	184,117	15.6	254,606	21.6	89,793	7.6	308,614	26.2	339,364	28.8
1940	240,999	15.2	333,560	21.1	127,937	8.1	432,142	27.3	446,837	28.3
1941	262,941	13.3	410,693	20.7	164,805	8.3	586,214	29.6	557,374	28.1
1942	310,229	11.8	560,396	21.3	214,111	8.1	798,931	30.4	746,605	28.4
1943	508,214	13.7	809,193	21.8	296,367	8.0	1,146,007	30.9	948,516	25.6
1944	508,840	10.0	1,056,471	20.7	366,084	7.2	1,794,931	35.1	1,383,961	27.1

출처: 朝鮮總督府財務局, 1939, 『朝鮮金融事項參考書』; 朝鮮銀行 調査部, 1949, 『經濟年鑑』.

〈부표 2〉 주요 금융기관 대출 구성비

(단위: 천 원, %)

연도	조선은행		조선식산은행		금융조합		동양척식주식회사		일반은행	
1909	3,629	19.9	4,116	22.5	489	2.7	202	1.1	9,818	53.8
1910	5,359	22.2	6,344	26.3	779	3.2	379	1.6	11,287	46.7
1911	9,143	28.0	8,509	26.0	1,182	3.6	796	2.4	13,038	39.9
1912	13,914	31.0	10,456	23.3	1,702	3.8	2,080	4.6	16,681	37.2
1913	18,346	33.7	11,583	21.3	2,090	3.8	3,814	7.0	18,545	34.1
1914	18,127	33.0	11,554	21.1	2,147	3.9	5,209	9.5	17,830	32.5
1915	16,997	30.7	11,462	20.7	2,127	3.8	5,853	10.6	18,881	34.1
1916	22,303	34.5	12,713	19.6	2,818	4.4	5,818	9.0	21,048	32.5
1917	33,252	36.1	17,686	19.2	3,761	4.1	8,196	8.9	29,093	31.6
1918	52,162	34.9	29,839	19.9	6,930	4.6	15,689	10.5	44,968	30.1
1919	103,922	34.1	71,055	23.3	23,007	7.6	28,006	9.2	78,385	25.8
1920	61,058	21.9	85,986	30.9	31,382	11.3	32,353	11.6	67,477	24.2
1921	70,239	19.1	131,183	35.7	39,719	10.8	40,731	11.1	85,893	23.4
1922	61,915	16.0	151,616	39.1	51,345	13.2	40,064	10.3	83,196	21.4
1923	73,126	17.1	172,069	40.2	53,125	12.4	41,060	9.6	88,323	20.7
1924	68,387	15.4	182,198	41.0	58,306	13.1	42,422	9.5	93,429	21.0
1925	65,587	13.9	197,093	41.8	66,358	14.1	45,456	9.6	97,489	20.7
1926	56,440	11.3	213,725	42.7	76,082	15.2	49,658	9.9	105,013	21.0
1927	51,249	9.6	233,959	43.9	85,177	16.0	61,261	11.5	101,214	19.0
1928	38,821	7.0	253,111	45.4	91,381	16.4	67,010	12.0	107,183	19.2
1929	39,496	6.7	266,680	44.9	104,931	17.7	74,155	12.5	108,277	18.2
1930	48,328	7.4	298,494	45.4	123,368	18.8	82,496	12.6	104,359	15.9
1931	65,221	9.4	312,359	44.8	123,892	17.8	89,290	12.8	105,735	15.2
1932	74,337	10.0	338,338	45.7	127,832	17.3	89,590	12.1	109,934	14.9
1933	81,841	10.9	335,393	44.6	133,897	17.8	85,381	11.3	116,000	15.4
1934	90,032	10.9	360,917	43.7	150,107	18.2	84,409	10.2	139,848	16.9
1935	105,397	11.1	412,334	43.4	179,325	18.9	96,547	10.2	157,570	16.6
1936	156,581	13.7	488,221	42.7	228,464	20.0	94,365	8.3	174,977	15.3
1937	207,860	16.4	527,866	41.8	232,178	18.4	100,514	8.0	195,658	15.5
1938	235,778	16.9	580,488	41.7	257,915	18.5	108,417	7.8	210,148	15.1
1939	361,277	20.1	789,284	43.8	330,173	18.3			320,765	17.8
1940	577,784	25.3	948,256	41.6	364,140	16.0			391,554	17.2
1941	580,720	22.9	1,105,523	43.7	408,260	16.1			438,071	17.3
1942	618,136	21.0	1,248,824	42.5	498,761	17.0			572,435	19.5
1943	854,226	24.2	1,449,398	41.0	549,539	15.6			677,653	19.2
1944	1,000,058	24.8	1,647,736	40.8	527,215	13.1			864,387	21.4

출처: 朝鮮總督府財務局, 1939, 앞의 책; 朝鮮銀行 調査部, 1949, 앞의 책.

<부표 3> 조선은행권 발행고 및 발행준비별 내역

연도	은행권 발행고	정화준비					
		금은지금		일본은행권		소계	정화준비율
1910	20,164	2,022	28.8	5,003	71.2	7,025	34.8
1911	25,007	3,979	45.0	4,857	55.0	8,836	35.3
1912	25,551	3,682	42.0	5,084	58.0	8,766	34.3
1913	25,694	3,437	38.5	5,485	61.5	8,922	34.7
1914	21,850	2,429	32.6	5,023	67.4	7,453	34.1
1915	34,387	2,238	19.3	9,362	80.7	11,600	33.7
1916	46,627	2,245	13.5	14,381	86.5	16,627	35.7
1917	67,364	4,237	14.7	24,549	85.3	28,787	42.7
1918	115,523	4,236	8.8	43,684	91.2	47,921	41.5
1919	163,600	26,226	39.8	39,642	60.2	65,869	40.3
1920	114,034	25,309	39.5	38,792	60.5	64,102	56.2
1921	136,360	22,659	46.6	25,974	53.4	48,634	35.7
1922	100,544	14,269	40.7	20,811	59.3	35,081	34.9
1923	110,233	9,147	24.9	27,596	75.1	36,745	33.3
1924	129,117	7,421	16.9	36,416	83.1	43,840	34.0
1925	120,540	9,080	21.8	32,577	78.2	41,659	34.6
1926	110,936	10,071	26.4	28,062	73.6	38,135	34.4
1927	124,527	15,601	27.2	41,727	72.8	57,330	46.0
1928	132,444	9,307	11.2	73,200	88.7	82,506	62.3
1929	118,701	10,638	17.4	50,589	82.6	61,228	51.6
1930	90,615	18,712	45.5	22,405	54.5	41,117	45.4
1931	100,909	15,662	45.8	18,521	54.2	34,183	33.9
1932	124,622	22,249	29.7	52,540	70.3	74,789	60.0
1933	148,175	24,424	24.7	74,330	75.3	98,754	66.6
1934	192,457	24,639	21.7	89,161	78.3	113,800	59.1
1935	220,776	13,833	8.0	158,685	92.0	172,519	78.1
1936	210,654	12,483	10.1	109,221	88.6	123,269	58.5
1937	279,502	6,500	3.8	162,287	96.1	168,787	60.4
1938	321,978	4,492	2.3	195,807	97.8	200,298	62.2
1939	443,987	5,840	2.5	229,336	97.5	235,176	53.0
1940	580,534	11,689	4.1	278,711	96.0	290,400	50.0
1941	741,607	7,184	2.9	248,570	97.2	255,754	34.5
1942	908,646	5,197	1.7	305,881	98.3	311,078	34.2
1943.9	995,955	?		?		258,925	26.0
1944.9	2,256,058	?		?		51,950	2.3
1945.3	3,574,418	1,754	6.4	25,746	93.6	27,500	0.8
1945.8	4,839,316	4,036	9.4	38,964	90.6	43,000	0.9

출처: 朝鮮銀行史硏究會 編, 1987, 『朝鮮銀行史』, 東洋經濟新報社, 846-847쪽; 朝鮮銀行 調査部, 『朝鮮經濟年報』, 1948, Ⅲ-65쪽.

비고: 1945.8은 1945년 8월 14일. 정화준비 중 '일본은행권'의 경우 1941년과 1942년은 일본은행 예금을 포함한 금액이다.
　　　내역을 알 수 없는 부분은 ?로 표시하였다.

(단위: 천 원, %)

보증준비							보증준비율
상업어음		국채		공사채		소계	
		7,616	58.0	5,521	42.0	13,138	65.2
857	5.3	4,711	29.1	10,599	65.6	16,169	64.7
618	3.7	9,211	54.9	6,953	41.4	16,783	65.7
2,966	17.7	7,500	44.7	6,304	37.6	16,770	65.3
986	6.8	7,500	52.1	5,910	41.1	14,397	65.9
6,774	29.7	7,500	32.9	8,512	37.4	22,786	66.3
12,114	40.4	7,500	25.0	10,384	34.6	30,000	64.3
16,031	41.6	7,500	19.4	15,045	39.0	38,577	57.3
51,415	76.1	5,500	8.1	10,687	15.8	67,602	58.5
80,636	82.5	5,500	5.6	11,594	11.9	97,730	59.7
33,754	67.6	5,500	11.0	10,678	21.4	49,932	43.8
63,145	72.0	10,500	12.0	14,080	16.0	87,726	64.3
59,814	91.4			5,649	8.6	65,464	65.1
68,708	93.5			4,780	6.5	73,488	66.7
81,190	95.2			4,089	4.8	85,279	66.0
73,603	93.3			5,278	6.7	78,881	65.4
70,146	96.4			2,655	3.6	72,801	65.6
65,997	98.2			1,200	1.8	67,197	54.0
49,938	100.0					49,938	37.7
57,474	100.0					57,474	48.4
49,498	100.0					49,498	54.6
66,727	100.0					66,727	66.1
49,833	100.0					49,833	40.0
49,421	100.0					49,421	33.4
78,658	100.0					78,658	40.9
48,259	100.0					48,259	21.9
87,385	100.0					87,385	41.5
110,715	100.0					110,715	39.6
121,679	100.0					121,679	37.8
110,811	53.1	98,000	46.9			208,811	47.0
192,134	66.2	98,000	33.8			290,134	50.0
289,853	59.7	196,000	40.3			485,853	65.5
154,633	25.9	343,000	57.4	99,935	16.7	597,568	65.8
?		?		?		737,030	74.0
?		?		?		2,204,108	97.7
1,126,918	31.8	2,303,000	64.9	117,000	3.3	3,546,918	99.2
786,149	15.8	4,067,000	81.8	117,000	2.4	4,970,149	102.7

〈부표 4〉 조선은행의 지역별 예금 및 대출

연도	조선		만주		일본		중국관내		기타		합계
1909	7,320	95.9	311	4.1							7,632
1910	5,470	91.8	443	7.4	48	0.8					5,961
1911	5,905	84.6	471	6.7	602	8.6					6,978
1912	13,245	93.5	798	5.6	127	0.9					14,170
1913	18,651	89.7	749	3.6	1,402	6.7					20,802
1914	16,055	91.2	1,064	6.0	480	2.7					17,599
1915	15,782	84.9	2,085	11.2	722	3.9					18,589
1916	17,288	52.3	9,107	27.6	6,638	20.1					33,033
1917	20,923	23.7	12,338	14.0	54,690	61.9			462	0.5	88,413
1918	31,831	17.4	31,569	17.3	110,508	60.4			9,056	4.9	182,964
1919	38,058	20.1	44,555	23.6	82,920	43.8			23,617	12.5	189,150
1920	46,920	29.2	28,129	17.5	69,930	43.5	11,069	6.9	4,574	2.8	160,622
1921	39,028	24.0	34,005	20.9	69,681	42.8	15,344	9.4	4,889	3.0	162,947
1922	42,036	26.2	32,518	20.3	76,021	47.3	7,846	4.9	2,135	1.3	160,556
1923	96,276	59.0	30,798	18.9	25,866	15.9	8,091	5.0	2,117	1.3	163,148
1924	141,035	68.9	33,856	16.5	14,977	7.3	12,507	6.1	2,246	1.1	204,621
1925	68,465	51.6	47,585	35.8	7,565	5.7	7,054	5.3	2,064	1.6	132,733
1926	81,963	60.3	39,622	29.2	6,070	4.5	5,780	4.3	2,433	1.8	135,868
1927	130,619	66.1	52,549	26.6	5,772	2.9	5,247	2.7	3,525	1.8	197,712
1928	90,514	60.4	45,800	30.6	7,170	4.8	4,426	3.0	2,008	1.3	149,918
1929	31,193	30.0	46,413	44.7	4,988	4.8	6,294	6.1	15,026	14.5	103,914
1930	31,202	31.6	42,098	42.6	8,142	8.2	6,266	6.3	11,079	11.2	98,787
1931	34,955	31.4	51,780	46.5	10,124	9.1	6,938	6.2	7,666	6.9	111,463
1932	40,995	21.1	122,682	63.3	12,734	6.6	10,856	5.6	6,667	3.4	193,934
1933	51,013	23.7	114,925	53.4	26,907	12.5	15,499	7.2	6,762	3.1	215,106
1934	55,537	24.3	131,299	57.5	21,388	9.4	12,914	5.7	7,055	3.1	228,193
1935	73,605	25.2	165,412	56.6	24,083	8.2	22,156	7.6	6,866	2.4	292,122
1936	71,855	17.5	270,517	65.8	33,964	8.3	28,125	6.8	6,682	1.6	411,143
1937	99,699	33.9	93,547	31.8	45,620	15.5	48,411	16.5	6,666	2.3	293,943
1938	137,189	25.4	70,083	13.0	75,282	14.0	247,073	45.8	10,026	1.9	539,653
1939	184,118	20.9	78,370	8.9	115,331	13.1	494,092	56.0	9,746	1.1	881,657
1940	231,561	21.6	83,664	7.8	111,036	10.3	638,269	59.4	9,438	0.9	1,073,968
1941	253,839	15.7	104,843	6.5	124,633	7.7	1,119,414	69.4	9,102	0.6	1,611,831
1942	301,464	13.1	123,555	5.4	167,560	7.3	1,705,215	73.9	8,766	0.4	2,306,560
1943.9	383,254	11.7	138,969	4.3	171,813	5.3	2,561,138	78.5	8,430	0.3	3,263,604
1944.9	583,921	7.0	215,792	2.6	277,191	3.3	7,253,583	86.8	23,112	0.3	8,353,599
1945.3	629,651	3.6	256,118	1.5	328,423	1.9	16,384,296	93.0	25,817	0.1	17,624,305
1945.7	694,721	1.5	293,157	0.6	326,121	0.7	45,553,427	97.2	7,870	0.0	46,875,296

출처: 朝鮮銀行史研究會 編, 1987, 앞의 책, 90쪽, 229쪽, 354쪽, 424쪽, 504쪽, 590쪽, 641쪽.
비고: 1) 만주는 1937년부터는 관동주.
    2) 기타는 본부, 블라디보스토크, 뉴욕, 기타 각 영업점을 포함.

(단위: 천 원, %)

대출									
조선		만주		일본		중국관내		기타	합계
3,629	96.6	127	3.4						3,756
5,359	73.7	134	1.8	1,779	24.5				7,272
9,142	90.5	127	1.3	835	8.3				10,104
13,914	89.8	277	1.8	1,297	8.4				15,488
18,346	78.0	2,551	10.9	2,613	11.1				23,509
18,128	77.3	3,308	14.1	2,019	8.6				23,455
16,997	57.3	3,682	12.4	8,970	30.3				29,649
22,303	51.6	12,231	28.3	8,653	20.0				43,187
33,252	35.1	21,484	22.7	38,777	40.9			1,307	1.4	94,820
52,162	26.7	65,707	33.7	69,120	35.4			8,228	4.2	195,217
103,923	32.1	111,764	34.5	85,349	26.4			22,554	7.0	323,590
71,732	24.5	72,572	24.8	137,596	47.0	6,863	2.3	4,207	1.4	292,970
79,681	21.9	118,357	32.5	154,605	42.5	10,107	2.8	500	0.1	363,250
66,582	20.6	108,947	33.8	138,416	42.9	7,632	2.4	781	0.2	322,358
135,436	35.3	114,569	29.9	122,699	32.0	7,922	2.1	2,704	0.7	383,330
143,126	36.1	120,127	30.3	121,008	30.5	7,746	2.0	4,143	1.0	396,150
136,022	39.3	113,226	32.8	87,915	25.4	5,563	1.6	2,989	0.9	345,715
117,347	34.2	117,016	34.1	103,209	30.0	3,836	1.1	2,057	0.6	343,465
112,987	36.9	103,267	33.8	85,310	27.9	4,031	1.3	307	0.1	305,902
176,073	57.0	53,078	17.2	78,063	25.3	1,440	0.5	59	0.0	308,713
40,220	15.0	52,162	19.5	82,563	30.9	642	0.2	91,935	34.4	267,522
48,594	18.2	46,754	17.5	78,822	29.6	551	0.2	91,833	34.5	266,554
65,500	22.0	44,218	14.9	96,980	32.6	993	0.3	89,710	30.2	297,401
74,337	21.8	60,446	17.7	96,998	28.4	2,196	0.6	107,362	31.5	341,339
81,841	23.0	54,453	15.3	120,841	34.0	1,667	0.5	96,928	27.2	355,730
90,032	21.4	113,034	26.9	124,012	29.5	3,724	0.9	89,733	21.3	420,535
105,397	24.9	90,559	21.4	146,359	34.6	7,048	1.7	73,451	17.4	422,814
156,580	31.4	122,421	24.5	158,102	31.7	11,761	2.4	50,345	10.1	499,209
207,861	45.3	44,727	9.8	146,625	32.0	15,301	3.3	44,086	9.6	458,600
235,779	42.5	78,802	14.2	128,796	23.2	62,504	11.3	48,554	8.8	554,435
361,277	46.1	128,037	16.3	146,872	18.7	101,865	13.0	45,897	5.9	783,948
513,570	50.5	163,741	16.1	113,982	11.2	159,937	15.7	66,741	6.6	1,017,971
520,113	43.0	131,408	10.9	195,137	16.1	303,167	25.0	60,608	5.0	1,210,433
560,249	37.8	225,154	15.2	171,463	11.6	468,628	31.6	57,887	3.9	1,483,381
650,695	28.8	173,371	7.7	234,935	10.4	728,989	32.2	474,973	21.0	2,262,963
756,772	9.8	301,988	3.9	603,106	7.8	3,115,117	40.1	2,982,054	38.4	7,759,037
1,145,170	5.3	465,865	2.2	685,837	3.2	13,974,399	65.1	5,181,655	24.2	21,452,926
1,041,793	3.5	484,172	1.6	689,873	2.3	27,790,062	92.4	51,577	0.2	30,057,477

<부표 5> 농공은행·조선식산은행의 자금조달

(단위: 천 원, %)

연도	납입자본금		적립금		예금		채권 발행고		차입금		합계
1906	493	44.6	0		163	14.7	450	40.7			1,106
1907	559	36.4	15	1.0	511	33.3	450	29.3			1,535
1908	555	25.9	84	3.9	752	35.1	750	35.0			2,141
1909	555	15.5	114	3.2	1,650	46.0	1,050	29.3	215	6.0	3,584
1910	555	9.8	144	2.6	3,205	56.8	1,010	17.9	731	12.9	5,645
1911	818	10.0	185	2.3	4,100	50.1	1,970	24.1	1,115	13.6	8,188
1912	1,348	13.7	380	3.9	4,469	45.4	1,780	18.1	1,877	19.0	9,854
1913	1,467	13.1	479	4.3	4,599	40.9	2,990	26.6	1,700	15.1	11,235
1914	1,469	12.7	550	4.7	4,718	40.7	2,910	25.1	1,955	16.9	11,602
1915	1,469	11.8	487	3.9	6,456	51.9	2,320	18.6	1,709	13.7	12,441
1916	1,469	10.1	499	3.4	8,017	55.0	1,739	11.9	2,856	19.6	14,580
1917	1,469	6.8	552	2.5	9,734	44.9	3,000	13.8	6,908	31.9	21,663
1918	4,197	12.7	606	1.8	15,215	45.9	3,000	9.0	10,136	30.6	33,154
1919	8,058	10.2	625	0.8	34,883	44.0	17,500	22.1	18,254	23.0	79,320
1920	15,000	14.2	943	0.9	38,104	36.1	33,450	31.6	18,200	17.2	105,697
1921	15,000	10.9	1,108	0.8	59,515	43.1	49,550	35.8	13,059	9.4	138,232
1922	15,000	9.4	1,403	0.9	55,764	34.9	82,550	51.7	4,965	3.1	159,682
1923	15,000	8.2	2,003	1.1	47,852	26.2	100,250	54.9	17,562	9.6	182,667
1924	15,000	7.6	2,553	1.3	52,970	26.7	118,800	59.8	9,288	4.7	198,611
1925	15,000	6.9	3,153	1.4	59,208	27.1	135,976	62.3	4,910	2.2	218,247
1926	15,000	6.3	4,003	1.7	65,677	27.7	144,837	61.1	7,558	3.2	237,075
1927	15,000	5.6	4,953	1.9	68,132	25.5	173,445	65.0	5,188	1.9	266,718
1928	15,000	5.3	6,003	2.1	81,764	28.7	177,223	62.2	4,734	1.7	284,724
1929	20,000	6.7	7,043	2.4	67,510	22.6	199,685	66.8	4,623	1.5	298,861
1930	20,000	6.1	8,083	2.5	52,624	16.1	242,158	74.2	3,312	1.0	326,177
1931	20,000	5.8	9,123	2.6	65,689	19.0	247,558	71.6	3,304	1.0	345,674
1932	20,000	5.2	10,163	2.7	73,587	19.2	260,992	68.2	18,153	4.7	382,895
1933	20,000	5.1	11,203	2.8	84,777	21.5	253,482	64.2	25,619	6.5	395,081
1934	20,000	4.7	12,243	2.9	105,320	24.8	244,955	57.8	41,401	9.8	423,919
1935	20,000	4.3	13,283	2.9	127,786	27.5	278,674	59.9	25,156	5.4	464,899
1936	25,000	4.7	14,483	2.7	130,502	24.8	326,230	61.9	30,663	5.8	526,878
1937	30,000	5.0	15,683	2.6	131,419	22.1	344,656	57.9	73,719	12.4	595,477
1938	30,000	4.5	17,183	2.6	191,125	28.7	389,572	58.5	37,660	5.7	665,540
1939	37,500	4.3	18,991	2.2	254,606	29.5	440,328	51.1	110,703	12.8	862,128
1940	45,000	4.3	21,741	2.1	333,560	32.1	577,019	55.6	60,399	5.8	1,037,719
1941	52,500	4.3	24,991	2.0	410,693	33.7	645,933	52.9	86,028	7.1	1,220,145
1942	52,500	3.5	35,241	2.3	560,396	36.9	765,687	50.4	105,600	7.0	1,519,424
1943	52,500	2.8	32,541	1.7	803,193	43.0	946,009	50.7	32,000	1.7	1,866,243
1944	52,500	2.3	34,841	1.5	1,056,471	45.7	968,891	41.9	199,382	8.6	2,312,085
1945.9	52,500	1.9	35,991	1.3	434,381	15.5	1,058,029	37.7	1,228,867	43.7	2,809,768

출처: 朝鮮總督府財務局, 1939, 앞의 책; 朝鮮銀行 調査部, 1949, 앞의 책.

〈부표 6〉 농공은행·조선식산은행의 자금운용

(단위: 천 원, %)

연도	대출금		유가증권		합계
1906	919		?		
1907	2,203		?		
1908	2,681		?		
1909	4,116		?		
1910	6,344		?		
1911	8,509		?		
1912	10,456		?		
1913	11,583		?		
1914	11,554		?		
1915	11,462		?		
1916	12,713		?		
1917	17,686		?		
1918	29,839	95.6	1,372	4.4	31,211
1919	71,055	98.5	1,054	1.5	72,109
1920	85,986	98.8	1,074	1.2	87,060
1921	131,183	98.1	2,533	1.9	133,716
1922	151,616	99.0	1,544	1.0	153,160
1923	172,069	98.4	2,761	1.6	174,830
1924	182,198	97.9	3,915	2.1	186,113
1925	197,093	96.5	7,134	3.5	204,227
1926	213,725	96.1	8,606	3.9	222,331
1927	233,959	95.2	11,912	4.8	245,871
1928	253,111	94.1	15,947	5.9	269,058
1929	266,680	94.3	16,126	5.7	282,806
1930	298,494	95.8	13,140	4.2	311,634
1931	312,359	94.3	19,056	5.7	331,415
1932	338,338	93.6	23,014	6.4	361,352
1933	335,393	89.3	40,125	10.7	375,518
1934	360,917	88.0	49,386	12.0	410,303
1935	412,334	89.3	49,410	10.7	461,744
1936	488,221	88.9	60,923	11.1	549,144
1937	527,866	89.3	63,041	10.7	590,907
1938	580,488	87.3	84,135	12.7	664,623
1939	789,284	90.1	86,573	9.9	875,857
1940	948,256	90.0	104,780	10.0	1,053,036
1941	1,105,523	87.4	158,841	12.6	1,264,364
1942	1,248,824	81.3	287,468	18.7	1,536,292
1943	1,449,398	78.6	393,510	21.4	1,842,908
1944	1,647,736	74.6	561,534	25.4	2,209,270
1945.9	1,733,017	75.4	565,239	24.6	2,298,256

출처: 朝鮮總督府財務局, 1939, 앞의 책; 朝鮮銀行 調査部, 1949, 앞의 책.
비고: 농공은행 시기는 유가증권의 내역을 확인할 수 없기 때문에 '?'로 표시.

<부표 7> 농공은행·조선식산은행 산업별 대출액

(단위: 천 원, %)

연도	농업		광공업		상업		기타		잡		합계
1907	142	6.5	54	2.5	1,947	88.5			58	2.6	2,201
1908	207	7.7	107	4.0	2,225	83.0			141	5.3	2,680
1909	275	6.7	514	12.5	3,144	76.4			182	4.4	4,115
1910	673	10.6	719	11.3	4,790	75.5			161	2.5	6,343
1911	1,317	15.5	816	9.6	6,122	72.0			251	3.0	8,506
1912	1,695	16.2	952	9.1	7,288	69.7			520	5.0	10,455
1913	2,060	17.8	1,262	10.9	7,514	64.9			745	6.4	11,581
1914	2,678	23.2	1,229	10.6	6,291	54.5			1,355	11.7	11,553
1915	2,950	25.7	887	7.7	6,416	56.0			1,208	10.5	11,461
1916	2,972	23.4	518	4.1	7,887	62.0			1,335	10.5	12,712
1917	4,265	24.1	496	2.8	10,903	61.7			2,021	11.4	17,685
1918	6,546	21.9	627	2.1	18,888	63.3			3,776	12.7	29,837
1919	12,161	19.4	3,195	5.1	40,371	64.4			6,916	11.0	62,643
1920	20,988	30.7	4,107	6.0	32,082	46.9			11,171	16.3	68,348
1921	31,647	31.0	4,469	4.4	46,265	45.3			19,697	19.3	102,078
1922	42,554	34.9	9,857	8.1	43,597	35.7			25,971	21.3	121,979
1923	56,951	39.8	4,749	3.3	48,567	33.9			32,892	23.0	143,159
1924	60,953	39.1	5,485	3.5	51,330	32.9			38,240	24.5	156,008
1925	74,200	41.9	5,554	3.1	57,886	32.7			39,430	22.3	177,070
1926	91,904	47.7	5,573	2.9	61,344	31.8			33,810	17.6	192,631
1927	106,637	49.8	8,518	4.0	63,977	29.9			34,972	16.3	214,104
1928	124,746	52.4	4,635	1.9	81,833	34.4			26,947	11.3	238,161
1929	144,108	58.7	5,771	2.4	67,916	27.7			27,516	11.2	245,311
1930	162,804	62.2	6,600	2.5	62,826	24.0			29,541	11.3	261,771
1931	168,909	59.8	8,718	3.1	70,251	24.9			34,668	12.3	282,546
1932	178,036	57.3	10,383	3.3	80,416	25.9			41,983	13.5	310,818
1933	175,127	56.4	25,660	8.3	73,139	23.6			36,511	11.8	310,437
1934	172,652	51.8	32,603	9.8	94,339	28.3			33,632	10.1	333,226
1935	199,975	52.3	45,931	12.0	97,685	25.5			39,073	10.2	382,664
1936	219,662	48.0	57,058	12.5	125,131	27.4			55,502	12.1	457,353
1937	149,466	36.2	48,267	11.7	123,714	29.9			92,003	22.3	413,450
1938	165,875	28.6	138,777	23.9	105,445	18.2	33,264	5.7	137,127	23.6	580,488
1939	191,136	24.2	230,755	29.2	156,367	19.8	47,708	6.0	163,318	20.7	789,284
1940	219,235	23.1	270,310	28.5	169,064	17.8	56,742	6.0	232,905	24.6	948,256
1941	228,368	20.7	382,252	34.6	184,898	16.7	84,199	7.6	225,806	20.4	1,105,523
1942	237,128	19.0	447,798	35.9	196,964	15.8	103,192	8.3	263,743	21.1	1,248,825
1943	155,058	10.5	117,619	7.9	801,570	54.1	57,918	3.9	349,173	23.6	1,481,338
1944	155,952	8.8	155,213	8.8	1,017,697	57.4	79,547	4.5	363,347	20.5	1,771,756
1945.9	134,282	7.7	110,327	6.4	1,082,087	62.4	52,050	3.0	354,272	20.4	1,733,018

출처: 朝鮮總督府財務局, 1939, 앞의 책; 朝鮮銀行 調査部, 1949, 앞의 책.
비고: 기타는 수산업과 교통업.

<부표 8> 금융조합의 자금조달

(단위: 천 원, %)

연도	출자금 총액	출자금 불입액		적립금		정부급여금		차입금		예금		합계
1907						100	100.0					100
1908				0.2	0.0	430	100.0					430.2
1909				1	0.1	970	99.9					971
1910				61	4.8	1,209	95.2					1,270
1911				158	9.3	1,543	90.7					1,701
1912				276	12.5	1,928	87.4	2	0.1			2,206
1913				296	12.0	2,147	86.7	32	1.3			2,475
1914	717	74	2.5	491	16.9	2,234	76.9	39	1.3	68	2.3	2,906
1915	786	177	5.2	529	15.5	2,467	72.4	38	1.1	197	5.8	3,408
1916	1,064	209	5.6	583	15.7	2,570	69.2	31	0.8	321	8.6	3,714
1917	1,330	494	10.7	682	14.7	2,679	57.8	203	4.4	573	12.4	4,631
1918	1,911	784	10.1	800	10.4	2,606	33.7	1,513	19.6	2,024	26.2	7,727
1919	4,412	1,750	6.9	895	3.5	2,894	11.4	13,337	52.4	6,595	25.9	25,471
1920	5,329	2,556	7.2	1,098	3.1	2,907	8.1	19,087	53.4	10,098	28.2	35,746
1921	6,022	3,480	6.9	1,414	2.8	3,104	6.2	22,965	45.5	19,476	38.6	50,439
1922	7,052	3,403	5.6	2,190	3.6	3,215	5.3	28,874	47.8	22,665	37.6	60,347
1923	7,298	4,840	6.8	3,325	4.7	3,228	4.6	29,709	41.9	29,810	42.0	70,912
1924	7,835	5,380	6.6	4,746	5.8	3,354	4.1	30,259	37.2	37,634	46.2	81,373
1925	8,344	5,941	6.4	6,211	6.7	3,409	3.7	30,523	33.1	46,116	50.0	92,200
1926	8,986	6,510	6.1	8,144	7.7	3,417	3.2	33,771	31.8	54,505	51.3	106,347
1927	9,541	7,064	5.8	9,620	7.9	3,542	2.9	38,182	31.3	63,614	52.1	122,022
1928	10,028	7,509	5.7	10,890	8.2	3,662	2.8	39,021	29.5	71,309	53.9	132,391
1929	11,545	8,560	5.8	12,295	8.3	3,777	2.5	46,838	31.6	76,892	51.8	148,362
1930	12,504	9,010	5.4	13,133	7.8	3,857	2.3	61,268	36.6	80,128	47.9	167,396
1931	13,005	9,278	5.3	13,556	7.8	3,968	2.3	58,526	33.6	88,779	51.0	174,107
1932	13,419	9,363	5.0	14,324	7.6	4,027	2.1	56,491	30.1	103,753	55.2	187,958
1933	15,129	9,870	4.7	15,647	7.4	4,092	1.9	56,541	26.9	124,284	59.1	210,434
1934	17,045	10,579	4.6	17,779	7.7	4,132	1.8	60,126	25.9	139,417	60.1	232,033
1935	19,181	11,496	4.3	19,070	7.1	4,162	1.5	82,137	30.4	153,417	56.8	270,282
1936	21,513	12,462	4.0	20,809	6.7	4,217	1.3	112,660	36.1	162,355	52.0	312,503
1937	22,437	13,644	4.1	23,200	6.9	4,235	1.3	114,640	34.2	179,515	53.5	335,234
1938	23,568	14,723	3.8	26,017	6.7	4,259	1.1	111,660	29.0	229,036	59.4	385,695
1939	26,306	15,549	3.2	28,933	6.0	4,262	0.9	128,434	26.4	308,614	63.5	485,792
1940	28,419	16,877	2.8	32,923	5.4	4,262	0.7	123,102	20.2	432,142	70.9	609,306
1941	30,431	18,326	2.4	38,222	5.1	4,262	0.6	108,049	14.3	586,214	77.6	755,073
1942	32,571	19,556	2.1	44,377	4.8	4,262	0.5	105,363	11.4	753,931	81.3	927,489
1943	34,789	21,145	1.6	51,558	3.9	4,265	0.3	115,453	8.6	1,146,007	85.6	1,338,428
1944	36,320	22,648	1.1	61,265	3.1	4,265	0.2	115,085	5.8	1,794,931	89.8	1,998,194
1945	25,669	15,352	1.0	42,870	2.8	2,866	0.2	88,619	5.8	1,366,907	90.1	1,516,614

출처: 이경란, 2002a, 『일제하 금융조합 연구』, 혜안, 356~357쪽.

<부표 9> 금융조합의 자금운용

(단위: 천 원, %)

연도	대출금		예치금		매개대부		합계
1907	16	100.0					16
1908	213	57.1	160	42.9			373
1909	489	55.6	391	44.4			880
1910	779	61.8	481	38.2			1,260
1911	1,182	68.6	542	31.4			1,724
1912	1,702	70.5	628	26.0	83	3.4	2,413
1913	2,090	73.1	457	16.0	314	11.0	2,861
1914	2,147	69.9	584	19.0	340	11.1	3,071
1915	2,127	59.3	1,222	34.1	239	6.7	3,588
1916	2,818	64.3	1,119	25.5	448	10.2	4,385
1917	3,761	66.2	889	15.7	1,029	18.1	5,679
1918	6,930	71.7	926	9.6	1,803	18.7	9,659
1919	23,007	77.4	1,979	6.7	4,721	15.9	29,707
1920	31,382	76.8	3,501	8.6	5,955	14.6	40,838
1921	39,719	72.3	7,082	12.9	8,138	14.8	54,939
1922	51,345	72.4	9,250	13.0	10,310	14.5	70,905
1923	53,125	66.9	16,617	20.9	9,716	12.2	79,458
1924	58,306	66.1	21,489	24.3	8,466	9.6	88,261
1925	66,358	67.3	23,735	24.1	8,506	8.6	98,599
1926	76,082	68.5	25,797	23.2	9,146	8.2	111,025
1927	85,177	67.0	31,334	24.7	10,563	8.3	127,074
1928	91,381	64.7	38,019	26.9	11,947	8.5	141,347
1929	104,931	67.0	39,499	25.2	12,232	7.8	156,662
1930	123,368	70.4	39,729	22.7	12,197	7.0	175,294
1931	123,892	68.4	45,665	25.2	11,490	6.3	181,047
1932	127,832	66.1	55,363	28.6	10,242	5.3	193,437
1933	133,897	62.2	71,210	33.1	10,211	4.7	215,318
1934	150,107	63.0	76,912	32.3	11,433	4.8	238,452
1935	179,325	63.7	85,728	30.5	16,327	5.8	281,380
1936	228,464	69.1	80,240	24.3	21,750	6.6	330,454
1937	232,178	65.7	99,089	28.1	21,968	6.2	353,235
1938	257,915	64.3	120,120	30.0	22,985	5.7	401,020
1939	330,173	65.4	147,896	29.3	26,819	5.3	504,888
1940	364,140	58.4	234,275	37.6	24,867	4.0	623,282
1941	408,260	53.0	338,883	44.0	23,082	3.0	770,225
1942	498,761	53.2	418,733	44.6	20,485	2.2	937,979
1943	549,539	40.7	783,830	58.1	15,969	1.2	1,349,338
1944	527,215	26.4	1,457,470	73.0	11,477	0.6	1,996,162

출처: 이경란, 2002a, 앞의 책, 358~359쪽.

〈부표 10〉 촌락금융조합과 도시금융조합의 예금

(단위: 천 원, %)

연도	촌락금융조합		도시금융조합		합계
1914	68	100.0			68
1915	197	100.0			197
1916	321	100.0			321
1917	573	100.0			573
1918	1,940	95.8	84	4.2	2,024
1919	4,626	70.1	1,969	29.9	6,595
1920	7,672	76.0	2,426	24.0	10,098
1921	12,558	76.2	3,918	23.8	16,476
1922	17,096	75.4	5,569	24.6	22,665
1923	21,761	73.0	8,049	27.0	29,810
1924	26,972	71.7	10,662	28.3	37,634
1925	32,225	69.9	13,891	30.1	46,116
1926	37,500	68.8	17,005	31.2	54,505
1927	43,323	68.1	20,291	31.9	63,614
1928	47,994	67.3	23,315	32.7	71,309
1929	52,236	67.9	24,656	32.1	76,892
1930	54,169	67.6	25,959	32.4	80,128
1931	59,605	67.1	29,174	32.9	88,779
1932	70,336	67.8	33,417	32.2	103,753
1933	84,999	68.4	39,285	31.6	124,284
1934	95,182	68.3	44,235	31.7	139,417
1935	104,805	68.3	48,612	31.7	153,417
1936	110,891	68.3	51,464	31.7	162,355
1937	121,752	67.8	57,763	32.2	179,515
1938	156,355	68.3	72,681	31.7	229,036
1939	205,205	66.5	103,409	33.5	308,614
1940	288,940	66.9	143,202	33.1	432,142
1941	407,420	69.5	178,794	30.5	586,214
1942	572,097	71.6	226,834	28.4	798,931
1943	836,351	73.0	309,656	27.0	1,146,007
1944	1,361,233	75.8	433,698	24.2	1,794,931

출처: 이경란, 2002a, 앞의 책, 359쪽, 361쪽.

〈부표 11〉 조선금융조합연합회의 자금조달 및 운용

(단위: 천 원, %)

연도	\multicolumn{8}{c}{자금조달}								

연도	차입금		예금		조선금융채권		기타		합계
1933	22,119,692	23.5	66,686,685	70.8			5,390,000	5.8	94,196,377
1934	27,890,306	26.6	71,748,819	68.3			5,395,000	5.2	105,034,125
1935	34,166,596	27.7	80,626,295	65.3	3,280,000	2.7	5,402,500	4.4	123,475,391
1936	26,283,302	20.0	74,804,650	56.9	24,653,325	18.8	5,699,500	4.3	131,440,777
1937	25,833,241	17.1	92,080,271	61.0	24,649,286	16.3	8,495,000	5.6	151,057,798
1938	28,766,627	16.4	110,956,550	63.3	26,631,687	15.2	9,024,000	5.2	175,378,864
1939	30,944,824	14.9	136,411,886	65.7	31,335,853	15.1	9,024,000	4.3	207,716,563
1940	31,055,024	11.0	210,434,597	74.5	31,796,490	11.3	9,014,500	3.2	282,300,611
1941	30,368,370	7.9	307,285,593	80.2	36,705,958	9.6	9,014,500	2.4	383,374,421
1942	24,478,582	5.5	367,994,884	83.2	40,706,496	9.2	8,958,500	2.1	442,138,462
1943	28,473,472	3.4	751,739,851	90.9	37,661,019	4.6	8,956,000	1.1	826,830,342
1944	22,393,007	1.5	1,392,574,000	95.3	36,670,222	2.5	8,954,000	0.6	1,460,591,229

연도	\multicolumn{7}{c}{자금운용}							

연도	대출금		예치금		유가증권		합계
1933	59,492,458	61.0	32,149,464	33.0	5,852,237	6.0	97,494,159
1934	63,511,953	58.4	39,705,588	36.5	5,524,410	5.1	108,741,951
1935	86,050,740	67.4	34,515,257	27.0	7,174,098	5.6	127,740,095
1936	117,197,790	86.6	11,299,459	8.4	6,815,115	5.0	135,312,364
1937	120,182,324	78.9	24,698,088	16.2	7,383,046	4.8	152,263,458
1938	117,784,073	66.2	50,222,628	28.2	9,961,869	5.6	177,968,570
1939	134,862,544	64.4	52,160,446	24.9	22,418,803	10.7	209,441,793
1940	120,830,850	44.4	101,259,094	37.2	49,748,978	18.3	271,838,922
1941	113,652,706	30.2	167,456,984	44.5	95,125,461	25.3	376,235,151
1942	109,143,209	22.9	89,032,680	18.7	278,106,651	58.4	476,282,540
1943	118,819,512	14.1	165,433,350	19.7	556,188,091	66.2	840,440,953
1944	119,708,817	8.1	118,226,084	8.0	1,235,541,662	83.9	1,473,476,563

출처: 『朝鮮金融組合統計年報』 각 연도.
비고: 자금조달의 기타는 출자금과 정부지원금의 합계이다.

<부표 12> 동양척식주식회사의 자금조달

(단위: 천 원, %)

연도	납입자본금		사채		차입금과 정기예금		기타		합계
1908	2,500	92.4			52	1.9	153.2	5.7	2,705
1909	2,500	85.0					442.6	15.0	2,943
1910	2,500	51.8			1,500	31.1	830.5	17.2	4,831
1911	5,000	44.0			5,000	44.0	1,362.7	12.0	11,363
1912	7,500	25.7	19,350	66.4	770	2.6	1,510.3	5.2	29,130
1913	10,000	31.9	19,350	61.8			1,956.1	6.2	31,306
1914	10,000	32.3	19,350	62.4			1,645.4	5.3	30,995
1915	10,000	32.2	19,350	62.4			1,680.4	5.4	31,030
1916	10,000	31.9	19,350	61.8			1,949.2	6.2	31,299
1917	10,000	18.3	36,350	66.4	6,281	11.5	2,072.3	3.8	54,703
1918	12,500	18.3	40,944	59.9	10,998	16.1	3,870.8	5.7	68,313
1919	27,500	21.8	65,944	52.2	23,379	18.5	9,469.7	7.5	126,293
1920	27,500	18.2	95,385	63.0	19,146	12.6	9,446.0	6.2	151,477
1921	35,000	19.1	114,301	62.4	24,091	13.1	9,884.6	5.4	183,277
1922	35,000	16.4	141,035	65.9	26,227	12.3	11,599.1	5.4	213,861
1923	35,000	15.1	173,447	74.7	13,213	5.7	10,675.4	4.6	232,335
1924	35,000	14.3	182,474	74.7	13,372	5.5	13,419.7	5.5	244,266
1925	35,000	14.6	177,460	74.1	15,109	6.3	11,894.6	5.0	239,464
1926	35,000	15.0	170,214	72.8	17,889	7.7	10,657.7	4.6	233,761
1927	35,000	14.9	168,236	71.5	20,169	8.6	11,736.1	5.0	235,141
1928	35,000	15.0	176,730	75.7	8,571	3.7	13,037.5	5.6	233,339
1929	35,000	15.0	172,976	74.0	13,276	5.7	12,409.5	5.3	233,662
1930	35,000	14.6	180,219	75.1	14,431	6.0	10,431.1	4.3	240,081
1931	35,000	14.0	185,251	74.3	17,129	6.9	11,898.8	4.8	249,279
1932	35,000	13.5	197,098	75.8	15,791	6.1	11,989.5	4.6	259,879
1933	35,000	13.4	192,490	73.6	21,529	8.2	12,409.5	4.7	261,429
1934	35,000	13.5	184,560	71.0	26,787	10.3	13,478.4	5.2	259,825
1935	35,000	12.2	189,507	65.8	46,207	16.1	17,091.0	5.9	287,805
1936	35,000	11.1	225,873	71.7	35,945	11.4	18,313.3	5.8	315,131
1937	35,000	9.4	246,698	66.6	67,655	18.3	21,267.8	5.7	370,621
1938	35,000	8.2	317,640	74.8	46,532	11.0	25,634.8	6.0	424,807
1939	35,000	7.2	376,846	77.6	44,688	9.2	28,870.8	5.9	485,405
1940	50,000	8.8	422,230	74.3	67,649	11.9	28,652.7	5.0	568,532
1941	62,500	9.5	511,313	78.1	54,816	8.4	25,878.1	4.0	654,507
1942	62,500	8.6	589,011	81.2	45,949	6.3	27,478.1	3.8	724,938
1943	75,000	9.5	616,109	78.3	62,453	7.9	33,459.0	4.3	787,021
1944	75,000	8.4	650,228	72.8	139,253	15.6	28,690.3	3.2	893,171
1945	75,000	7.9	685,972	71.9	148,988	15.6	43,600.4	4.6	953,560

출처: 河合和男·金早雪·羽鳥敬彦·松永達, 2000, 『國策會社·東拓の硏究』, 不二出版, 304쪽.
비고: 기타에는 준비금, 전기조월금, 당기순이익 등이 포함된 것이다.

<부표 13> 동양척식주식회사의 자금운용

(단위: 천 원, %)

연도	대부금		주식 및 채권		토지 및 건물		기타		합계
1908			494	18.3	750	27.7	1,462	54.0	2,706
1909	222	7.5			1,081	36.7	1,640	55.7	2,943
1910	595	12.3			1,972	40.8	2,264	46.9	4,831
1911	1,167	10.3	1,000	8.8	5,774	50.8	3,422	30.1	11,363
1912	2,474	8.5	1,000	3.4	10,475	35.9	15,190	52.1	29,139
1913	4,046	12.9	2,300	7.3	15,001	47.9	9,960	31.8	31,307
1914	5,451	17.6	2,300	7.4	15,460	49.9	7,785	25.1	30,996
1915	5,814	18.7	1,650	5.3	15,570	50.2	7,997	25.8	31,031
1916	5,839	18.3	1,000	3.2	16,292	52.1	8,168	26.1	31,299
1917	12,278	22.4	3,628	6.6	16,635	30.4	22,164	40.5	54,705
1918	32,914	48.2	6,476	9.5	16,211	23.7	12,713	18.6	68,314
1919	70,969	56.2	15,528	12.3	16,463	13.0	23,334	18.5	126,294
1920	93,578	61.8	15,499	10.2	18,830	12.4	23,571	15.6	151,478
1921	117,044	63.9	22,839	12.5	21,259	11.6	22,136	12.1	183,278
1922	126,927	59.4	24,123	11.3	25,393	11.9	37,417	17.5	213,860
1923	152,109	65.5	21,711	9.3	27,128	11.7	31,389	13.5	232,337
1924	148,764	60.9	24,261	9.9	27,887	11.4	43,354	17.7	244,266
1925	142,835	59.6	24,238	10.1	31,495	13.2	40,897	17.1	239,465
1926	126,955	54.3	18,601	8.0	45,089	19.3	43,117	18.4	233,762
1927	122,236	52.0	21,120	9.0	50,820	21.6	40,967	17.4	235,143
1928	125,075	53.6	17,953	7.7	52,813	22.6	37,499	16.1	233,340
1929	124,634	53.3	20,505	8.8	56,104	24.0	32,420	13.9	233,663
1930	132,288	55.1	17,105	7.1	58,234	24.3	32,456	13.5	240,083
1931	136,680	54.8	18,689	7.5	62,559	25.1	31,353	12.6	249,281
1932	133,882	51.5	27,781	10.7	64,659	24.9	33,557	12.9	259,879
1933	115,090	44.0	35,991	13.8	65,869	25.2	44,480	17.0	261,430
1934	115,328	44.4	36,038	13.9	65,943	25.4	42,518	16.4	259,827
1935	138,109	48.0	39,580	13.8	65,981	22.9	44,137	15.3	287,807
1936	148,605	46.4	49,422	15.4	68,967	21.5	53,140	16.6	320,134
1937	159,573	43.1	78,286	21.1	72,828	19.7	59,935	16.2	370,622
1938	172,533	40.6	116,722	27.5	74,840	17.6	60,714	14.3	424,809
1939	198,822	41.0	153,799	31.7	72,895	15.0	59,890	12.3	485,406
1940	241,197	42.4	192,008	33.8	74,937	13.2	60,391	10.6	568,533
1941	289,856	44.3	224,246	34.3	78,792	12.0	61,614	9.4	654,508
1942	300,470	41.4	271,868	37.5	74,853	10.3	77,747	10.7	724,938
1943	318,521	40.5	305,801	38.9	77,961	9.9	84,738	10.8	787,021
1944	375,689	42.1	297,276	33.3	80,025	9.0	140,183	15.7	893,173
1945	399,763	41.9	285,348	29.9	81,240	8.5	187,219	19.6	953,570

출처: 河合和男 외, 2000, 앞의 책, 305쪽.

<부표 14> 일반은행 주요 계정

(단위: 개, 천 원, %)

연도	은행명	지점출장소수	공칭자본금	납입자본금	적립금	예금		대출금		예대율	순익금(△손실)	배당금	배당률
1906	한성은행	1	150	37	5	139	27.6	281	33.4	2.02	11	2	1.50
	대한천일은행	1	150	51	34	322	64.0	513	60.9	1.59	17	3	1.50
	한일은행	-	150	37	-	42	8.3	48	5.7	1.14	-	-	
	계	2	450	126	39	503	100.0	842	100.0	1.67	28	5	
1907	한성은행	1	300	75	19	309	39.4	425	29.7	1.38	16	5	1.50
	대한천일은행	1	150	51	48	320	40.8	560	39.2	1.75	19	2	1.00
	한일은행	-	150	37	-	155	19.8	444	31.1	2.86	6	1	1.00
	밀양은행	-	50	50	-	-	-	-	-	-	11	9	3.88
	계	2	650	214	67	784	100.0	1,429	100.0	1.82	52	17	
1908	한성은행	2	300	75	36	329	35.0	492	19.8	1.50	17	5	1.50
	대한천일은행	2	150	51	44	317	33.7	624	25.1	1.97	10	2	1.00
	한일은행	1	500	125	10	294	31.3	1,370	55.1	4.66	17	6	1.00
	밀양은행	-	50	50	1	-	-	-	-	-	6	5	2.22
	계	5	1,000	301	91	940	100.0	2,486	100.0	2.64	50	18	
1909	한성은행	2	300	75	54	435	27.6	509	21.8	1.17	17	5	1.50
	대한천일은행	1	500	125	69	603	38.2	732	31.4	1.21	20	4	1.00
	한일은행	1	500	125	24	539	34.2	1,092	46.8	2.03	20	6	1.00
	밀양은행	-	50	50	2	-	-	-	-	-	7	5	2.00
	계	4	1,350	375	149	1,577	100.0	2,333	100.0	1.48	64	20	
1910	한성은행	2	300	75	74	716	33.5	846	24.1	1.18	18	5	1.50
	대한천일은행	1	500	125	97	730	34.2	995	28.4	1.36	19	4	1.00
	한일은행	1	500	125	40	685	32.1	1,619	46.2	2.36	24	6	1.00
	밀양은행	-	50	50	3	3	0.1	47	1.3	15.67	4	4	1.60
	계	4	1,350	375	214	2,134	100.0	3,507	100.0	1.64	65	19	
1911	한성은행	3	3,000	750	5	1,024	45.9	1,233	25.1	1.20	34	26	0.70
	조선상업은행	2	500	247	75	643	28.8	981	20.0	1.53	20	5	1.00
	한일은행	2	500	125	60	559	25.1	2,630	53.6	4.70	21	6	1.00
	밀양은행	-	50	50	2	5	0.2	61	1.2	12.20	4	3	1.50
	계	7	4,050	1,172	143	2,231	100.0	4,905	100.0	2.20	79	40	
1912	한성은행	4	3,000	1,500	15	919	38.6	1,718	36.7	1.87	41	32	0.70
	조선상업은행	4	575	287	151	782	32.8	1,555	33.2	1.99	26	11	1.00
	한일은행	2	500	250	80	482	20.2	940	20.1	1.95	25	6	1.00
	밀양은행	-	50	50	4	25	1.0	73	1.6	2.92	5	3	1.50
	칠성은행	-	65	65	10	112	4.7	161	3.4	1.44	5	3	1.44
	선남상업은행	-	300	75		52	2.2	110	2.3	2.12	1	-	
	구포은행	-	500	125		9	0.4	128	2.7	14.22	6	4	1.00
	계	10	4,990	2,352	261	2,381	100.0	4,685	100.0	1.97	109	59	

연도	은행명	지점출장소수	공칭자본금	납입자본금	적립금	예금		대출금		예대율	순익금(△손실)	배당금	배당률
1913	한성은행	4	3,000	1,500	26	966	34.2	2,096	36.3	2.17	62	52	0.70
	조선상업은행	4	575	431	182	1,024	36.2	1,834	31.7	1.79	32	16	1.00
	한일은행	2	500	250	100	486	17.2	838	14.5	1.72	24	12	1.00
	밀양은행	-	50	50	5	25	0.9	74	1.3	2.96	6	3	1.50
	칠성은행	-	65	65	10	93	3.3	144	2.5	1.55	5	4	1.44
	선남은행	-	300	75	2	69	2.4	124	2.1	1.80	3	2	0.60
	구포은행	1	500	125	2	69	2.4	190	3.3	2.75	8	6	1.00
	부산상업은행	1	500	125	-	-	-	-	-	-	3	2	0.40
	호서은행	-	300	75	-	10	0.4	73	1.3	7.30	4	2	0.70
	대구은행	-	500	125	-	-	-	-	-	-	5	-	-
	경성은행	-	1,000	350	95	83	2.9	408	7.1	4.92	20	13	0.60
	계	12	7,290	3,171	423	2,825	100.0	5,781	100.0	2.05	172	112	
1914	한성은행	4	3,000	1,500	40	1,065	36.2	2,047	31.2	1.92	62	52	0.70
	조선상업은행	4	575	575	212	825	28.1	1,883	28.7	2.28	35	22	1.00
	한일은행	2	500	250	120	384	13.1	1,029	15.7	2.68	25	12	1.00
	밀양은행	-	50	50	6	27	0.9	80	1.2	2.96	6	3	1.50
	칠성은행	-	65	65	5	78	2.7	127	1.9	1.63	3	3	1.20
	선남은행	-	300	75	5	105	3.6	155	2.4	1.48	5	3	0.80
	구포은행	1	500	125	4	47	1.6	189	2.9	4.02	9	6	1.00
	부산상업은행	2	500	125	1	131	4.5	225	3.4	1.72	4	2	0.40
	호서은행	-	300	75	2	31	1.1	95	1.4	3.06	4	3	0.80
	대구은행	-	500	125	10	51	1.7	167	2.5	3.27	7	5	0.80
	경성은행	-	1,000	350	99	196	6.7	568	8.7	2.90	10	10	0.60
	계	13	7,390	3,315	504	2,940	100.0	6,565	100.0	2.23	170	124	
1915	한성은행	5	3,000	1,500	53	1,562	40.4	2,272	33.2	1.45	63	52	0.70
	조선상업은행	4	575	575	225	1,067	27.6	1,885	27.5	1.77	34	19	0.90
	한일은행	2	500	250	140	369	9.5	964	14.1	2.61	△1	-	-
	밀양은행	-	50	50	8	30	0.8	73	1.1	2.43	5	3	1.20
	칠성은행	-	65	65	-	34	0.9	87	1.3	2.56	-	-	-
	선남은행	-	300	75	7	163	4.2	168	2.5	1.03	4	3	0.80
	경남은행	1	500	125	7	68	1.8	310	4.5	4.56	9	6	1.00
	부산상업은행	2	500	125	3	151	3.9	212	3.1	1.40	5	3	0.61
	호서은행	-	300	75	4	40	1.0	105	1.5	2.63	4	3	0.80
	대구은행	-	500	125	42	87	2.2	195	2.8	2.24	6	5	0.80
	경성은행	-	1,000	350	100	298	7.7	576	8.4	1.93	11	10	0.60
	계	14	7,290	3,315	589	3,869	100.0	6,847	100.0	1.77	142	104	

연도	은행명	지점출장소수	공칭자본금	납입자본금	적립금	예금		대출금		예대율	순익금(△손실)	배당금	배당률
1916	한성은행	7	3,000	1,500	66	2,416	40.5	3,049	36.0	1.26	64	52	0.70
	조선상업은행	5	575	575	255	1,628	27.3	2,129	25.1	1.31	35	19	0.90
	한일은행	4	500	250	145	647	10.8	1,328	15.7	2.05	10	3	0.30
	밀양은행	-	50	50	8	49	0.8	69	0.8	1.41	4	3	1.20
	칠성은행	-	51	51	1	37	0.6	87	1.0	2.35	-	-	-
	선남은행	-	300	75	9	151	2.5	160	1.9	1.06	5	3	0.80
	경남은행	1	500	125	11	85	1.4	255	3.0	3.00	9	6	1.00
	부산상업은행	2	500	125	5	212	3.6	230	2.7	1.08	6	4	0.72
	호서은행	-	300	75	6	34	0.6	112	1.3	3.29	4	3	0.80
	대구은행	1	500	125	14	183	3.1	319	3.8	1.74	1	5	0.80
	경성은행	-	1,000	350	81	463	7.8	683	8.1	1.48	1	10	0.60
	삼화은행	-	300	75	-	64	1.1	52	0.6	0.81	-	-	-
	계	20	7,576	3,376	601	5,969	100.0	8,473	100.0	1.42	139	108	
1917	한성은행	7	3,000	1,500	82	3,594	42.3	4,230	32.2	1.18	72	60	0.80
	조선상업은행	6	1,000	787	286	2,519	29.6	3,969	30.2	1.58	45	25	0.90
	한일은행	4	500	250	196	644	7.6	1,587	12.1	2.46	13	5	0.40
	밀양은행	-	50	50	9	63	0.7	70	0.5	1.11	5	3	1.20
	칠성은행	-	43	43	2	36	0.4	85	0.6	2.36	△1	-	-
	선남은행	-	300	75	12	174	2.0	243	1.9	1.40	7	3	0.80
	경남은행	1	500	250	15	162	1.9	419	3.2	2.59	9	7	1.00
	부산상업은행	3	500	200	86	459	5.4	623	4.7	1.36	12	8	0.80
	호서은행	1	300	150	9	78	0.9	269	2.0	3.45	10	6	0.80
	대구은행	2	500	200	24	178	2.1	566	4.3	3.18	16	8	0.80
	경성은행	-	1,000	350	82	490	5.8	672	5.1	1.37	15	12	0.70
	삼화은행	-	300	75	1	43	0.5	239	1.8	5.56	4	-	-
	신의주은행	-	500	125	-	61	0.7	152	1.2	2.49	-	-	-
	계	24	8,493	4,056	804	8,501	100.0	13,124	100.0	1.54	208	137	
1918	한성은행	8	3,000	2,250	100	7,189	39.5	7,173	31.9	1.00	106	85	0.80
	조선상업은행	7	1,000	1,000	325	5,873	32.3	6,859	30.5	1.17	59	36	0.90
	한일은행	4	500	375	210	1,751	9.6	2,384	10.6	1.36	31	11	0.70
	밀양은행	-	50	50	13	106	0.6	137	0.6	1.29	6	3	1.20
	칠성은행	-	43	43	2	41	0.2	89	0.4	2.17	-	-	-
	선남은행	1	300	75	19	414	2.3	467	2.1	1.13	8	3	0.80
	경남은행	3	1,000	375	21	253	1.4	804	3.6	3.18	21	18	1.00
	부산상업은행	3	500	200	15	737	4.1	1,404	6.2	1.91	19	10	1.00
	호서은행	1	300	252	16	173	1.0	287	1.3	1.66	15	10	0.90

부록 413

연도	은행명	지점출장소수	공칭자본금	납입자본금	적립금	예금		대출금		예대율	순익금(△손실)	배당금	배당률
1918	대구은행	2	500	325	32	317	1.7	686	3.1	2.16	27	13	0.80
	경성은행	1	1,000	400	86	722	4.0	934	4.2	1.29	16	14	0.70
	삼화은행	-	300	75	12	307	1.7	431	1.9	1.40	6	-	-
	신의주은행	-	500	125	2	158	0.9	432	1.9	2.73	12	6	1.00
	동래은행	-	500	125	-	101	0.6	262	1.2	2.59	3	1	0.50
	북선상업은행	-	500	125	-	36	0.2	124	0.6	3.44	1	-	-
	계	30	9,993	5,795	853	18,178	100.0	22,473	100.0	1.24	330	210	
1919	한성은행	10	3,000	3,000	125	11,980	41.6	14,164	33.1	1.18	127	102	0.80
	조선상업은행	7	2,000	1,250	368	7,826	27.2	10,369	24.2	1.32	86	51	1.00
	한일은행	5	1,500	750	237	3,196	11.1	4,049	9.5	1.27	66	30	0.80
	밀양은행	-	50	50	17	181	0.6	188	0.4	1.04	5	3	1.20
	선남은행	1	300	150	28	523	1.8	1,456	3.4	2.78	21	6	0.90
	경남은행	3	1,000	500	39	745	2.6	1,666	3.9	2.24	45	25	1.00
	부산상업은행	3	500	500	33	1,218	4.2	2,808	6.6	2.31	37	22	1.00
	호서은행	3	1,000	475	25	506	1.8	1,079	2.5	2.13	32	21	0.90
	대구은행	3	2,000	875	55	664	2.3	2,682	6.3	4.04	57	29	1.00
	경성은행	1	1,000	400	90	941	3.3	1,742	4.1	1.85	25	18	0.90
	삼화은행	-	300	75	26	338	1.2	741	1.7	2.19	9	-	-
	신의주은행	-	500	250	11	229	0.8	650	1.5	2.84	24	12	1.20
	동래은행	-	500	250	3	86	0.3	404	0.9	4.70	11	6	1.00
	북선상업은행	-	500	250	-	41	0.1	282	0.7	6.88	12	8	0.80
	원산상업은행	-	500	125	-	315	1.1	509	1.2	1.62	10	3	0.60
	계	36	14,650	8,900	1,057	28,789	100.0	42,789	100.0	1.49	567	336	
1920	한성은행	11	6,000	3,750	160	12,645	42.1	14,100	30.9	1.12	208	168	0.90
	조선상업은행	7	2,000	1,500	435	6,941	23.1	8,556	18.8	1.23	110	68	1.00
	한일은행	6	2,000	1,625	435	2,765	9.2	5,047	11.1	1.83	116	73	0.80
	밀양은행	-	50	50	19	165	0.5	192	0.4	1.16	5	3	1.20
	선남은행	1	300	300	34	360	1.2	1,121	2.5	3.11	24	13	0.90
	경남은행	3	1,000	750	64	470	1.6	1,453	3.2	3.09	47	37	1.00
	부산상업은행	4	1,500	750	71	787	2.6	1,740	3.8	2.21	35	26	0.70
	호서은행	3	1,000	475	43	690	2.3	1,178	2.6	1.71	34	21	0.90
	대구은행	3	2,000	875	102	468	1.6	2,129	4.7	4.55	60	43	1.00
	조선실업은행	3	5,000	1,250	-	2,285	7.6	3,402	7.5	1.49	58	46	0.80
	삼화은행	-	300	75	61	388	1.3	667	1.5	1.72	7	-	-
	신의주은행	-	500	375	30	143	0.5	853	1.9	5.97	31	20	1.10
	동래은행	1	500	250	11	113	0.4	373	0.8	3.30	16	10	0.80

연도	은행명	지점 출장 소수	공칭 자본금	납입 자본금	적립금	예금		대출금		예대 율	순익금 (△손실)	배당 금	배당 률
1920	북선상업은행	-	500	250	4	46	0.2	266	0.6	5.78	12	10	0.80
	원산상업은행	1	500	125	5	440	1.5	765	1.7	1.74	8	5	0.80
	삼남은행	-	1,000	250	4	41	0.1	414	0.9	10.10	16	10	0.80
	평양은행	-	1,700	425	-	716	2.4	1,296	2.8	1.81	22	10	0.50
	경일은행	-	2,000	500	-	84	0.3	537	1.2	6.39	11	-	
	호남은행	1	1,500	375	-	290	1.0	663	1.5	2.29	2		
	경상공립은행	-	2,000	500	-	104	0.3	650	1.4	6.25	21	14	0.67
	해동은행	-	2,000	500	-	102	0.3	224	0.5	2.20	△24	-	-
	계	44	33,350	14,950	1,478	30,043	100.0	45,626	100.0	1.52	843	577	
1921	한성은행	12	6,000	3,750	235	15,238	36.3	16,932	27.4	1.11	209	168	0.90
	조선상업은행	7	2,000	1,500	549	10,083	24.0	12,612	20.4	1.25	116	68	1.00
	한일은행	6	2,000	1,625	527	3,471	8.3	5,753	9.3	1.66	113	73	0.80
	밀양은행	-	50	50	25	329	0.8	194	0.3	0.59	6	3	1.20
	선남은행	1	300	300	68	303	0.7	909	1.5	3.00	30	15	1.00
	경남은행	2	1,000	750	91	499	1.2	1,449	2.3	2.90	19	15	0.40
	부산상업은행	4	1,500	750	95	1,364	3.3	3,113	5.0	2.28	35	26	0.70
	호서은행	4	2,000	725	74	677	1.6	1,679	2.7	2.48	49	32	0.90
	대구은행	4	2,000	875	154	996	2.4	2,394	3.9	2.40	70	43	1.00
	조선실업은행	4	5,000	1,250	30	4,965	11.8	7,255	11.8	1.46	90	56	1.00
	신의주은행	-	500	375	50	180	0.4	946	1.5	5.26	28	18	1.00
	동래은행	1	500	250	26	204	0.5	484	0.8	2.37	17	12	1.00
	북선상업은행	-	500	250	10	100	0.2	413	0.7	4.13	16	10	0.80
	원산상업은행	1	500	125	11	642	1.5	984	1.6	1.53	9	5	0.90
	삼남은행	-	1,000	373	15	129	0.3	440	0.7	3.41	16	12	0.90
	대동은행	2	2,000	500	16	1,725	4.1	3,380	5.5	1.96	39	23	1.00
	경일은행	-	2,000	500	9	143	0.3	773	1.3	5.41	23	17	0.70
	호남은행	1	1,500	375	12	409	1.0	958	1.6	2.34	23	13	0.70
	경상공립은행	-	2,000	500	12	231	0.6	748	1.2	3.24	35	25	1.00
	해동은행	-	2,000	500	-	239	0.6	288	0.5	1.21	6	-	-
	계	49	34,350	15,323	2,009	41,927	100.0	61,703	100.0	1.47	949	634	
1922	한성은행	12	6,000	3,750	260	16,777	38.8	19,732	31.6	1.18	209	68	0.90
	조선상업은행	8	2,000	1,750	590	10,309	23.8	12,621	20.2	1.22	128	80	1.00
	한일은행	8	2,000	1,625	554	3,693	8.5	6,250	10.0	1.69	85	73	0.90
	밀양은행	-	50	50	27	190	0.4	190	0.3	1.00	5	3	1.20
	선남은행	1	300	300	72	359	0.8	1,046	1.7	2.91	23	7	1.00
	경남은행	3	1,000	750	101	543	1.3	1,653	2.6	3.04	28	18	0.50

연도	은행명	지점출장소수	공칭자본금	납입자본금	적립금	예금		대출금		예대율	순익금(△손실)	배당금	배당률
1922	부산상업은행	4	1,500	750	72	1,564	3.6	2,377	3.8	1.52	37	26	0.70
	호서은행	4	2,000	725	86	822	1.9	1,609	2.6	1.96	45	32	0.90
	대구은행	4	2,000	875	170	817	1.9	2,593	4.2	3.17	31	30	1.00
	조선실업은행	4	5,000	2,000	44	4,493	10.4	6,630	10.6	1.48	105	90	0.90
	신의주은행	-	500	375	50		-			0.0	16	15	0.80
	동래은행	1	500	250	29	153	0.4	445	0.7	2.91	13	10	0.80
	북선상업은행		500	250	17	128	0.3	452	0.7	3.53	18	10	0.80
	원산상업은행	1	500	125	14	648	1.5	913	1.5	1.41	9	5	0.90
	삼남은행	-	1,000	400	21	114	0.3	519	0.8	4.55	26	18	0.90
	대동은행	3	2,000	500	35	1,684	3.9	3,674	5.9	2.18	43	25	1.00
	경일은행	1	2,000	700	14		-			0.0	30	24	0.70
	호남은행	2	1,500	375	19	650	1.5	1,171	1.9	1.80	25	15	0.80
	경상공립은행	-	2,000	500	22		-			0.0	42	25	1.00
	해동은행	-	2,000	500	-	338	0.8	586	0.9	1.73	11		
	계	56	34,350	16,550	2,197	43,282	100.0	62,461	100.0		929	679	
1923	한성은행	12	6,000	3,750	310	15,952	34.8	18,944	27.8	1.19	189	150	0.80
	조선상업은행	10	2,215	1,875	664	10,865	23.7	14,639	21.5	1.35	114	78	0.90
	한일은행	8	2,000	1,625	580	4,102	8.9	6,411	9.4	1.56	82	65	0.80
	밀양은행	-	50	50	26	220	0.5	239	0.4	1.09	6	2	1.10
	선남은행	1	300	300	83	431	0.9	956	1.4	2.22	17	9	0.60
	경남은행	3	1,000	750	122	498	1.1	1,490	2.2	2.99	25	15	0.40
	부산상업은행	5	1,500	750	64	2,001	4.4	2,632	3.9	1.32	40	26	0.70
	호서은행	4	2,000	725	103	764	1.7	1,602	2.3	2.10	41	29	0.80
	대구은행	4	2,000	875	176	798	1.7	2,476	3.6	3.10	35	30	0.70
	조선실업은행	4	5,000	2,000	66	5,403	11.8	8,043	11.8	1.49	97	80	0.80
	대동은행	3	2,000	500	62	1,992	4.3	4,029	5.9	2.02	41	23	0.90
	동래은행	1	500	250	33	156	0.3	465	0.7	2.98	10	7	0.60
	북선상업은행	-	500	250	20	178	0.4	566	0.8	3.18	18	10	0.80
	경일은행	1	2,000	700	20	781	1.7	1,696	2.5	2.17	30	24	0.70
	해동은행	-	2,000	500	1	383	0.8	701	1.0	1.83	8	7	0.30
	경상공립은행	-	2,000	500	42	450	1.0	1,158	1.7	2.57	39	25	1.00
	삼남은행	-	1,000	400	25	109	0.2	475	0.7	4.36	17	14	0.70
	호남은행	2	1,500	750	35	818	1.8	1,705	2.5	2.08	34	22	0.80
	계	58	33,565	16,550	2,432	45,901	100.0	68,227	100.0	1.49	843	538	
1924	한성은행	12	6,000	3,750	360	26,617	44.6	24,866	32.6	0.93	164	131	0.70
	조선상업은행	13	7,125	3,875	807	15,120	25.3	22,315	29.3	1.48	150	130	0.70

연도	은행명	지점출장소수	공칭자본금	납입자본금	적립금	예금		대출금		예대율	순익금(△손실)	배당금	배당률
1924	한일은행	7	2,000	1,625	600	5,313	8.9	6,770	8.9	1.27	71	56	0.70
	밀양은행	-	50	50	36	331	0.6	243	0.3	0.73	7	2	1.10
	선남은행	1	300	300	92	414	0.7	879	1.2	2.12	16	9	0.60
	경남은행	3	1,000	750	131	673	1.1	1,317	1.7	1.96	3	-	-
	부산상업은행	5	1,500	750	109	2,968	5.0	3,474	4.6	1.17	43	26	0.70
	호서은행	4	2,000	725	121	867	1.5	1,515	2.0	1.75	42	29	0.80
	대구은행	4	2,000	1,025	184	978	1.6	2,706	3.6	2.77	39	35	0.70
	대동은행	3	2,000	500	89	2,564	4.3	4,312	5.7	1.68	309	17	0.70
	동래은행	1	500	250	35	212	0.4	449	0.6	2.12	13	7	0.60
	북선상업은행	-	500	250	42	265	0.4	812	1.1	3.06	21	11	0.90
	경일은행	1	2,000	700	26	845	1.4	1,711	2.2	2.02	28	24	0.70
	해동은행	-	2,000	500	3	500	0.8	834	1.1	1.67	10	7	0.30
	경상공립은행	-	2,000	500	74	527	0.9	1,104	1.4	2.09	39	25	1.00
	삼남은행	1	1,000	400	31	263	0.4	692	0.9	2.63	19	14	0.70
	호남은행	2	1,500	750	52	1,221	2.0	2,196	2.9	1.80	44	30	0.80
	계	57	33,475	16,700	2,792	59,678	100.0	76,195	100.0	1.28	1,018	553	
1925	한성은행	11	6,000	3,750	400	27,516	42.8	24,983	32.3	0.91	162	131	0.70
	조선상업은행	17	7,925	4,075	888	19,533	30.4	26,030	33.7	1.33	157	135	0.70
	한일은행	7	2,000	1,625	620	5,790	9.0	7,048	9.1	1.22	71	56	0.70
	밀양은행	-	50	50	42	309	0.5	315	0.4	1.02	6	2	1.10
	선남은행	1	300	300	100	853	1.3	1,115	1.4	1.31	13	9	0.60
	경남은행	3	1,000	750	137	704	1.1	1,551	2.0	2.20	20	15	0.40
	부산상업은행	5	1,500	750	130	2,801	4.4	3,669	4.7	1.31	45	26	0.70
	호서은행	4	2,000	725	138	923	1.4	1,851	2.4	2.01	39	29	0.80
	대구은행	4	2,000	1,025	197	1,251	1.9	2,600	3.4	2.08	40	30	0.60
	동래은행	1	500	250	41	234	0.4	523	0.7	2.24	12	8	0.70
	북선상업은행	-	500	250	56	241	0.4	841	1.1	3.49	22	17	1.37
	경일은행	1	2,000	700	33	851	1.3	1,695	2.2	1.99	30	24	0.71
	해동은행	-	2,000	500	5	540	0.8	864	1.1	1.60	10	7	0.30
	경상공립은행	-	2,000	500	95	583	0.9	993	1.3	1.70	36	28	1.12
	삼남은행	1	1,000	400	38	535	0.8	606	0.8	1.13	19	14	0.70
	호남은행	2	1,500	750	73	1,645	2.6	2,564	3.3	1.56	45	30	0.80
	계	57	32,275	16,400	2,993	64,309	100.0	77,248	100.0	1.20	727	561	
1926	한성은행	11	6,000	3,750	432	19,876	31.9	23,597	29.1	1.19	117	93	0.50
	조선상업은행	18	7,925	4,075	932	23,056	37.0	29,462	36.4	1.28	160	137	0.70
	한일은행	7	2,000	1,625	643	6,352	10.2	7,431	9.2	1.17	71	56	0.70

연도	은행명	지점출장소수	공칭자본금	납입자본금	적립금	예금		대출금		예대율	순익금(△손실)	배당금	배당률
1926	밀양은행	-	50	50	48	379	0.6	289	0.4	0.76	6	3	1.20
	선남은행	1	300	300	100	714	1.1	857	1.1	1.20	16	9	0.60
	경남은행	3	1,000	750	144	610	1.0	1,573	1.9	2.58	16	-	-
	부산상업은행	5	1,500	750	159	3,759	6.0	3,955	4.9	1.05	31	26	0.70
	호서은행	4	2,000	725	159	1,070	1.7	2,106	2.6	1.97	41	29	0.80
	대구은행	4	2,000	1,025	215	1,464	2.3	2,808	3.5	1.92	40	30	0.60
	동래은행	1	500	250	48	214	0.3	571	0.7	2.67	14	8	0.70
	북선상업은행	-	500	375	70	200	0.3	737	0.9	3.69	27	16	0.90
	경일은행	1	2,000	700	39	989	1.6	1,950	2.4	1.97	30	24	0.70
	해동은행	-	2,000	500	8	434	0.7	701	0.9	1.62	9	7	0.30
	경상공립은행	-	2,000	500	111	460	0.7	806	1.0	1.75	32	25	1.00
	삼남은행	1	1,000	400	49	989	1.6	1,302	1.6	1.32	25	16	0.80
	호남은행	3	1,500	750	95	1,745	2.8	2,863	3.5	1.64	46	30	0.80
	계	59	32,275	16,525	3,252	62,311	100.0	81,008	100.0	1.30	681	509	
1927	한성은행	11	6,000	3,750	471	18,277	29.3	26,655	31.3	1.46	93	75	0.40
	조선상업은행	19	7,925	4,075	992	24,189	38.7	30,049	35.3	1.24	161	118	0.60
	한일은행	8	2,000	1,625	662	6,312	10.1	7,051	8.3	1.12	63	48	0.60
	밀양은행	-	50	50	53	353	0.6	326	0.4	0.92	2	2	1.10
	선남은행	1	300	300	102	711	1.1	868	1.0	1.22	10	6	0.40
	경남은행	3	1,000	750	148	549	0.9	1,457	1.7	2.65	13	-	-
	부산상업은행	5	1,500	750	177	3,547	5.7	3,882	4.6	1.09	40	22	0.60
	호서은행	4	2,000	1,150	181	1,424	2.3	2,229	2.6	1.57	58	40	0.70
	대구은행	4	2,000	1,025	257	1,517	2.4	2,929	3.4	1.93	47	15	0.30
	동래은행	1	500	250	55	236	0.4	596	0.7	2.53	19	7	0.60
	북선상업은행	-	500	375	85	268	0.4	746	0.9	2.78	23	15	0.80
	경일은행	1	2,000	700	49	1,085	1.7	1,986	2.3	1.83	30	21	0.60
	해동은행	-	2,000	500	9	465	0.7	676	0.8	1.45	2	-	-
	경상공립은행	-	2,000	500	127	418	0.7	880	1.0	2.11	33	22	0.91
	삼남은행	1	1,000	400	60	1,185	1.9	1,641	1.9	1.38	27	14	0.70
	호남은행	3	1,500	750	123	1,892	3.0	3,153	3.7	1.67	49	26	0.70
	계	61	32,275	16,950	3,551	62,428	100.0	85,124	100.0	1.36	670	431	
1928	한성은행	11	3,000	1,875	1	13,637	21.8	19,326	24.2	1.42	47	-	-
	조선상업은행	21	8,925	4,475	1,102	28,140	45.1	34,055	42.6	1.21	178	130	0.60
	한일은행	8	2,000	1,625	682	7,163	11.5	8,335	10.4	1.16	59	48	0.60
	밀양은행	-	50	50	58	443	0.7	342	0.4	0.77	6	2	1.10
	선남은행	1	300	300	110	991	1.6	954	1.2	0.96	9	6	0.40

연도	은행명	지점출장소수	공칭자본금	납입자본금	적립금	예금		대출금		예대율	순익금(△손실)	배당금	배당률
1928	부산상업은행	5	1,500	750	225	3,555	5.7	3,639	4.5	1.02	38	222	0.60
	호서은행	5	2,000	1,150	207	1,539	2.5	1,962	2.5	1.27	53	440	0.70
	경상합동은행	7	2,250	1,331	-	1,942	3.1	3,477	4.3	1.79	68	33	0.48
	동래은행	1	500	250	68	310	0.5	650	0.8	2.10	14	8	0.70
	북선상업은행	1	1,000	500	98	372	0.6	486	0.6	1.31	23	16	0.80
	경일은행	2	2,000	700	63	949	1.5	1,667	2.1	1.76	21	-	-
	해동은행	-	2,000	800	11	470	0.8	960	1.2	2.04	2	-	-
	경상공립은행		2,000	500	142	506	0.8	947	1.2	1.87	32	26	1.04
	호남은행	3	1,500	750	158	2,422	3.9	3,206	4.0	1.32	52	30	0.80
	계	65	29,025	15,056	2,925	62,439	100.0	80,006	100.0	1.28	602	961	
1929	한성은행	11	3,000	1,875	106	13,702	20.7	20,112	23.5	1.47	62	-	-
	조선상업은행	23	8,925	4,475	1,201	29,478	44.6	34,462	40.2	1.17	178	130	0.60
	한일은행	8	2,000	1,625	700	7,860	11.9	10,202	11.9	1.30	64	48	0.60
	밀양은행	-	50	50	63	446	0.7	529	0.6	1.19	6	2	1.10
	선남은행	1	300	300	116	1,097	1.7	1,192	1.4	1.09	9	6	0.40
	부산상업은행	7	1,500	750	240	3,943	6.0	3,956	4.6	1.00	39	22	0.60
	호서은행	6	2,000	1,150	223	1,758	2.7	2,524	2.9	1.44	54	40	0.70
	경상합동은행	8	2,250	1,331	36	2,114	3.2	3,582	4.2	1.69	56	33	0.50
	동래은행	1	500	250	75	314	0.5	631	0.7	2.01	15	8	0.70
	북선상업은행	1	1,000	500	108	538	0.8	986	1.2	1.83	27	20	0.80
	경일은행	4	1,400	490	4	859	1.3	1,416	1.7	1.65	10	7	0.30
	해동은행	-	2,000	800	13	809	1.2	1,216	1.4	1.50	2	-	-
	경상공립은행	-	2,000	500	155	596	0.9	634	0.7	1.06	30	25	1.00
	호남은행	3	1,500	1,125	195	2,642	4.0	4,226	4.9	1.60	69	45	0.80
	계	73	28,425	15,221	3,235	66,156	100.0	85,668	100.0	1.29	621	386	
1930	한성은행	11	3,000	1,875	231	12,518	19.7	20,922	24.1	1.67	63	-	-
	소선상업은행	23	8,925	4,475	1,280	28,420	44.6	33,420	38.6	1.18	169	130	0.60
	한일은행	8	2,000	1,625	720	8,552	13.4	11,183	12.9	1.31	66	48	0.60
	밀양은행	-	50	50	68	386	0.6	364	0.4	0.94	8	2	1.10
	선남은행	1	300	300	123	1,316	2.1	1,343	1.5	1.02	9	6	0.40
	부산상업은행	7	1,500	750	262	3,677	5.8	3,864	4.5	1.05	37	22	0.60
	호서은행	6	2,000	1,150	239	1,762	2.8	3,253	3.8	1.85	55	40	0.70
	경상합동은행	8	2,250	1,331	72	1,647	2.6	3,490	4.0	2.12	28	19	0.30
	동래은행	1	500	250	85	305	0.5	571	0.7	1.87	13	7	0.60
	북선상업은행	2	1,000	500	119	588	0.9	1,315	1.5	2.24	27	20	0.80
	경일은행	5	1,400	490	9	1,135	1.8	1,856	2.1	1.64	0	-	-

연도	은행명	지점출장소수	공칭자본금	납입자본금	적립금	예금		대출금		예대율	순익금(△손실)	배당금	배당률
1930	해동은행	-	2,000	800	14	1,013	1.6	1,258	1.5	1.24	0	-	-
	호남은행	3	1,500	1,125	235	2,345	3.7	3,850	4.4	1.64	69	45	0.80
	계	75	26,425	14,721	3,457	63,664	100.0	86,689	100.0	1.36	544	339	
1931	한성은행	12	3,000	1,875	316	13,675	21.8	20,051	22.7	1.47	56	43	0.30
	조선상업은행	25	8,925	4,475	1,337	27,029	43.0	35,631	40.3	1.32	108	86	0.40
	동일은행	17	4,000	2,775	745	9,624	15.3	14,558	16.5	1.51	89	69	0.50
	밀양은행	-	50	50	73	380	0.6	347	0.4	0.91	4	2	0.90
	선남은행	1	300	300	129	1,500	2.4	1,831	2.1	1.22	8	6	0.40
	부산상업은행	7	1,500	750	288	3,642	5.8	3,659	4.1	1.00	32	20	0.55
	경상합동은행	9	2,250	1,331	89	1,987	3.2	3,943	4.5	1.98	52	19	0.30
	동래은행	1	500	250	94	300	0.5	567	0.6	1.89	12	6	0.55
	북선상업은행	2	1,000	500	132	754	1.2	1,574	1.8	2.09	27	17	0.70
	경일은행	5	1,400	490	15	1,134	1.8	1,632	1.8	1.44	10	-	-
	해동은행	-	2,000	800	15	677	1.1	1,120	1.3	1.65	26	16	0.40
	호남은행	3	1,500	1,125	277	2,145	3.4	3,500	4.0	1.63	66	39	0.70
	계	82	26,425	14,721	3,510	62,847	100.0	88,413	100.0	1.41	490	323	
1932	한성은행	14	3,000	1,875	368	15,106	22.2	20,521	22.5	1.36	62	28	0.30
	조선상업은행	25	8,925	4,475	1,396	27,411	40.2	36,308	39.8	1.32	132	65	0.30
	동일은행	18	4,000	2,775	775	11,043	16.2	13,961	15.3	1.26	89	69	0.50
	밀양은행	-	50	50	75	1,128	1.7	1,444	1.6	1.28	-	-	-
	선남은행	1	300	300	135	1,695	2.5	2,083	2.3	1.23	9	6	0.40
	부산상업은행	7	1,500	750	310	3,698	5.4	4,018	4.4	1.09	33	20	0.55
	경상합동은행	9	2,250	1,331	110	2,289	3.4	4,398	4.8	1.92	54	19	0.30
	동래은행	1	500	250	102	335	0.5	549	0.6	1.64	8	6	0.50
	북선상업은행	2	1,000	500	147	689	1.0	1,392	1.5	2.02	20	15	0.60
	경일은행	5	1,400	490	24	1,226	1.8	1,837	2.0	1.50	6	-	-
	해동은행	-	2,000	800	29	1,128	1.7	1,444	1.6	1.28	22	16	0.40
	호남은행	4	1,500	1,125	317	2,373	3.5	3,355	3.7	1.41	62	39	0.70
	계	86	26,425	14,721	3,788	68,121	100.0	91,310	100.0	1.34	497	283	
1933	한성은행	14	3,000	1,875	422	17,353	22.5	22,318	22.6	1.29	61	28	0.30
	조선상업은행	30	9,925	4,975	1,565	33,097	42.8	42,485	43.1	1.28	144	72	0.30
	동일은행	18	4,000	2,775	789	11,948	15.5	16,301	16.5	1.36	61	41	0.30
	부산상업은행	7	1,500	750	326	3,834	5.0	3,287	3.3	0.86	29	18	0.50
	경상합동은행	9	2,250	1,331	133	2,712	3.5	4,254	4.3	1.57	61	19	0.30
	대구상공은행	6	1,400	490	17	3,226	4.2	4,113	4.2	1.27	21	-	-
	해동은행		2,000	800	41	1,144	1.5	1,540	1.6	1.35	22	16	0.40

연도	은행명	지점출장소수	공칭자본금	납입자본금	적립금	예금		대출금		예대율	순익금(△손실)	배당금	배당률
1933	호남은행	6	2,000	1,375	421	3,957	5.1	4,262	4.3	1.08	74	48	0.70
	계	90	26,075	14,371	3,714	77,271	100.0	98,560	100.0	1.28	473	242	
1934	한성은행	14	3,000	1,875	476	21,236	23.7	27,445	23.5	1.29	61	28	0.30
	조선상업은행	31	9,925	4,975	1,711	37,581	42.2	50,286	43.0	1.34	163	72	0.30
	동일은행	19	4,000	2,775	811	12,953	14.5	19,174	16.4	1.48	62	41	0.30
	부산상업은행	7	1,500	750	355	4,353	4.9	3,339	2.9	0.77	35	18	0.50
	경상합동은행	9	2,250	1,331	159	2,872	3.2	4,752	4.1	1.65	60	19	0.30
	대구상공은행	6	1,000	350	7	4,513	5.0	4,222	3.6	0.94	5	-	-
	해동은행	1	2,000	800	53	1,476	1.6	2,200	1.9	1.49	22	16	0.40
	호남은행	6	2,000	1,375	455	4,535	5.1	5,620	4.8	1.24	82	48	0.70
	계	93	25,675	14,231	4,027	89,519	100.0	117,008	100.0	1.31	490	242	
1935	한성은행	14	3,000	1,875	530	27,224	25.8	34,002	25.8	1.25	61	28	0.30
	조선상업은행	39	9,925	4,975	1,882	45,931	43.5	56,003	42.6	1.22	169	72	0.30
	동일은행	19	4,000	2,775	837	15,975	15.1	20,006	15.2	1.25	65	41	0.30
	경상합동은행	9	2,250	1,331	192	3,314	3.1	5,805	4.4	1.75	65	19	0.30
	대구상공은행	7	1,000	350	19	4,884	4.6	4,907	3.7	1.00	5		
	해동은행	1	2,000	800	65	1,993	1.9	3,129	2.4	1.57	22	16	0.40
	호남은행	6	2,000	1,375	478	6,196	5.9	7,699	5.9	1.24	93	48	0.70
	계	95	24,175	13,481	4,003	105,517	100.0	131,551	100.0	1.25	480	224	
1936	한성은행	15	3,000	1,875	584	27,601	24.8	38,914	25.9	1.41	62	28	0.30
	조선상업은행	40	9,925	4,975	2,068	51,389	46.1	63,387	42.2	1.23	169	72	0.30
	동일은행	20	4,000	2,775	882	14,715	13.2	23,346	15.5	1.59	70	41	0.30
	경상합동은행	9	2,250	1,331	237	3,783	3.4	6,686	4.5	1.77	74	26	0.40
	대구상공은행	8	1,000	350	30	5,569	5.0	6,082	4.1	1.09	39	5	0.30
	해동은행	1	2,000	800	77	1,852	1.7	2,828	1.9	1.53	22	16	0.40
	호남은행	7	2,000	1,375	537	6,595	5.9	8,911	5.9	1.35	99	48	0.70
	계	100	24,175	13,481	4,415	111,504	100.0	150,154	100.0	1.35	535	236	
1937	한성은행	15	3,000	1,875	638	27,242	23.1	37,306	23.3	1.37	61	28	0.30
	조선상업은행	41	9,925	4,975	2,254	56,412	47.8	69,368	43.4	1.23	170	72	0.30
	동일은행	20	4,000	2,775	932	15,398	13.1	25,282	15.8	1.64	84	41	0.30
	경상합동은행	9	2,250	1,331	292	4,345	3.7	8,277	5.2	1.90	72	26	0.40
	대구상공은행	8	1,000	350	53	5,734	4.9	7,158	4.5	1.25	48	7	0.40
	해동은행	1	2,000	800	89	1,600	1.4	2,467	1.5	1.54	20	16	0.40
	호남은행	8	2,000	1,875	622	7,208	6.1	9,939	6.2	1.38	120	65	0.70
	계	102	24,175	13,981	4,880	117,939	100.0	159,797	100.0	1.35	575	255	
1938	한성은행	17	3,000	1,875	692	42,962	26.4	40,523	24.8	0.94	61	28	0.30

연도	은행명	지점출장소수	공칭자본금	납입자본금	적립금	예금		대출금		예대율	순익금(△손실)	배당금	배당률
1938	조선상업은행	43	9,925	4,975	2,440	72,885	44.8	66,880	40.9	0.92	198	96	0.40
	동일은행	22	4,000	2,775	1,007	24,826	15.3	29,853	18.3	1.20	106	41	0.30
	경상합동은행	9	2,250	1,331	336	5,393	3.3	8,209	5.0	1.52	72	26	0.40
	대구상공은행	8	1,000	350	79	6,743	4.1	7,932	4.9	1.18	42	7	0.40
	호남은행	8	2,000	1,875	696	9,857	6.1	10,094	6.2	1.02	126	65	0.70
	계	107	22,175	13,181	5,250	162,666	100.0	163,491	100.0	1.01	605	263	

출처: 朝鮮總督府財務局, 1939, 앞의 책. 단 한성은행 1906~1912년 예금 및 대출은 朝興銀行, 1997, 『朝興銀行百年史』, 978쪽.

〈부표 15〉 조선저축은행 주요 계정

(단위: 천 원, %)

연도	자금조달		자금운용							순이익금
	납입자본금	예금	예치금		대출금		유가증권		소계	
1929	1,250	21,353	708	3.0	6,011	25.7	16,625	71.2	23,344	70
1930	1,250	24,523	1,188	4.4	6,382	23.9	19,167	71.7	26,737	72
1931	1,250	26,245	1,229	4.4	5,651	20.2	21,159	75.5	28,039	73
1932	2,500	28,341	1,683	5.5	7,023	23.0	21,843	71.5	30,549	90
1933	2,500	30,139	1,492	4.4	8,520	25.2	23,861	70.4	33,873	141
1934	2,500	34,163	2,357	6.3	11,199	29.7	24,097	64.0	37,653	174
1935	3,750	43,715	2,359	5.1	19,526	41.8	24,800	53.1	46,685	237
1936	3,750	54,726	2,525	4.3	26,053	44.6	29,791	51.0	58,369	242
1937	3,750	58,555	6,278	9.8	26,524	41.6	30,971	48.6	63,773	329
1938	3,750	68,029	7,634	10.4	26,936	36.6	39,014	53.0	73,584	340
1939	3,750	89,793	6,946	7.2	35,124	36.6	53,932	56.2	96,002	453
1940	3,750	127,937	6,355	4.7	45,570	33.6	83,721	61.7	135,646	429
1941	3,750	164,805	9,695	5.6	53,235	30.6	111,020	63.8	173,950	464
1942	3,750	214,111	21,855	9.7	64,328	28.7	138,284	61.6	224,467	470
1943	3,750	296,368	7,226	2.6	80,225	28.3	195,703	69.1	283,154	545
1944.9	3,750	363,396	6,232	1.9	77,790	23.5	246,697	74.6	330,719	545

출처: 株式會社第一銀行, 1989, 『第一銀行六十年史』, 844~850쪽.

<부표 16> 조선신탁주식회사의 자금조달 및 운용

(단위: 천 원, %)

연도	자금조달							
	금전신탁		부동산신탁		유가증권신탁		소계	
1933	9,039,555	74.7	3,059,590	25.3	8,766	0.1	12,107,911	
1934	27,497,964	72.7	10,175,470	26.9	135,989	0.4	37,809,423	
1935	38,934,353	69.2	17,110,437	30.4	191,907	0.3	56,236,697	
1936	43,541,809	65.0	17,470,902	26.1	5,929,908	8.9	66,942,619	
1937	49,676,971	60.6	23,978,817	29.2	8,335,294	10.2	81,991,082	
1938	59,277,273	54.2	30,082,832	27.5	20,024,978	18.3	109,385,083	
1939	75,235,014	56.5	35,694,236	26.8	22,220,487	16.7	133,149,737	
1940	83,889,749	56.1	42,387,103	28.3	23,259,916	15.6	149,536,768	
1941	92,229,389	55.5	49,636,591	29.9	24,207,832	14.6	166,073,812	
1942	105,060,087	57.2	55,203,983	30.0	23,522,537	12.8	183,786,607	

연도	자금운용							순익금
	대부금		유가증권투자		예금		소계	
1933	4,591,190	51.6	2,432,289	27.3	1,878,004	21.1	8,901,483	98,538
1934	15,231,595	56.7	6,470,974	24.1	5,142,614	19.2	26,845,183	100,476
1935	26,247,687	68.3	4,949,670	12.9	7,248,152	18.9	38,445,509	112,531
1936	36,303,112	79.1	4,926,672	10.7	4,642,357	10.1	45,872,141	132,532
1937	45,000,438	84.7	5,300,168	10.0	2,856,260	5.4	53,156,866	152,547
1938	48,688,042	72.4	9,843,776	14.6	8,744,967	13.0	67,276,785	129,305
1939	55,128,213	65.2	20,089,800	23.8	9,325,043	11.0	84,543,056	294,728
1940	67,737,445	72.4	21,494,044	23.0	4,286,550	4.6	93,518,039	306,537
1941	65,885,488	64.6	31,323,309	30.7	4,715,305	4.6	101,924,102	309,324
1942	67,835,188	59.2	41,599,186	36.3	5,061,392	4.4	114,495,766	317,934

출처: 朝鮮信託株式會社, 1943, 『朝鮮信託株式會社十年史』, 92~93쪽, 104~105쪽, 136쪽, 139~140쪽.

연표

연월	내용
1878.6	일본 제일은행 부산지점 설치
1880.5	일본 제일은행 원산출장소 설치
1883.11	일본 제일은행 인천출장소 설치(1888년 지점 승격)
1888.10	일본 제일은행 한성출장소 설치(1903년 2월 지점 승격)
1890.10	일본 제18은행 인천지점 설치
1892.7	일본 제58은행 인천지점 설치
1893.12	일본 제58은행 부산지점 설치
1894.7	「신식화폐발행장정」 공포
1897.2	한성은행 설립
1897.7	일본 제18은행 부산지점 설치
1898.1	일본 제일은행 목포출장소 설치
1899.1	대한천일은행 설립
1899.5	대한천일은행 인천·개성지점 개점
1901.2	「화폐조례」 공포
1902.5	일본 제일은행 부산지점에서 은행권 발행
1903.2	한성은행 공립한성은행으로 개칭
1903.3	「중앙은행조례」, 「태환금권조례」 공포
1903.12	공립한성은행 영업 개시
1904.10	일본 재정고문 취임
1905.1	한국 정부와 일본 제일은행 간에 국고금 및 화폐정리사업 취급에 관한 계약 체결
1905.3	일본 제일은행이 한국의 화폐정리, 국고금 취급, 은행권 발행 담당으로 지정됨
1905.7	화폐정리를 위한 백동화 등 구화폐 교환 개시
1905.9	「약속수형조례」 및 「수형조합조례」 공포 공립한성은행이 주식회사한성은행으로 개칭
1905.12	한성공동창고(주) 설립
1906.3	「은행조례」 공포 「농공은행조례」 공포
1906.6	한성농공은행·평양농공은행·대구농공은행·전주농공은행 설립

연월	내용
1906.7	진주농공은행 설립
1906.8	한일은행 설립 광주농공은행 설립
1906.9	충주농공은행·해주농공은행·경성(鏡城)농공은행 설립
1906.10	공주농공은행 설립 한성은행 수원지점 개점
1907.3	「한국에서의 은행업에 관한 건」 공포 밀양은행 설립
1907.5	「지방금융조합규칙」 공포
1907.6	한호농공은행(한성농공은행·충주농공은행·공주농공은행 합병) 설립
1907.7	함흥농공은행 설립
1908.8	경상농공은행(대구농공은행·진주농공은행 합병) 설립 평안농공은행(평양농공은행·해주농공은행 합병) 설립 함경농공은행(경성농공은행·함흥농공은행 합병) 설립 「동양척식주식회사법」 공포
1908.12	동양척식주식회사 설립
1909.1	구포저축주식회사 설립
1909.7	「한국은행조례」 공포
1909.10	한국은행 설립[경성·인천·평양·원산·대구지점/진남포·목포·군산출장소 (1916년 9월 지점 승격)]
1909.11	한국은행, 제일은행 중앙은행 업무 인수
1910.4	한국은행 부산출장소 개점(1916년 9월 지점 승격)
1910.9	한국은행 일본 오사카지점 개점
1911.1	대한천일은행, 조선상업은행으로 개칭
1911.3	「조선은행법」 공포
1911.8	한국은행을 조선은행으로 개칭
1911.9	한성은행 평양지점 개점
1911.12	「농공은행조례」 개정
1912.4	조선상업은행, 한성공동창고 합병
1912.4	조선상업은행 인천지점 개점
1912.6	구포저축회사, 구포은행으로 전환 한성은행 대전지점 개점
1912.9	선남상업은행 설립(1913년 2월 선남은행으로 개칭) 칠성은행 설립
1912.10	「은행령」 공포
1912.11	조선은행 회령출장소 개점(1928년 7월 지점 승격)
1913.3	부산상업은행 설립

연월	내용
1913.4	조선은행 일본 도쿄지점 개점
1913.7	조선은행 만주 봉천지점 개점 호서은행 설립 대구은행 설립
1913.8	조선은행 만주 대련지점 개점
1913.9	경성은행 설립 조선은행 만주 장춘지점 개점
1914.5	「농공은행령」 공포 「지방금융조합령」 공포
1915.1	구포은행, 경남은행으로 개칭
1915.3	한성은행 개성파출소 개점(1915년 8월 지점 승격)
1915.11	한성은행 남대문파출소 개점(1917년 8월 지점 승격)
1916.7	조선은행 만주 하얼빈지점 개점
1916.9	조선은행 만주 영구지점 개점 한성은행 종로출장소 개점(1919년 9월 지점 승격)
1916.10	삼화은행 설립
1917.5	조선상업은행 군산지점 개점
1917.6	조선은행 만주 길림지점 개점
1917.7	「동양척식주식회사법」 개정
1917.10	조선은행 중국 청도지점 개점
1917.11	신의주은행 설립
1917.12	조선은행권 관동주 및 남만철도부속지에서 법화로 통용
1918.1	조선은행은 관동주 및 남만철도부속지에서 국고금 취급
1918.4	「조선은행법」 개정 조선은행 중국 상해지점 개점
1918.5	한성은행 부산지점 개점 조선상업은행 이천지점 개점
1918.6	주일은행 설립 「금융조합령」 공포
1918.7	「조선식산은행령」 공포
1918.9	조선은행 중국 천진지점 개점 동래은행 설립
1918.10	조선식산은행 설립(경성·개성·청주·충주·공주·조치원·대전·논산·강경·춘천·철원·강릉·전주·이리·정읍·김제·남원·광주·목포·여수·벌교포·영산포·제주도·대구·김천·상주·부산·마산·통영·진주·해주·사리원·평양·진남포·안주·의주·신의주·박천·선천·영변·원산지점) 조선은행 중국 제남지점 개점

연월	내용
1918.11	북선상업은행 설립
1918.12	경남은행, 주일은행 합병 한성은행 일본 도쿄지점 개점
1919.2	조선은행 일본 시모노세키지점 개점
1919.3	원산상업은행 설립
1919.5	조선식산은행 인천지점 개점
1919.8	조선식산은행 군산지점 개점
1919.9	조선식산은행 저축업무 개시 한성은행 서대문출장소·평양대화정출장소 개점(1924년 8월·1929년 2월 지점 승격)
1919.10	조선식산은행 강계지점 개점
1919.11	조선은행 뉴욕출장소 설치 원산상업은행, 칠성은행 합병
1919.12	조선은행 러시아 블라디보스토크지점 개점
1920.3	삼남은행 설립 조선은행 청진지점 개점 한성은행 대구지점 개점
1920.4	「은행령」 개정 조선식산은행 웅기지점 개점 평양은행 설립
1920.5	경성주식현물취인시장 설립 경일은행 설립 조선식산은행 회령지점 개점
1920.7	해동은행 설립 조선실업은행 설립 경상공립은행 설립
1920.9	호남은행 설립
1921.2	한성은행 본정(本町)파출소 개점(1924년 8월 지점 승격)
1921.10	대동은행(평양은행·삼화은행 합병) 설립
1921.11	조선생명보험회사 설립
1921.12	조선은행 일본 고베지점 개점
1922.1	조선상업은행 부산지점 개점
1922.4	「조선무진업령」 공포 한성은행 일본 오사카지점 개점
1922.9	조선화재보험회사 설립
1923.6	조선상업은행, 원산상업은행 합병, 원산·청진지점 개점
1923.9	관동대지진 발생

연월	내용
1924.7	「조선은행법」 개정
1924.8	조선상업은행, 조선실업은행 합병, 경성부 종로·용산지점 및 청주지점 개점
1924.9	「조선은행법」 개정
1925.5	조선식산은행 일본 오사카지점 개점
1925.9	조선상업은행, 대동은행 합병, 평양·진남포·재령지점·평양부 대동문출장소(1929년 1월 지점 승격) 개점
1926.9	조선상업은행 사리원지점 개점
1927.4	지불유예령 발포로 전국 각 은행 2일간 임시휴업(4월 22~23일)
1927.5	조선은행 만주 사평가지점 개점
1927.9	조선상업은행 신의주지점 개점
1928.5	한성은행 일본 도쿄·오사카지점 폐점
1928.6	조선상업은행, 삼남은행 합병, 전주·이리지점 개점
1928.8	경상합동은행(대구은행·경남은행 합병) 설립
1928.12	「은행령」 개정 공포 「저축은행령」 공포
1929.4	「금융조합령」 개정 공포
1929.7	조선저축은행 설립 조선식산은행, 저축은행 업무를 조선저축은행에 이양
1929.10	조선상업은행 나남지점 개점
1930.9	경일은행, 경상공립은행 합병
1931.1	동일은행(한일은행·호서은행 합병) 설립
1931.6	「조선신탁업령」 공포
1931.9	조선상업은행 정주지점 개점 「조선취인소령」 공포
1931.10	조선저축은행 부산지점 개점 조선상업은행 신주지점 개점
1931.12	한성은행 개성지점 연안출장소 개점(1933년 9월 연안지점으로 승격)
1932.1	조선취인소 설립
1932.3	한성은행 수원지점 여주출장소 개점(1933년 9월 여주지점으로 승격)
1932.12	조선신탁주식회사 설립 한성은행 영동지점 개점
1933.3	조선상업은행 장흥·강진지점 개점
1933.5	조선저축은행 평양지점 개점
1933.6	조선상업은행, 북선상업은행 합병, 영흥·함흥·단천지점 개점
1933.7	호남은행, 동래은행 합병

연월	내용
1933.8	조선금융조합연합회 설립
1933.9	조선신탁주식회사, 군산신탁주식회사 합병, 군산지점 개점
1933.10	조선신탁주식회사, 부산신탁주식회사 합병, 부산지점 개점
1933.11	조선저축은행 인천지점 개점
1933.12	대구상공은행(경일은행·선남은행 합병) 설립 조선신탁주식회사, 공제신탁주식회사 합병
1934.2	조선상업은행 회령지점 개점 조선신탁주식회사 목포지점 개점
1934.9	조선신탁주식회사, 조선토지신탁주식회사 합병
1934.10	조선신탁주식회사 평양지점 개점
1935.1	조선저축은행 함흥지점 개점 조선신탁주식회사, 남조선신탁주식회사 합병, 대구지점 개점
1935.6	조선상업은행, 부산상업은행 합병, 서마산·진해·통영·울산·방어진에 지점 개점
1935.8	「식산계령」 공포 조선은행 여수지점 개점
1935.9	조선은행 나진지점 개점
1935.12	조선은행권 만주 유통 금지
1936.1	조선식산은행, 제18은행의 경성·용산·신용산·인천·군산·목포·나주·부산·원산 각 지점의 업무를 승계
1936.3	조선상업은행 나주지점 개점 조선저축은행 광주지점 개점
1936.5	조선식산은행 장전지점 개점
1936.10	조선저축은행 군산지점 개점 조선상업은행 길주지점 개점 조선상업은행 삼천포지점 개점
1936.11	조선저축은행 목포지점 개점
1936.12	조선은행, 만주 소재 20개 영업소를 만주흥업은행에 이양하고 만주 철수 조선상업은행 순천지점 개점
1937.1	조선은행 중국 북평지점 개점(1938년 5월 북경지점으로 개칭)
1937.2	조선은행 신의주지점 개점 조선신탁주식회사 함흥지점 개점
1937.5	조선상업은행 혜산지점 개점
1937.7	중일전쟁 발발
1937.8	조선중앙무진주식회사 설립, 경성·개성·인천·수원지점 개점
1937.9	조선저축은행 대구지점 개점 「임시자금조정법」 공포

연월	내용
1937.10	「임시자금조정법」 조선 시행 조선저축은행 신의주지점 개점
1938.1	한성은행, 해동은행 합병, 해주지점 개점
1938.2	조선은행 중국 태원파출소 개점(1939년 9월 출장소, 1942년 9월 지점 승격)
1938.3	중국연합준비은행 설립
1938.4	한성은행 장연지점 개점
1938.4	조선식산은행 삼척지점 개점 조선상업은행 순천지점 개점
1938.9	조선저축은행 청진지점 개점
1938.12	조선식산은행 묵호지점 개점 조선금융단 결성
1939.1	조선은행 중국 서주파출소 개점(1942년 9월 지점 승격) 한성은행 겸이포지점 개점
1939.5	조선저축은행 원산지점 개점 한성은행 겸이포지점 황주출장소 개점(1941년 8월 황주지점으로 승격)
1939.8	조선식산은행 홍성지점 개점
1939.9	제2차 세계대전 발발 조선은행 함흥지점 개점 한성은행 용산·신용산지점 개점(조선식산은행으로부터 인계)
1939.10	조선상업은행 신포지점 개점
1939.11	한성은행 강화지점 개점
1940.1	한성은행 이천지점 개점(조선상업은행으로부터 인계)
1940.6	조선저축은행 진남포지점 개점
1940.10	「은행등자금운용령」 공포
1940.12	「은행등자금운용령」 조선 시행
1941.4	조선은행 최고발행액제한제도 시행
1941.9	한성은행, 경상합동은행 합병, 대구서·안동·왜관·경주·포항·부산북·구포·하동·진주·김해지점 개점
1941.10	조선은행 해주지점 개점 조선상업은행, 대구상공은행 합병, 대구·시장정·영천·예천·영덕·밀양·창녕지점 인계 개점, 웅기지점 개점 조선저축은행 전주지점 개점 「조선국민저축조합령」 공포
1941.11	조선상업은행 성진지점 개점 조선은행 중국 개봉파출소 개점(1942년 9월 지점 승격)
1941.12	조선신탁주식회사 청진지점 개점
1942.3	한성은행 김천지점 개점(조선상업은행 지점 인계)

연월	내용
1942.4	「금융통제단체령」 공포 한성은행 예천·영천·영덕지점 개점(조선상업은행 지점 인계), 옹진지점 개점
1942.5	동일은행, 호남은행 합병
1942.7	조선저축은행 대전지점 개점
1942.9	조선중앙무진주식회사, 조선무진주식회사로 개칭 조선은행 중국 석문지점 개점 조선식산은행 천안지점 개점 조선저축은행 성진지점 개점
1942.10	한성은행 영주지점 개점
1942.11	조선상업은행 동래·거창지점 개점 조선신탁주식회사 안동·경주·장전·흥남지점 개점 조선저축은행 황금정 출장소 개점(1945년 5월 지점으로 승격)
1942.12	조선신탁주식회사 해주지점 개점
1943.5	조선은행 광주지점 개점
1943.7	「조선증권취인소령」 공포
1943.10	조흥은행(한성은행·동일은행 합병) 설립
1944.3	조선신탁주식회사 원주지점 개점
1944.4	조선상업은행 만포지점 개점
1944.5	조선은행 대전·중국 남경지점 개점 조선신탁주식회사 천안지점 개점
1944.11	조선저축은행 나남지점 개점
1945.4	조선신탁주식회사 대전지점 개점
1945.7	조선상업은행 양덕지점 개점

비고: 영업소의 경우, 지점만 대상으로 삼았음.

참고문헌

1. 자료

『東亞日報』,『朝鮮日報』,『每日新報』,『京城日報』,『中外日報』,『時代日報』,『釜山日報』.

近藤釖一 編, 1961,『太平洋戰下の朝鮮 (5)』, 友邦協會 朝鮮史料編纂會.

臺灣銀行史編纂室, 1964,『臺灣銀行史』.

大藏省, 1923,「(秘)朝鮮銀行ノ監督權ニ關シ閣議ヘ提出ノ件閣議案」,『昭和財政史資料』.

大藏省 編,『日本人の海外活動に關する歷史的調査: 朝鮮篇』.

大藏省 編纂, 1936,『明治大正財政史 16-銀行 (下)』, 財政經濟學會.

大藏省 理財局,『金融事項參考書』.

大藏省昭和財政史編纂室, 1954,『昭和財政史 6-國債-』, 東洋經濟新報社.

_____, 1955,『昭和財政史 4-臨時軍事費-』, 東洋經濟新報社.

_____, 1956,『昭和財政史 9-通貨·物價-』, 東洋經濟新報社.

_____, 1957,『昭和財政史 11-金融(下)』, 東洋經濟新報社.

_____, 1962,『昭和財政史 12-大藏省預金部·政府出資-』, 東洋經濟新報社.

大藏省 銀行局, 1925,「第三 整理ノ經過」,『朝鮮銀行ノ整理ニ關スル件』.

_____, 1941,『朝鮮銀行券, 台灣銀行券発行制度改正ノ件』(『中央儲備朝鮮台灣銀行關係資料』제5권).

東洋拓殖株式會社, 1918,『東拓十年史』.

_____, 1928,『東洋拓殖株式會社二十年誌』.

_____, 1939,『東洋拓殖株式會社三十年誌』.

_____, 1943,『東洋拓殖株式會社要覽』.

滿洲中央銀行, 1942,『滿洲中央銀行十年史』.

滿鐵總務部調查課 編, 1930,『各國植民地銀行制度』, 南滿洲鐵道株式會社.

山本四郎 編, 1984, 『寺內正毅關係文書 首相以前』, 京都女子大學.

水田直昌·土屋喬雄 編述, 1962, 『財政·金融政策から見た朝鮮統治とその終局』, 財團法人 友邦協會 朝鮮史料編纂會.

水田直昌監修, 1976, 『資料選集·東洋拓殖会社』, 友邦シリーズ21, 友邦協会.

日本國立國會圖書館, 『帝國議會會議錄檢索システム』.

日本銀行百年史編纂委員會, 1982, 『日本銀行百年史 1』, 日本銀行.

──────, 1983, 『日本銀行百年史 2』, 日本銀行.

日本銀行史料調查室, 1962, 『日本銀行八十年史』, 日本銀行史料調查室.

日本銀行調查局 編, 1970, 『日本金融史資料』27.

──────, 1971, 『日本金融史資料』30.

朝鮮殖産銀行, 1928, 『朝鮮殖産銀行十年志』.

────, 1932, 『朝鮮の金融』.

────, 1938, 『朝鮮殖産銀行二十年志』.

朝鮮信託株式會社, 1943, 『朝鮮信託株式會社十年史』.

朝鮮銀行 調查課, 1936a, 『支那の幣制改革に就て』.

──────, 1936b, 『海外銀行現勢』.

──────, 1939, 『法幣を繞る支那經濟の動向』.

──────, 1944, 「鮮滿國境地帶の國幣問題と滿洲國內における鮮銀券退藏事情」.

──────, 1948, 『朝鮮經濟年報』.

──────, 1949, 『經濟年鑑』.

朝鮮銀行, 1915a, 『朝鮮銀行五年誌』.

────, 1915b, 『海外銀行一班』.

────, 1919, 『鮮滿經濟十年史』.

────, 1934, 『朝鮮銀行二十五年史』.

朝鮮總督府 度支部司計局, 1911, 『朝鮮銀行法制定關係書類』.

朝鮮總督府財務局, 1939, 『朝鮮金融事項參考書』.

秋田風, 1929, 『朝鮮金融組合史』, 金融組合聯合會.

閉鎖機關整理委員會 編, 1954, 『閉鎖期間とその特集清算』.

2. 단행본

고승제, 1970, 『한국금융사연구』, 일조각.

김윤희, 2012, 『근대 동아시아와 한국 자본주의』, 고대 민족문화연구원.

배영목, 2002, 『한국금융사(1876~1959)』, 개신.

서광운, 1974, 『한국금융백년』, 창조사.

오두환, 1991a, 『한국근대화폐사』, 한국연구원.

윤석범·홍성찬·우대형·김동욱, 1996, 『한국근대금융사연구』, 세경사.

이경란, 2002a, 『일제하 금융조합 연구』, 혜안.

이석륜, 1988, 『한국의 일반은행 1910~1945』, 법문사.

이승렬, 2007, 『제국과 상인』, 역사비평사.

이영협, 1976, 『한국전당금융사연구』, 건국대학교출판부.

정병욱, 2004, 『한국근대금융연구』, 역사비평사.

정태헌, 1996, 『일제의 경제정책과 조선사회』, 역사비평사.

조기준, 1973, 『한국기업가사』, 박영사.

조명근, 2019, 『일제하 조선은행 연구 - 중앙은행 제도의 식민지적 변용 - 』, 아연출판부.

최재성, 2006, 『식민지 조선의 사회 경제와 금융조합』, 경인문화사.

한백흥, 1996, 『구한말 민족은행생성사 연구』, 시나리오 알타.

金子文夫, 1991, 『近代日本における對滿州投資の研究』, 近藤出版社.

吉野俊彦, 1962, 『日本銀行制度改革史』, 東京大學出版會.

多田井喜生, 2002, 『朝鮮銀行』, PHP研究所.

鳥崎久彌, 1989, 『円の侵略史』, 日本經濟評論社.

北岡伸一, 1978, 『日本陸軍と大陸政策, 1906-1918年』, 東京大學出版會.

山本有造, 1992, 『日本植民地經濟史研究』, 名古屋大學出版會.

三和良一, 1993, 『概説 日本經濟史 - 近現代』, 東京大學出版會.

柴田善雅, 1999, 『占領地通貨金融政策の展開』, 日本經濟評論社.

_____, 2002, 『戰時日本の特別會計』, 日本經濟評論社.

安富 歩, 1997, 『「滿洲國」の金融』, 創文社.

鈴木武雄, 1940, 『朝鮮金融論十講』, 帝國地方行政學會朝鮮本部.

羽鳥敬彦, 1986,『朝鮮における植民地幣制の形成』, 未來社.

朝鮮銀行史硏究會 編, 1987,『朝鮮銀行史』, 東洋經濟新報社.

波形昭一, 1985,『日本植民地金融政策史の硏究』, 早稻田大出版部.

河合和男·金早雪·羽鳥敬彦·松永達, 2000,『國策會社·東拓の硏究』, 不二出版.

後藤新一, 1970,『日本の金融統計』, 東洋經濟新報社.

黑瀨郁二, 2003,『東洋拓殖會社-日本帝國主義とアシア太平洋』, 日本經濟評論社.

3. 논문

권대웅, 1984,「1920년대 금융자본의 농업지배에 관한 연구-조선식산은행을 중심으로-」,『민족문화논총』 5.

金森裏作, 1971,「일제하 조선금융조합과 그 농촌경제에 미친 영향」,『사총』 15·16.

김동욱, 1995,「일제말기 전시통제체제의 화폐경제적 성격」,『연세경제연구』 II-1.

김동철, 2001,「동래은행의 설립과 운영」,『지역과 역사』 9.

김명수, 2005,「조선총독부의 금융통제정책과 그 제도적 기초의 형성: 1931년 조선신탁업령의 제정을 중심으로」,『동방학지』 131.

_____, 2006,「일제하 조선신탁주식회사의 설립과 신탁통제의 완성」,『연세경제연구』 13-1.

_____, 2012,「1920년대 한성은행의 정리와 조선인 CEO 한상룡의 몰락」,『역사문제연구』 27.

_____, 2013,「대한제국기 일본의 금융장악 기도와 일본 제일은행-1903년 공립한성은행의 성립과 관련하여-」,『일본문화연구』 47.

김보영, 1991,「일제하 전시국채와 조선경제」, 한국근현대사연구회 1930년대 연구반,『일제말 조선사회와 민족해방운동』, 일송정.

김석준, 1986,「동양척식주식회사의 사업 전개 과정」,『한국 근대농촌사회와 일본제국주의』, 문학과지성사.

김정현, 1998,「중일전쟁기 통화전 연구」, 연세대 박사학위논문.

김호범, 1990,「일제하 식민지금융의 구조와 성격에 관한 연구」, 부산대 박사학위논문.

_____, 1997,「동양척식주식회사의 금융활동에 관한 연구」,『경제학논집』 6-1.

도면회, 1997,「갑오개혁 이후의 근대적 금융기관」,『국사관논총』 77.

문영주, 2001, 「1920년대 금융조합 중앙기관 설립 논의와 1933년 조선금융조합연합회의 설립」, 『사림』 16.
──, 2002a, 「1920년대 도시금융조합의 활동과 보통은행과의 갈등」, 『한국민족운동사연구』 31.
──, 2002b, 「조선총동부의 농촌지배와 식산계(殖産契)의 역할(1935~1945)」, 『역사와현실』 46.
──, 2003, 「1938~45년 '국민저축조성운동'의 전개와 금융조합 예금의 성격」, 『한국사학보』 14.
──, 2005a, 「일제하 도시금융조합의 운영체제와 금융활동(1918-1945)」, 고려대 박사학위논문.
──, 2005b, 「1930년대 도시금융조합의 예금흡수기관으로의 전환과 농촌진흥운동자금의 공급」, 『사총』 60.
──, 2006, 「일제시기 도시금융조합의 관치운영체제 형성과정 - 1929년《금융조합령》개정을 중심으로 -」, 『한국사연구』 135.
──, 2008, 「조선총독부의 서구 협동조합 모방과 식민지적 변용: 금융조합 법령을 중심으로」, 『한국사학보』 32.
──, 2009, 「일제시기 조선금융조합연합회의 운영주체와 '금융조합주의'」, 『한국사연구』 145.
박현, 2004, 「한말·일제하 한일은행의 설립과 경영」, 『동방학지』 128.
──, 2006, 「1920년대 후반 금융제도준비조사위원회의 설립과 활동: 「금융조합령」, 「은행령」 개정논의를 중심으로」, 『동방학지』 136.
배석만, 2014, 「전시체제기 동양척식주식회사의 지금동원 구조와 투자동향 분석」, 『지역과 역사』 34.
배영목, 1987, 「일제하 식민지화폐제도의 형성과 전개」, 『경제사학』 11.
──, 1992, 「조선식산은행과 농업」, 『국사관논총』 36.
오두환, 1991b, 「전시하 조선의 통화증발에 대하여」, 『연구논문집』 5.
──, 1992, 「조선은행의 발권과 산업금융」, 『국사관논총』 36.
──, 1993, 「전시공업화와 금융」, 안병직·中村 哲 공편저, 『근대조선공업화의 연구』, 일조각.

_____, 1998a, 「만주에서의 조선은행의 역할」, 『경제사학』 25.
_____, 1998b, 「식민지시대 초기의 조선의 통화와 금융」, 『경상논집』 12-2.
_____, 2001, 「통화금융제도의 발전」, 『한국경제성장사』, 서울대학교출판부.
오진석, 2004, 「1906~1918년 평안농공은행의 설립과 경영변동」, 『대동문화연구』 48.
이경란, 2002b, 「1930년대 전반기 금융조합의 농촌조직 확대와 식산계 설립」, 『동방학지』 115.
_____, 2019, 「일제 말기 식산계와 식민지파시즘」, 『동방학지』 186.
이동언, 1992, 「일제하 「조선금융조합」의 설립과 성격: 1907~1918년의 지방금융조합을 중심으로」, 『한국독립운동사연구』 6.
이병례, 2013, 「일제하 전당포 운영실태와 "공익(公益)"개념의 한계」, 『사림』 46.
이승렬, 2000, 「일제강점 초기(1906~1919) 대한천일(조선상업)은행과 경인지역 상공인」, 『역사문제연구』 5.
이승일, 2015, 「일제 식민지 조선의 전당과 공설질옥」, 『동아시아문화연구』 60.
정병욱, 1999, 「1910년대 한일은행과 서울의 상인」, 『서울학연구』 12.
_____, 2003, 「1920·30년대 조선식산은행의 농업금융과 식민지지주제」, 『사학연구』 69.
정용욱, 1987, 「1907~1918년 「지방금융조합」 활동의 전개」, 『한국사론』 16.
정태헌, 1989, 「1910년대 식민농정과 금융수탈기구의 확립과정」, 한국역사연구회·역사문제연구소 엮음, 『3·1민족해방운동 연구』, 청년사.
_____, 2000, 「식민지화 전후 보통은행의 경영추이와 이원적 감독체제」, 『역사문제연구』 5.
_____, 2001, 「1910년대 본점은행의 신설 급증과 3대은행의 영업·자본 집중」, 『동방학지』 112.
_____, 2010a, 「한성은행의 경영권, 대주주 구성 추이와 일본인은행화 과정」, 『한국사연구』 148.
_____, 2010b, 「조선총독부의 경상합동은행 경영권 장악 과정과 일본인은행으로의 흡수」, 『한국사학보』 40.
조명근, 2004, 「1937~45년 일제의 전비조달과 조선은행권 발행제도 전환」, 『한국사연구』 127.
_____, 2007, 「해방 후 한국중앙은행제도 개편 논의 - 조선은행안과 재무부안을 중심으

　　　　, 2009, 「일제 말(1937~45) 조선 내 민간인을 대상으로 한 전시공채(戰時公債)의 발행 실태」, 『대동문화연구』 65.

　　　　, 2011, 「일제의 국책금융기관 조선은행 연구」, 고려대 박사학위논문.

　　　　, 2012, 「일제 말(1937~45) 조선에서의 전시공채 소화 실태와 성격」, 『한국사학보』 47.

　　　　, 2015, 「1930년대 후반 식민지 조선 농민 생활상의 재구성 - 충청남도 당진군 오곡리 사례를 중심으로-」, 『역사와 담론』 76.

　　　　, 2016, 「일제시기 조선은행 공정이율 결정 방식과 조선에서의 비판」, 『한국사학보』 63.

　　　　, 2020a, 「1930년대 중후반 식민지 조선 금융기구 개편론의 전개와 함의」, 『한국사연구』 190.

　　　　, 2020b, 「전시기 동양척식주식회사의 자금 조달과 운용 실태」, 『아세아연구』 63-1.

　　　　, 2021, 「대한제국기 중앙은행 제도의 도입과 변용」, 『동방학지』 196.

차철욱, 2001, 「구포[경남]은행의 설립과 경영」, 『지역과 역사』 9.

차철욱·김동철, 2002, 「근대 부산지역 금융관련 자료와 그 성격」, 『항도부산』 18.

채석현, 1988, 「조선식산은행에 대한 연구 - 1918년~1937년의 경영실태분석을 중심으로」, 숙명여대 석사학위논문.

최규진, 2013, 「경성의 뒷모습, 전당포」, 『내일을 여는 역사』 51.

최상오, 2006, 「일제하 조선의 일반은행에 관한 연구: 조선상업은행의 사례를 중심으로」, 『한일경상논집』 35.

한상인, 2017, 「일제강점기 대구지역 일반은행의 존재 양상」, 『한일경상논집』 75.

허수열, 2004, 「일제하 충남제사(주)의 경영구조」, 『지방사와 지방문화』 7-1.

　　　　, 2005, 「호서은행과 일제하 조선인 금융업」, 『지방사와 지방문화』 8-1.

홍성찬, 1985, 「한말·일제하의 지주제 연구 - 곡성 조씨가의 지주로의 성장과 그 변동」, 『동방학지』 49.

　　　　, 1990, 「일제하 금융자본의 농기업 지배 - 불이흥업(주)의 경영변동과 조선식산은행-」, 『동방학지』 65.

　　　　, 1990, 「일제하 금융자본의 농기업 지배 - 조선식산은행의 성업사 설립과 운영-」,

『동방학지』 68.

_____, 1992, 「일제하 금융자본의 농기업 지배 - 조선개척(주)의 경영변동과 조선식산은행」, 『국사관논총』 36.

_____, 1996, 「일제하 평양지역 일본인의 은행설립과 경영: 삼화·평양·대동은행의 사례를 중심으로」, 『연세경제연구』 3-2.

_____, 1997, 「한말·일제초 재경 일본인의 은행설립과 경영 - 경성기업·경성은행의 사례를 중심으로」, 『한국사연구』 97.

_____, 1999a, 「일제하 재경 일본인의 조선실업은행 설립과 경영」, 『연세경제연구』 6-2.

_____, 1999b, 「한말·일제하 전남 지역 한국인의 은행 설립과 경영 - 광주농공은행·호남은행 사례를 중심으로-」, 『성곡논총』 30-2.

堀和生, 1983a, 「植民地産業金融と經濟構造 - 朝鮮殖産銀行の分析を通じて-」, 『朝鮮史研究會論文集』 20.

_____, 1983b, 「朝鮮における普通銀行の成立と展開」, 『社會經濟史學』 49-1.

_____, 1995, 「朝鮮殖産銀行の成立」, 『日本社會の史的構造 - 近世·近代-』, 思文閣出版.

金子文夫, 1979, 「第1次大戰期における植民地銀行體系の再編成 - 朝鮮銀行の「滿州」進出を中心に」, 『土地制度史學』 82.

徐照彦, 1977, 「朝鮮銀行法の制定と幣制改革」, 谷隆一 編著, 『明治期日本特殊金融立法史』, 早大出版部.

_____, 1979, 「第1次大戰後の台湾銀行と朝鮮銀行 - 資金·貸出金構造の比較分析を中心に」, 『社会科学討究』 24-2.

柴田善雅, 1977, 「日本の對『滿州』通貨金融政策の形成とその機能の實態」, 『社會經濟史學』 43-2.

安富 步, 1997, 「滿洲中央銀行と朝鮮銀行 - 日中戰爭·アジア太平洋戰爭期を中心に-」, 『人文學報』 79.

羽鳥敬彦, 1982, 「戰時下(一九三七-四五年)朝鮮における通貨とインフレーション」, 姜在彦·飯沼二浪 編, 『植民地期朝鮮の社會と抵抗』, 未來社.

秋定嘉和, 1968, 「朝鮮金融組合の機能と構造 - 1930~40年代にかけて」, 『朝鮮史研究會論文集』 5.

平井廣一, 1995, 「舊植民地のインフレーション」, 長岡新吉·西川博史 編著, 『日本經濟と東アジア-戰時と戰後の經濟史-』, ミネルヴァ書房.

찾아보기

ㄱ

각도금융조합연합회 107
강제저축 21, 349, 350
강제저축운동 349
경남은행 23, 130
경상공립은행 130
경상합동은행 130
경성은행 130, 260
경일은행 130
고리대금융기관 25
공설질옥 324
공정이율 327
공황 32
관동군 155
관동대지진 239
관동주 46
관리통화제 50, 51
광주농공은행 289
구제금융 79
구포은행 130, 295
구포저축주식회사 295
국고금 14, 72
국민저축조성운동 349

국민정부 165
국제금본위제 50
국제수지 137
국채 47, 347, 354
국채 소화 348
국책 15, 20, 75
국책금융기관 15, 83
국책회사 85
군부 96
군사비현지차입제도 65
군표 93
금권(金券) 93
금리 39
금리정책 25, 326
금본위제도 31
금융공황 151
금융제도 14
금융조합 14
금융통제 346
김병규 293

ㄴ

남양군도 96

농가경제갱생계획 222
농공은행 14
「농공은행령」 98
「농공은행조례」 98
농공채권 186
농업금융기관 104
농촌진흥운동 21, 113
니시하라 가메조(西原龜三) 90
니시하라 차관 91

ㄷ
다카하시 고레키요(高橋是淸) 160
대공황 18
대구상공은행 130
대구은행 130
대금(貸金)업 315
대금회사 260, 315
대동아공영권 180
대동은행 130
대두(大豆) 138, 153
대련거래소 143
대만은행 15, 36
대장성 예금부 190
대한제국 14, 70
대한제국중앙은행 70
대한천일은행 14, 130, 276
데라우치 마사타케(寺內正毅) 88
도시금융조합 107
도쿄지점 41

동래은행 23, 130
동아은행(東亞銀行) 163
동양척식주식회사 17
동양협회 84
동일은행 130
등가교환 37

ㅁ
만주 79
만주국 156
만주국폐 157
「만주은행법안」 87
만주중앙은행 81, 157
만주흥업은행 158
메가타 다네타로(目賀田種太郎) 70
무진업 313
무진회사 110, 313
민영휘 280
밀양은행 260

ㅂ
반동공황 141, 239
발권은행 15, 31
발권제도 19
발행제도 19
백인기 280
법폐(法幣) 165
법화(法貨) 96
벨기에국립은행 71

찾아보기 443

보국채권 356
보증준비 31
복권 359
본위화폐 31
부산상업은행 130
부채정리사업 222
부채정리자금 113
북선상업은행 130
불량채권 79, 141
불이흥업주식회사 198
불황 191

ㅅ

사채(社債) 86
산미증식갱신계획 199
산미증식계획 17, 191
산업금융기관 189
삼남은행 130
삼화은행 130
상업금융 73
상여금 371
생산력확충자금 347
선남상업은행 130
선남은행 130
선만일체화(鮮滿一體化) 88
세계대공황 50
소득세 371
소비세 373
쇼다 가즈에(勝田主計) 90

수리조합 199
「수출입품등임시조치법(輸出入品等臨時措置法)」 347
식산계 21, 232
신탁 45
신탁회사 25, 110, 306

ㅇ

엔계(円係)통화권 52, 168
엔(円)블록 20, 180
영리 20
예금부 191
예금자보호 115
예금협정 52
예대율 221
오쿠마 시게노부(大隈重信) 87
요코하마정금은행(橫濱正金銀行) 15, 46
우편국 192
우편저금 192, 351
원산상업은행 130
은권(銀券) 93
은사공채 274
은행권 14
「은행등자금운용령(銀行等資金運用令)」 347
「은행령」 14, 115
은행 합병정책 17
이용익 276
이윤용 274
이토 히로부미(伊藤博文) 84

인플레이션 19, 169
일반은행 14
일본권업은행(日本勸業銀行) 100, 190, 355
일본은행 15, 36
일본은행권 35, 51
일본은행보상법특별융통 151
일본흥업은행 100, 186
「임시자금조정법(臨時資金調整法)」 346

ㅈ
자금통제 346
자작농지설정사업 18, 222
자작농지설정자금 113
재정거래(arbitrage) 146
저축예금 117, 302
저축은행 25
「저축은행령」 117
저축 장려 348
저축조합 350
저축채권 356
전당포 318
전미 348
전비조달 49, 51, 354
전시(戰時)경제 346
전시공채(戰時公債) 25, 353
전시금융정책 346
전시금융통제 113
전시보국채권 356
전시저축채권 356

전시채권 354
정부대상(貸上) 136
정책금융 16
정책금융기관 102
정책자금 113
정화 유출 137, 145
정화준비 19, 31
제국의회 40, 78
제일은행 14
제일은행권 34
제1차 세계대전 101
제한외발행 32
조선간이생명보험 351
조선금융단 347
조선금융조합연합회 21
조선금융채권 111, 198
조선무진주식회사 315
조선사업공채 136
조선상업은행 22, 130
조선식산은행 14
조선신탁주식회사 309
조선실업은행 130
조선은행 14
조선은행권 19
「조선은행법」 45, 75
조선저축은행 110, 117, 302
조선중앙무진주식회사 314
조선총독 77
조선총독부 18, 77

조흥은행 130
주일은행 297
중국연합준비은행 52, 165
중국연합준비은행권 52, 165
중앙은행 14
「중앙은행조례」 70
중역 79
중일전쟁 19, 113
지방금융조합 14, 103
지불준비금 109
질옥 318

ㅊ
차관 88
채권 발행 16
척식금융기관 95
천인저축(天引貯蓄) 349
촌락금융조합 107
충남제사 286
칠성은행 130, 260

ㅋ
콜금리 40

ㅌ
탁지부대신 33, 71
태환 31, 50
「태환금권조례」 32, 72
통감부 85

특립제일은행 14, 70
특별보국채권 356
특수금융기관 14

ㅍ
평양은행 130

ㅎ
한국은행 75
「한국은행조례」 75
한상룡 274, 309
한성공동창고 278
한성은행 14, 130
한일은행 23, 130
해관세 72
해동은행 130
호남은행 23, 130
호서은행 23, 130
홋카이도척식은행 81
화폐정리사업 14
「화폐조례」 32
환전 179

동북아역사재단 일제침탈사 연구총서 21

일제강점기 화폐제도와 금융

초판 1쇄 인쇄 2022년 6월 20일
초판 1쇄 발행 2022년 6월 30일

지은이 조명근
펴낸이 이영호
펴낸곳 동북아역사재단

등 록 제312-2004-050호(2004년 10월 18일)
주 소 서울시 서대문구 통일로 81 NH농협생명빌딩
전 화 02-2012-6065
팩 스 02-2012-6186
홈페이지 www.nahf.or.kr
제작·인쇄 역사공간

ISBN 978-89-6187-734-3 94910
978-89-6187-669-8 (세트)

- 이 책은 저작권법에 의해 보호를 받는 저작물이므로 어떤 형태나 어떤 방법으로도 무단전재와 무단복제를 금합니다.
- 책값은 뒤표지에 있습니다. 잘못된 책은 바꾸어 드립니다.